高职高专汽车类专业技能型教育规划教材

汽车底盘及车身电控系统维修

主编　于京诺
参编　杨占鹏　谢在玉　宋进桂　梁桂航
于　慧　朱　良　姚美红

机械工业出版社

本书系统阐述了现代汽车底盘及车身电子控制系统的结构原理、故障诊断与维修方法。全书共分10章，主要内容包括：防抱死制动系统、驱动防滑转系统、电子稳定程序、巡航控制系统、安全气囊系统、电控悬架系统、电控动力转向系统与四轮转向系统、中央门锁与防盗系统、汽车导航系统、车载网络技术。在讲解各系统结构原理的基础上，主要以大众车系和丰田车系为例介绍了各系统的故障诊断与维修方法，并附有相应的实训项目，有利于学生实践技能的培养。此外，每一章都附有复习思考题，以方便教学。

本书既可作为高等职业教育汽车运用与维修专业的教材，又可作为其他相关专业的辅助教材，还可以供汽车维修技术人员参考使用。

图书在版编目（CIP）数据

汽车底盘及车身电控系统维修/于京诺主编. —北京：机械工业出版社，2010（2018.1重印）

高职高专汽车类专业技能型教育规划教材

ISBN 978-7-111-32432-4

Ⅰ.①汽… Ⅱ.①于… Ⅲ.①汽车－底盘－电子系统：控制系统－车辆修理－高等学校：技术学校－教材 ②汽车－车体－电子系统：控制系统－车辆修理－高等学校：技术学校－教材 Ⅳ.①U472.41

中国版本图书馆CIP数据核字（2010）第216084号

机械工业出版社（北京市百万庄大街22号 邮政编码100037）

策划编辑：徐 巍 责任编辑：杜凡如 责任校对：肖 琳

封面设计：王伟光 责任印制：孙 炜

北京中兴印刷有限公司印刷

2018年1月第1版第7次印刷

184mm×260mm · 20.25印张 · 501千字

标准书号：ISBN 978-7-111-32432 4

定价：49.80元

凡购本书，如有缺页、倒页、脱页，由本社发行部调换

电话服务	网络服务
服务咨询热线：010－88379833	机 工 官 网：www.cmpbook.com
读者购书热线：010－88379649	机 工 官 博：weibo.com/cmp1952
	教育服务网：www.cmpedu.com
封面无防伪标均为盗版	金 书 网：www.golden-book.com

高职高专汽车类专业技能型教育规划教材
编　委　会

序　　言

据统计，“十一五”期间中国汽车运用维修人才缺口80万。未来5年汽车人才全面紧缺，包括汽车研发人才、汽车营销人才、汽车维修人才和汽车管理人才等。2003年，教育部启动了“国家技能型紧缺人才培养项目”，“汽车运用与维修”是其中的项目之一。2006年，教育部和财政部又启动了国家示范性高等职业院校建设计划，其中的一个重要内涵就是以学生为主体，以就业为导向，建立新的职教课程体系、教育模式与教学内容，而教材建设是最重要的一个环节。

为适应目前高等职业技术教育的形势，机械工业出版社汽车分社召集了全国20多所院校的骨干教师于2007年6月在广东省韶关大学组织召开“高职高专汽车类专业技能型教育规划教材”研讨会，确定了本套教材的编写指导思想和编写计划，并于2007年8月在湖南长沙召开“高职高专汽车类专业技能型教育规划教材”主编会，讨论并通过了本套教材的编写大纲。

本套教材紧紧围绕职业工作需求，以就业为导向，以技能训练为中心，以“更加实用、更加科学、更加新颖”为编写原则，旨在探索课堂与实训的一体化，具有如下特点：

1. 教材编写理念：融入课程教学设计新理念，以学生为主体，以老师为指导，以提高学生实践职业技能和创新能力为目标，理论紧密联系实践，思想性和学术性相统一。理论知识以够用为度，技能训练面向岗位需求，注重结合汽车后市场服务岗位群和维修岗位群的岗位知识和技能要求，使学生学完每一本教材后，都能获得该教材所对应的岗位知识和技能，反映教学改革和课程建设的新成果。

2. 教材结构体系：根据职业工作需求，采用任务驱动、项目导向的新模式构建新课程体系。理论教学与技能训练有机融合，系统性与模块化有机融合，方便不同学校、不同专业、不同实验条件剪裁选用。

3. 教材内容组织：精选学生终身有用的基础理论和基本知识，突出实用性、新颖性，以我国保有量较大的轿车为典型，注意介绍现代汽车新结构、新技术、新方法和新标准，加强“实训项目”内容的编写，引导学生在“做”中“学”。内容安排采用实例引导的方式，以激发学生的阅读兴趣，符合学生的认知规律。

4. 教材编排形式：图文并茂，通俗易懂，简明实用，由浅入深，深浅适度，符合高职学生的心理特点。每一章均结合人力资源和社会保障部职业资格考试要求，给出复习思考题，使教学与职业资格考试有机结合。

此外，为构建立体化教材，方便教师和学生学习，本套教材配备了实训指导光盘和

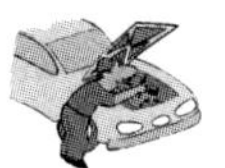

多媒体教学课件。实训指导光盘的内容为实训项目的规范性操作录像和相关资料，附在教材中；多媒体教学课件专供任课教师采用，可在机工教材服务网(www. cmpedu. com)免费下载。

虽然本套教材的各参编院校在教、学、做一体化教学方面进行了有益的探索，但限于认识水平和工作经历，教材中难免仍有许多不足之处，恳请各位专家、同行给予批评指正。

高职高专汽车类专业技能型教育规划教材编委会

前　言

近年来，随着汽车电子控制技术的飞速发展，在汽车底盘及车身的系统和部件中，越来越多地采用了新的电子控制技术。为了使汽车运用与维修专业及其相关专业的学生和技术人员能够及时了解汽车底盘及车身电子控制系统的有关知识，掌握汽车底盘及车身电子控制系统故障诊断与维修的基本技能，我们编写了本教材。

本教材按照深入浅出、理论与实践相结合、注重实践技能培养的原则，在讲解汽车底盘及车身各主要电控系统结构、原理的基础上，重点介绍了故障诊断与维修的方法，并且在每一章的后面都附有相应的实训项目，以加强对学生理论应用于实际能力的培养以及实践技能的培养。本教材介绍的电控系统故障诊断与维修内容以及在实训项目中所涉及的典型车型，以常见的大众车系和丰田车系为主，这既考虑到这些车型在电控技术方面所具有的代表性，又考虑到学校对于相关实验、实习设备配备的方便性。除此之外，在每章的前面都给出了学习目标，后面附有复习思考题，以利于学生的学习和教师组织教学。

本教材由于京诺担任主编，第 1 章、第 2 章由于京诺编写；第 3 章由杨占鹏编写；第 4 章、第 9 章由朱良编写；第 5 章由谢在玉编写；第 6 章、第 7 章由于慧编写；第 8 章由宋进桂编写；第 10 章由梁桂航编写；姚美红参加了部分编写工作。本教材在编写过程中还得到了何全民、栾琪文、陈涛等的大力支持，在此表示感谢。

由于编者水平有限，书中难免存在错误或疏漏之处，恳请读者批评指正。

编　者

目　　录

第1章 防抱死制动系统（ABS）

学习目标：

- 了解 ABS 的基础理论。
- 了解 ABS 的组成和分类。
- 掌握 ABS 传感器的结构和工作原理。
- 掌握 ABS ECU 的结构和工作原理。
- 掌握 ABS 制动压力调节器的结构和工作原理。
- 掌握 ABS 故障诊断与维修方法。

1.1 概述

汽车防抱死制动系统(Anti-Lock Brake System,简称 ABS)，是汽车上的一种主动安全装置。其作用是在汽车制动时防止车轮抱死，以缩短制动距离，提高汽车制动过程中的方向稳定性和转向控制能力，改善汽车的行驶安全性。

1.1.1 ABS 的基础理论

1. 汽车制动时的附着条件

汽车制动时，车轮制动器的制动力矩约束车轮转动，因此会有地面制动力 F_X 作用于车轮使汽车减速。地面制动力 F_X 是轮胎与地面之间的摩擦力，与汽车的行驶方向相反，是使汽车减速的外力。地面制动力越大，汽车的制动效能越高。

当制动器制动力矩比较小时，随着制动器制动力矩的增大，地面制动力 F_X 也增大，汽车制动减速度增大，此时轮胎在路面上滚动。但随着制动器制动力的继续增大，地面制动力将受到地面与轮胎之间的附着力 F_φ 的限制而不再增长，当地面制动力 F_X 达到附着力 F_φ 时，车轮便抱死滑移。因此地面制动力 F_X 只能小于或等于附着力 F_φ：

$$F_X \leqslant F_\varphi \tag{1-1}$$

可见，增大附着力 F_φ 是提高制动效能的关键。附着力 F_φ 是地面阻止车轮滑动所能提供的切向反作用力的极限值。附着力 F_φ 正比于地面对车轮的法向反作用力 F_Z 以及车轮与地面之间的附着系数 φ，即

$$F_\varphi = F_Z\varphi \tag{1-2}$$

在地面对车轮的法向反作用力 F_Z 一定的情况下，附着力的大小取决于附着系数 φ。附着系数 φ 的大小与路面和轮胎的性质有关，还与车轮的滑移率有关。

2. 车轮滑移率

汽车行驶时车轮有三种运动状态：当汽车低速滑行时，可以认为车轮是作纯滚动；当汽车处于驱动状态时，驱动车轮在滚动的同时存在一定程度的滑转；当汽车处于制动状态时，制动车轮在滚动的同时存在一定程度的滑移。

车轮滑移率是表示制动过程中车轮滑移程度的。滑移率是指车速与车轮速度的差值与车速之比。滑移率 s 的表达式为：

$$s=\frac{v-v_{\omega}}{v}\times 100\%=\frac{v-r\omega}{v}\times 100\% \tag{1-3}$$

式中　v——车速(m/s)；

v_{ω}——车轮速度(m/s)；

r——车轮半径(m)；

ω——车轮转动角速度(rad/s)。

车轮在路面上纯滚动时，$v=v_{\omega}$，$s=0$；车轮完全抱死时(即在路面上纯滑移)，$\omega=0$，$s=100\%$；车轮在路面上边滚动边滑移时，$v>v_{\omega}$，$0<s<100\%$。车轮滑移率越大，说明车轮运动中滑动成分所占比例越大。汽车制动时，在路面附着系数以及作用于车轮上的垂直载荷一定的情况下，车轮制动器的制动力矩越大，车轮的滑移率将越大。

3. 附着系数与滑移率的关系

车轮与地面之间的附着系数 φ 会随着车轮滑移率的变化而变化，如图 1-1 所示。从图中可以看出：

1）路面性质不同，附着系数不同。干燥路面附着系数大，潮湿路面附着系数小，冰雪路面附着系数更小。

2）在同一种路面上，附着系数随滑移率的变化而变化，并且除了雪地的纵向附着系数曲线以外，其他各种路面附着系数曲线的变化趋势大致相同。

下面以常见的干燥硬实路面为例，说明附着系数与滑移率之间的关系。图 1-2 所示为干燥硬实路面纵向附着系数 φ_x 和横向附着系数 φ_y 随滑移率 s 的变化规律。

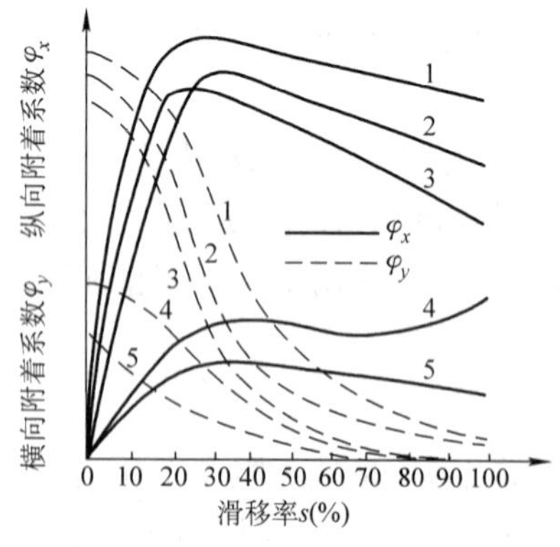

图 1-1　附着系数与滑移率的关系

1—水泥(干)　2—沥青(干)　3—沥青(湿)

4—雪(松)　5—冰

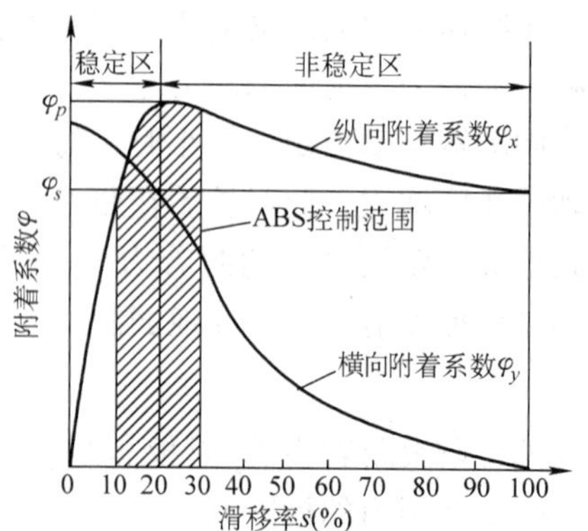

图 1-2　干燥硬实路面附着系数与滑移率之间的关系

从图 1-2 中可以看出，开始时随着滑移率的增大，纵向附着系数 φ_x 迅速增大，当滑移率达到约 20%时，纵向附着系数达到最大值，被称为峰值附着系数，用 φ_p 表示。与峰值附着系数对应的车轮滑移率称为峰值附着系数滑移率，用 s_p 表示。此后随着滑移率的继续增大，纵向附着系数逐渐减小，进入到制动非稳定区。当滑移率达到 100%，即车轮完全被抱死滑移时，其附着系数称为滑动附着系数，用 φ_s 表示。通常情况下滑动附着系数总是小于峰值附着系数，在干燥硬实路面上 φ_s 一般比 φ_p 小 10% ~20%；在潮湿硬实路面上 φ_s 一般比 φ_p 小 20% ~30%。

从图 1-2 中还可以看出，当滑移率为 0 时，横向附着系数 φ_y 最大，随着滑移率的增大，横向附着系数逐渐减小，当滑移率达到 100%时，横向附着系数接近于零。

4. 汽车采用 ABS 的必要性

汽车制动时，车轮与路面之间的纵向附着系数 φ_x 影响汽车的制动距离，纵向附着系数越大，制动距离越短。车轮与路面之间的横向附着系数 φ_y 影响汽车制动时的方向稳定性和转向控制能力，横向附着系数越大，制动时的方向稳定性和转向控制能力越好。由上述的附着系数与滑移率之间的关系可知，当汽车制动时如果将车轮完全抱死，滑移率达到 100%。就纵向附着系数而言，其滑动附着系数低于峰值附着系数，这将使车轮完全抱死时的制动距离比具有峰值附着系数时的制动距离变长；就横向附着系数而言，由于在车轮抱死时的横向附着系数接近于零，汽车几乎失去了横向附着能力，因此使汽车的方向稳定性变差，一旦汽车遇到横向干扰力的作用，就可能产生侧滑、甩尾甚至回转等情况。另外，一旦转向车轮抱死，当需要汽车转弯时，尽管驾驶员操纵转向盘使转向车轮偏转，但由于转向轮已经失去了横向附着能力，转向轮将在路面上滑动，汽车不会按照转向轮偏转的方向行驶，而是沿汽车行驶惯性力的方向向前滑动，从而使汽车失去转向控制能力。

综上所述，汽车制动时车轮抱死会使制动距离变长，方向稳定性变差，失去转向控制能力，因此制动时应避免车轮抱死。汽车上采用 ABS 的目的就是避免制动时车轮抱死，将滑移率控制在 10% ~30%，在此范围内既有最大的纵向附着系数，使制动距离最短，又有较大的横向附着系数，以获得较好的横向稳定性和转向控制能力。

1.1.2　ABS 的组成和工作过程

ABS 是在传统制动系统的基础上，增加了一套防止车轮制动抱死的控制系统，如图 1-3 所示。ABS 通常由轮速传感器、ECU、制动压力调节器和 ABS 警告灯等组成。制动压力调节器主要包括电磁阀总成、液压泵总成和储液器等。

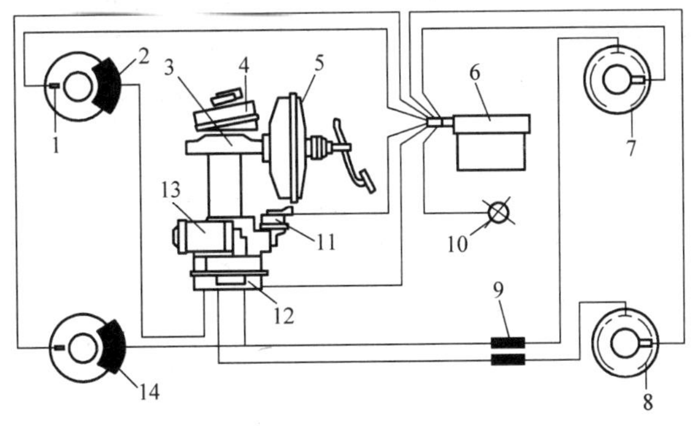

图 1-3　典型 ABS 系统的组成

1—轮速传感器　2—右前制动器　3—制动主缸　4—制动液罐　5—真空助力器　6—电子控制单元(ECU)　7—右后制动器　8—左后制动器　9—比例阀　10—ABS 警告灯　11—储液器　12—电磁阀总成　13—液压泵总成　14—左前制动器

具有 ABS 的汽车并非只要制动 ABS 就起作用，当制动强度比较低时，ABS 不起作用，只有当制动强度达到一定程度 ABS 才起作用。汽车行驶时，轮速传感器会将每一个车轮的转速信号送至 ECU，汽车制动时，ECU 通过监测每一

个车轮的轮速信号判断车轮的运动状态，如果制动强度比较低，ECU 监测到的车轮滑移率较小，ABS 不起作用，此时的制动就是常规制动。随着制动踏板的继续踏下，制动强度增大，如果 ECU 监测到某一车轮滑移率增大到一定程度，ECU 将发出指令，控制制动压力调节器，使该车轮的制动压力降低或保持不变，防止该车轮滑移率的进一步增大，防止车轮抱死，将车轮滑移率控制在 10% ~30% 的理想范围。

图 1-3 中 ABS 警告灯装在仪表板上，当 ABS 系统的 ECU 检测出 ABS 系统有故障时，ABS 警告灯将点亮，提示驾驶员 ABS 系统出现了故障，ABS 警告灯还可用于闪烁输出故障码。

图 1-3 中的比例阀的作用是根据制动强度、载荷等因素来改变前、后制动器制动力的比值，使之接近于理想的前、后轮制动力分配曲线，提高制动效能。

1.1.3 ABS 的分类

生产 ABS 的厂家很多，主要有德国的博世(Bosch)、戴维斯(Teves)公司，美国的本迪克斯(Bendix)、凯尔西·海斯(Kelsey-Hayes)公司，及日本的电装(Nippondefnso)公司等。这些公司生产了各种不同类型的 ABS，归纳起来可以按照以下方式分类：

1. 按总体结构布置分类

ABS 按总体结构布置分类可以分为整体式和分开式两类。整体式 ABS 是指 ABS 的制动压力调节器与制动主缸构成一个整体，结构紧凑、管路接头少，但结构复杂、成本较高，一般用于高级轿车。分开式 ABS 是指 ABS 的制动压力调节器与制动主缸分开布置，通过制动管路连接。分开式制动压力调节器在车上布置灵活，成本较低，但制动管路接头较多。目前大多数汽车采用分开式 ABS。

2. 按控制通道和传感器数目分类

所谓控制通道是指在 ABS 系统中能够独立进行制动压力调节的制动管路。按照控制通道数目分，ABS 可以分为四通道式、三通道式、二通道式和一通道式。

(1) 四通道式　四通道式 ABS 又可分为以下两种形式：

1) 四传感器、四通道、双管路前后布置(图 1-4a)。四通道 ABS 有 4 个轮速传感器，可以检测每一个车轮的运动状态。在通往 4 个车轮制动器轮缸的管路中，各设一路制动压力调节电磁阀，可以对每一个车轮制动器的制动压力进行单独调节，构成四通道控制形式。

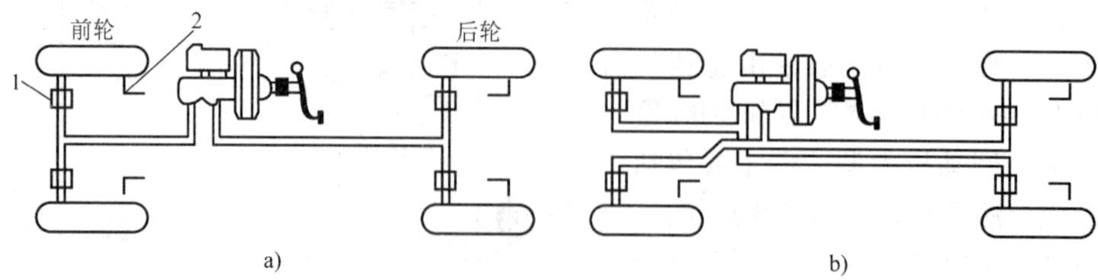

图 1-4　四通道 ABS

a) 双管路前后布置　b) 双管路 X 布置

1—制动压力调节器　2—轮速传感器

由于四通道 ABS 可以单独对每一个车轮进行制动压力控制，ECU 通过轮速传感器信号

监测到哪一个车轮趋于抱死，就通过制动压力调节器限制哪一个车轮的制动压力，因此附着系数利用率高，制动时可以最大程度地利用每一个车轮的最大附着力，使制动距离最短。四通道 ABS 的缺点是在某些情况下左右两侧制动力不平衡，例如左右两侧车轮接触的路面附着系数不同，或左右两侧车轮的垂直载荷相差过大，就会造成两侧制动力相差较大，产生制动跑偏，影响汽车制动时的行驶安全性。

2）四传感器、四通道、双管路 X 布置(图 1-4b)。这种形式与前一种的区别仅在于制动管路的布置不是前后管路布置，而是 X 管路布置。

（2）三通道式　三通道式 ABS 又可分为以下 3 种形式：

1）四传感器、三通道、前后管路布置、前轮独立控制、后轮低选控制(图 1-5a)。三通道式 ABS 的两个前轮分别为两个通道，可以单独对两个前轮的制动压力进行控制，两个后轮共用一个通道，两个后轮制动压力始终相等，只能一起进行控制。

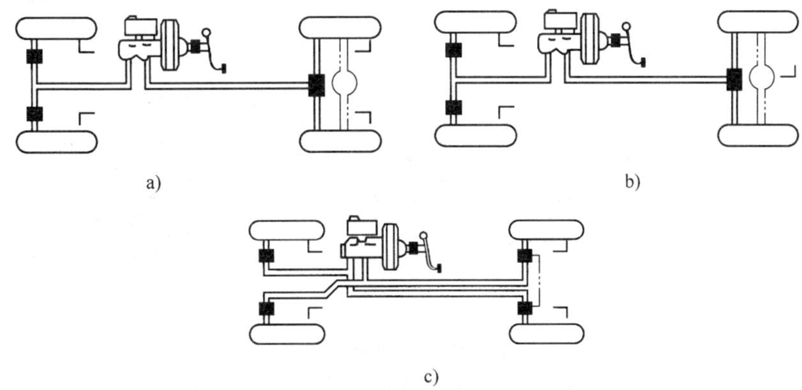

图 1-5　三通道 ABS

a）四传感器、三通道、双管路前后布置、前轮独立控制、后轮低选控制
b）三传感器、三通道、双管路前后布置、前轮独立控制、后轮低选控制
c）四传感器、三通道、双管路 X 布置、前轮独立控制、后轮低选控制

前轮独立控制是指可以对两个前轮的制动压力单独进行控制。这样控制的好处是由于轿车前轴的垂直载荷较大，再加上制动时的载荷转移，使前轮的制动力占汽车总制动力的比例较大(可达 70%)，前轮独立控制有利于充分利用两前轮的附着系数，缩短制动距离。但是前轮独立控制可能导致制动过程中两前轮的制动力不相等，但由于两前轮制动力不平衡对汽车行驶时方向稳定性的影响相对较较小，可以通过驾驶员的转向操纵对此造成的影响进行修正。

后轮低选控制是指在制动过程中，ECU 监测到两个后轮中的任何一个首先趋于抱死，就同时对两个后轮的制动压力进行控制，这就是所谓的后轮低选原则。两后轮按照低选原则进行控制时，可以保证汽车在各种条件下两侧后轮的制动力相等，即使两侧车轮与路面之间的附着系数相差较大，两个车轮的制动力都限制在附着力较小一侧的车轮的附着力水平，保证了汽车在各种条件下制动时都具有良好的方向稳定性。后轮低选原则的缺点是附着条件较好一侧车轮的附着系数不能充分利用，与四通道、四轮独立控制的 ABS 系统相比，制动距离稍长。

2）三传感器、三通道、双管路前后布置、前轮独立控制、后轮低选控制(图 1-5b)。这种形式与前一种的区别仅在于省去了一个轮速传感器，两个后轮共用一个安装在后桥主减速器上的轮速传感器。

3）四传感器、三通道、双管路X布置、前轮独立控制、后轮低选控制(图1-5c)。这种形式看起来像是四通道式，但实际上却是三通道式。虽然两后轮的车轮制动器分别与两条制动管路连接，管路彼此独立，并且在每一条制动管路都有一路制动压力调节电磁阀，但制动过程中ECU是按照低选原则对两侧后轮的制动压力同时进行控制，相当于两后轮制动器为一个通道。

(3) 二通道式　二通道式ABS又可分为三传感器二通道式、四传感器二通道式和二传感器二通道式3种形式(图1-6)。二通道式ABS结构简单，成本低廉，但在制动时的方向稳定性、转向控制能力和制动效能等方面难以得到兼顾，目前较少采用。

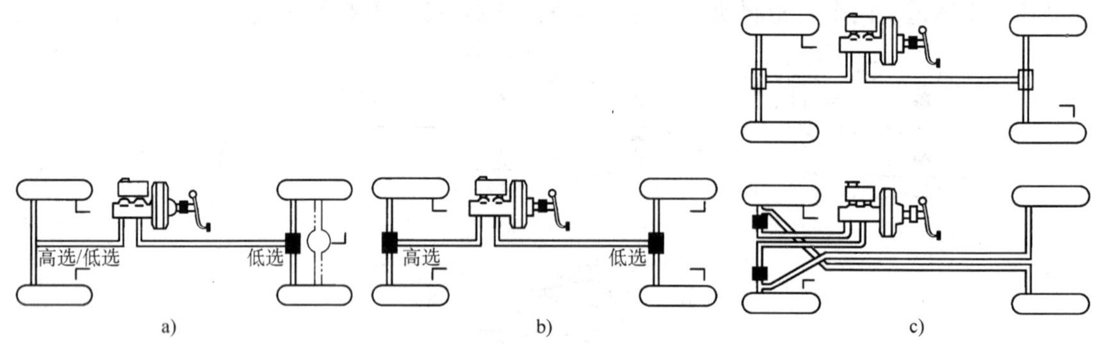

图1-6　二通道ABS

a）三传感器二通道　b）四传感器二通道　c）二传感器二通道

(4) 一通道式　一通道ABS(图1-7)在后轮制动管路中设置一个制动压力调节器调节两后轮的制动压力，在后桥主减速器上安装一个轮速传感器，或者在两个后轮上各安装一个轮速传感器。一通道ABS通常都是按照低选原则对两后轮进行控制，这样使得附着条件较好的一侧后轮的附着系数不能得到充分利用，缩短制动距离的效果并不明显，但可以提高汽车制动时的方向稳定性。

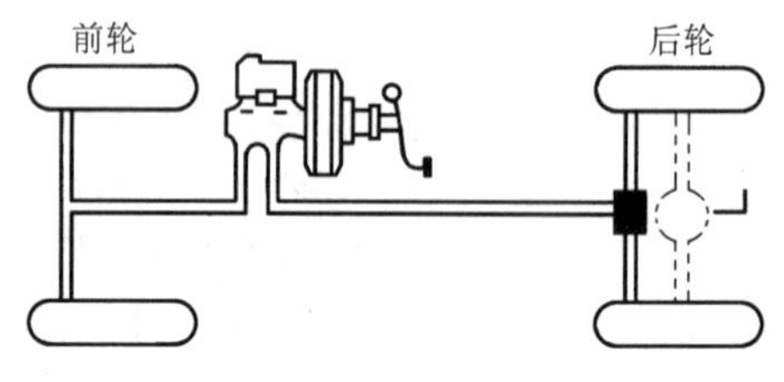

图1-7　一通道ABS

一通道式ABS对两个前轮没有进行控制，前轮的制动就是常规制动，因此在制动时前轮容易抱死，转向操纵性差。但由于对后轮采用了低选控制，能够明显提高制动时的方向稳定性，并且结构简单、成本低廉，所以某些轻型载货车上有应用。

1.1.4　ABS的控制技术

1. ABS的控制方式

ABS无论采用哪种控制方式，其目的都是根据轮速、减速度、车速等信号，判断制动时车轮的运动状态，并通过调节车轮制动器轮缸的制动压力，将车轮滑移率控制在10%～30%的范围内，从而获得最佳制动性能。

目前ABS的控制方式有车轮滑移率控制方式、逻辑门限值控制方式、最优化控制方式、

滑模动态变结构控制方式和模糊控制方式等。其中车轮滑移率控制方式和模糊控制方式需要使用成本较高的多普勒雷达检测车速，因此采用较少。在剩下的 3 种控制方式中，逻辑门限值控制方式由于实时响应好，执行机构比较容易实现而应用广泛。

逻辑门限值控制方式通常是将车轮的减速度(或角减速度)和加速度(或角加速度)作为主要控制门限，而将车轮滑移率作为辅助控制门限。通过检测车轮的角速度来计算车轮速度和加、减速度，再利用车轮速度和存储在存储器内的制动开始时的汽车速度计算车轮的参考滑移率。ABS 工作时，将这些控制参数与预先设定的门限值进行比较，根据比较结果控制制动压力调节器的电磁阀动作来改变制动力的大小，并在控制过程中记录前一控制周期(在制动过程中,从制动减压、保压到增压为一个控制周期)的各个控制参数，再根据这些参数值确定下一个控制周期的控制条件。

2. ABS 的控制过程

根据道路附着条件的不同，ABS 的控制过程通常分为高附着系数路面控制、低附着系数路面控制和附着系数由高到低的路面控制情况。下面以图 1-8 所示的高附着系数路面控制为例说明 ABS 的控制过程。

在制动初始阶段，车轮制动轮缸的制动压力随制动踏板力的增大而增大，车轮速度 v_w 下降，减速度增大，如图 1-8中第 1 阶段曲线所示。由于制动力较小，车轮的运动状态还没有达到 ABS 起作用的条件，此阶段实际上为常规制动阶段。

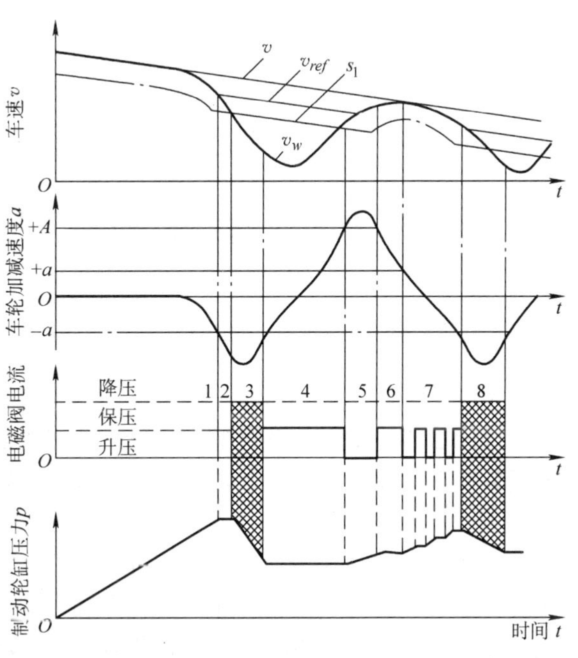

图 1-8　高附着系数路面 ABS 的控制过程

v—车速　v_{ref}—参考车速　s_1—滑移率门限值

v_w—车轮速度　+A、+a—车轮加速度门限值

-a—车轮减速度门限值

当减速度增加到设定门限值 -a 时，ABS ECU 发出指令，使相应的电磁阀转换到“保持压力”状态，控制过程进入第 2 阶段——保压阶段。取此时的车轮速度为初始参考车速，然后按照给定的斜率计算或确定参考车速 v_{ref}，由参考车速可以计算出任意时刻的车轮滑移率，称为参考滑移率。

将参考滑移率与设定的滑移率门限值 s_1 进行比较，如果参考滑移率小于滑移率门限值，表明车轮还工作在附着系数与滑移率关系曲线(图 1-2)的稳定区，则继续维持“保压”状态，以充分利用路面附着系数。当参考滑移率大于滑移率门限值时，说明车轮已工作在附着系数与滑移率关系曲线的不稳定区，ABS ECU 发出指令，使相应的电磁阀转换到“减压”状态，控制过程进入第 3 阶段——减压阶段。

减压后车轮制动力下降，在汽车惯性力作用下车轮减速度开始向正值方向变化，当车轮减速度的绝对值小于车轮减速度门限值 -a 的绝对值时，ABS ECU 使相应的电磁阀再次转换

到“保压”状态，控制过程进入第4阶段。

进入第4阶段后，由于汽车惯性力的作用，车轮减速度的绝对值越来越小而变为正值(加速度)，如果车轮加速度未能超过第一个加速度控制门限值$+a$，则判定路面情况为低附着系数，此时按照低附着系数路面的控制过程进行控制；如果车轮加速度超过第一个加速度控制门限值$+a$，则继续“保压”；如果车轮加速度超过第二个加速度控制门限值$+A$时，ABS ECU使制动压力进入第5阶段——“增压”阶段。

增压后，车轮加速度下降，当车轮加速度低于加速度控制门限$+A$时，控制过程进入第6阶段——“保压”阶段，直至车轮加速度降低到加速度控制门限值$+a$时，第6阶段结束。

此后，为了充分利用路面附着系数，进入“增压”和“保压”快速转换的第7阶段。由于制动压力的增大，车轮减速度大于设定门限值$-a$时，控制过程进入第8阶段——“减压”阶段，ABS进入第二个控制周期，控制过程与上述相同。

ABS ECU按照设定的控制方式和控制过程，控制制动压力调节器以每秒2～10次的频率调节制动轮缸的压力，防止车轮抱死滑移，将各车轮的滑移率控制在理想滑移率附近，缩短汽车的制动距离，提高汽车制动时的方向稳定性和转向控制能力。

1.2 ABS主要部件的结构和工作原理

1.2.1 传感器

1. 轮速传感器

轮速传感器的作用是检测车轮转速，并将车轮转速信号送入ABS ECU。轮速传感器一般都安装在车轮处，但有些驱动车轮的轮速传感器安装在主减速器或变速器等传动系统部件中。目前ABS轮速传感器主要有电磁式和霍尔式两种。

(1) 电磁式轮速传感器　电磁式轮速传感器主要由传感器和齿圈组成。安装在车轮处的轮速传感器如图1-9所示，齿圈安装在随车轮一起转动的部件上，如半轴、轮毂制动盘等，传感器安装在固定的部件上，如半轴套管、转向节、制动底板等。

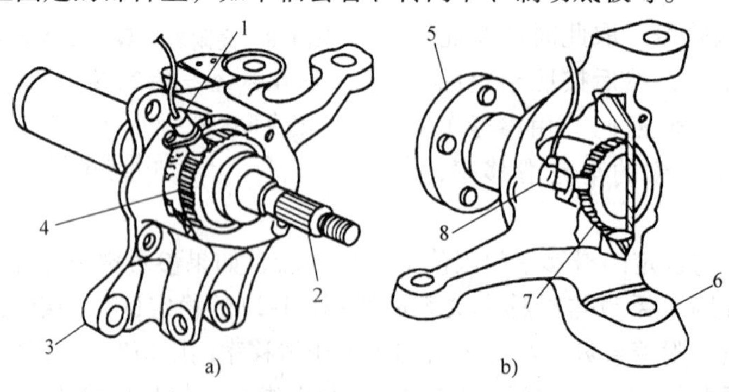

图1-9　安装在车轮处的轮速传感器

a) 驱动轮　b) 从动轮

1—电磁式轮速传感器　2—半轴　3—悬架支承　4—齿圈　5—轮毂

6—转向节　7—齿圈　8—电磁式轮速传感器

安装在传动系统部件中的轮速传感器如图 1-10 所示，传感器安装在主减速器或变速器壳体上，齿圈安装在变速器输出轴上，或借用主减速器从动齿轮作为齿圈。

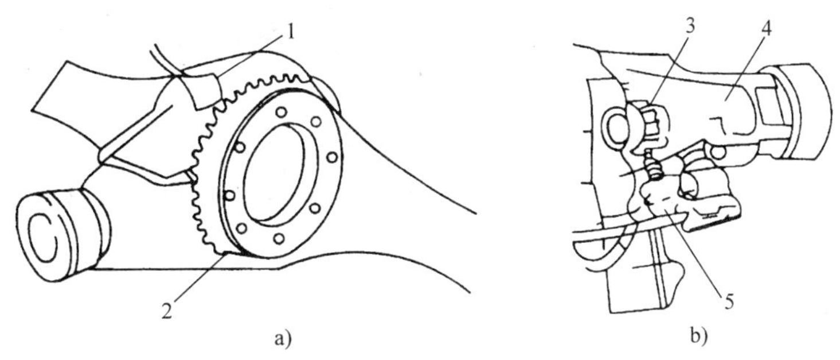

图 1-10　安装在传动系统中的轮速传感器
a）主减速器　b）变速器
1—电磁式轮速传感器　2—主减速器从动齿轮　3—齿圈
4—变速器　5—电磁式轮速传感器

传感器与齿圈之间的间隙很小，通常只有约 0.4 ~ 2.0mm。例如桑塔纳 2000GSi 和捷达轿车使用的 MK20-I 型 ABS 前轮传感器间隙为 1.10 ~ 1.97mm；后轮传感器间隙为 0.42 ~ 0.80mm。为保证传感器间隙的正确，传感器的安装位置必须正确，并按照规定的力矩拧紧，否则会影响传感器的正常信号输出。

传感器主要由永久磁铁、铁心和线圈组成，齿圈则是由磁阻较小的铁磁性材料制成，传感器的结构如图 1-11 所示。

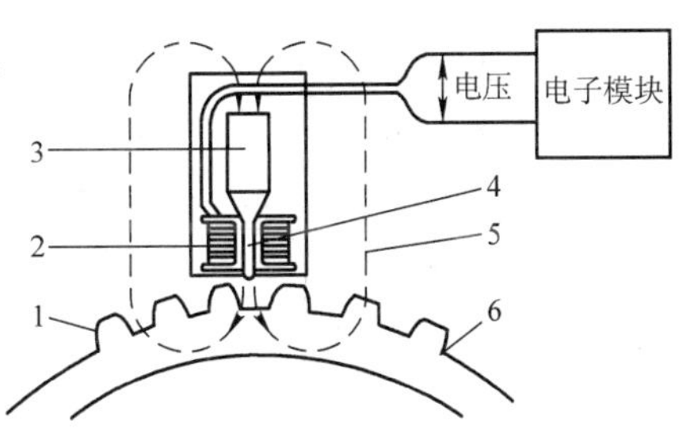

图 1-11　电磁式轮速传感器的基本结构
1—轮齿　2—线圈　3—永久磁铁
4—磁极　5—磁通　6—齿圈

电磁式轮速传感器的工作原理如图 1-12 所示，当齿圈上的某一个齿的齿顶与传感器的磁极端部对正时，磁极端部与齿圈之间的间隙最小，形成的磁阻最小，穿过线圈的磁通最大。当齿圈转动到两个轮齿之间的部分对准传感器磁极端部时，磁极端部与齿圈之间的间隙最大，形成的磁阻最大，穿过线圈的磁通最小。转子每转过一个齿，穿过线圈的磁通就发生一次周期性的强弱变化，磁通的这种变化就会在线圈中感应出交变电压信号，其频率与齿圈的齿数和转速成正比。ABS ECU 通过对轮速传感器输入的电压脉冲频率进行处理，就可以确定车轮的转速。

电磁式轮速传感器的优点是结构简单、成本低，但存在以下缺点：

1）电磁式轮速传感器的信号电压随车速的变化而变化，信号电压的幅值一般在 1 ~ 15V。当车速很低时，传感器产生的信号电压很低，ABS 无法正常工作。

2）电磁式轮速传感器频率响应较低，当车轮转速过高时，传感器的高频频率响应差，在高速时容易产生错误信号。

3）电磁式轮速传感器的抗电磁波干扰能力较差，尤其在输出信号幅值较小时。

（2）霍尔式轮速传感器　霍尔式轮速传感器也是由传感器和齿圈组成。传感器则由永久磁铁、霍尔元件和集成电路等组成，霍尔式轮速传感器的磁路如图 1-13 所示。

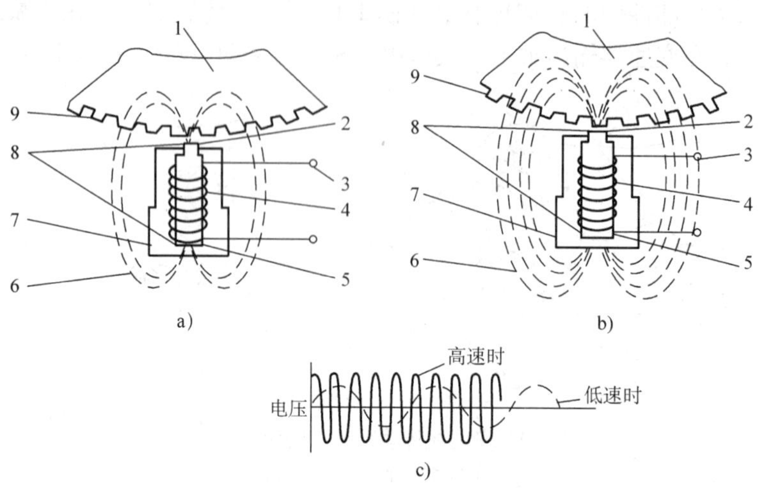

图 1-12　电磁式轮速传感器的工作原理

a）两齿之间部分与磁极端部对正　b）齿顶与磁极端部对正　c）传感器信号

1—齿圈　2—磁极端部　3—线圈引线　4—线圈　5—永久磁铁

6—磁力线　7—电磁式轮速传感器壳体　8—磁极　9—轮齿

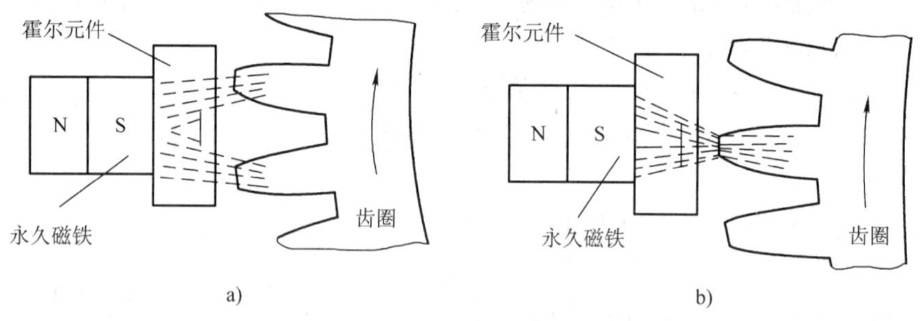

图 1-13　霍尔式轮速传感器的磁路

a）霍尔元件磁场较弱　b）霍尔元件磁场较强

霍尔式轮速传感器是根据霍尔效应原理工作的，永久磁铁的磁力线穿过霍尔元件通向齿圈，在图 1-13a 所示位置时，穿过霍尔元件的磁力线较少，磁场较弱，霍尔元件产生的霍尔电压较低；当齿圈转动至图 1-13b 所示位置时，穿过霍尔元件的磁力线集中，磁场较强，霍尔元件产生的霍尔电压较高。随着齿圈的转动，霍尔元件将输出毫伏(mV)级的准正弦波电压信号。霍尔式轮速传感器中的集成电路(图 1-14a)中的放大电路首先将该信号放大，然后经施密特触发器转换成标准的脉冲信号，再经过输出放大后输出给 ABS ECU。集成电路中的各级波形如图 1-14b 所示。

霍尔式轮速传感器的优点是：

1）输出的信号电压不随转速的变化而变化，在汽车电源电压为 12V 的条件下，信号的幅值保持在 11.5～12V，即使车速很低时也是如此。

2）传感器频率响应可达 20kHz，在 ABS 中相当于车速为 1000km/h 时所检测的信号频率，因此不会出现高速时频率响应差的问题。

3）由于霍尔式轮速传感器输出的电压信号强弱不随转速变化，且幅值较高，因此抗电

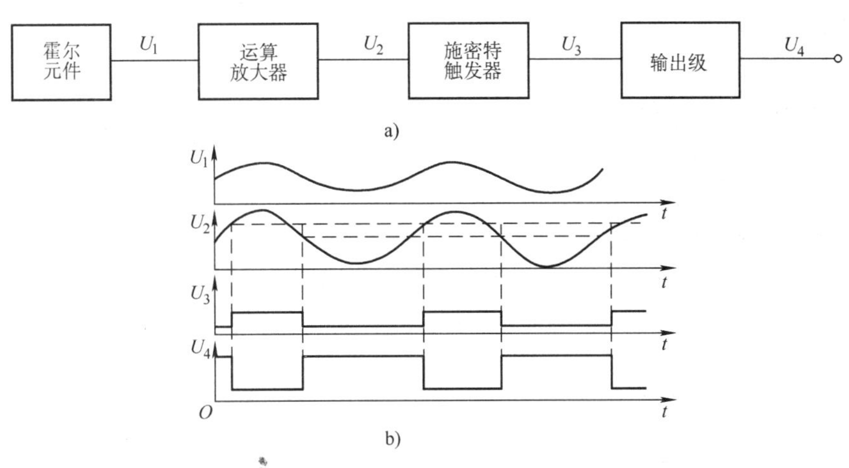

图 1-14　霍尔式轮速传感器集成电路框图及各级波形

a）霍尔式轮速传感器集成电路框图　b）霍尔式轮速传感器集成电路各级波形

磁干扰能力较强。

霍尔式轮速传感器的缺点是结构复杂，成本较高，并且工作时需要有电源电压。

2. 减速度传感器

减速度传感器也称 G 传感器，目前主要用于四轮驱动汽车检测制动时的减速度，以识别是否为冰、雪等易滑路面。

（1）差动变压器式减速度传感器　图 1-15 所示为差动变压器式减速度传感器的结构，图 1-16 所示为这种传感器的工作原理。差动变压器的原边线圈连接在振荡电路中，对变压器输入一个交变的电压信号，差动变压器的副边是两个匝数相等绕向相反的线圈，汽车静止或匀速行驶时，差动变压器线圈内的铁心在片簧的作用下处于线圈的中间位置，差动变压器副边的两个线圈的感应电压总是大小相等，方向相反，因此其输出为零。当汽车制动减速时，铁心受到惯性力的作用克服片簧的弹力向前移动，副边的两个线圈产生的感应电压大小不相等，输出信号随之变化，并且汽车减速度越大，铁心的移动量越大，输出的信号值越大。

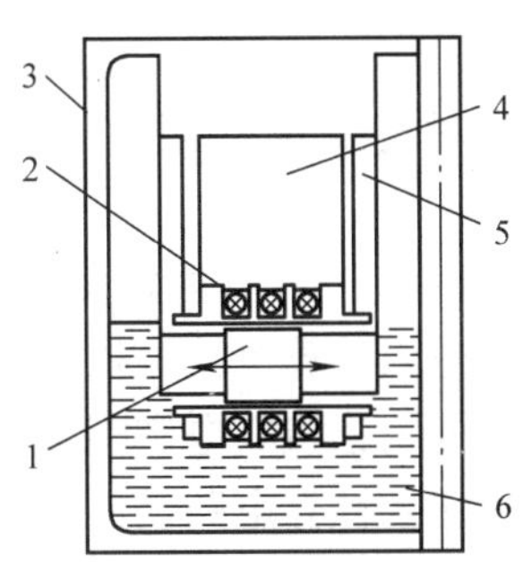

图 1-15　差动变压器式减速度传感器的结构

1—铁心　2—线圈　3—差动变压器　4—印制电路板　5—片簧　6—变压器油

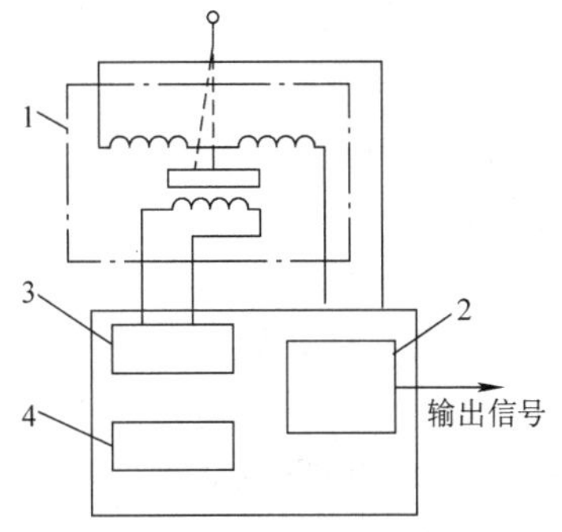

图 1-16　差动变压器式减速度传感器的工作原理

1—差动变压器　2—解调电路　3—振荡电路　4—基础电路

（2）水银开关式减速度传感器　四轮驱动汽车上安装的车身减速度传感器一般采用水银开关式，图 1-17 所示为水银开关式减速度传感器的结构和工作原理。当汽车处于水平位置时，开关内的水银位于底部，水银将两电极连通，开关接通；汽车在低附着系数的路面上制动时，由于减速度小，开关内的水银移动较小，开关仍处于接通状态；汽车在高附着系数路面上制动时，由于制动减速度较大，水银在惯性力作用下向前移动，开关断开。ABS ECU 根据开关的状态，就可以判断出路面附着系数的信息。图 1-17 所示的减速度传感器装有方向相反的两个水银开关，在汽车前进和后退时都能够检测路面附着系数信息。

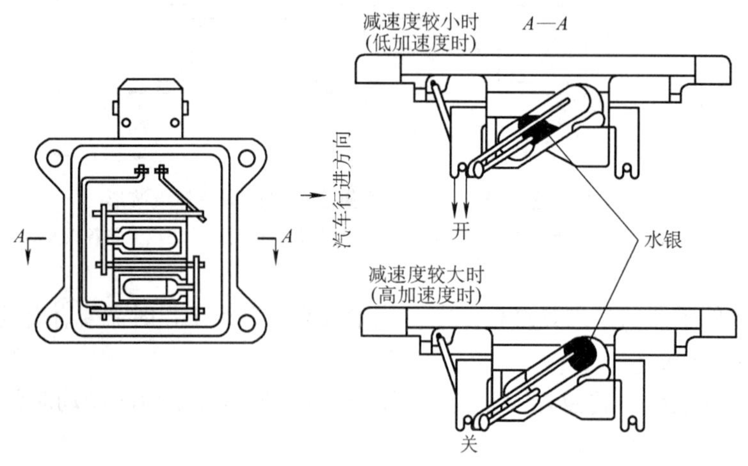

图 1-17　水银开关式减速度传感器的结构和工作原理

1.2.2　电子控制单元

ABS 电子控制单元(ECU)主要用于接收轮速传感器和其他传感器的输入信号，根据设定的控制逻辑，通过计算和逻辑分析、判断后，输出控制指令，控制制动压力调节器调节制动压力。

ABS ECU 主要由输入电路、计算电路、输出电路、安全保护电路等组成。图 1-18 所示为 ABS ECU 的电路框图(四传感器三通道)。

1. 输入电路

输入电路由低通滤波电路和整形、放大电路组成，用于对轮速传感器等输入信号进行处理，并将模拟信号转变成数字信号输入计算电路。

为了监测轮速传感器及其线路的工作情况，ABS 自诊断系统由计算电路发出监测信号，经输入电路至各轮速传感器，然后再经输入电路将反馈信号送入计算电路，依此判断轮速传感器电路是否正常。输入电路除了传送轮速传感器监测信号外，还接收电磁阀继电器、泵电动机继电器等工作电路的监测信号，并将这些信号经处理后送入计算电路，依此判断这些工作电路工作是否正常。

输入电路还接收点火开关、制动开关、制动液位开关等外部信号。

2. 计算电路

计算电路的作用是根据轮速传感器和其他传感器的输入信号，按照设定的控制逻辑，经计算和逻辑分析、判断后，输出控制指令。

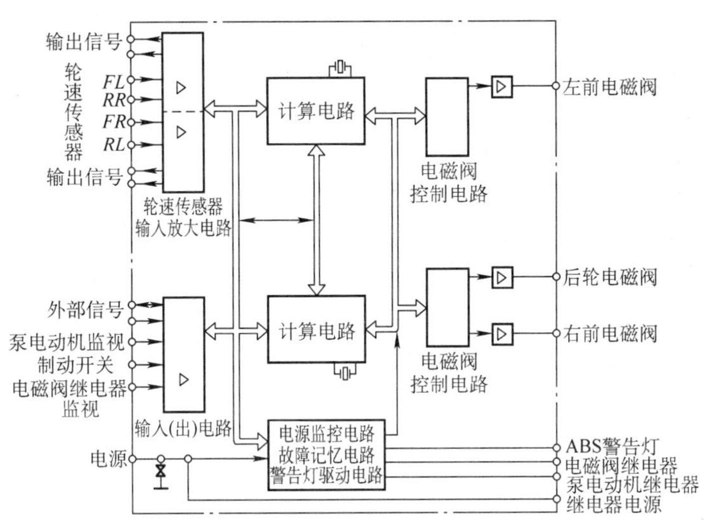

图 1-18　ABS ECU 的电路框图(四传感器三通道)

计算电路一般由两个微处理器(CPU)组成，以保证系统工作安全可靠。两个微处理器接收同样的输入信号，在进行运算和处理过程中，通过交互式通信，对两个微处理器的处理结果进行比较，如果处理结果不一致，微处理器立即使 ABS 停止工作，防止系统发生故障后导致错误控制，此时制动系统相当于没有 ABS 的普通制动系统。

计算电路不仅能够监测 ECU 内部的工作情况，还能监测轮速传感器和泵电动机继电器、电磁阀继电器等执行器的工作电路。当监测到这些电路工作不正常时，立即向安全保护电路输出指令，使 ABS 停止工作。

3. 输出电路

输出电路的主要功能是将计算电路输出的数字控制信号(如制动压力增加、保持、降低)转变成模拟信号，通过功率放大器驱动执行器工作。

4. 安全保护电路

安全保护电路由电源监控、故障记忆、继电器驱动和 ABS 警告灯驱动等电路组成。安全保护电路接收汽车电源的电压信号，对电源电压是否稳定在规定范围内进行监控，同时将 12V 或 14V 电源电压变成 ECU 内部需要的 5V 标准电压。

安全保护电路还可以根据微处理器输出的指令，对有关继电器电路、ABS 指示灯电路等进行控制。当 ABS 出现故障时，如电源电压过低、轮速传感器信号不正常，计算电路、电磁阀控制电路、泵电动机电路有故障时，能够根据微处理器的指令，切断有关继电器的电源电路，使 ABS 停止工作，恢复常规制动功能，起到失效保护作用。同时接通仪表板上的 ABS 警告灯，提示驾驶员 ABS 出现了故障，应及时维修，并且将故障信息存储在存储器内，以便进行自诊断检测时读取故障信息。

1.2.3　制动压力调节器

制动压力调节器是 ABS 的执行器，其功用是接收 ECU 的指令，通过电磁阀自动调节车轮制动器的制动压力。

制动压力调节器根据动力来源的不同可分为液压式和气压式两类，液压式主要用于轿车和轻型货车，气压式主要用于中型和大型客车以及载货车。这里只介绍液压式制动压力调节器。按照制动压力调节器调压方式的不同，制动压力调节器又可以分为循环式和可变容积式。

1. 循环式制动压力调节器的组成

循环式制动压力调节器主要由电磁阀、回油泵、储液器等组成(图1-19)。电磁阀用于控制连接制动主缸和制动轮缸以及储液器三条管路的通断，实现对制动轮缸制动压力的调节；储液器用于暂时储存制动轮缸减压过程中流出的制动液，并衰减制动液的压力波动；回油泵则将储液器的制动液泵回制动主缸。

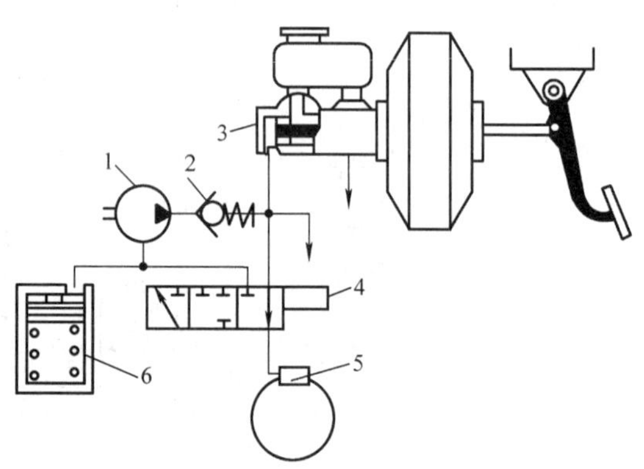

图1-19 循环式制动压力调节器的组成
1—回油泵 2—单向阀 3—制动主缸 4—电磁阀 5—制动轮缸 6—储液器

(1) 电磁阀 制动压力调节器的电磁阀主要有三位三通电磁阀和二位二通电磁阀两种。

三位三通电磁阀的表示符号如图1-20所示，它有3个液压通孔，3个工作位置，因而有3种工作状态。三位三通电磁阀的结构如图1-21所示，当电磁线圈7中没有电流通过时，衔铁6在主弹簧12和副弹簧14预紧力的作用下处于上端极限位置，并通过其上端的凸肩带动上压板13将回液球阀4压靠在回液管1端部的阀座上，封闭电磁阀的回液管1，使其处于

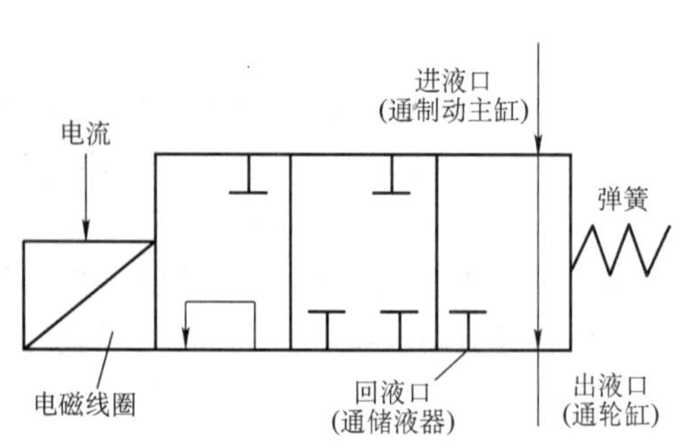

图1-20 三位三通电磁阀的表示符号

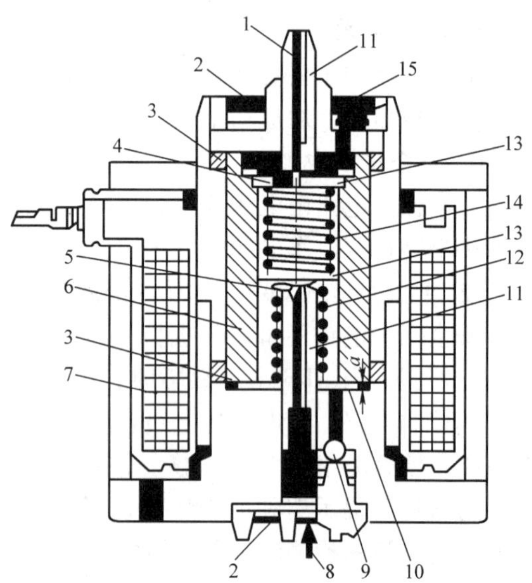

图1-21 三位三通电磁阀的结构
1—回液管 2—滤芯 3—衔铁支承圈 4—回液球阀 5—进液球阀 6—衔铁 7—电磁线圈 8—进液口 9—限压阀 10—凹槽 11—阀座 12—主弹簧 13—压板 14—副弹簧 15—出液口

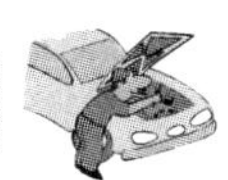

关闭状态；而下压板 13 则受主弹簧 12 的作用，将进液球阀 5 向上抬起离开进液管端部的阀座 11，进液阀开启，制动液可以从进液口 8(接制动主缸)进入电磁阀，再从出液口 15(接制动轮缸)流出，此时的工作状态如图 1-22a 所示。

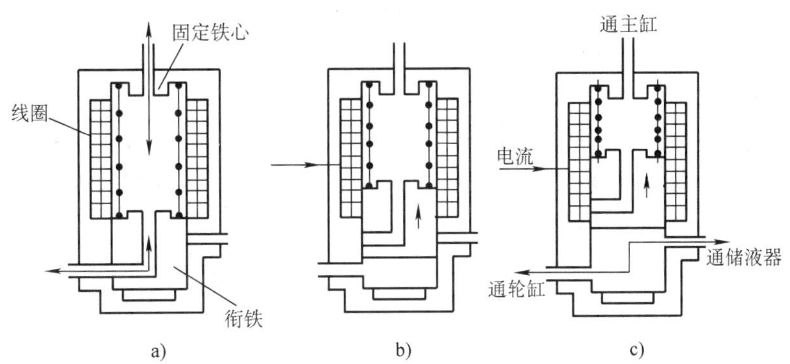

图 1-22　三位三通电磁阀的工作状态

a）电流为零　b）通小电流　c）通大电流

当电磁线圈 7 通较小电流时，产生较小的电磁吸力，吸引衔铁 6 向下移动一定距离，此时主弹簧 12 被压缩，下压板 13 在副弹簧 14 的作用下将进液球阀 5 压靠在进液管端部的阀座 11 上，进液口 8 关闭，而回液球阀 4 仍然被上压板 13 压靠在回液管 1 端部的阀座上，回液口 15 也关闭，制动液既不能进入也不能流出电磁阀，此时的工作状态如图 1-22b 所示。

当电磁线圈 7 通大电流时，对衔铁 6 产生较大电磁吸力，衔铁下移至下端极限位置，衔铁下移带动上压板 13 下移，回液球阀 4 离开回液管端部的阀座，回液管 1 处于开启状态，而进液口 8 仍处于关闭状态，因而从出液口 15 流回的制动液可以从回液管 1 流出电磁阀，此时的工作状态如图 1-22c 所示。

（2）回油泵和储液器　回油泵和储液器如图 1-23 所示，回油泵由永磁电动机和柱塞泵组成，当电动机工作时，带动凸轮旋转，驱动柱塞向下运动，柱塞下方的制动液受到压缩，顶开出液阀，制动液被泵回制动主缸；当凸轮基圆与柱塞接触时，柱塞在弹簧力的作用下向上运动，出液阀关闭，储液器内的制动液进入柱塞泵泵腔。

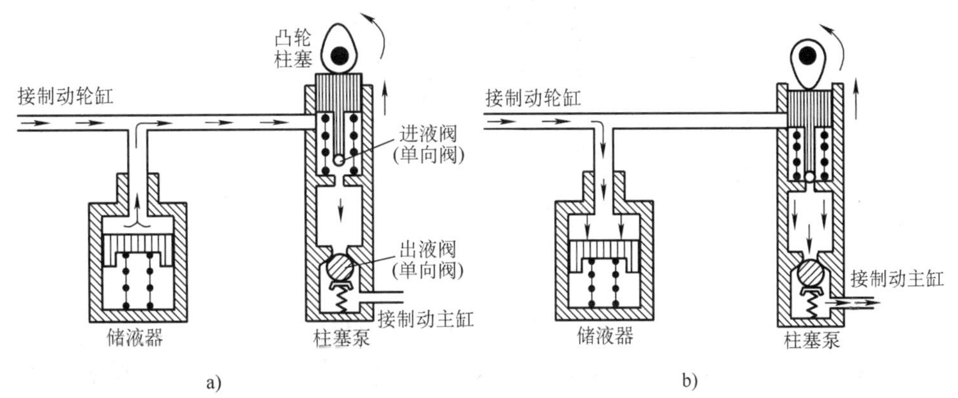

图 1-23　回油泵和储液器

a）柱塞上行　b）柱塞下行

储液器内有活塞和弹簧，当制动轮缸的制动液流入储液器时，推动活塞并压缩弹簧向下移动，使储液器的储液容积增大，暂时存储制动液，减小回流制动液的压力波动。

储液器有高压和低压之分，为了区分，通常将低压储液器称为储液器，而将高压储液器称为储能器或蓄能器。循环式制动压力调节器使用的是储液器，而可变容积式制动压力调节器内除了有储液器以外还有储能器。

2. 循环式制动压力调节器的工作过程

（1）常规制动过程　常规制动过程如图1-24所示，根据ABS ECU的指令，制动压力调节器的电磁线圈不通电，柱塞（衔铁）在弹簧力的作用下位于最下端，制动主缸的管路经电磁阀与制动轮缸管路相通，制动轮缸的压力随制动主缸压力的变化而变化。此时回油泵不工作。

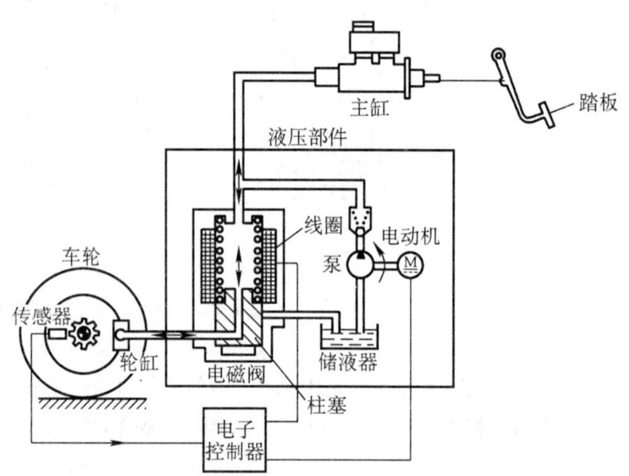

图1-24　循环式制动压力调节器的常规制动过程

（2）保压过程　在ABS工作过程中，当需要对制动轮缸保持制动压力时，根据ABS ECU的指令，给电磁阀通入较小电流，电磁阀中的柱塞移至图1-25所示的中间位置，所有的通道都被关闭，同时切断回油泵电动机电源使回油泵停止工作，制动轮缸内的制动压力保持不变。

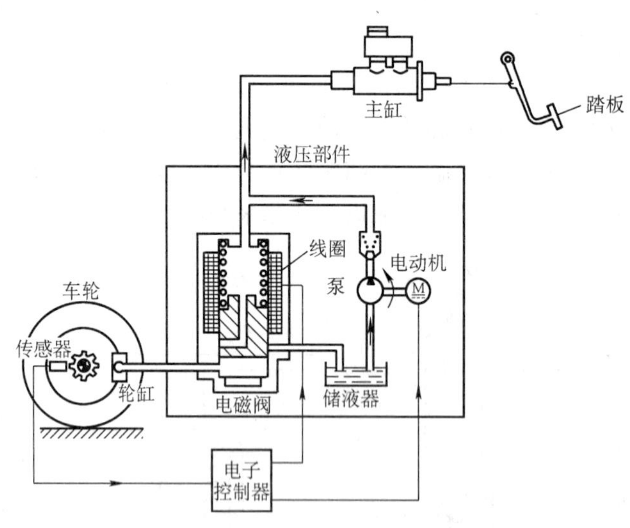

图1-25　循环式制动压力调节器的保压过程

（3）减压过程　当需要对制动轮缸进行减压时，ABS ECU发出指令，使制动压力调节器电磁阀通入较大的电流，电磁阀中的柱塞在电磁力作用下移向上端，如图1-26所示。此时制动主缸与制动轮缸之间的通路被切断，而制动轮缸与储液器之间的管路被接通，制动轮缸中的部分制动液流入储液器，从而减小了该车轮的制动压力。ABS ECU同时启动回油泵

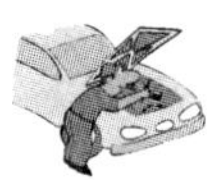

工作，将流入储液器的制动液泵回制动主缸。

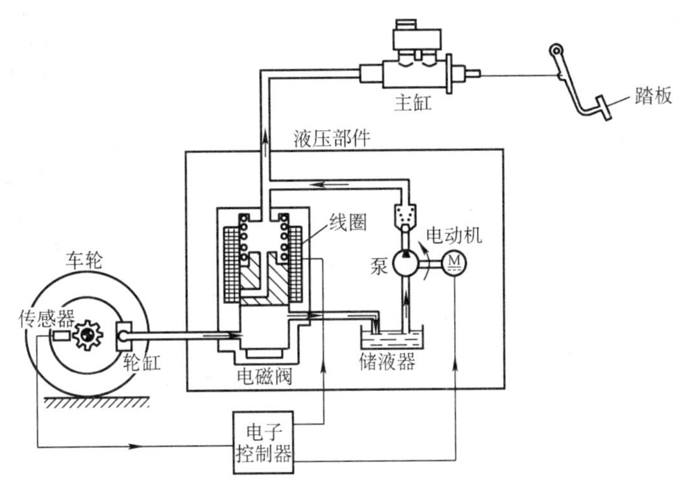

图 1-26　循环式制动压力调节器的减压过程

由于减压过程中由制动轮缸流入储液器的制动液被回油泵又“循环”回制动主缸，因此这种制动压力调节器称为循环式制动压力调节器。另外，制动液在循环回制动主缸的过程中，会造成制动主缸内的制动液压力波动，因而制动踏板会有反弹的感觉，踏板反弹的频率约为 3 ~4 次/s。

(4) 增压过程　当需要对制动轮缸增加制动压力时，ABS ECU 发出指令，使电磁阀断电，电磁阀中的柱塞在弹簧力的作用下又回到原始位置，制动主缸和制动轮缸的管路再次相通，来自制动主缸的制动液可以再次进入制动轮缸，使制动轮缸的压力增大，如图 1-27 所示。

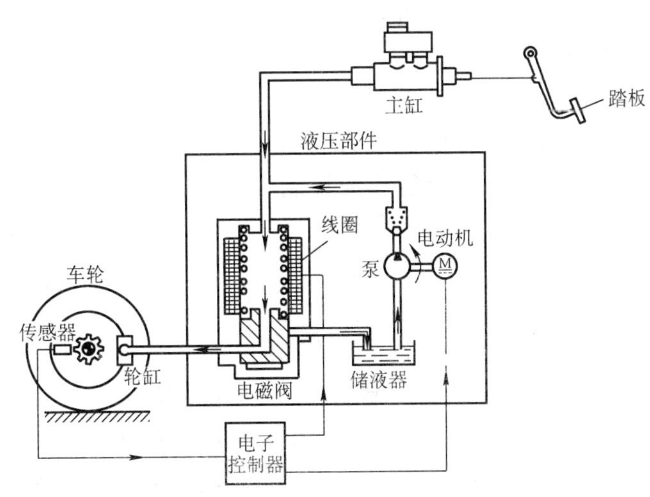

图 1-27　循环式制动压力调节器的增压过程

3. 可变容积式制动压力调节器的工作过程

可变容积式制动压力调节器主要由电磁阀、控制活塞、液压泵、储液器和储能器等组成。

（1）常规制动过程　常规制动过程如图1-28所示，电磁阀线圈中没有电流通过，电磁阀中的柱塞在弹簧力的作用下位于最左端位置，将控制活塞的大端工作腔与储液器接通，控制活塞大端工作腔内的控制油液可以进入储液器，控制活塞在其右端回位弹簧的作用下运动到最左端位置，控制活塞左端的推杆将单向阀顶开，使制动主缸与制动轮缸之间的管路连通，制动主缸内的制动液可以直接进入制动轮缸，制动轮缸的制动压力随制动主缸的压力的变化而变化。

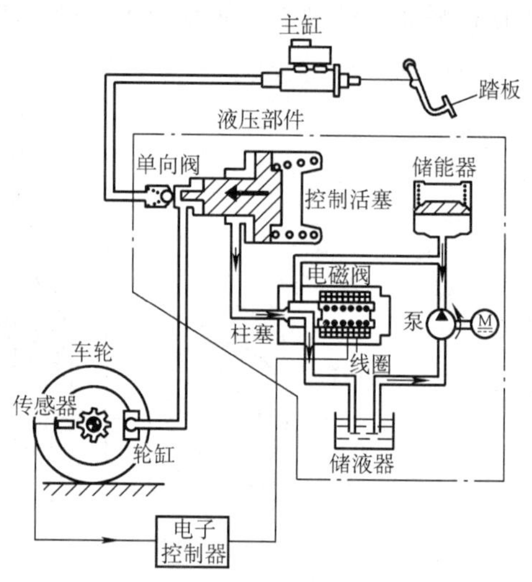

图1-28　可变容积式制动压力调节器的常规制动过程

（2）保压过程　保压过程如图1-29所示，当需要保持制动压力时，ABS ECU发出指令，给制动压力调节器的电磁线圈通入较小的电流，电磁阀中的柱塞在电磁吸力和弹簧力的共同作用下处于中间位置，因此将通向储能器、控制活塞工作腔以及储液器的油路全部封闭，来自储能器和液压泵的控制油液不能进入控制活塞大端工作腔，控制活塞大端工作腔的控制油液被密封，工作腔内的油压保持不变，控制活塞保持一定位置不动，因此控制活塞小端工作腔的容积不发生变化，而此时单向阀仍处于关闭状态，所以制动轮缸的油压保持不变。

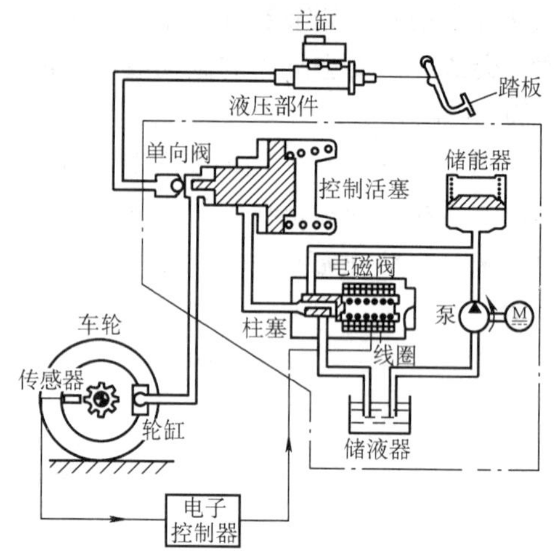

图1-29　可变容积式制动压力调节器的保压过程

（3）减压过程　减压过程如图1-30所示，在ABS工作过程中，当需要减小制动轮缸的制动压力时，ABS ECU给制动压力调节器的电磁线圈通入较大的电流，电磁阀中的柱塞在电磁吸力的作用下克服弹簧力移至右端位置，将储能器与控制活塞工作腔之间的油路接通，同时将通向储液器的油路关闭。液压泵开始工作，来自储能器或液压泵的高压控制油液进入控制活塞大端的工作腔，克服弹簧弹力，推动控制活塞右移。控制活塞右移的过程可分为两个阶段，开始时随着控制活塞的右移单向阀落座关闭，制动主缸与制动轮缸之间的通路被切断，制动主缸的制动液不可能再进入制动轮缸，这是第一个阶段；此后，随着控制活塞继续右移，控制活塞小端工作腔的容积增大，制动轮缸内的部分制动液进入控制活塞小端工作腔，制动轮缸的制动液压力下降。轮缸制动压力减小的程度取决于控制活塞向右移动的距离，移动距离越大，控制活塞小端形成的减压容积就越大，轮缸制动压力降低得也越大。

由于这种制动压力调节器工作时是通过改变控制活塞小端的容积调节轮缸的制动压力的，因此被称为可变容积式制动压力调节器。

（4）增压过程　增压过程如图1-31所示，当需要增大制动压力时，ABS ECU切断制动

压力调节器电磁线圈的电流，电磁阀中的柱塞在弹簧力的作用下回到左端原始位置，将控制活塞大端工作腔与储液器的管路接通，控制活塞大端工作腔内的控制油液流入储液器，控制活塞在弹簧力的作用下回到左端初始位置，控制活塞端部的推杆顶开单向阀，将制动主缸与制动轮缸之间的油路连通，来自制动主缸的制动液可以再次进入制动轮缸，使制动轮缸的压力增大。

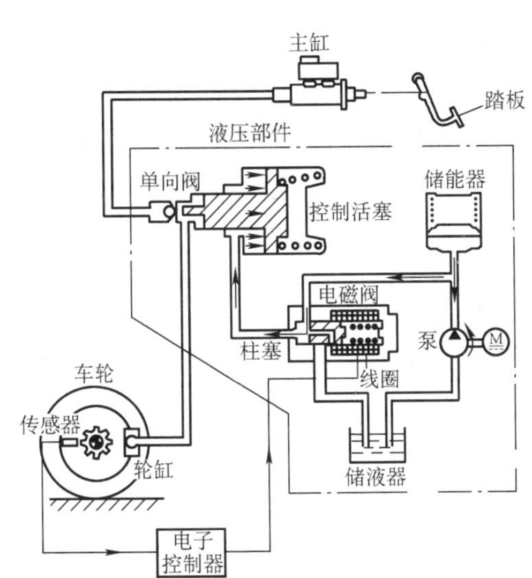

图 1-30 可变容积式制动压力调节器的减压过程

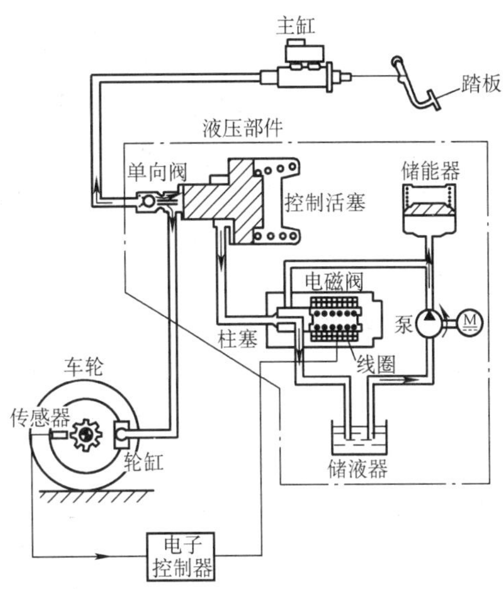

图 1-31 可变容积式制动压力调节器的增压过程

可变容积式制动压力调节器中的液压泵与循环式制动压力调节器中的回油泵的作用不同。循环式制动压力调节器中的回油泵的作用是将减压过程中流入储液器的制动液泵回制动主缸，而可变容积式制动压力调节器中的液压泵的作用是为控制油液建立油压，用于对控制活塞的控制。液压泵由安装在液压泵出口处的压力控制开关控制工作，当储能器内的控制油液压力低于设定压力时，压力控制开关闭合，接通液压泵电动机电路，液压泵工作，将控制油液由储液器泵入储能器；当储能器内的压力高于设定压力时，压力控制开关断开，液压泵停止工作，如此将储能器内控制油液的压力始终保持在规定的范围内。

1.3 典型防抱死制动系统

1.3.1 MK20-1 型 ABS

MK20-1 型 ABS 用于上海桑塔纳 2000GSi、一汽大众的捷达和都市先锋、上海赛欧车型。

1. MK20-1 型 ABS 的组成

MK20-1 型 ABS 为三通道、前轮独立控制、后轮低选控制式 ABS，主要由 4 个轮速传感器、ABS 控制器、ABS 故障警告灯、制动装置警告灯等组成，各元件在车上的位置如图 1-32 所示。

(1) 轮速传感器 4 个轮速传感器为电磁式，前轮速传感器的齿圈(43 个齿)安装在半轴上，传感器安装在转向节上，如图 1-33 所示；后轮速传感器的齿圈(43 个齿)安装在后轮毂上，传感器安装在固定支架上，如图1-34所示。

（2）ABS控制器　MK20-1型ABS将电子控制单元和制动压力调节器组合在一起，形成了ABS控制器，主要包括ABS电子控制单元（J104）、液压控制单元（N55）、液压泵（V64）等。

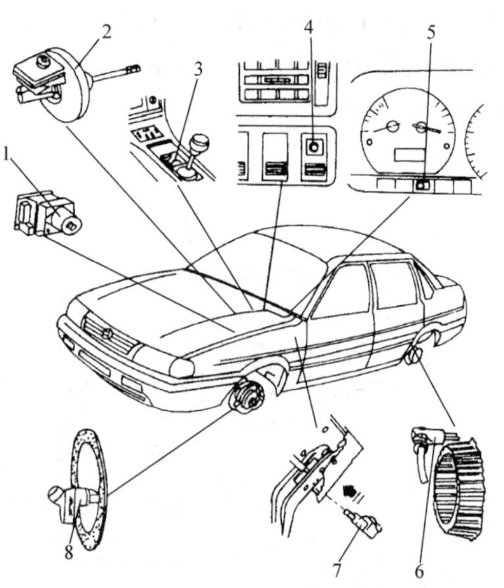

图1-32　ABS元件在车上的安装位置
1—ABS控制器　2—制动主缸和真空助力器　3—诊断插座　4—ABS故障警告灯（K47）　5—制动装置警告灯（K118）　6—后轮速传感器（G44/G46）　7—制动灯开关（F）　8—前轮速传感器（G45/G47）

电子控制单元（J104）主要由一个主控CPU、一个辅控CPU、稳压模块电路、电磁阀电源模块电路、电磁阀驱动模块电路、回油泵电动机驱动模块电路、信号处理模块电路、安全保护电路等组成。其中的主控CPU为16位，辅控CPU为8位。如果两个CPU的处理结果不一致，CPU立即发出控制指令使ABS退出工作。液压泵（V64）采用柱塞式结构，由四极四刷永磁直流电动机驱动，储液器采用弹簧活塞式结构。液压控制单元（N55）主要由8个二位二通电磁阀组成，每一个车轮的制动轮缸的制动压力由两个电磁阀控制，一个是进油阀，一个是出油阀。进油阀为常开电磁阀，出油阀为常闭电磁阀。MK20-1型ABS的液压管路系统如图1-35所示，制动管路采用X管路布置方式，左前轮与右后轮为一条制动管路，右前轮与左后轮为一条制动管路。

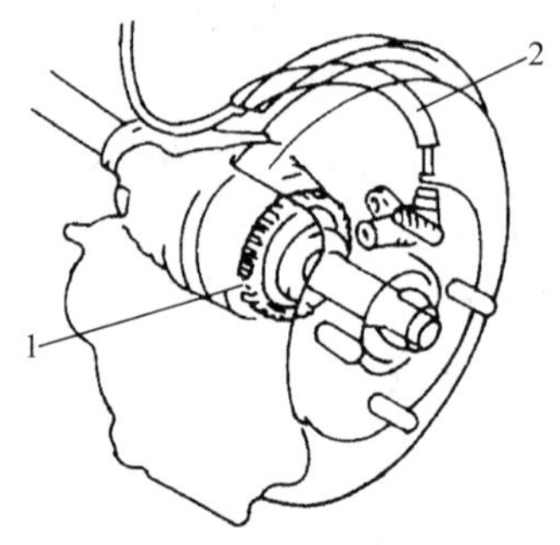

图1-33　前轮速传感器（G45/G47）安装位置
1—齿圈　2—前轮速传感器

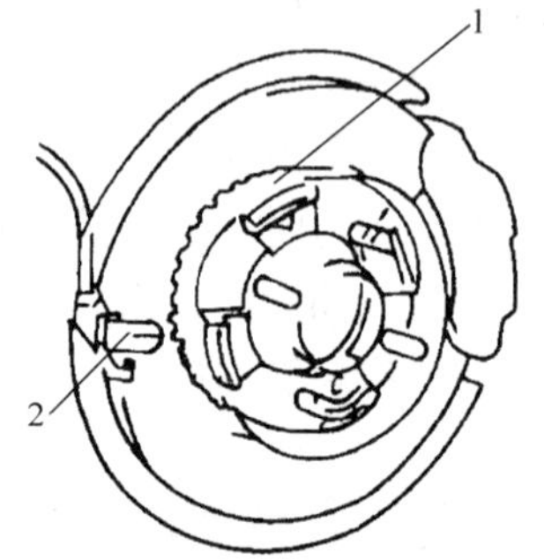

图1-34　后轮速传感器（G44/G46）安装位置
1—齿圈　2—后轮速传感器

（3）ABS故障警告灯和制动装置警告灯　ABS故障警告灯为黄色，用于指示ABS自诊断系统是否检测到ABS有故障。制动装置警告灯为红色，用于指示制动液位过低或驻车制动装置未解除。

2. MK20-1型ABS的工作原理

（1）常规制动过程　常规制动过程如图1-36所示，制动开始时，驾驶员踏下制动踏板，制动主缸产生制动油压，由于制动压力较低，车轮的滑移率没有达到ABS起作用的条件，ABS ECU不给任何电磁阀通电，来自制动主缸的制动液通过常开的进油阀进入轮缸，出

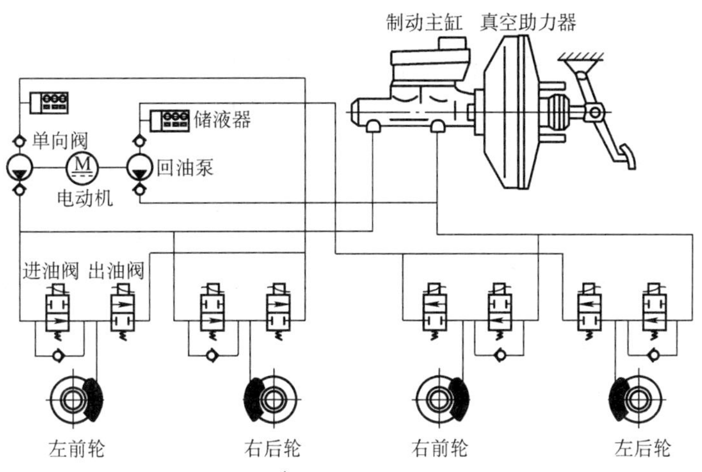

图 1-35　MK20-1 型 ABS 的液压管路系统

油阀处于关闭状态，制动过程为常规制动，制动轮缸内的压力随制动主缸压力的升高而升高。

（2）保压过程　保压过程如图 1-37 所示，当驾驶员继续踏下制动踏板，油压继续升高到车轮出现抱死趋势时，ABS ECU 发出指令，给进油阀通电，进油阀关闭，出油阀仍然不通电，因此出油阀仍然关闭。制动轮缸的油压保持不变。

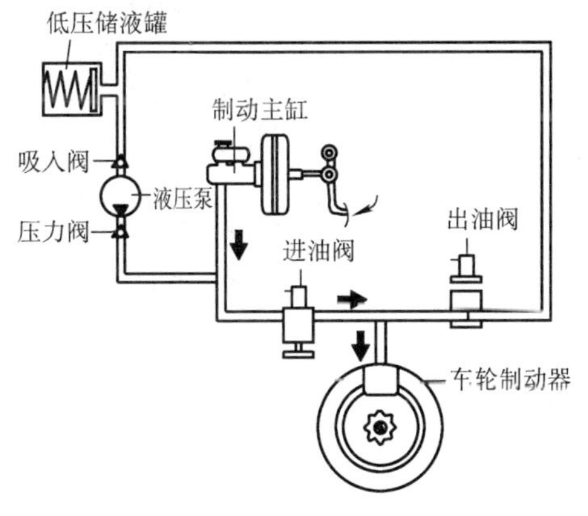

图 1-36　MK20-1 型 ABS 的常规制动过程

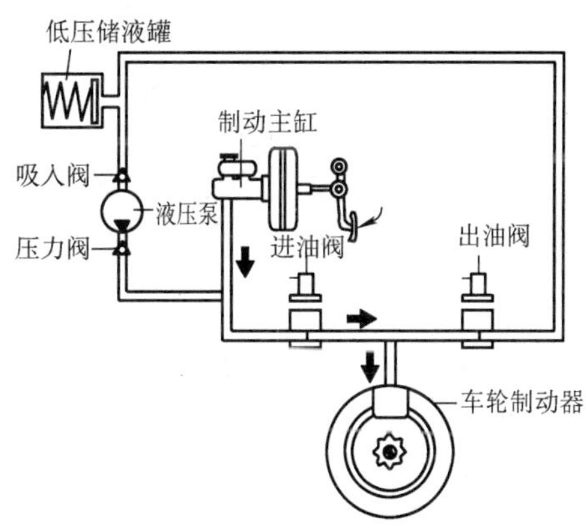

图 1-37　MK20-1 型 ABS 的保压过程

（3）减压过程　减压过程如图 1-38 所示，当保持制动压力不变车轮仍有抱死趋势时，ABS ECU 发出指令，给出油阀通电，出油阀打开，而进油阀继续保持通电，进油阀关闭，制动轮缸内的部分制动液经出油阀进入储液器，并由液压泵泵入制动主缸，因此制动轮缸内的制动压力降低。

（4）增压过程　增压过程如图 1-39 所示，当减压后如果车轮转速增加到一定值时，ABS ECU 发出指令，使进油阀和出油阀都断电，因此进油阀打开，来自制动主缸和液压泵的制动液再次进入制动轮缸，制动轮缸的制动压力增加。

3. MK20-1 型 ABS 的自诊断检测及检修

ABS 具有故障自诊断功能，当接通点火开关时，ABS ECU 便开始对系统进行自检，如

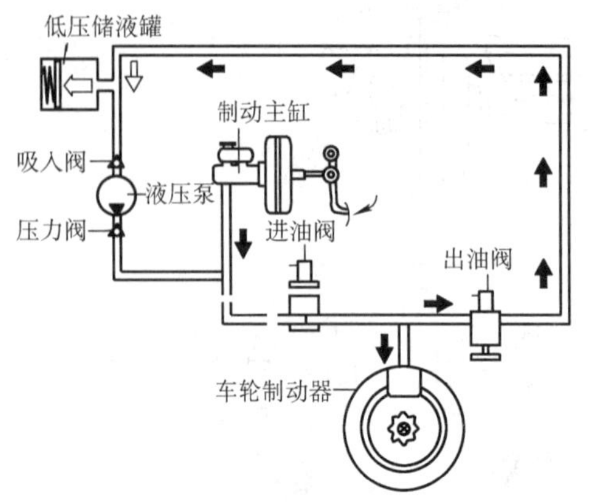

图 1-38　MK20-1 型 ABS 的减压过程

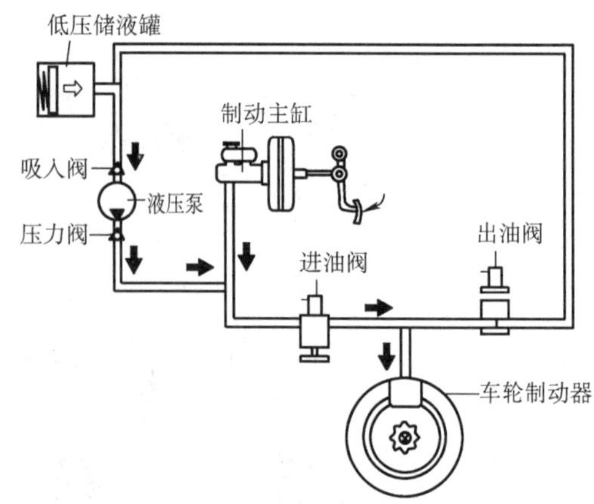

图 1-39　MK20-1 型 ABS 的增压过程

果系统正常，ABS 故障警告灯点亮 2s 后将熄灭。如果接通点火开关后 ABS 故障警告灯不亮，或者常亮，或者行驶过程中 ABS 故障警告灯点亮，均说明 ABS 有故障，应读取故障码，查明故障原因并排除故障。

现以上海桑塔纳 2000GSi 汽车 ABS 为例，介绍使用大众 V. A. G1551 或 V. A. G1552 故障诊断仪对 ABS 进行自诊断检测的方法。故障诊断仪除了读取和清除故障码以外，还可以读取测量数据块以及对执行元件进行测试等。使用大众故障诊断仪对 ABS 进行自诊断检测的步骤如下：

图 1-40　将诊断仪连接到车上的诊断插座上

1）关闭点火开关，将大众故障诊断仪（以 V. A. G1552 为例）连接到车上的诊断插座上（图 1-40），然后接通点火开关，诊断仪将显示：

Test of vehicle system	HELP
Insert address word ××	

汽车系统测试	帮助
输入地址码 ××	

2）根据表 1-1 的地址码选择测试系统，按“0”和“3”键选择“制动电控系统”，诊断仪将显示：

Test of vehicle system	Q
03-Brake electronics	

汽车系统测试	确认
03-制动电控系统	

3）按“Q”键确认，诊断仪将显示 ABS 控制单元识别代码：

3A0 907 379 ABS ITT AE 20 GI VOD	
Coding 04505	WCS×××××

代码含义：

3A0 907 379 ABS：控制单元备件号；

ITT AE 20 GI：ITT 公司 ABS 产品型号；

VOD：控制单元软件版本；

Coding 04505：控制单元编码号；

WCS × × × × ×：维修站代码。

4）按“→”键，诊断仪将显示：

Test of vehicle system	HELP
Select function × ×	

汽车系统测试	帮助
选择功能 × ×	

5）按表 1-2 选择检测功能，输入相应的功能代码，按“Q”键确认，然后按照诊断仪的提示进行操作，即可进行各种自诊断检测。

表 1-1　大众 V. A. G1551/1552 故障诊断仪的地址码

地址码	地址码的含义	地址码	地址码的含义
01	发动机电控系统	25	防盗系统
02	自动变速器电控系统	26	电动天窗控制系统
03	制动电控系统	34	悬架控制系统
08	空调电控系统	35	中央门锁系统
14	车轮减振电控系统	37	巡航控制系统
15	安全气囊系统	56	收音机
16	动力转向电控系统	65	轮胎气压检测
17	组合仪表	00	整车电控系统自动检测程序，查询电控系统的故障记忆并打印
22	四轮驱动电控系统		
24	驱动防滑控制系统		

表 1-2　功能代码表

代　码	功　　能	代　码	功　　能
01	显示电子控制单元版本	06	结束输出
02	查询故障记忆	07	电子控制单元编码
03	执行元件测试	08	读取测量数据块
04	基本设定	10	匹配(自适应)
05	清除故障记忆	11	登录

（1）读取和清除故障码　在上述的步骤 5）中输入功能代码“0”和“2”，“查询故障记忆”，即可读取故障码。如果有故障，按“→”键，故障就会依次显示。MK20-1 型 ABS 故障码见表 1-3。在上述的步骤 5）中输入功能代码“0”和“5”，“清除故障记忆”，即可清除故障码。

表 1-3　ABS 故障码

<table>
<tr><th>故障码</th><th>故障码的含义</th><th>故障可能的原因</th><th>故障排除方法</th></tr>
<tr><td>00668</td><td>30 号线终端电压信号超差</td><td>电压供应线路、插接器、熔断器故障</td><td>检查电控单元供电线路、熔断器和插接器</td></tr>
<tr><td>00283</td><td>左前轮速传感器 G47</td><td rowspan="4">● 轮速传感器与电控单元之间的导线断路或与电源或与搭铁短路
● 齿圈受到污染或损坏
● 轮毂轴承间隙过大
● 轮速传感器安装不正确
● 轮速传感器损坏</td><td rowspan="4">● 检查轮速传感器与电控单元之间的线路和插接器
● 检查轮速传感器与齿圈之间的间隙
● 使用诊断仪 V. A. G1552 的“08”功能进行“读取测量数据块”</td></tr>
<tr><td>00285</td><td>右前轮速传感器 G45</td></tr>
<tr><td>00287</td><td>右后轮速传感器 G44</td></tr>
<tr><td>00290</td><td>左后轮速传感器 G46</td></tr>
<tr><td>01276</td><td>ABS 液压泵 V64 信号超差</td><td>● 液压泵与电控单元之间的线路断路或与电源或与搭铁短路
● 液压泵电动机故障</td><td>● 检查线路
● 使用 V. A. G1552 的“03”功能进行“执行元件测试”</td></tr>
<tr><td>65535</td><td>电控单元</td><td>● 电控单元电源或搭铁线路故障
● 电控单元 J104 损坏</td><td>● 检查电控单元电源或搭铁线路
● 更换电控单元 J104</td></tr>
<tr><td>01044</td><td>电控单元编码不正确</td><td>● 电控单元插接器的端子 6 与端子 22 之间的连线断路
● 电控单元编码错误</td><td>● 检测插接器线束
● 重新编码</td></tr>
<tr><td>01130</td><td>ABS 工作信号超差</td><td>有外界干扰源干扰</td><td>● 检查所有线路连接
● 清除故障存储器
● 车速大于 20km/h 紧急制动试车
● 再次查询故障存储器</td></tr>
</table>

（2）读取测量数据块　通过读取测量数据块，可以读取到控制系统工作时的各种参数，以判断相应部件的工作情况。MK20-1 型 ABS 数据块的显示组 01 和 02 可用于检测轮速传感器，显示组 03 可用于检测制动灯开关。读取测量数据块时，在上述的步骤 5）中输入功能代码“0”和“8”，“读取测量数据块”，按“Q”键确认后即可实现读取测量数据块的功能，然后依次输入不同的显示组号，例如输入“001”，诊断仪将显示第一组数据块，为 4 个轮速传感器数据。车轮不动时，显示的 4 个轮速传感器数据都应为 0；将车辆升起，用手转动车轮，诊断仪将显示相应车轮的速度。按“→”键，诊断仪将显示第二组数据块，使车辆缓慢行驶，诊断仪将同时显示 4 个轮速传感器检测到的车速，通过计算 4 个数据的偏差，可以判断轮速传感器的工作情况。再按“→”键，诊断仪将显示第三组数据块，显示制动灯开关的工作情况，踏下制动踏板时应显示 1，不踏制动踏板时应显示 0。

（3）执行器测试　执行器测试是通过诊断仪向汽车上的电子控制单元发出指令，再由电子控制单元向汽车上的有关执行元件发出工作指令，使执行元件工作，以判断执行元件工作是否正常。进行执行器测试时，将车辆举起，一人在车内操纵诊断仪，另一人在车外转动车轮，根据车轮能否转动，判断执行元件工作情况。具体步骤是在上述的步骤 5）中输入功能代码“0”和“3”，“执行元件测试”，然后按表 1-4 中的步骤操纵诊断仪，诊断仪将依次使液压泵、进油阀、出油阀工作，根据车轮能否转动以及制动踏板的反应，即可判断执行元件的工作是否正常。执行元件测试的顺序从液压泵开始，然后依次是左前轮进出油阀、右前轮进出油阀、左后轮进出油阀、右后轮进出油阀。表 1-4 只列出了液压泵和左前轮进出油阀

的测试，其他车轮进出油阀的测试方法与此相同。

表 1-4　执行器测试

步骤	操纵诊断仪	操纵制动踏板	液压泵	进油阀（常开阀）	出油阀（常闭阀）	车轮	备　注
1	按“Q”键	放松	工作	断电	断电	自由	液压泵有转动的声音，将脚放到制动踏板上应能感觉到振动
2	按“→”键	踩下	不工作	断电	断电	锁定	
3	按“→”键	保持踩下	不工作	通电	断电	锁定	
4	按“→”键	保持踩下	工作	通电	通电	自由	液压泵有转动的声音，应能感觉到制动踏板振动，踏板稍微升高
5	按“→”键	保持踩下	不工作	通电	断电	自由	
6	按“→”键	保持踩下	不工作	断电	断电	锁定	应能感觉到制动踏板稍微下沉
7	按“→”键	放松	不工作	断电	断电	自由	

（4）电路检测　经自诊断检测后如果仍然不能确定故障的具体部位，可进行电路检测。桑塔纳 2000GSi 汽车上的 MK20-1 型 ABS 的电路图如图 1-41 所示，ABS ECU 插接器端子位置如图 1-42 所示，各端子功能见表 1-5。

电路检测应在 ABS 熔断器完好、关闭车上用电设备的情况下进行。拔下 ABS ECU 插接器，使其与大众检测盒 V. A. G1598/21 连接(图 1-43)。检测盒上的插孔编号与电控单元的端子号对应，因此检测可以直接在检测盒的插孔之间进行。电路检测的主要内容以及检测方法见表 1-6。

表 1-5　ABS ECU 各端子功能

端　子　号	连接的元件	端　子　号	连接的元件
1	右后轮速传感器(G44)	14	空位
2	左后轮速传感器(G46)	15	空位
3	右前轮速传感器(G45)	16	ABS 故障警告灯(K47)
4	左前轮速传感器(G47)	17	右后轮速传感器(G44)
5	空位	18	右前轮速传感器(G45)
6	电控单元端子 22	19	空位
7	空位	20	空位
8	蓄电池(－)	21	空位
9	蓄电池(＋)	22	电控单元端子 6
10	左后轮速传感器(G46)	23	中央线路板接头 G3
11	左前轮速传感器(G47)	24	蓄电池(－)
12	制动灯开关(F)	25	蓄电池(＋)
13	诊断导线(K 线)		

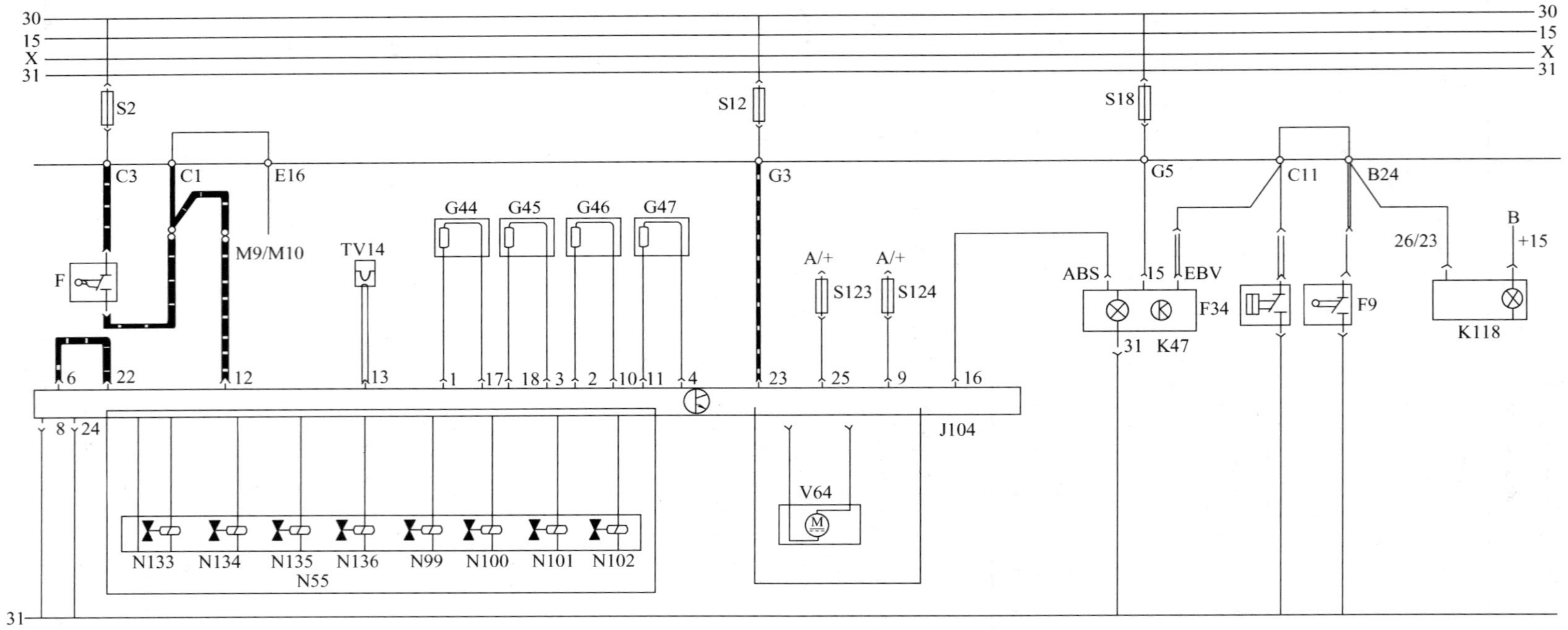

图 1-41　MK20-1 型 ABS 电路图

A—蓄电池　B—在仪表内 +15　F—制动开关　F9—驻车制动开关　F34—制动液位开关　G44—右后轮速传感器　G45—右前轮速传感器　G46—左后轮速传感器　G47—左前轮速传感器　J104—ABS ECU　K47—ABS 故障警告灯　K118—制动装置警告灯　M9—左制动灯　M10—右制动灯　N55—液压控制单元　N99—ABS 右前轮进油阀　N100—ABS 右前轮出油阀　N101—ABS 左前轮进油阀　N102—ABS 左前轮出油阀　N133—ABS 右后轮进油阀　N134—ABS 右后轮出油阀　N135—ABS 左后轮进油阀　N136—ABS 左后轮出油阀　S2—熔断器(10A)　S12—熔断器(15A)　S18—熔断器(10A)　S123—液压泵熔断器(30A)　S124—电磁阀熔断器(30A)　TV14—诊断插座　V64—电动液压泵

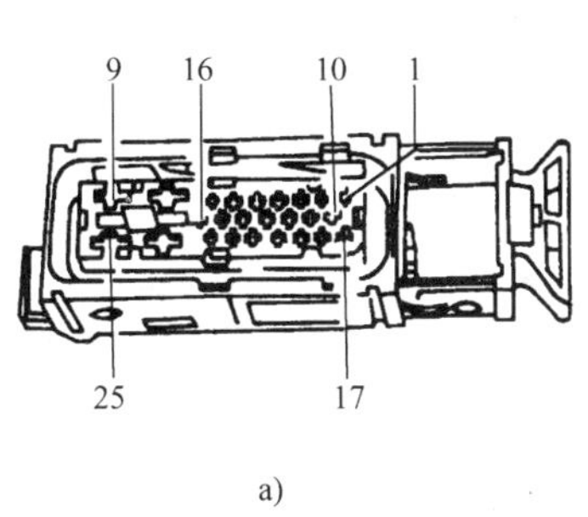

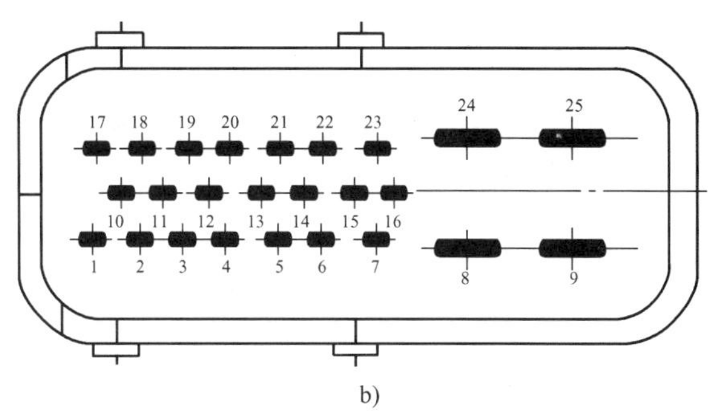

a)　　　　b)

图 1-42　ABS ECU 插接器

a）线束侧插接器　b）ABS ECU 侧插接器

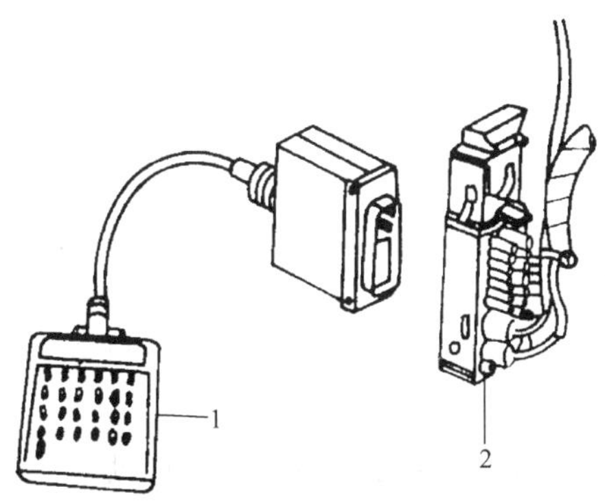

图 1-43　检测盒 V. A. G1598/21

1—V. A. G1598/21　2—ABS ECU 线束插接器

表 1-6　电路检测表

检测内容	V. A. G1598/21 插孔或电控单元线束插接器端子	检 测 条 件	额　定　值	故 障 排 除
轮速传感器电阻	3 +18(右前轮) 4 +11(左前轮) 1 +17(右后轮) 2 +10(左后轮)	点火开关关闭	1.0 ~1.3kΩ	● 检测插接器 ● 检测轮速传感器电阻，应为 1.0 ~1.2kΩ ● 检查传感器线束
轮速传感器信号电压	3 +18(右前轮) 4 +11(左前轮)	点火开关关闭，举起汽车，以 1r/s 的转速转动车轮	最低 65mV 交流电压	● 检查轮毂轴承间隙是否过大 ● 检查齿圈是否完好 ● 检查传感器与齿圈之间的间隙，前轮应为 1.10 ~1.97mm，后轮应为 0.42 ~0.80mm ● 更换一个传感器再进行检测
	1 +17(右后轮) 2 +10(左后轮)		190 ~1140mV 交流电压	
液压泵供电电压	8 +25	点火开关关闭	10.0 ~14.5V	● 检查端子 8 至搭铁线路 ● 检查端子 25 经熔断器 S123 至蓄电池正极线路

（续）

检测内容	V. A. G1598/21 插孔或电控单元线束插接器端子	检 测 条 件	额 定 值	故 障 排 除
电磁阀供电电压	9 +24	点火开关关闭	10.0 ~ 14.5V	● 检查端子 24 至搭铁线路 ● 检查端子 9 经熔断器 S124 至蓄电池正极线路
电控单元（J104）供电电压	8 +23	点火开关接通	10.0 ~ 14.5V	● 检查端子 8 至搭铁线路 ● 检查端子 23 至中央线路板接头 G3 的线路

1.3.2 威驰汽车 ABS

1. ABS 的组成

威驰汽车 ABS 为四通道式，主要由 4 个电磁式轮速传感器、ABS ECU 及执行器总成、ABS 熔断器以及故障警告灯等组成。ABS 执行器的制动压力调节器为循环式，由 8 个二位二通电磁阀和回油泵等组成。威驰汽车 ABS 电路图如图 1-44 所示。

2. ABS 故障自诊断检测

（1）读取和清除故障码 故障码的读取和清除可以使用丰田手持式诊断仪进行，也可以通过人工方式进行。人工读取和清除故障码的步骤如下：

1）将点火开关转至 ON 位置，ABS 故障警告灯应点亮 3s 后熄灭。如果警告灯不亮，应检查警告灯及其线路。

2）关闭点火开关，使用丰田专用连接工具 SST09843-18040 连接诊断插座端子 TC 与 CG。

3）将点火开关转至 ON 位置，仪表板上的 ABS 故障警告灯将闪烁输出故障码。故障码的显示方式如图 1-45 所示。故障码见表 1-7。

4）在使用专用连接工具 SST09843-18040 将诊断插座端子 TC 与 CG 连接，且点火开关位于 ON 位置的情况下，在 5s 内将制动踏板踩下不少于 8 次，即可清除故障码。

表 1-7 威驰汽车 ABS 故障码表

故 障 码	诊 断	故 障 码	诊 断
C0200/31	右前轮速传感器信号故障	C0273/13	ABS 电动机继电器电路断路
C0205/32	左前轮速传感器信号故障	C0274/14	ABS 电动机继电器电路短路
C0210/33	右后轮速传感器信号故障	C0278/11	ABS 电磁阀继电器电路断路
C0215/34	左后轮速传感器信号故障	C0279/12	ABS 电磁阀继电器电路短路
C0226/21	右前电磁阀故障	C1241/41	蓄电池电压过低或过高
C0236/22	左前电磁阀故障	C1249/49	制动灯开关电路断路
C0246/23	右后电磁阀故障	C1251/51	泵电动机锁止
C0256/24	左后电磁阀故障	故障灯常亮	ABS ECU 故障

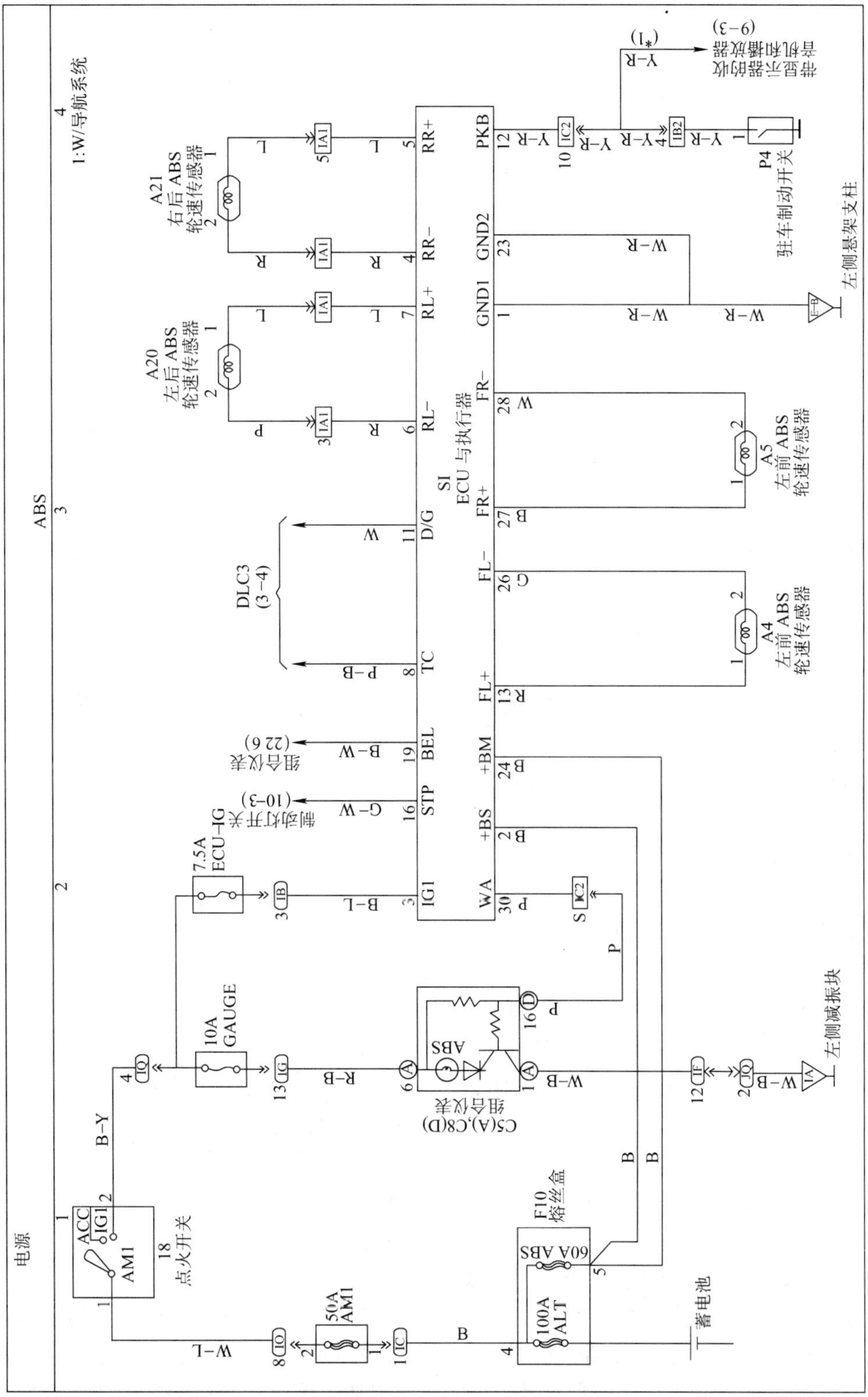

图 1-44　威驰汽车 ABS 电路图

（2）执行器测试

1）连接丰田手持式诊断仪

a. 将丰田手持式诊断仪连接到诊断插座 DLC3 上。

b. 起动发动机怠速运转，在诊断仪上选择“ACTIVE TEST(动作测试)”模式。

2）测试执行器电动机是否工作

a. 操纵诊断仪，接通电动机继电器，应能听到执行器电动机工作的声音。

b. 断开电动机继电器，踏下制动踏板并保持 15s，制动踏板不应下沉。

c. 接通电动机继电器，检查制动踏板不应有脉动(连续接通电动机继电器的时间不应超过 5s,两次接通的时间间隔应大于 20s)。

d. 断开电动机继电器，放松制动踏板。

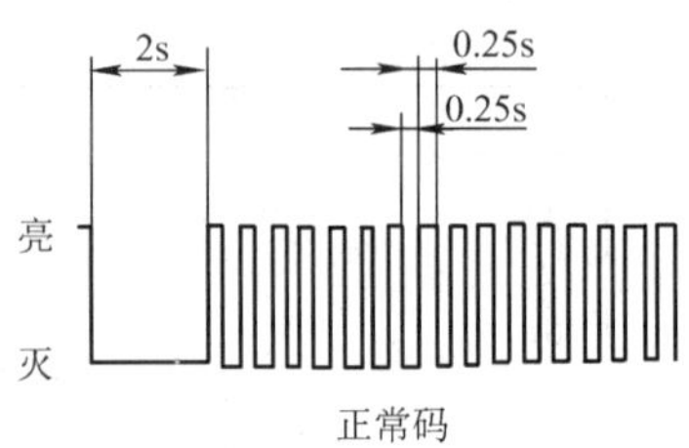

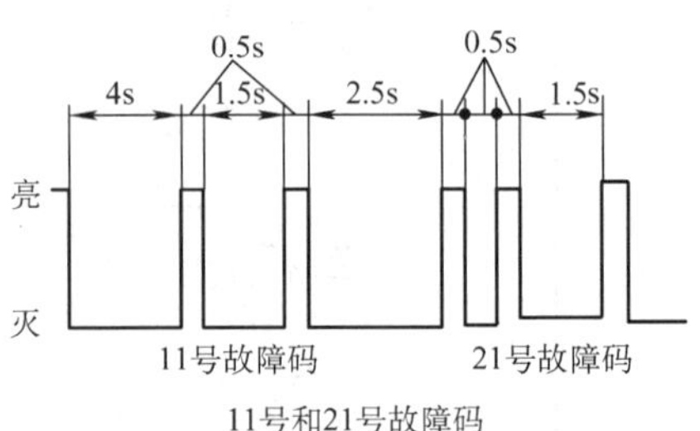

图 1-45　故障码显示方式

3）测试右前轮动作

a. 踏下制动踏板。

b. 同时接通右前轮进、出油电磁阀 SFRH 和 SFRR，检查制动踏板不应下沉(连续接通电磁阀的时间不应超过 5s,两次接通的时间间隔应大于 20s)。

c. 同时切断右前轮进、出油电磁阀 SFRH 和 SFRR，检查制动踏板应下沉。

d. 接通电动机继电器，检查制动踏板应回升(连续接通电动机继电器的时间不应超过 5s,两次接通的时间间隔应大于 20s)。

e. 切断电动机继电器，放松制动踏板。

4）按照相同的方法测试其他车轮电磁阀

3. ABS 电路检测

（1）轮速传感器及其电路检测

1）关闭点火开关，拔下 ABS ECU 插接器。

2）使用万用表测量 ECU 插接器(图 1-46)端子 13 和端子 26(左前轮速传感器)、端子 27 和端子 28(右前轮速传感器)、端子 6 和端子 7(左后轮速传感器)、端子 4 和端子 5(右后轮速传感器)之间的电阻，前轮速传感器的电阻值应为 1.4～1.8kΩ，后轮速传感器的电阻值应不大于 2.2kΩ。

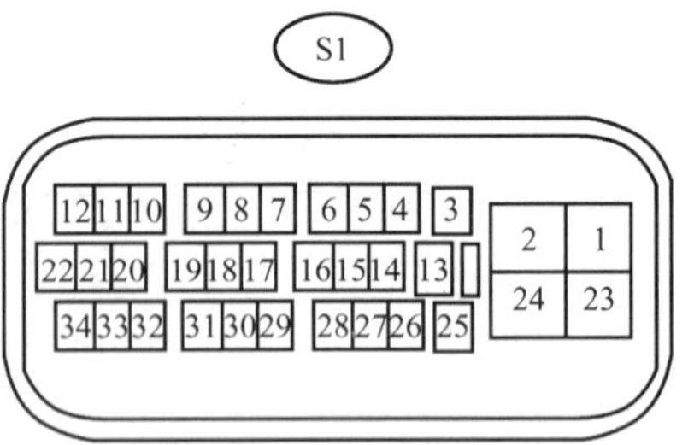

图 1-46　ABS ECU 插接器

3）如果检测到某一传感器的电阻值与上述值不符，拔下该轮速传感器插接器，直接检测该传感器两端子之间的电阻，以判断故障在传感器还是在线路。

4）如果检测到的传感器电阻值正常，但仍怀疑传感器工作不正常，可以使用示波器检测轮速信号波形，将示波器连接到 ABS ECU 线束插接器被检测的传感器端子之间，驾驶车辆以 20km/h 的车速行驶。如果波形异常，说明齿圈损坏、传感器与齿圈之间的间隙变化过大或者传感器与齿圈之间有铁屑等杂质。

(2) ABS 故障警告灯电路检测

1) 拔下 ABS ECU 插接器。

2) 将点火开关转至 ON 位置。

3) ABS 故障警告灯应点亮。如果警告灯不亮，修理或更换组合仪表总成；如果警告灯亮，进行下一步骤。

4) 检查 ABS ECU 端子 30 与组合仪表之间的线路和插接器。

1.4　ABS 的故障诊断与维修

1.4.1　使用与检修注意事项

1) 装备 ABS 的汽车在制动时切忌反复踩、放制动踏板，而应保持制动踏板持续踏下。

2) ABS 起作用时会产生液压噪声，制动踏板会振颤，这属于正常现象，应继续保持制动踏板踏下。

3) 应使用汽车生产厂家推荐的规格和型号的轮胎，不能混用不同规格的轮胎。轮胎的气压应符合厂家要求。

4) 应及时补充制动液，并按照汽车生产厂家要求的间隔更换厂家推荐型号的制动液。

5) 更换制动液后，或者使用中发现制动踏板发软，应及时对制动系统进行排气。

6) ABS 是以常规制动为基础，如果常规制动系统有故障，ABS 就不能正常工作。因此在检查 ABS 故障之前，应先确认常规制动系统工作正常。

7) 如果需要拆卸制动液压系统有关的部件或管路，应首先对系统进行泄压。泄压的方法是：关闭点火开关，反复踩制动踏板，直至感觉制动踏板阻力明显增大为止。另外，在制动液压系统没有安装好之前，不要接通点火开关，以免电动泵工作泵油。

1.4.2　ABS 故障检修的一般程序

不同车型 ABS 故障的检修方法不尽相同，但故障检修的一般程序基本相同。图 1-47 所示为 ABS 故障检修的一般程序，使用中可灵活运用。也可以根据不同车型、不同故障现象通过更为简单的步骤判断出故障，或根据经验直接判断出故障原因。

(1) 询问用户　向用户询问故障现象、故障发生的条件，是否检修过，检修过哪些部位等，并且最好驾驶车辆对用户叙述的故障现象进行验证，以便对故障原因进行综合判断。

(2) 直观检查　包括制动液压系统是否泄漏，制动液质量以及液位，ABS 部件以及线束和插接器外观是否完整，连接是否可靠。

(3) 判断是常规制动系统故障还是 ABS 故障　接通点火开关后如果 ABS 故障警告灯不亮、常亮或者在汽车行驶过程中点亮，则为 ABS 故障。如果 ABS 故障警告灯工作正常，则根据故障现象判断是否为常规制动系统故障，如果不是常规制动系统故障，则应检测 ABS。

(4) 读取故障码　根据不同车型，按照相应的方法读取故障码，如果有故障码，应根据故障码表(例如 MK20-1 型 ABS 的故障码表 1-3)确定需要进一步检查的内容。

(5) ABS 故障征兆诊断　有故障现象，但没有读取到故障码时，可以按照故障征兆诊断表(表 1-8)确定需要检查的内容。如果需要检查的是电气故障，则应进行电路检测；如果

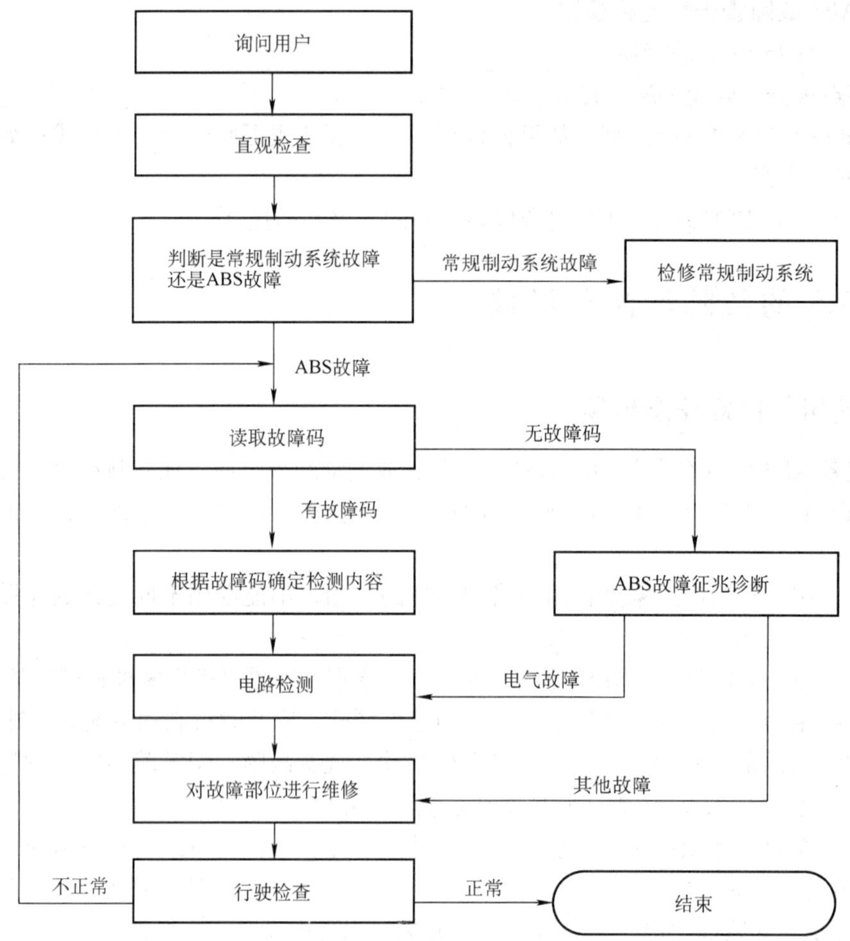

图 1-47　ABS 故障检修的一般程序

是其他故障，则直接对故障进行处理。

（6）电路检测　无论是通过故障码还是故障征兆诊断表诊断出故障的范围后，通常都要通过电路检测（检测电阻、电压、波形等）确定故障的具体部位。

（7）对故障部位进行维修　对于线路以及插接器的故障可进行相应的维修处理，对于部件故障，通常是进行更换。但更换部件时如果需要拆卸制动液压系统部件，则应注意先泄压。

（8）行驶检查　维修工作结束后，以 30km/h 以上的车速行驶，观察 ABS 故障警告灯是否正常。进行制动试验，观察车辆制动是否正常。

表 1-8　ABS 故障征兆诊断表

故 障 征 兆	检 查 内 容
ABS 不工作，紧急制动时车轮抱死，或者制动效果差	● 读取故障码，再次确认无故障码输出 ● 检查轮速传感器及其电路 ● 检查 ABS 执行器及其电路 ● 检查 ABS ECU 的电源及搭铁电路 ● 检查制动液压系统是否泄漏 ● 更换 ABS ECU 进行试验

(续)

故障征兆	检查内容
ABS 故障警告灯不正常	● 检查 ABS 故障警告灯及电路 ● 更换 ABS ECU 进行试验
不能进行自诊断检测	● 检查 ABS 故障警告灯及电路 ● 检查诊断插座电路 ● 更换 ABS ECU 进行试验

1.4.3　ABS 故障检修方法

1. 故障自诊断检测

故障自诊断检测通常包括读取故障码、读取数据流(测量数据块)、执行器测试等。

(1) 读取故障码　现代汽车读取故障码通常有两种方式，一种是使用诊断仪读取故障码，例如 1.3 节中使用大众 V. A. G1552 诊断仪读取 MK20-1 型 ABS 故障码，将诊断仪连接到汽车上的诊断插座上，通过操纵仪器读取故障码，使用诊断仪还可以查阅故障码的含义以及电路检测的方法；另一种是人工方式读取故障码，例如 1.3 节中威驰汽车通过短接诊断插座相应的端子或者通过其他方式触发自诊断系统，通过故障警告灯闪烁输出故障码，或通过汽车上的信息显示屏输出故障信息。

(2) 读取数据流(测量数据块)　数据流是 ECU 接收的各种即时输入数据以及输出的各种即时控制数据的总称。数据流可以通过诊断仪读取，通过对数据流的分析，可以发现异常信息，以便于对故障进行判断。数据流在大众车系称之为测量数据块，大众公司将相关的 4 个数据组合在一起组成一个数据块，测量数据块由此得名。在 1.3 节中介绍了大众车系读取测量数据块的方法。

(3) 执行器测试　执行器测试是诊断仪的功能之一，通过诊断仪向被检测系统的控制单元发出指令，使控制单元驱动有关的执行器工作，从而判断执行器是否存在故障。例如 1.3 节中介绍的使用大众诊断仪 V. A. G1552 对 MK20-1 型 ABS 执行器的测试，以及使用丰田诊断仪对威驰汽车 ABS 执行器的测试。

2. 根据故障征兆诊断故障

如果系统存在故障现象，但没有读取到故障码，就需要根据故障征兆列出可能产生该故障现象的各种原因，然后按照可能性的大小以及先易后难的原则，对可能的各种原因逐一检查排除，直至找到故障所在。

3. 电路检测

通过上述的故障检测方法，无论是读取到故障码，还是通过读取数据流发现不正常情况而怀疑某一部件，以及通过执行器测试发现某一部件工作不正常，也包括根据故障征兆诊断故障，都需要进一步的电路检测以确定故障的具体部位。电路检测的内容通常是确定故障是在部件还是在线路、插接器或者熔断器等具体位置，以及故障的类型和性质等。电路检测常用的手段有使用万用表检测电阻、电压，以及使用示波器检测波形等。

1.4.4 制动系统的排气

当维修或更换部件时拆开了制动液压系统，或者更换了制动液，或者使用中感觉到制动踏板发软，就需要对制动系统进行排气。以桑塔纳2000GSi汽车MK20-1型ABS为例，通常情况下，首先应使用大众诊断仪对制动系统进行排气（特别是在拆开了制动液压系统，或者更换了制动液的情况下），然后再按照常规方法进行排气。

1. 使用诊断仪排气

使用大众诊断仪（例如V. A. G1552）输入地址码“03”“制动电控系统”，然后输入选择功能代码“04”“基本设定”，输入显示组号“001”，并按照诊断仪的提示依次进行踩下或放松制动踏板以及放松和拧紧各轮缸排气螺钉等操作。操作结束后，关闭点火开关，拆下诊断仪。

2. 常规排气方法

常规排气方法有使用专用工具和人工两种方式。

（1）使用专用工具排气

1）接通VW1238-1型制动液充放机。

2）按照右后轮、左后轮、右前轮、左前轮的顺序打开排气螺钉。

3）排出制动轮缸和制动钳中的气体。

4）用专用容器盛放排出的制动液。

（2）人工排气

1）将一根软管一端接在右后轮制动轮缸排气螺钉上，另一端插入容器中。

2）一人用力迅速踩下并缓慢放松制动踏板，如此反复数次后，保持制动踏板在踩下状态。

3）另一人拧松排气螺钉，管路中空气随制动液经软管排出，当制动踏板被踩到底时拧紧排气螺钉。

4）重复上述步骤，直至软管排入容器中的制动液中没有气泡为止。

5）取下软管，套上防尘罩。

6）观察储液罐制动液位高度，必要时添加制动液。

7）以相同的方法依次对左后轮、右前轮、左前轮制动轮缸和制动钳排气。

本章小结

- ABS的作用是在汽车制动时防止车轮抱死，以缩短制动距离，提高汽车制动过程中的方向稳定性和转向控制能力，改善汽车的行驶安全性。
- 汽车制动时，车轮与路面之间的纵向附着系数影响汽车的制动距离，横向附着系数影响汽车制动时的方向稳定性和转向控制能力。
- 汽车制动时如果车轮完全抱死，其纵向附着系数将比滑移率为10%~30%时的峰值附着系数小，使制动距离变长；其横向附着系数将接近于零，使汽车的方向稳定性变差。另外，一旦转向车轮抱死，将使汽车失去转向控制能力。因此在汽车上采用ABS，在制动时将滑移率控制在10%~30%，以缩短制动距离，提高汽车制动过程中的方向稳定性和转向控制能力，改善汽车的行驶安全性。

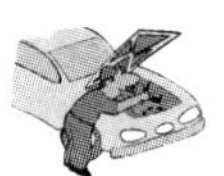

• ABS 通常由轮速传感器、ECU、制动压力调节器和 ABS 警告灯组成。制动压力调节器主要包括电磁阀总成、液压泵总成和储液器。

• ABS 的分类按总体结构布置分类可以分为整体式和分开式两类；按照控制通道数目分，可分为四通道式、三通道式、二通道式和一通道式；按照传感器数目分可分为四传感器式、三传感器式和二传感器式等。

• ABS 的控制方式有车轮滑移率控制方式、逻辑门限值控制方式、最优化控制方式、滑模动态变结构控制方式和模糊控制方式。其中逻辑门限值控制方式由于实时响应好，执行机构比较容易实现而应用广泛。

• 采用逻辑门限值控制方式的 ABS 在高附着系数路面的控制过程包括 7 个阶段，依次为常规制动阶段、保压阶段、减压阶段、保压阶段、增压阶段、保压阶段、增压和保压快速转换阶段，然后再循环回减压阶段。

• ABS 轮速传感器主要有电磁式和霍尔式两种。电磁式轮速传感器主要由永久磁铁、铁心和线圈组成；霍尔式轮速传感器由永久磁铁、霍尔元件和集成电路等组成。

• 电磁式轮速传感器的优点是结构简单，成本低。缺点是信号电压随车速的变化而变化，频率响应较低，抗电磁波干扰能力较差。霍尔式轮速传感器的优点是输出的电压信号不随转速的变化而变化，高速时频率响应好，抗电磁干扰能力较强。缺点是结构复杂，成本较高，并且工作时需要有电源电压。

• 减速度传感器主要有差动变压器式和水银开关式，主要用于四轮驱动汽车检测制动时的减速度，以识别是否为冰、雪等易滑路面。

• ABS ECU 主要由输入电路、计算电路、输出电路、安全保护电路等组成。主要用于接收轮速传感器和其他传感器的输入信号，根据设定的控制逻辑，通过计算和逻辑分析、判断后，输出控制指令，控制制动压力调节器调节制动压力。

• 制动压力调节器可以分为循环式和可变容积式。其功用是接收 ECU 的指令，通过电磁阀自动调节制动器的制动压力。

• 循环式制动压力调节器主要由电磁阀、回油泵、储液器等组成；可变容积式制动压力调节器主要由电磁阀、控制活塞、液压泵、储液器和储能器等组成。它们的工作过程都可以分为常规制动过程、保压过程、减压过程、增压过程。

• ABS 具有故障自诊断功能，当接通点火开关时，ABS ECU 便开始对系统进行自检，如果系统正常，ABS 故障警告灯点亮 2s 后将熄灭。如果接通点火开关后 ABS 故障警告灯不亮，或者常亮，或者行驶过程中 ABS 故障警告灯点亮，均说明 ABS 有故障，应读取故障码，查明故障原因并排除故障。

• 在对 ABS 进行故障检修时应按照故障检修的一般程序进行，但使用中可灵活运用，也可以根据不同车型、不同故障现象通过更为简单的步骤判断出故障，或根据经验直接判断出故障原因。

• ABS 故障检修方法包括故障自诊断检测和根据故障征兆诊断故障以及电路检测方法。其中故障自诊断检测主要包括读取故障码、读取数据流和执行器测试等。

• 如果维修或更换部件时拆开了制动液压系统，或者更换了制动液，或者使用中感觉到制动踏板发软，就需要对制动系统进行排气。

复习思考题

一、填空题

1. ABS通常由________、________、________和ABS警告灯组成。

2. ABS的分类按总体结构布置分类，可以分为________和________两类；按照控制通道数目分类，可以分为________、________、________和________。

3. ABS的控制方式有________、________、________、________和________。

4. 采用逻辑门限值控制方式的ABS在高附着系数路面的控制过程依次为常规制动阶段、________、________、________、________、________、________，然后再循环回到减压阶段。

5. ABS轮速传感器主要有________和________两种。

6. 轮速传感器与齿圈之间的间隙通常只有约________，为保证传感器间隙的正确，传感器的安装位置必须正确，并按照________拧紧。

7. 电磁式轮速传感器主要由________、________和________组成。

8. 霍尔式轮速传感器由________、________和________等组成。

9. 常见的减速度传感器有________式和________式。

10. ABS ECU主要用于接收________的输入信号，根据设定的控制逻辑，通过计算和逻辑分析、判断后，输出控制指令，控制________调节制动压力。

11. ABS ECU主要由________、________、________、________等组成。

12. 按照制动压力调节器调压方式的不同，制动压力调节器可以分为________式和________式。

13. 循环式制动压力调节器主要由________、________、________等组成。

14. 循环式制动压力调节器的电磁阀主要有________和________两种。

15. 储液器有高压和低压之分，通常将低压储液器称为________，而将高压储液器称为________或________。

16. 制动压力调节器的工作过程可分为________、________、________和________。

17. ABS是以________为基础，如果________有故障，ABS就不能________。

18. 如果需要拆卸制动液压系统有关的部件或管路，应首先对系统进行________。

19. ABS起作用时会产生________，制动踏板会________，这属于正常现象，应继续保持________。

20. 更换制动液后，或者使用中发现制动踏板发软，应及时对制动系统进行________。

二、判断题

1. 具有ABS的汽车并非只要制动ABS就起作用，当制动强度比较低时，ABS不起作用，只有当制动强度达到一定程度时，ABS才起作用。（　）

2. 后轮低选控制是指在制动过程中，ECU监测到两个后轮中的任何一个首先趋于抱死，就同时对两个后轮的制动压力进行控制。（　）

3. 减速度传感器也称G传感器，目前主要用于四轮驱动汽车检测制动时的减速度，以识别是否为冰、雪等易滑路面。（　）

4. ABS ECU的计算电路一般由两个微处理器(CPU)组成，如果两个微处理器的处理结

果不一致，微处理器立即使 ABS 停止工作。　(　　)

5. 可变容积式制动压力调节器使用的是储液器，而循环式制动压力调节器内除了有储液器以外还有储能器。　(　　)

6. ABS 起作用时制动踏板有反弹感觉的是具有可变容积式制动压力调节器的 ABS。　(　　)

7. 纵向附着系数在滑移率为 100% 时最大。　(　　)

8. 汽车制动时，车轮与路面之间的横向附着系数影响汽车的制动距离，纵向附着系数影响汽车制动时的方向稳定性和转向控制能力。　(　　)

9. 横向附着系数在滑移率为 100% 时最大。　(　　)

10. 只要 ABS 故障警告灯点亮，就说明 ABS 有故障。　(　　)

三、问答题

1. 地面制动力与附着力有什么样的关系?
2. 什么是滑移率?
3. 画出干燥硬实路面附着系数与滑移率的关系曲线，分析滑移率对纵向和横向附着系数的影响。
4. 说明汽车采用 ABS 的必要性。
5. 后轮低选控制的优、缺点是什么?
6. 电磁式轮速传感器的优、缺点是什么?
7. 霍尔式轮速传感器的优、缺点是什么?
8. 当转向车轮抱死时，会对汽车的行驶产生什么样的影响?
9. 简述霍尔式轮速传感器的组成及工作原理。
10. 简述循环式制动压力调节器的工作过程。
11. 如何检测桑塔纳 2000GSi 汽车轮速传感器故障?
12. ABS 使用与检修的注意事项有哪些?
13. ABS 故障检修的一般程序是什么?
14. ABS 故障检修方法通常有哪些?
15. 如何进行制动系统的排气?

实训项目1　轮速传感器的检测

车 辆 型 号	车辆识别代码	检 测 系 统

一、实训目标

掌握轮速传感器的结构原理和检测方法。

二、知识准备

1. 大众桑塔纳2000GSi汽车的ABS为________式，有________个________式的轮速传感器。

2. 画出大众桑塔纳2000GSi汽车和威驰汽车ABS轮速传感器与ABS ECU之间的电路图。

大众桑塔纳2000GSi　　　　威驰

三、操作步骤

1. 大众桑塔纳2000GSi汽车ABS轮速传感器的检测

(1) 测量轮速传感器电阻　关闭点火开关，拔下ABS ECU线束插接器，分别测量ABS ECU线束插接器的端子3与18(右前轮速传感器G45)、4与11(左前轮速传感器G47)、1与17(右后轮速传感器G44)、2与10(左后轮速传感器G46)之间的电阻，正常值应为________，实际测量值是________、________、________、________。

(2) 测量轮速传感器信号电压　关闭点火开关，拔下ABS ECU线束插接器，将车辆升起使车轮离开地面，用手以约1r/s的转速转动车轮，同时用万用表设置在交流电压档测量被转动车轮的轮速传感器信号电压，测量ABS ECU线束插接器的端子3与18(右前轮速传感器G45)、4与11(左前轮速传感器G47)之间的电压，正常值应为________，实际测量值是________、________；端子1与17(右后轮速传感器G44)、2与10(左后轮速传感器G46)之间的电压，正常值应为________，测量值是________、________。

(3) 用示波器按照上述测量轮速传感器信号电压的方法，测量各轮速传感器的信号波形，并将波形绘出。

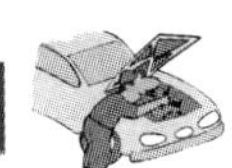

（续）

车 辆 型 号	车辆识别代码	检 测 系 统

2. 威驰汽车 ABS 轮速传感器的检测

（1）测量轮速传感器电路的电阻　关闭点火开关，拔下 ABS ECU 线束插接器，分别测量 ABS ECU 线束插接器的端子 13 与 26(左前轮速传感器)、27 与 28(右前轮速传感器)、6 与 7(左后轮速传感器)、4 与 5(右后轮速传感器)之间的电阻，正常值前轮速传感器应为________，后轮速传感器应为________，实际测量值分别是________、________、________、________。

（2）测量轮速传感器电阻　如果某一传感器电路的电阻实际测量值与正常值不符，拔下该轮速传感器插接器，直接检测该传感器两端子之间的电阻，电阻值为________，说明故障在________。

（3）检测轮速传感器波形　将示波器连接到 ABS ECU 线束插接器被检测的传感器端子之间，驾驶车辆以 20km/h 的车速行驶，根据示波器的显示绘出其波形。

通过上述检测，得出的结论是：____。

四、实训小结

____
____
____
____。

实训项目 2　ABS 执行元件测试

车 辆 型 号	车辆识别代码	检 测 系 统

一、实训目标

掌握运用诊断仪对 MK20-1 型 ABS 执行元件测试的方法。

二、知识准备

1. 执行元件测试是通过________向汽车上的电子控制单元发出指令，再由电子控制单元向汽车上的有关执行元件________，使执行元件工作，以此判断执行元件________。

2. MK20-1 型 ABS 执行元件测试可以检测________、________的工作是否正常。

3. 执行元件测试的顺序从液压泵开始，然后依次是________、________、________、________。

三、操作步骤

（1）关闭点火开关，将大众故障诊断仪 V. A. G1552 连接到车上的诊断插座上，将车辆升起使车轮离开地面，一人在车内操纵诊断仪，另一人在车外转动车轮配合测试。接通点火开关，按“0”和“3”键选择“制动电控系统”，然后按“Q”键确认。

（2）按“→”键，然后按下功能选择代码“0”和“3”，“执行元件测试”，按“Q”键，液压泵应________，应能感觉到________，实际感觉到________。

（3）按“→”键，踩下制动踏板，进油阀________，出油阀________，左前车轮应________，实际检测左前车轮________。

（4）按“→”，保持踩下制动踏板，进油阀________，出油阀________，左前车轮应________，实际检测左前车轮________。

（5）按“→”，保持踩下制动踏板，液压泵________，进油阀________，出油阀________，左前车轮应________，实际检测左前车轮________。应能感觉到________，实际感觉到液压泵________，制动踏板________。

（6）按“→”，保持踩下制动踏板，进油阀________，出油阀________，左前车轮应________，实际检测左前车轮________。

（7）按“→”，保持踩下制动踏板，进油阀________，出油阀________，左前车轮应________，实际检测左前车轮________。应能感觉到________，实际感觉到________。

（8）按“→”，放松制动踏板，进油阀________，出油阀________，左前车轮应________，实际检测左前车轮________。

（9）按“→”，踩下制动踏板，继续进行右前轮进出油阀、左后轮进出油阀、右后轮进出油阀的测试，记录测试结果。

通过上述检测，得出的结论是：____
________________________。

四、实训小结

____
____
____
____。

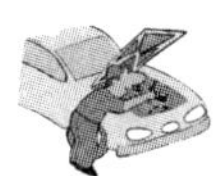

实训项目 3　制动系统排气

车辆型号	车辆识别代码	检测系统

一、实训目标

掌握桑塔纳 2000GSi 汽车制动系统排气的方法。

二、知识准备

1. 当维修或更换部件时拆开了制动液压系统，或者＿＿＿＿＿＿，或者＿＿＿＿＿＿，就需要对制动系统进行排气。

2. 对制动系统排气首先应使用＿＿＿＿＿＿进行，然后按照＿＿＿＿＿＿进行排气。

3. 常规排气方法有使用＿＿＿＿＿＿和＿＿＿＿＿＿两种方法。

三、操作步骤

1. 使用诊断仪进行基本设定

(1) 关闭点火开关，将大众故障诊断仪 V. A. G1552 连接到车上的诊断插座上，接通点火开关，按“0”和“3”键选择“制动电控系统”，然后按“Q”键确认。

(2) 按“→”键，然后按下功能选择代码“0”和“4”，“基本设定”，按“Q”键确认。

(3) 输入显示组号“001”，按“Q”键确认，然后按照诊断仪的提示依次进行踩下或放松制动踏板以及放松或拧紧各轮缸排气螺钉等操作，直至排气结束。

(4) 输入“0”和“6”键选择“结束输出”，然后按“Q”键确认。

(5) 关闭点火开关，拆下诊断仪。

2. 使用常规方法排气

(1) 使用专用工具排气

1) 接通 VW1238-1 型制动液充放机。

2) 按照右后轮、左后轮、右前轮、左前轮的顺序打开排气螺钉。

3) 排出制动轮缸和制动钳中的气体。

4) 用专用容器盛放排出的制动液。

(2) 人工排气

1) 将一根软管一端接在右后轮制动轮缸排气螺钉上，另一端插入容器中。

2) 一人用力迅速踩下并缓慢放松制动踏板，如此反复数次后，保持制动踏板在踩下状态。

3) 另一人拧松排气螺钉，管路中空气随制动液经软管排出，当制动踏板被踩到底时拧紧排气螺钉。

4) 重复上述步骤，直至软管排入容器中的制动液中没有气泡为止。

5) 取下软管，套上防尘罩。

6) 观察储液罐制动液位高度，必要时添加制动液。

7) 以相同的方法依次对左后轮、右前轮、左前轮制动轮缸和制动钳排气。

通过上述操作，得出的结论是：＿＿＿＿＿＿＿＿＿＿＿＿＿＿＿＿＿＿＿＿＿＿＿＿＿＿＿＿＿＿＿＿＿＿＿＿。

四、实训小结

＿＿。

第2章

驱动防滑转系统(ASR)

学习目标:

- 了解ASR的基础理论。
- 了解ASR的控制方式。
- 掌握ASR的基本组成和工作原理。
- 掌握典型汽车驱动防滑转系统的组成和工作原理。
- 掌握典型汽车驱动防滑转系统的故障诊断与维修方法。

2.1 概述

驱动防滑转系统(Anti-Slip Regulation)简称ASR，其作用是在汽车驱动过程中，将车轮的滑转率控制在理想滑转率的范围(10%~30%)内，防止车轮滑转，以提高汽车在驱动过程中的方向稳定性和转向控制能力，并且提高汽车的加速性能。

由于驱动防滑转系统主要是通过调节车轮的牵引力实现对车轮的防滑转控制，因此该系统也称为牵引力控制系统(Traction Control System)，简称TCS，丰田公司则称其为TRAC或TRC。

2.1.1 ASR的基础理论

1. 汽车行驶的附着条件

汽车行驶时，驱动力的增大受到地面附着力的限制，当驱动力超过附着力时，驱动轮将在地面上滑转，驱动力将被限制在地面附着力之内。因此汽车行驶的附着条件是:

$$F_t = \frac{M_n}{r} \leqslant F_z \varphi \tag{2-1}$$

式中 F_t——汽车驱动力(N);

M_n——作用于驱动轮上的转矩(N·m);

r——车轮半径;

F_z——地面对车轮的法向反作用力;

φ——车轮与地面之间的附着系数。

随着驱动轮转矩的增大，汽车的驱动力随之增大，当驱动力超过地面附着力时，驱动轮开始滑转。

2. 车轮滑转率

驱动轮滑转的程度用滑转率表示，滑转率是指车轮速度与车速的差值与车轮速度之比。

滑转率 s_d 的表达式为

$$s_d = \frac{v_\omega - v}{v_\omega} \times 100\% = \frac{r\omega - v}{r\omega} \times 100\% \tag{2-2}$$

式中　v_ω——车轮速度(m/s);

v——车速(m/s);

r——车轮半径(m);

ω——车轮转动角速度(rad/s)。

车轮在路面上纯滚动时，$v_\omega = v$，$s_d = 0$；车轮在地面上完全滑转时，车速 $v = 0$，$s_d = 100\%$；车轮在路面上边滚动边滑移时，$v_\omega > v$，$0 < s_d < 100\%$。车轮滑转率越大，说明车轮驱动过程中滑转成分所占比例越大。

3. 附着系数与车轮滑转率之间的关系

驱动时车轮与路面之间的附着系数与滑转率之间的关系与制动时相似，如图 2-1 所示。开始时随着车轮滑转率的增大，纵向附着系数迅速增大，当滑转率达到 10%~30% 时，纵向附着系数达到最大值，此时横向附着系数也比较大。此后，随着滑转率的增大，纵向附着系数逐渐下降，当滑转率达到 100% 时，在干沥青路面上纵向附着系数比峰值纵向附着系数会下降约 10%~20%，并且横向附着系数几乎下降为零。因此在完全滑转的情况下，不仅会由于纵向附着系数比峰值时下降导致所能够提供的地面驱动力减小，而且由于横向附着系数接近于零导致汽车行驶稳定性和操纵性能的下降，对于后轮驱动汽车会失去方向稳定性，对于前轮驱动汽车会失去转向控制能力。

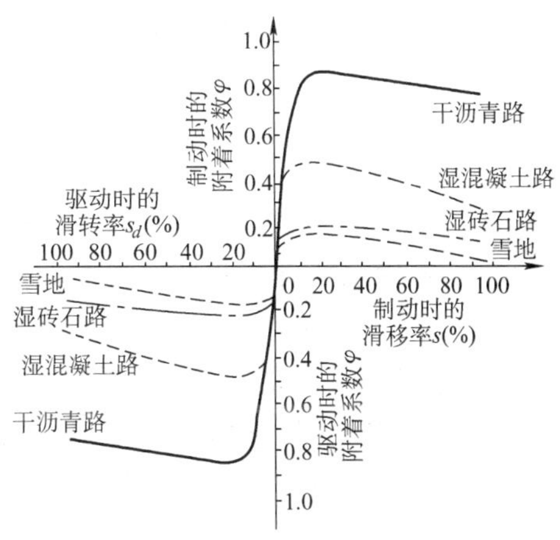

图 2-1　纵向附着系数与滑移率和滑转率的关系

在汽车上装备 ASR 的目的就是在汽车起步、加速或在附着系数较低的路面上驱动时，将车轮的滑转率控制在 10%~30%，使车轮与路面保持较高的附着力，提高汽车的牵引力和操控性。在车上安装 ASR 有如下优点：

1）提高了汽车的动力性。汽车在起步、行驶过程中可获得最佳的驱动力，尤其是在附着系数较小的路面，汽车起步、加速及爬坡能力得到显著改善。

2）提高了汽车的行驶稳定性和前轮驱动汽车的转向控制能力。

3）减少了轮胎磨损，降低了发动机油耗。

2.1.2　ASR 的控制方式

ASR 工作时将驱动轮滑转率控制在最佳范围的方式有：

1. 对发动机输出转矩进行控制

当驱动轮滑转率超过理想滑转率范围时，ASR 减小发动机输出转矩。减小发动机输出转矩的手段有：

1）调节发动机进气量，如通过副节气门调节发动机进气量。

2）调节燃油量，如减少或中断喷油。

3）调节点火时间，如减小点火提前角。

通过改变副节气门的开度调节发动机进气量，虽然反应速度较慢，但不会影响发动机的正常工作。调节燃油量和点火提前角虽然反应速度快，但调节燃油量可能使发动机燃烧不稳定，推迟点火提前角可能造成燃烧不完全。

2. 对滑转车轮进行制动控制

当驱动轮滑转时，ASR 控制执行机构对滑转车轮进行制动，就可以阻止车轮进一步滑转，将车轮滑转率控制在理想范围内。如果汽车行驶在左右两侧附着系数相差比较大的路面上，当附着系数较小一侧的车轮滑转时，通过对此车轮进行制动，不仅可以阻止该车轮的滑转，而且可以增大附着系数较大一侧车轮的驱动力，其原理如图 2-2 所示，当右侧驱动轮行驶在高附着系数路面上，左侧驱动轮行驶在低附着系数路面时，如果没有 ASR，由于差速器平均分配转矩的特性，处于高附着系数侧的车轮的驱动力只能与处于低附着系数侧的车轮的驱动力 F_L 相等，汽车的总驱动力等于 $2F_L$。但如果 ASR 对滑转车轮进行制动，就会在滑转车轮上产生一个制动力 F_B，发动机要驱动车轮转动就需要一定的转矩 M_B 克服这一制动力 F_B，同样由于差速器平均分配转矩的特性，转矩 M_B 也会被分配到附着系数较高一侧的车轮上，并产生驱动力 F_B'，因此附着系数较高一侧车轮的驱动力 F_H 等于 $F_L + F_B'$，汽车的总驱动力等于 $2F_L + F_B'$，大于没有 ASR 时的汽车总驱动力，所以有利于汽车驶出一侧车轮陷于冰雪或泥泞的路段。

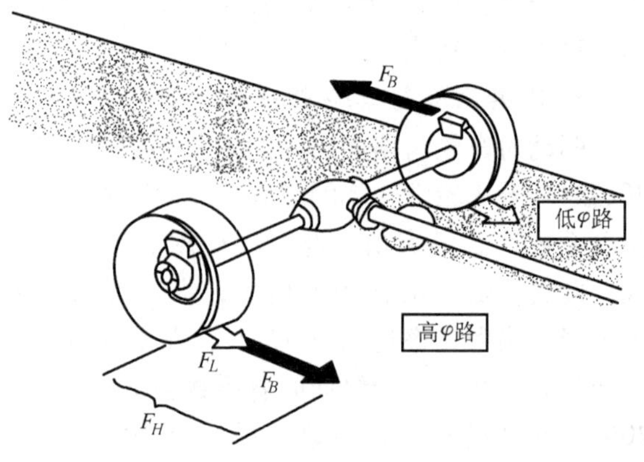

图 2-2　对滑转车轮进行制动控制的原理

当两侧的驱动轮都滑转，但滑转率不同时，则可以对两侧驱动轮都制动，并施加不同的制动力。

3. 对防滑差速器进行锁止控制

这种防滑差速器具有多片离合器式差速锁，差速器的锁止由液压油将多片离合器压紧实现。通过控制油压的高低，就可以实现锁止程度从 0 到 100% 的变化。控制油压来自 ASR 的蓄能器，压力的大小由 ECU 控制油压电磁阀进行调节。当一侧驱动轮滑转或两侧驱动轮有不同程度的滑转时，ECU 控制电磁阀调节差速器的锁止程度，以提高汽车的驱动力和行驶稳定性。

上述控制方式中，前两种采用较多，并且常采用这两种方式相结合的方式。在实际控制过程中，根据驱动状态可以两种方式分别起作用，也可以两种方式同时起作用。例如在发动机输出功率较小的状态下，出现车轮滑转的主要原因是路面附着系数较低，这时应采用对滑转车轮进行制动的方式；而在发动机输出功率较大的状态下出现车轮滑转，则主要通过减小发动机输出功率的方式控制车轮滑转。有时候车轮滑转的情况更复杂，需要通过减小发动机转矩和对车轮进行制动的共同作用来控制车轮滑转。

2.1.3　ASR 的特点

1）ASR 有一个开关，可由驾驶员选择其接通或关闭。ASR 在接通状态下，当 ASR 起作用时，ASR 工作指示灯会点亮或蜂鸣器响，以提示驾驶员汽车正行驶在附着系数较低的路面上。如果关闭 ASR，则 ASR 关闭指示灯点亮。

2）如果 ASR 正在起作用的工作状态，驾驶员对车辆进行制动，ASR 将会自动退出工作，不会影响制动过程的进行。

3）ASR 通常只在一定车速范围内进行防滑转调节，当车速较高时，ASR 将自动退出防滑转控制。

4）ASR 工作时具有不同的优先选择性，当车速较低时，优先考虑提高牵引力，因此可以只对滑转一侧的车轮制动，或者对滑转程度不同的两侧驱动轮施加不同的制动力矩。但当车速较高时，优先考虑行驶稳定性，即使一侧车轮滑转时，也同时对两侧驱动轮施加相等的制动力矩。

5）ASR 具有自诊断功能，当自诊断系统诊断出系统有故障时，ASR 将自动退出工作，并点亮警告灯。

6）ASR 和 ABS 都是通过控制作用于被控车轮上的力矩，而将车轮的滑移率或滑转率控制在理想范围内，以提高附着系数的利用率，从而缩短汽车制动距离或提高汽车的加速性能，改善汽车的行驶方向稳定性和转向控制能力。

2.2　ASR 的基本组成和工作原理

目前，ABS 已基本成为汽车的标准配置，但 ASR 只在比较高档的汽车上使用，因此只要装有 ASR 的汽车，通常都装有 ABS。由于 ASR 和 ABS 有许多共同之处，例如都需要轮速传感器信号，都需要对车轮进行制动压力调节等，因此在装备 ASR 的汽车上通常将 ASR 和 ABS 组合在一起，构成具有制动防抱死和驱动防滑转功能的防滑控制(ABS/ASR)系统。

2.2.1　ASR 的组成

ASR 由传感器和开关、ECU、执行器组成。典型的 ASR 如图 2-3 所示，传感器包括轮速传感器(与 ABS 共用)，主、辅节气门位置传感器，开关有 ASR 选择开关；ABS/ASR ECU 是两个系统共用的 ECU；执行器包括 ASR 制动压力调节器，副节气门驱动步进电动机，ASR 工作指示灯，ASR 关闭指示灯。

2.2.2　ASR 的工作原理

ASR 工作时，ABS/ASR ECU 根据轮速传感器信号，确定驱动车轮的滑转率。当 ABS/ASR ECU 判定驱动车轮的滑转率超过设定的限值时，ABS/ASR ECU 根据控制策略确定对发动机转矩进行控制或者对驱动车轮进行制动，或者两种控制措施同时进行。

1. *对发动机输出转矩进行控制*

对发动机输出转矩进行控制常用的方法是减小发动机进气量，通常在主节气门前方设置一个副节气门，ABS/ASR ECU 控制副节气门驱动步进电动机使副节气门关小，减小发动机

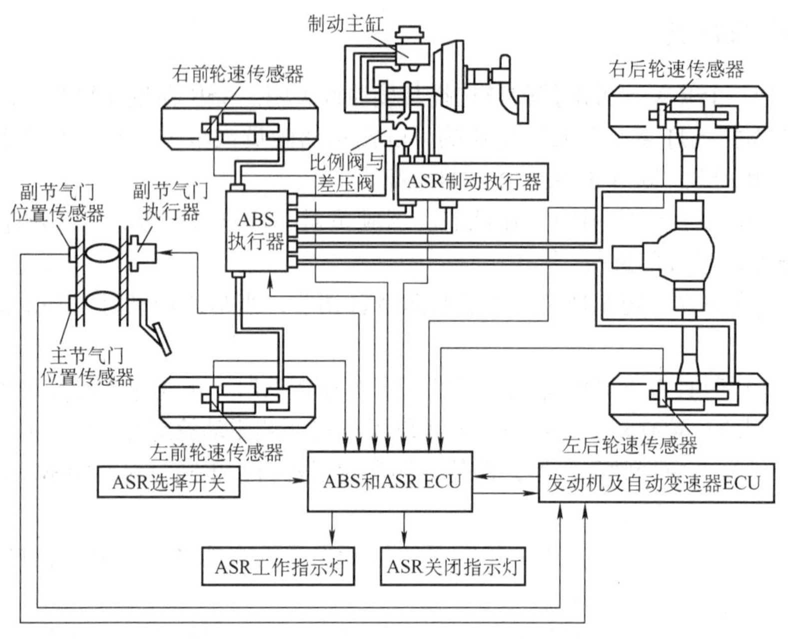

图 2-3　典型 ASR 的组成

的进气量，降低发动机的输出转矩。当 ASR 不起作用时，ABS/ASR ECU 使副节气门完全打开，不影响发动机的正常工作。

2. 对滑转车轮进行制动控制

当 ABS/ASR ECU 判定需要对滑转车轮进行制动时，ABS/ASR ECU 将控制 ASR 制动压力调节器使高压制动液进入滑转车轮的制动轮缸对车轮进行制动。ASR 制动压力调节器包括制动供能总成和电磁阀总成两部分，如图 2-4 所示。制动供能总成主要由电动机及液压泵、蓄能器和压力传感器组成。液压泵工作时，将制动液泵入蓄能器中，当蓄能器内的压力达到规定值时，压力传感器将压力信号传至 ABS/ASR ECU，ECU 使液压泵停止工作；当压力传感器检测到系统压力低于规定值时，ECU 使液压泵重新工作，从而保证制动供能总成内总是保持恒定的油压。ASR 制动压力调节器中有 3 个二位二通电磁阀，其中的储液器隔离电磁阀 8 和蓄能器隔离电磁阀 13 为常闭电磁阀，制动主缸隔离电磁阀 16 为常开电磁阀。ASR 制动压力调节器工作时可分为增压、保压、减压三个过程。

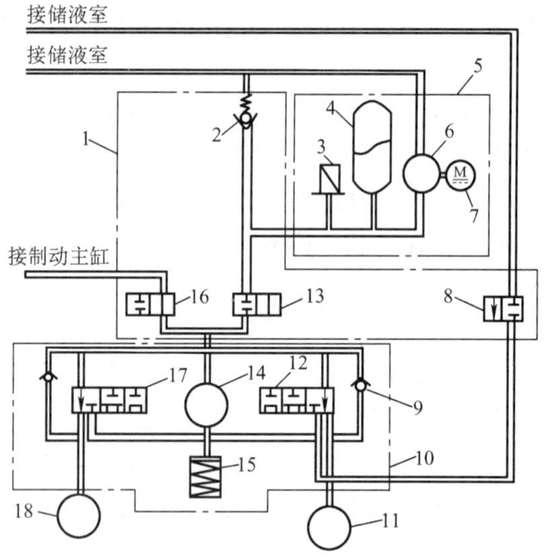

图 2-4　ASR 制动液压系统

1—ASR 电磁阀总成　2—单向阀　3—压力传感器　4—蓄能器　5—制动供能总成　6—液压泵　7—电动机　8—储液器隔离电磁阀　9—单向阀　10—ABS 制动压力调节器　11—右后驱动车轮　12—ABS 右后轮电磁阀　13—蓄能器隔离电磁阀　14—回油泵　15—储液器　16—制动主缸隔离电磁阀　17— ABS 左后轮电磁阀　18—左后驱动车轮

（1）增压过程　当 ABS/ASR ECU 需要对滑转车轮进行制动时，ABS/ASR ECU 使 ASR

制动压力调节器中的 3 个电磁阀都通电，制动主缸隔离电磁阀 16 将制动主缸至后制动轮缸的制动管路封闭，蓄能器隔离电磁阀 13 将蓄能器至 ABS 制动压力调节器的制动管路接通，储液器隔离电磁阀 8 将 ABS 制动压力调节器至储液器之间的制动管路接通。蓄能器中具有一定压力的制动液就会经过处于开启状态的蓄能器隔离电磁阀 13，然后经 ABS 制动压力调节器的两个三位三通电磁阀 12 和 17 进入两个后轮制动轮缸对后驱动轮进行制动，并且随着电磁阀通电时间的延长，制动轮缸内的压力就逐渐增大。如果只需要对某一个驱动车轮进行制动，ABS/ASR ECU 只要给另一驱动车轮的 ABS 制动压力调节器的电磁阀通以小电流，TRC 制动供能装置的制动液就不能进入这一车轮的制动轮缸使该车轮制动。

(2) 保压过程　当 ABS/ASR ECU 判定需要保持两驱动车轮的制动压力时，ABS/ASR ECU 就使 ABS 制动压力调节器中的两个电磁阀 12 和 17 通以小电流，两电磁阀都处于中间位置，将两后制动轮缸的进、出液管路都封闭，两后制动轮缸的制动压力就保持不变。

(3) 减压过程　当 ABS/ASR ECU 判定需要减小两驱动车轮的制动压力时，就使两个电磁阀 12 和 17 通以大电流，电磁阀将两后制动轮缸的进液管路封闭，而将两后制动轮缸的出液管路连通，两后制动轮缸中的制动液经电磁阀 12 和 17、电磁阀 8 流回到制动主缸储液室，两后制动轮缸的制动压力就减小。

当 ABS/ASR ECU 判定 ASR 不需要起作用时，ABS/ASR ECU 使各电磁阀均不通电(图 2-4 所示状态)，后制动轮缸中的制动液经电磁阀 12 和 17、电磁阀 16 流回制动主缸，驱动车轮的制动就完全解除。

2.3　典型汽车驱动防滑转系统的检修

以丰田雷克萨斯 LS400 型轿车为例，该车将防抱死制动系统和牵引力控制系统(驱动防滑转系统)组合在一起，简称防滑控制系统(ABS/TRC)。

1. ABS/TRC 的组成

ABS/TRC 主要由轮速传感器、ABS/TRC ECU、制动压力调节器、TRC 隔离电磁阀总成、TRC 制动供能总成、主副节气门位置传感器、副节气门控制步进电动机等组成，ABS/TRC 防滑控制系统如图 2 5 所示。

(1) 轮速传感器　每一个车轮上安装一个电磁式轮速传感器，向 ABS/TRC ECU 提供各车轮的轮速信号。ABS 和 TRC 控制共用这些轮速传感器信号。

(2) ABS/TRC ECU　ABS 和 TRC 控制 ECU 集成为一体，有 3 个八位微处理器，通过一个串行缓冲寄存器进行通信，各微处理器之间可进行相互监测。ABS/TRC ECU 接收处理各轮速传感器输入的轮速信号，形成相应的控制命令，驱动制动压力调节器及副节气门驱动电动机等执行器，进行制动防抱死和驱动防滑转控制。ABS/TRC ECU 还接收安装在制动主缸储液室中的液位开关、安装在 TRC 制动供能总成中的压力传感器等输入的监控信号，以及发动机/变速器 ECU 输入的主、副节气门位置信号。

ABS/TRC ECU 的自诊断系统定期对系统的主要电路进行监测，如发现系统有故障，会自动停止 ABS 或 TRC 的工作，避免对系统进行错误控制，同时点亮故障警告灯，提示驾驶员进行维修，并将故障信息存入存储器，为维修提供参考。

(3) ABS 执行器　ABS 执行器主要是制动压力调节器，该制动压力调节器为循环式，

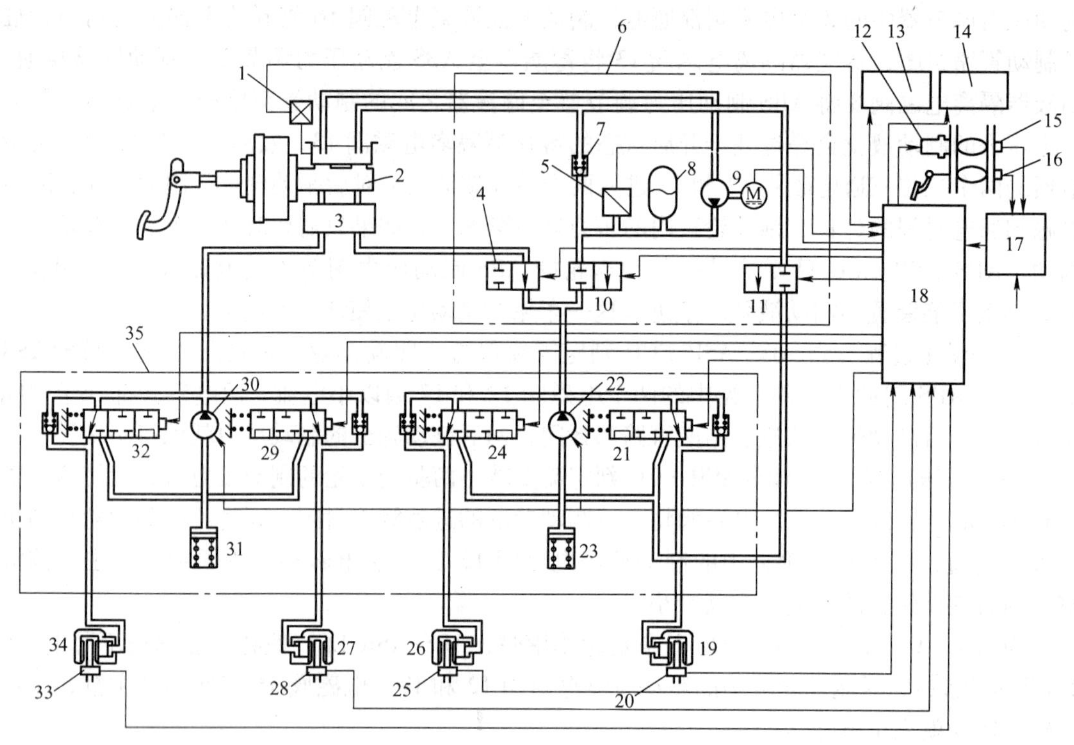

图 2-5 ABS/TRC 防滑控制系统

1—液位开关 2—制动主缸 3—比例阀和平衡阀 4—制动主缸隔离电磁阀 5—压力传感器 6—TRC 制动压力调节器 7—限压阀 8—蓄能器 9—TRC 液压泵 10—蓄能器隔离电磁阀 11—储液器隔离电磁阀 12—副节气门驱动步进电动机 13—TRC 工作指示灯 14—TRC 关闭指示灯 15—副节气门位置传感器 16—主节气门位置传感器 17—发动机/自动变速器 ECU 18—ABS/TRC ECU 19—右后制动轮缸 20—右后轮速传感器 21—右后调压电磁阀 22—后回油泵 23—后储液器 24—左后调压电磁阀 25—左后轮速传感器 26—左后制动轮缸 27—右前制动轮缸 28—右前轮速传感器 29—右前调压电磁阀 30—前回油泵 31—前储液器 32—左前调压电磁阀 33—左前轮速传感器 34—左前制动轮缸 35—ABS 制动压力调节器

主要由 4 个三位三通电磁阀、2 个储液器和液压泵组成。4 个三位三通电磁阀控制 4 个车轮制动轮缸的制动压力。ABS 制动压力调节器总成如图 2-6 所示。

（4）TRC 执行器 TRC 执行器包括控制滑转车轮制动的 TRC 制动压力调节器和控制副节气门开度的步进电动机。TRC 制动压力调节器由隔离电磁阀总成和制动供能总成组成。

① 隔离电磁阀总成。隔离电磁阀总成包含 3 个二位二通电磁阀，分别为制动主缸隔离电磁阀、蓄能器隔离电磁阀和储液器隔离电磁阀，如图 2-7 所示。

② 制动供能总成。制动供能总成主要由 TRC 液压泵、蓄能器和压力传感器等组成。压力传感器安装在 TRC 隔离电磁阀总成的旁边，为接触开关型，当蓄能器内的压力高于 13.24MPa 时，开关断开；当压力低于 9.32MPa 时，开关接通。压力传感器信号送入 ABS/TRC ECU，ABS/TRC ECU 根据开关信号控制 TRC 液压泵工作或停止。制动供能总成如图 2-8 所示。

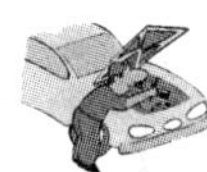

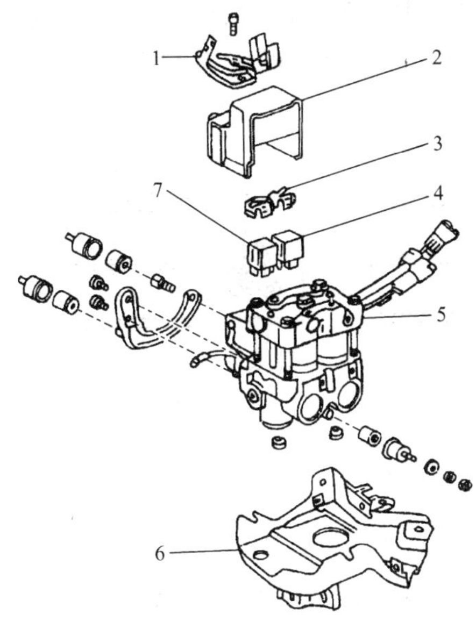

图2-6　ABS制动压力调节器总成
1—线束夹　2—继电器护罩　3—继电器罩盖
4—制动压力调节器电磁阀继电器　5—制动
压力调节器　6—安装座　7—液压泵继电器

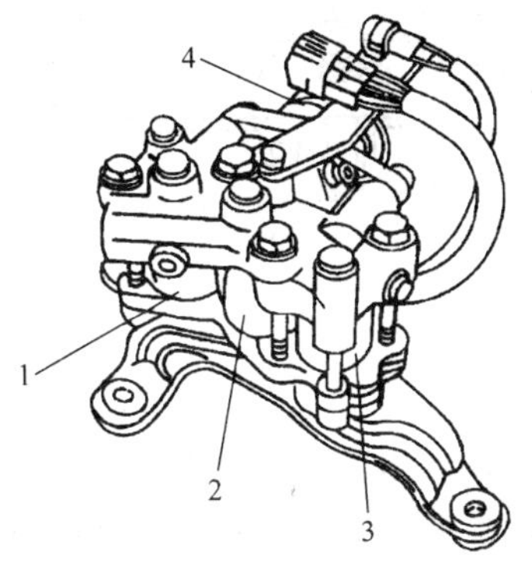

图2-7　TRC隔离电磁阀总成
1—储液器隔离电磁阀　2—蓄能器
隔离电磁阀　3—制动主缸隔离
电磁阀　4—压力传感器

(5) 副节气门及其驱动装置　如图2-9所示，副节气门和由加速踏板操纵的主节气门都安装在节气门体内，副节气门位于主节气门前方，由步进电动机驱动。当TRC不工作时，ABS/TRC ECU不给步进电动机通电，副节气门全开，发动机进气量由主节气门控制；TRC工作时(图2-10)，ABS/TRC ECU发出控制指令使步进电动机驱动副节气门使其开度减小，此时由于副节气门的开度小于主节气门，因而发动机的进气量取决于副节气门的开度，这样ABS/TRC ECU就可以控制发动机的输出转矩，从而防止车轮滑转。

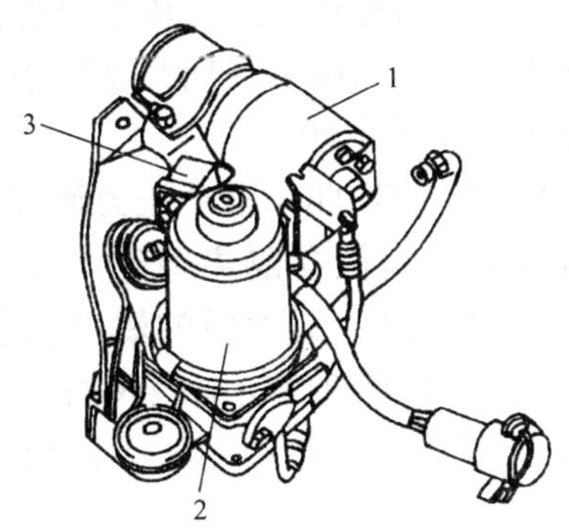

图2-8　TRC制动供能总成
1—蓄能器　2—泵电动机
3—TRC电动机继电器

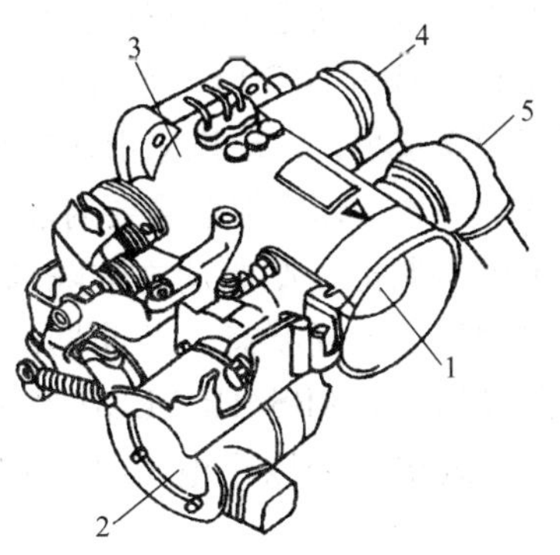

图2-9　副节气门及其驱动装置
1—副节气门　2—步进电动机　3—节
气门体　4—主节气门位置传感器
5—副节气门位置传感器

节气门体上装有主、副两个节气门位置传感器，将主、副两个节气门位置信号先送至发动机/自动变速器 ECU，然后由发动机/自动变速器 ECU 传输至 ABS/TRC ECU。

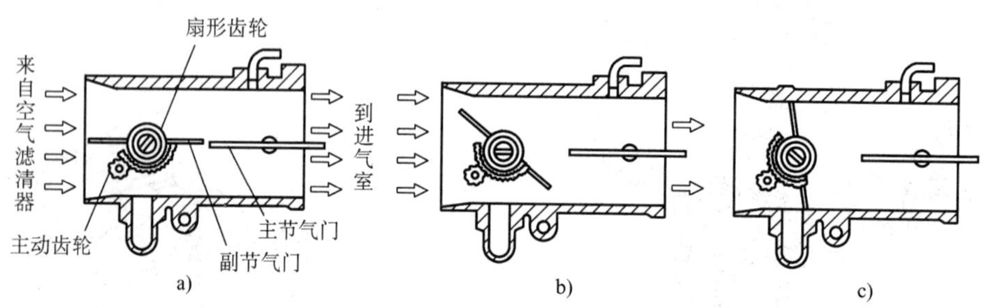

图 2-10 副节气门的工作情况

a) 全开位置 b) 半开位置 c) 全闭位置

2. ABS/TRC 的控制原理

(1) 常规制动 这意味着 ABS 和 TRC 都不工作，ABS/TRC ECU 不给 ABS 制动压力调节器的 4 个三位三通电磁阀以及 TRC 制动压力调节器的 3 个二位二通电磁阀通电。ABS 制动压力调节器三位三通电磁阀将制动主缸与制动轮缸之间的液压管路接通，另外由于 TRC 制动压力调节器中的制动主缸隔离电磁阀也处于常开状态，保证制动主缸与制动压力调节器之间的油路畅通，因此来自制动主缸的制动液可以不受任何控制地直接进入各制动轮缸使车轮制动(图 2-5)。

(2) ABS 工作 这意味着 TRC 不工作，ABS/TRC ECU 不给 TRC 制动压力调节器的 3 个二位二通电磁阀通电，TRC 制动压力调节器中的制动主缸隔离电磁阀处于常开状态，ABS/TRC ECU 根据轮速传感器信号计算车轮的滑移状态，然后确定对制动轮缸进行“保压”、“减压”或者“增压”控制，并通过对三位三通电磁阀通以小电流、通以大电流或者不通电实现(图 2-5)。

(3) TRC 工作 这意味着 ABS 不工作，汽车在驱动过程中，ABS/TRC ECU 根据轮速传感器输入的信号，判定驱动车轮滑转率超过控制门限值时，ABS/TRC 防滑转系统进行驱动防滑转控制。ABS/TRC ECU 使控制副节气门的步进电动机通电，副节气门开度减小，发动机的进气量就减小，发动机输出转矩降低，就可以防止驱动车轮滑转。

当 ABS/TRC ECU 判定需要对驱动车轮进行制动介入时，使 TRC 制动压力调节器的 3 个隔离电磁阀通电，则制动主缸隔离电磁阀处于截止状态，蓄能器隔离电磁阀和储液器隔离电磁阀处于导通状态，蓄能器的制动液进入后轮制动轮缸，对滑转的驱动轮进行制动。在此过程中，ABS/TRC ECU 通过控制 ABS 制动压力调节器两后轮电磁阀的电流，即通过对其不通电、通以小电流和通以大电流，可以实现对驱动车轮制动压力的增压、保压和减压。

3. ABS/TRC 防滑控制系统电路

ABS/TRC 防滑控制系统电路如图 2-11 所示，ABS/TRC ECU 各端子符号及其名称见表 2-1。

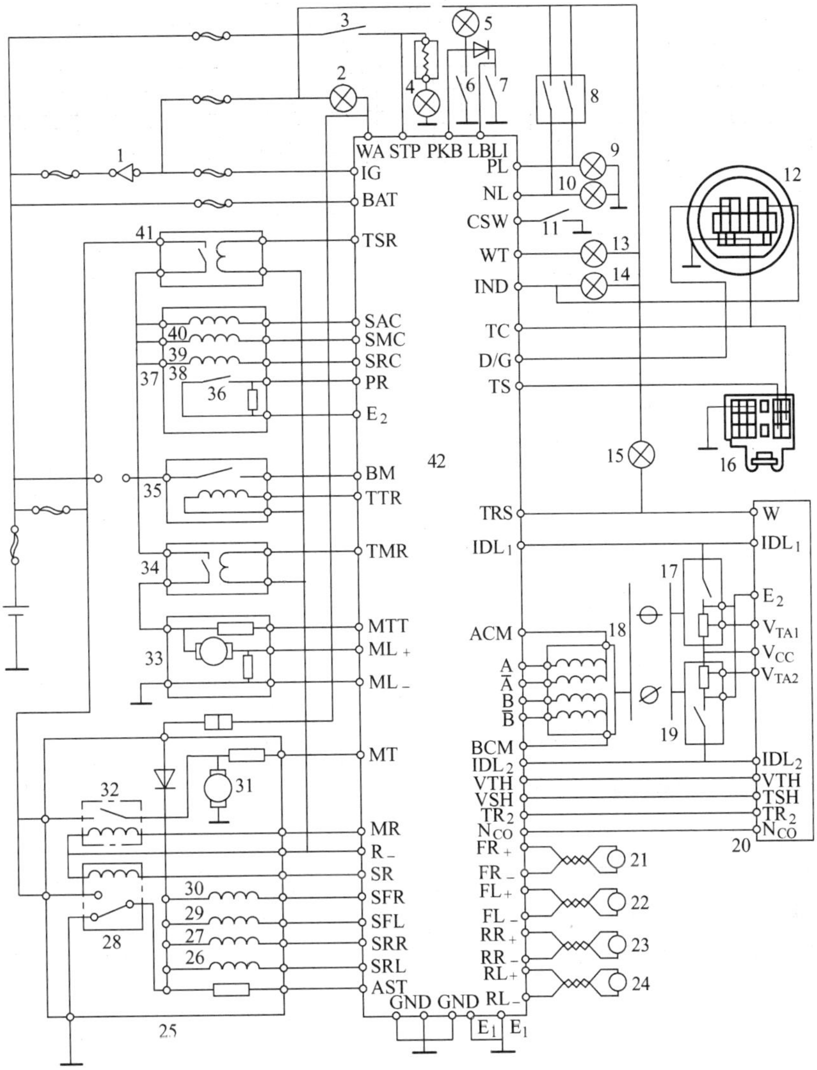

图 2-11　ABS/TRC 防滑控制系统电路

1—点火开关　2—ABS 警告灯　3—制动灯开关　4—制动灯　5—制动装置警告灯　6—驻车制动开关　7—储液器液位开关　8—空档起动开关　9—P 位指示灯　10—N 位指示灯　11—TRC 关闭开关　12—诊断通信链路连接器(TDCL)　13—TRC 关闭指示灯　14—TRC 工作指示灯　15—发动机故障警告灯　16—诊断插座　17—主节气门位置传感器　18—副节气门驱动步进电动机　19—副节气门位置传感器　20—发动机/变速器 ECU　21—右前轮速传感器　22—左前轮速传感器　23—右后轮速传感器　24—左后轮速传感器　25—ABS 制动压力调节器　26—ABS 制动压力调节器左后电磁阀　27— ABS 制动压力调节器右后电磁阀　28—ABS 制动压力调节器电磁阀继电器　29—ABS 制动压力调节器左前电磁阀　30—ABS 制动压力调节器右前电磁阀　31—ABS 回油泵　32— ABS 回油泵继电器　33—TRC 液压泵　34—TRC 液压泵继电器　35—副节气门驱动步进电动机继电器　36—压力传感器　37—TRC 隔离电磁阀总成　38—储液器隔离电磁阀　39—制动主缸隔离电磁阀　40—TRC 蓄能器隔离电磁阀　41—TRC 制动主继电器

表 2-1　ABS/TRC ECU 各端子符号及名称

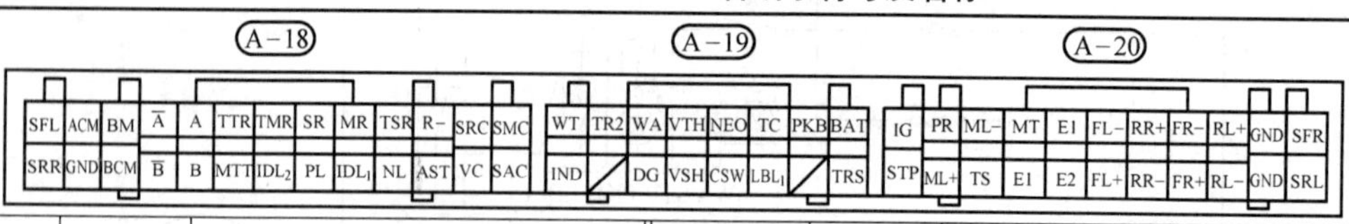

(A−18)
SFL ACM BM $\overline{A}$ A TTR TMR SR MR TSR R− SRC SMC
SRR GND BCM $\overline{B}$ B MTT IDL_2 PL IDL_1 NL AST VC SAC

(A−19)
WT TR2 WA VTH NEO TC PKB BAT
IND DG VSH CSW LBL_1 TRS

(A−20)
IG PR ML− MT E1 FL− RR+ FR− RL+ GND SFR
STP ML+ TS E1 E2 FL+ RR− FR+ RL− GND SRL

编号	符号	端子名称	编号	符号	端子名称
A18-1	SMC	制动主缸隔离电磁阀控制	A19-7	TR_2	发动机点火正时信号
2	SRC	储液器隔离电磁阀控制	8	WT	TRC 关闭指示灯
3	R_-	继电器搭铁	9	TRS	发动机故障警告灯
4	TSR	TRC 制动主继电器控制	10		
5	MR	ABS 回油泵电动机继电器控制	11	LBL_1	制动液位开关
6	SR	ABS 电磁阀继电器控制	12	CSW	TRC 关闭开关
7	TMR	TRC 液压泵电动机继电器控制	13	VSH	副节气门位置传感器信号
8	TTR	TRC 副节气门继电器控制	14	D/G	诊断
9	A	步进电动机	15		
10	$\overline{A}$	步进电动机	16	IND	TRC 工作指示灯
11	BM	步进电动机电源	A20-1	SFR	右前电磁阀线圈
12	ACM	步进电动机 +	2	GND	搭铁
13	SFL	ABS 左前电磁阀线圈	3	RL_+	左后轮速传感器
14	SAC	蓄能器隔离电磁阀控制	4	FR_-	右前轮速传感器
15	—	—	5	RR_+	右后轮速传感器
16	AST	ABS 电磁阀继电器监控	6	FL_-	左前轮速传感器
17	NL	变速器空档(N)开关	7	E_1	搭铁
18	IDL_1	主节气门怠速开关	8	MT	ABS 回油泵电动机继电器
19	PL	变速器驻车档(P)开关	9	ML_-	TRC 液压泵电动机闭锁传感器
20	IDL_2	副节气门怠速开关	10	PR	蓄能器压力传感器
21	MTT	TRC 液压泵电动机继电器监控	11	IG	点火开关
22	B	步进电动机	12	SRL	左后电磁阀线圈
23	$\overline{B}$	步进电动机	13	GND	搭铁
24	BCM	步进电动机 +	14	RL_-	左后轮速传感器
25	GND	搭铁	15	FR_+	右前轮速传感器
26	SRR	右后电磁阀线圈	16	RR_-	右后轮速传感器
A19-1	BAT	备用电源	17	FL_+	左前轮速传感器
2	PKB	驻车制动开关	18	E_2	搭铁
3	TC	诊断	19	E_1	搭铁
4	NEO	发动机转速 Ne 信号	20	TS	轮速传感器诊断
5	VTH	主节气门位置传感器信号	21	ML_+	TRC 液压泵电动机闭锁传感器
6	WA	ABS 警告灯控制	22	STP	制动灯开关

4. TRC 系统故障自诊断检测

（1）读取故障码

1）点火开关转到“ON”位置，如果系统正常，仪表板上的 TRC OFF 指示灯应点亮 3s 后自动熄灭；如果一直点亮，表明 TRC 系统有故障；如果 TRC OFF 指示灯一直不亮，应检查 TRC OFF 指示灯及其电路。

2）使用跨接线连接位于驾驶室内的诊断通信链路连接器(TDCL)或位于发动机室内的诊断插座的 T_c 与 E_1 端子，如图 2-12 所示。

3）TRC OFF 指示灯将闪烁输出故障码，故障码显示方式参见图 1-45，故障码见表 2-2。

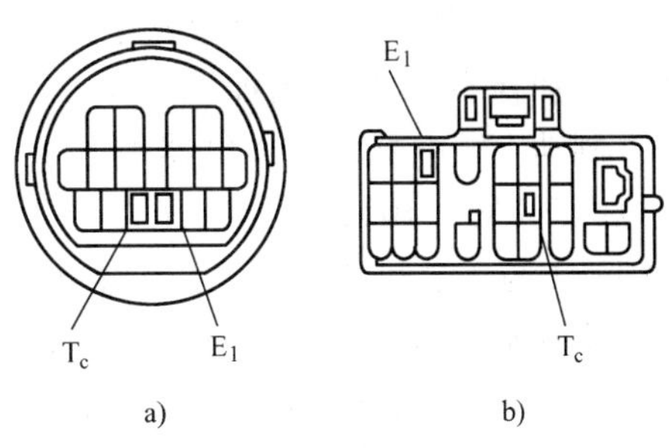

图 2-12　诊断通信链路连接器(TDCL)和诊断插座

a）诊断通信链路连接器(TDCL)　b）诊断插座

表 2-2　TRC 系统故障码

故障码	诊　断	故障码	诊　断
24	副节气门执行器电路断路或短路	48	副节气门位置传感器电路故障
25	步进电动机不能转至 ECU 确定的位置	51	发动机故障检测电路故障
26	即使 ECU 控制副节气门至全开位置，副节气门仍然不动	52	制动液位警告开关电路故障
		53	发动机/变速器 ECU 通信电路故障
28	副节气门驱动电动机电路故障	54	TRC 液压泵电动机继电器电路故障
29	副节气门驱动电动机故障	55	TRC 液压泵电动机继电器电路与电源短路
43	ABS 控制系统故障	56	TRC 液压泵电动机故障
44	Ne 信号电路断路或短路	指示灯常亮	ABS/TRC ECU 失效；TRC OFF 开关接通
47	副节气门位置传感器电路故障		

（2）清除故障码

1）使用跨接线连接丰田诊断通信链路连接器(TDCL)或诊断插座的 T_c 与 E_1 端子。

2）接通点火开关，在 3s 内将制动踏板踏下不少于 8 次。

3）查看“TRC OFF”指示灯，应显示正常代码。

4）取下连接诊断通信链路连接器或诊断插座的跨接线。

5. TRC 系统检修

（1）压力传感器和继电器检测

1）压力传感器及其电路检测。压力传感器的电路图如图 2-13 所示。检测时先拔开压力传感器插接器，测量压力传感器插接器端子 1(E_2)与 2(PR)之间的电阻(图 2-14)，电阻值应为 0Ω。连接压力传感器插接器，起动发动机怠速运转 30s 以上，使 TRC 执行器油压升高，将发动机熄火，重新测量压力传感器插接器端子 1 与 2 之间的电阻，应为 1.5kΩ。如果检测结果与上述不符，更换 TRC 执行器；如果检测结果与上述一致，则应检

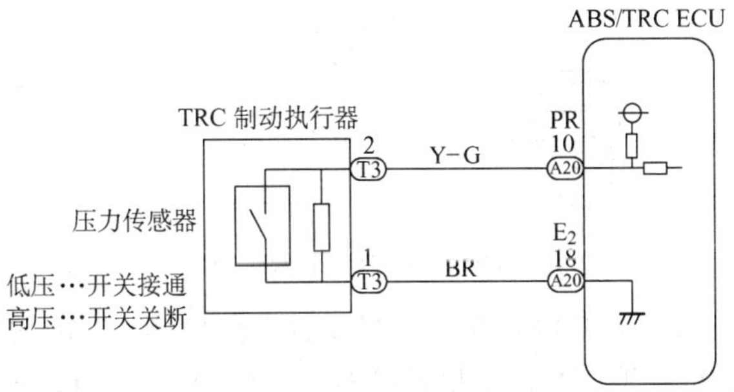

图 2-13　压力传感器电路图

测压力传感器与 ABS/TRC ECU 之间的线路。

2）TRC 制动主继电器及其电路检测。TRC 制动主继电器和执行器电路图如图 2-15 所示。检测时拔下 TRC 制动主继电器，在继电器端子 3 与 4 之间连接蓄电池电压(图 2-16)，测量端子 1 与 2 之间的通断，此时端子 1 与 2 之间应导通。不在继电器端子 3 与 4 之间施加蓄电池电压，端子 1 与 2 不应导通。如果检测结果与上述不符，更换 TRC 制动主继电器；如果检测结果与上述一致，则应检测 TRC 制动主继电器与 ABS/TRC ECU 以及电源之间的线路。

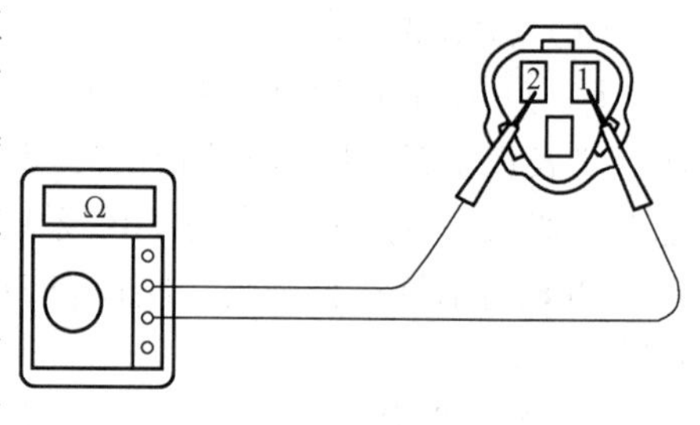

图 2-14　压力传感器检测

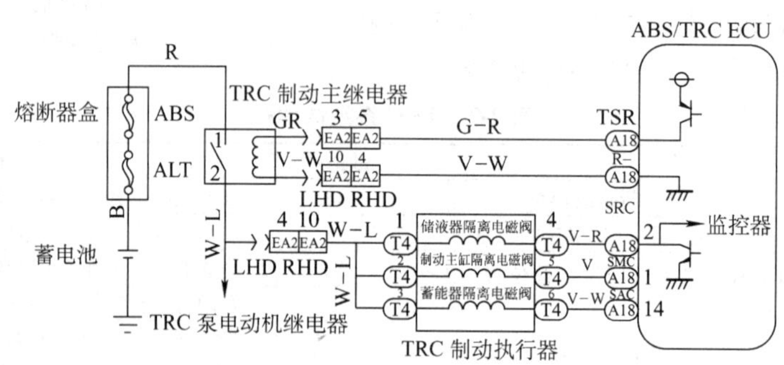

图 2-15　TRC 制动主继电器和执行器电路图

（2）执行器检测

1）TRC 制动执行器及其电路检测。TRC 制动执行器电路图见图 2-15。检测时拔开 TRC 制动执行器插接器，检测 TRC 制动执行器端子 1 与 4、2 与 5、3 与 6 之间是否导通(图 2-17)。如果不导通，应更换 TRC 制动执行器；如果导通，检测 TRC 制动执行器线束侧插接器的端子 1、2、3 与 TRC 制动主继电器之间，以及 TRC 制动执行器线束侧插接器的端子 4、5、6 与 ABS/TRC ECU 之间的线路。

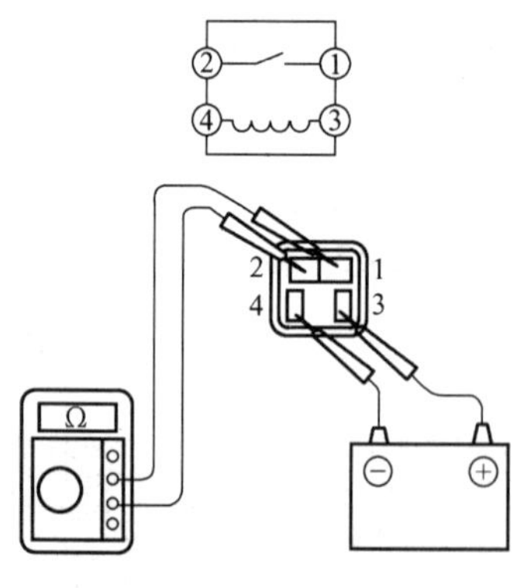

图 2-16　TRC 制动主继电器检测

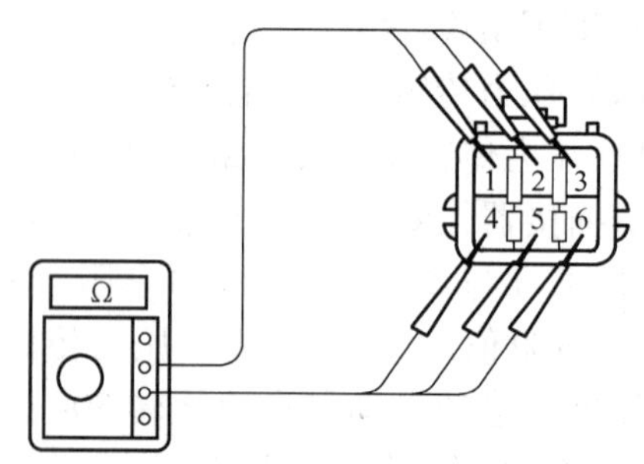

图 2-17　TRC 制动执行器检测

2）TRC 液压泵电动机及其电路检测。TRC 液压泵电动机电路如图 2-18 所示。检测时拔开 TRC 液压泵电动机插接器，将电源正、负极分别与 TRC 液压泵电动机插接器端子 3 和端子 1(图 2-19)连接(注意连接时间不得超过 3s)，应能听到 TRC 液压泵转动的声音。如果液

压泵电动机不能正常工作，应更换液压泵和电动机；如果液压泵电动机工作正常，应检测TRC 液压泵电动机线束侧插接器端子 1 与车身搭铁之间以及 TRC 液压泵电动机线束侧插接器端子 3 与 TRC 液压泵电动机继电器之间的线路。

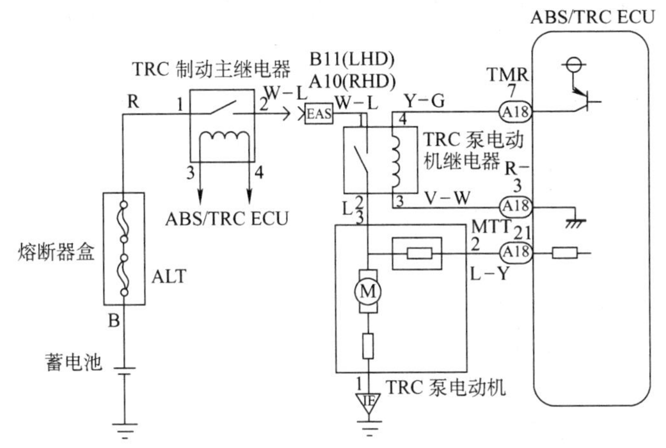

图 2-18　TRC 液压泵电动机电路

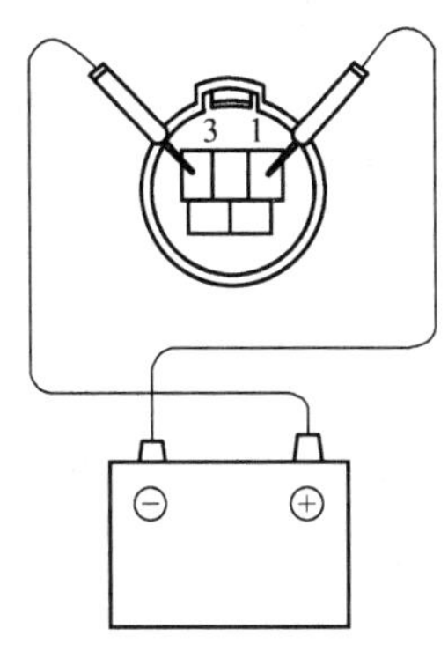

图 2-19　TRC 液压泵电动机检测

3）副节气门驱动步进电动机及其电路检测。副节气门驱动步进电动机电路如图 2-20 所示。检测时拔开副节气门驱动步进电动机插接器，检测副节气门驱动步进电动机端子 1、2、3 之间应相互导通，4、5、6 之间应相互导通(图 2-21)。如果检测结果与上述不符，更换副节气门执行器；如果检测结果与上述一致，检测副节气门执行器与 ABS/TRC ECU 之间的线路。

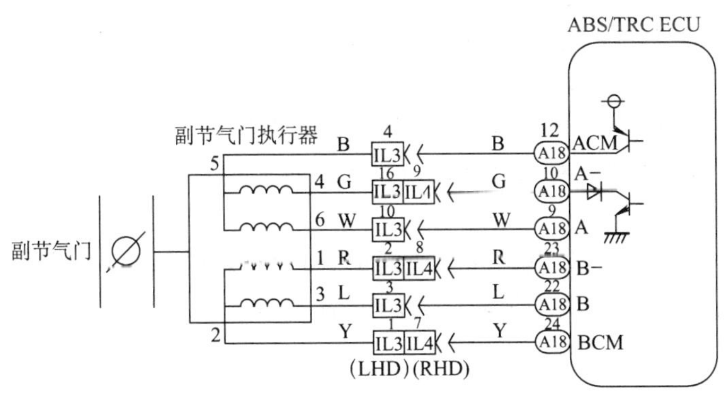

图 2-20　副节气门驱动步进电动机电路

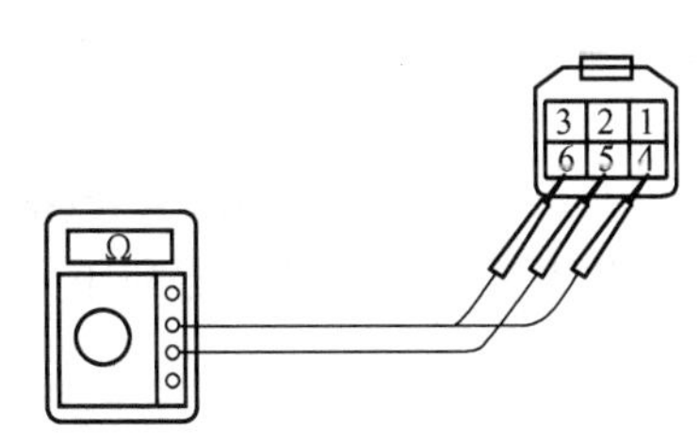

图 2-21　副节气门驱动步进电动机的检测

本 章 小 结

• ASR 的作用是在汽车驱动过程中，将车轮的滑转率控制在理想滑转率的范围(10%~30%)内，防止车轮滑转，以提高汽车在驱动过程中的方向稳定性和转向控制能力，并且提高汽车的加速性能。

• 驱动轮滑转的程度用滑转率表示，滑转率是指车轮速度与车速的差值与车轮速度之比。当驱动车轮的滑转率达到 100% 时，不仅会导致所能够提供的地面驱动力减小，而且对于后轮驱动汽车会失去方向稳定性，对于前轮驱动汽车会失去转向控制能力。

• 汽车上装备 ASR 的目的是在汽车起步、加速或在附着系数较小的路面上驱动行驶时，将车轮的滑转率控制在 10%~30%，使车轮与路面保持较高的附着力，提高汽车的牵引力和操控性。

• ASR 的优点是：提高了汽车的动力性；提高了汽车的行驶稳定性和前轮驱动汽车的转向控制能力；减少了轮胎磨损，降低了发动机油耗。

• ASR 的控制方式有：对发动机输出转矩进行控制（调节发动机进气量；调节燃油量；调节点火时间）；对滑转车轮进行制动控制；对防滑差速器进行锁止控制。

• ASR 的特点是：ASR 可由开关控制其接通或关闭；ASR 起作用时，ASR 工作指示灯会点亮，ASR 关闭时，关闭指示灯点亮；ASR 正在起作用时，驾驶员对车辆制动，ASR 将会自动退出工作；当车速较高时，ASR 将自动退出防滑转控制；当 ASR 工作时，若车速较低，可以只对滑转一侧的车轮制动，若车速较高，即使一侧车轮滑转时，也同时对两侧驱动轮施加相等的制动力矩；ASR 具有自诊断功能；ASR 和 ABS 都是通过控制作用于被控车轮上的力矩，而将车轮的滑移率或滑转率控制在理想范围内，从而缩短汽车制动距离或提高汽车的加速性能，改善汽车的行驶方向稳定性和转向控制能力。

• ASR 由传感器和开关、ECU、执行器组成。传感器包括轮速传感器（与 ABS 共用）、主/辅节气门位置传感器，开关有 ASR 选择开关；ABS/ASR ECU 是两个系统共用的 ECU；执行器包括 ASR 制动压力调节器、副节气门驱动步进电动机、ASR 工作指示灯、ASR 关闭指示灯。

• ASR 的工作原理是：ABS/ASR ECU 根据轮速传感器信号，确定驱动车轮的滑转率。当 ABS/ASR ECU 判定驱动车轮的滑转率超过设定的限值时，ABS/ASR ECU 根据控制策略确定对发动机转矩进行控制或者对驱动车轮进行制动，或者两种控制措施同时进行。

• 对发动机输出转矩进行控制常用的方法是减小发动机进气量，通常在主节气门前方设置一个副节气门，ABS/ASR ECU 控制副节气门驱动步进电动机使副节气门关小，减小发动机的进气量，降低发动机的输出转矩。

• 对滑转车轮进行制动控制的方法是当 ABS/ASR ECU 判定需要对滑转车轮进行制动时，ABS/ASR ECU 将控制 ASR 制动压力调节器使高压制动液进入滑转车轮的制动轮缸对车轮进行制动。

• ASR 制动压力调节器包括制动供能总成和电磁阀总成两部分，制动供能总成主要由电动机及液压泵、蓄能器和压力传感器组成。ASR 制动压力调节器工作时可分为增压、保压、减压三个过程。

复习思考题

一、填空题

1. 驱动防滑转系统的英文缩写是＿＿＿＿＿＿，该系统也称为＿＿＿＿＿＿，英文缩写为＿＿＿＿＿＿，丰田公司则称为＿＿＿＿＿＿或＿＿＿＿＿＿。

2. 汽车上装备 ASR 的目的就是在驱动时将车轮的滑转率控制在＿＿＿＿＿＿，使车轮与路面保持较高的＿＿＿＿＿＿，提高汽车的＿＿＿＿＿＿和＿＿＿＿＿＿。

3. ASR 的控制方式包括＿＿＿＿＿＿、＿＿＿＿＿＿、＿＿＿＿＿＿。

4. ASR 的控制方式中对发动机输出转矩进行控制的手段包括＿＿＿＿、＿＿＿＿、＿＿＿＿＿＿。

5. ASR 和 ABS 都是通过控制作用于被控车轮上的＿＿＿＿＿＿，而将车轮的＿＿＿＿＿＿或＿＿＿＿＿控制在理想范围内，以提高＿＿＿＿＿＿＿的利用率，从而缩短汽车制动距离或提高汽车的加速性能，改善汽车的＿＿＿＿＿＿＿和＿＿＿＿＿＿＿。

6. ASR 由＿＿＿＿＿＿＿、＿＿＿＿＿＿＿、＿＿＿＿＿＿＿组成。

7. ASR 执行器包括＿＿＿＿＿＿＿、＿＿＿＿＿＿＿、＿＿＿＿＿＿＿、＿＿＿＿＿＿＿。

8. ASR 制动压力调节器工作时可分为＿＿＿＿＿＿＿、＿＿＿＿＿＿＿、＿＿＿＿＿＿＿三个过程。

9. 丰田雷克萨斯 LS400 型轿车 ABS/TRC 主要由＿＿＿＿＿＿＿、＿＿＿＿＿＿＿、＿＿＿＿＿＿＿、＿＿＿＿＿＿＿、＿＿＿＿＿＿＿、＿＿＿＿＿＿＿、＿＿＿＿＿＿＿等组成。

10. 丰田雷克萨斯 LS400 型轿车 TRC 制动供能总成主要由＿＿＿＿＿＿＿、＿＿＿＿＿＿＿和＿＿＿＿＿＿＿等组成。

二、判断题

1. ASR 的控制方式之一是通过改变副节气门的开度对发动机输出转矩进行控制。（　　）

2. ASR 可由驾驶员通过开关选择是否允许其工作。（　　）

3. ASR 通常只在一定车速范围内进行防滑转调节，当车速较高时，ASR 将自动退出防滑转控制。（　　）

4. ASR 具有自诊断功能，当自诊断系统诊断出系统有故障时，ASR 将自动退出工作，并点亮警告灯。（　　）

5. ASR 和 ABS 都是通过控制作用于被控车轮上的力矩，而将车轮的滑移率或滑转率控制在理想范围内。（　　）

6. 装备 ASR 的汽车通常将 ASR 和 ABS 组合在一起，构成具有制动防抱死和驱动防滑转功能的防滑控制系统。（　　）

7. 当驱动车轮滑转率达到 100% 时，在干沥青路面上纵向附着系数比峰值附着系数会增大约 10%~20%。（　　）

8. 当驱动车轮滑转率达到 100% 时，对于前轮驱动汽车会失去方向稳定性，对于后轮驱动汽车会失去转向控制能力。（　　）

9. 装备 ASR 的汽车的优点之一是可以提高汽车的动力性。（　　）

10. 对于前轮驱动汽车的驱动防滑转系统，可以对两个前驱动轮进行独立制动控制。（　　）

三、问答题

1. ASR 的作用是什么？

2. 汽车行驶的附着条件是什么？

3. 什么是滑转率？

4. 附着系数与车轮滑转率之间的关系是什么？

5. ASR 有何优点？

6. ASR 的特点是什么？

7. 什么是 ASR 工作时的优先选择性？

8. 简述 ASR 的工作原理。

9. 简述丰田雷克萨斯 LS400 型轿车 TRC 的工作过程。

10. 简述丰田雷克萨斯 LS400 型轿车 TRC 系统读取和清除故障码的方法。

实训项目4　雷克萨斯 LS400 轿车 TRC 系统压力传感器和制动主继电器及其电路检测

车 辆 型 号	车辆识别代码	检 测 系 统

一、实训目标

掌握 TRC 系统压力传感器和 TRC 制动主继电器及其电路的检测方法。

二、知识准备

1. 雷克萨斯 LS400 轿车 TRC 系统压力传感器安装在 TRC 隔离电磁阀总成的旁边，为接触开关型，当蓄能器内的压力高于____________时，开关断开；当压力低于____________时，开关接通。

2. 雷克萨斯 LS400 轿车 TRC 制动主继电器为____________和____________提供电源。

3. 画出雷克萨斯 LS400 轿车 TRC 系统压力传感器和 TRC 制动主继电器与 ABS/TRC ECU 之间的电路图。

TRC 系统压力传感器　　　　TRC 制动主继电器

三、操作步骤

1. TRC 系统压力传感器及其电路的检测

(1) 在低压下测量压力传感器的电阻　关闭点火开关，拔开压力传感器插接器，使用数字万用表测量压力传感器插接器端子 1(E_2) 与 2(PR) 之间的电阻，电阻正常值应为____________，测量值是____________。

(2) 在高压下测量压力传感器的电阻　连接压力传感器插接器，起动发动机怠速运转 30s 以上，使 TRC 执行器油压升高，将发动机熄火，重新测量压力传感器插接器端子 1 与 2 之间的电阻，电阻正常值应为____________，测量值是____________。

(3) 检测压力传感器与 ABS/TRC ECU 之间的线路：使用数字万用表测量压力传感器线束侧插接器端子 1 与 ABS/TRC ECU 线束侧插接器端子 E_2(A20 插接器的 18 号端子)之间的导线，以及压力传感器线束侧插接器端子 2 与 ABS/TRC ECU 线束侧插接器端子 PR(A20 插接器的 10 号端子)之间的导线的导通情况，检测结果为____________。

2. TRC 制动主继电器及其电路检测

(1) 检测 TRC 制动主继电器　关闭点火开关，拔下 TRC 制动主继电器，在继电器端子 3 与 4 之间连接蓄电池电压，使用数字万用表测量继电器端子 1 与 2 之间的通断，此时端子 1 与 2 之间应____________，实际测量结果为____________。不在继电器端子 3 与 4 之间施加蓄电池电压，继电器端子 1 与 2 应____________，实际测量结果为____________。

（续）

车 辆 型 号	车辆识别代码	检 测 系 统

（2）检测 TRC 制动主继电器与 ABS/TRC ECU 之间的线路　使用数字万用表测量 TRC 制动主继电器插座端子 4 与 ABS/TRC ECU 线束侧插接器端子 TSR（A18 插接器的 4 号端子），以及 TRC 制动主继电器插座端子 3 与 ABS/TRC ECU 线束侧插接器端子 R-（A18 插接器的 3 号端子）之间导线的导通情况，检测结果为____________。

（3）检测 TRC 制动主继电器与电源之间的线路　使用数字万用表测量 TRC 制动主继电器插座端子 1 与位于发动机室内的主熔断器盒内的 ABS 熔断器之间导线的导通情况，检测结果为____________。

通过上述检测，得出的结论是：____。

四、实训小结

____。

实训项目5　雷克萨斯 LS400 轿车 TRC 执行器及其电路检测

车 辆 型 号	车辆识别代码	检 测 系 统

一、实训目标

1. 掌握 TRC 制动执行器隔离电磁阀及其电路的检测方法。
2. 掌握 TRC 液压泵电动机及其电路的检测方法。
3. 掌握副节气门驱动步进电动机及其电路的检测方法。

二、知识准备

1. 画出 TRC 制动执行器隔离电磁阀与 ABS/TRC ECU 以及 TRC 制动主继电器之间的电路图。
2. 画出 TRC 液压泵电动机与 ABS/TRC ECU 以及 TRC 液压泵电动机继电器之间的电路图。
3. 画出副节气门驱动步进电动机与 ABS/TRC ECU 之间的电路图。

TRC 制动执行器隔离电磁阀

TRC 液压泵电动机

副节气门驱动步进电动机

三、操作步骤

1. TRC 制动执行器隔离电磁阀及其电路的检测

（1）检测制动执行器隔离电磁阀插接器端子之间的导通性　关闭点火开关，拔开 TRC 制动执行器插接器，使用数字万用表测量 TRC 制动执行器端子之间是否导通，将检测结果填写在下表内：

检 测 端 子	是否应导通	检 测 结 果
1 与 4		
2 与 5		
3 与 6		

(续)

车辆型号	车辆识别代码	检测系统

(2) 检测 TRC 制动执行器隔离电磁阀线路 ①使用数字万用表检测 TRC 制动执行器隔离电磁阀线束侧插接器的端子 1、2、3 与 TRC 制动主继电器端子 2 之间线路的导通性,它们之间应该__________,实际检测结果是__________。②使用数字万用表检测 TRC 制动执行器隔离电磁阀线束侧插接器的端子 4、5、6 与 ABS/TRC ECU 之间线路的导通性,将检测结果填写在下表内:

检测端子		是否应导通	检测结果
TRC 制动执行器线束侧插接器端子	ABS/TRC ECU 线束侧 A18 插接器端子		
4	2(SRC)		
5	1(SMC)		
6	14(SAC)		

2. TRC 液压泵电动机及其电路的检测

(1) 检测 TRC 液压泵电动机 关闭点火开关,拔开 TRC 液压泵电动机插接器,将蓄电池正、负极分别与 TRC 液压泵电动机插接器端子 3 和端子 1 连接(注意连接时间不得超过 3s),液压泵电动机应__________,实际检测结果是__________。

(2) 检测 TRC 液压泵电动机线路 ①使用数字万用表测量 TRC 液压泵电动机线束侧插接器端子 1 与车身搭铁之间的电阻,电阻正常值应为__________,测量值是__________。②使用数字万用表测量 TRC 液压泵电动机线束侧插接器端子 3 与 TRC 液压泵电动机继电器端子 2 之间的导通性,它们之间应该__________,实际检测结果是__________。

3. 副节气门驱动步进电动机及其电路检测

(1) 检测副节气门驱动步进电动机 关闭点火开关,拔开副节气门驱动步进电动机插接器,使用数字万用表检测副节气门驱动步进电动机端子之间是否导通,将检测结果填写在下表内:

检测端子	是否应导通	检测结果
1 与 2		
2 与 3		
4 与 5		
5 与 6		

(2) 检测副节气门执行器与 ABS/TRC ECU 之间的线路 关闭点火开关,拔开副节气门驱动步进电动机插接器,使用数字万用表检测副节气门执行器线束侧插接器端子与 ABS/TRC ECU 之间的线路是否导通,将检测结果填写在下表内:

（续）

车 辆 型 号	车辆识别代码	检 测 系 统

检 测 端 子		是否应导通	检 测 结 果
副节气门执行器线束侧插接器端子	ABS/TRC ECU 线束侧 A18 插接器端子		
1	23(B-)		
2	24(BCM)		
3	22(B)		
4	10(A-)		
5	12(ACM)		
6	9(A)		

通过上述检测，得出的结论是：____

____。

四、实训小结

____

____

____。

第3章 电子稳定程序(ESP)

学习目标：

- 了解 ESP 的功能。
- 掌握 ESP 的基本组成和基本原理。
- 掌握 ESP 主要部件的结构和工作原理。
- 掌握宝来汽车电子稳定程序的组成和故障检测方法。
- 掌握雷克萨斯 LS400 轿车车辆稳定性控制系统的组成和故障检修方法。

3.1 概述

ESP 是 Electronic Stability Program 的缩写，意为电子稳定程序，应用于大众、奥迪、奔驰等车型上。与此功能相似的系统在其他车型上的名称有所不同：例如丰田的 VSC（车辆稳定性控制系统）、宝马的 DSC（动力学稳定控制系统）、本田的 VSA（车辆稳定辅助系统）等。

3.1.1 ESP 的功能

汽车操纵失控是非常危险的，因为汽车操纵失控时，汽车不能按照驾驶员的驾驶意图行驶，很容易导致交通事故。当汽车在弯路上高速行驶时，或者虽然车速不高，但路面较滑，或者为躲避障碍物而急转弯时，由于离心力的作用，会使汽车侧滑。

假如汽车只有前轮侧滑，后轮没有侧滑，或者虽然前、后轮都侧滑，但前轮的侧滑程度大于后轮，就会使汽车绕其垂直轴转动，转动方向与汽车转弯的方向相反，从而导致汽车不能按照驾驶员的驾驶意图行驶，即不能沿驾驶员给定的转向轮偏转路线行驶，汽车将驶出转弯路面的外侧（图 3-1a），这种情况会造成不足转向。

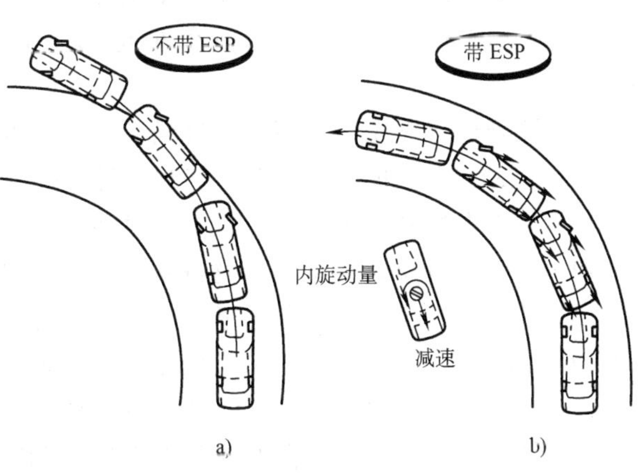

图 3-1 避免不足转向的原理

a）不足转向 b）ESP 避免不足转向

如果汽车只有后轮侧滑，前轮没有侧滑，或者虽然前、后轮都侧滑，但后轮的侧滑程度大于前轮，也会使汽车绕其垂直轴转动，但转动方向与汽车转弯的方向相同，同样会导致汽车不能按照驾驶员的驾驶意图行驶，汽车将驶出转弯路面的内侧（图 3-2a），这种情况会造成过度转向。

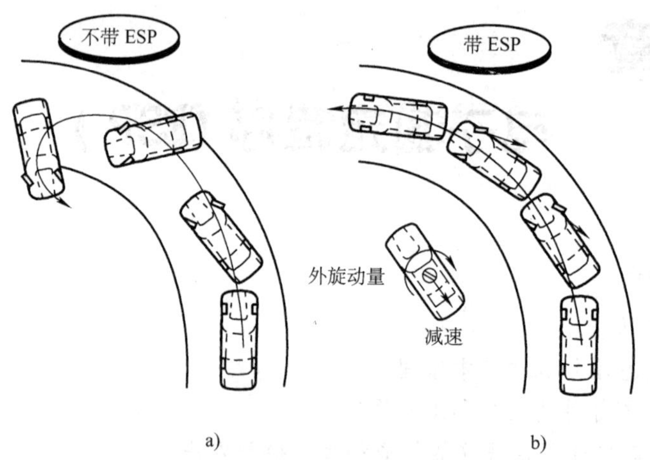

图 3-2　避免过度转向的原理
a）过度转向　b）ESP 避免过度转向

无论是不足转向还是过度转向都可能使汽车操纵失控，导致严重的交通事故。ESP 的功能就是当检测到汽车没有按照驾驶员的驾驶意图行驶时，通过有选择地制动或者干预发动机的工作来稳定车辆，使汽车按照驾驶员的驾驶意图行驶，改善汽车的操纵稳定性，提高汽车的行驶安全性。

3.1.2　ESP 的基本组成和基本原理

ESP 是与 ABS 和 ASR 组合在一起的系统，可以认为 ESP 是 ABS 和 ASR 功能的延伸。ESP 也是由传感器、ECU 和执行器组成的，但 ESP 大部分元件与 ABS 和 ASR 共用，传感器在原来 ABS 和 ASR 的基础上增加转向盘转角传感器、横摆角速度传感器、侧向加速度传感器等；ECU 增加 ESP 的控制功能；执行器则在原来 ABS 和 ASR 执行器的基础上改进功能，使 ASR 制动供能装置可以对每一个车轮都能进行单独制动（ASR 只能对驱动车轮进行制动）。

ESP 工作时，首先通过转向盘转角传感器、轮速传感器信号识别转弯方向、角度、速度，从而判断驾驶员的驾驶意图；与此同时，ESP 通过横摆角速度传感器、侧向加速度传感器识别车辆绕其垂直轴转动的方向、角速度以及旋转角度等，从而确定车辆的实际运动方向。ECU 将车辆实际运动方向与驾驶员的驾驶意图进行比较，如果车辆实际绕其垂直轴转动的角度小于由转向盘转角和轮速确定的车辆应该绕其垂直轴的转角，则判断为不足转向，ECU 立即指令执行器使汽车内侧后轮制动，地面制动力将对汽车产生一个与转向方向相同的力矩，纠正不足转向，使汽车回到正常的路线，按照驾驶员的驾驶意图行驶（图 3-1b）。反之，如果车辆实际绕其垂直轴转动的角度大于由转向盘转角和轮速确定的车辆应该绕其垂直轴的转角，则判断为过度转向，ECU 立即指令执行器使汽车外侧前轮制动，地面制动力将对汽车产生一个与转向方向相反的力矩，纠正过度转向，使汽车回到正常的路线，按照驾驶员的驾驶意图行驶（图 3-2b）。ESP 起作用时，如果单独制动某一车轮不足以稳定车辆，

还可以根据情况同时对两个或多个车轮制动，对各个车轮的制动力也可以不同。此外，还可以根据情况对发动机的工作进行干预，降低发动机的输出转矩，达到迅速有效控制车辆稳定的目的。

3.2　ESP 主要部件的结构和工作原理

3.2.1　转向盘转角传感器

转向盘转角传感器的作用是检测转向盘的转动方向、转动角速度和转动角度，以便 ECU 根据转向盘转角的大小和转角变化速率来识别驾驶员的驾驶意图，确定车辆的预期行驶方向。常见的转向盘转角传感器有电位器式、光电式、电磁式、霍尔式、磁阻式等。图 3-3 所示为各向异性磁阻(AMR)式转向盘转角传感器，转向轴带动传动齿轮 1 转动，齿轮 1 驱动两个齿数不等(差一个齿)的测量齿轮 2 转动，两个驱动齿轮中有磁铁 3，磁铁上方有各向异性磁阻传感器 5 及集成电路 4，当转向盘转动时，带动驱动齿轮 2 中的磁铁 3 转动，各向异性磁阻传感器 5 中的磁场变化，使磁阻传感器的电阻变化，电阻的变化反映了测量齿轮的位置，也就反映了转向盘的旋转角度。由于两个测量齿轮的齿数不同，其转速不同，故产生的信号的相位不同，因此可以判断转向盘的转动方向。

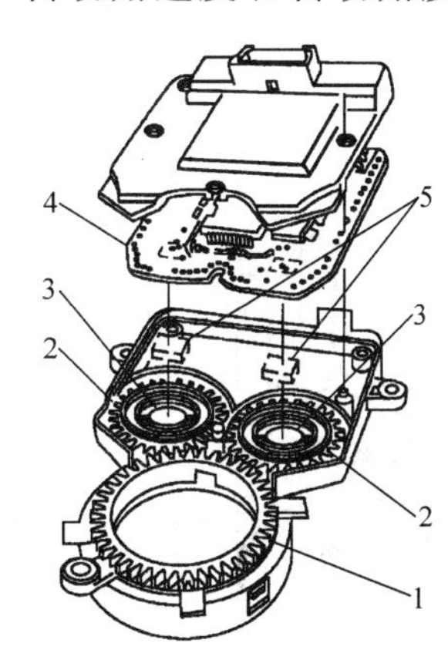

图 3-3　转向盘转角传感器的结构
1—传动齿轮　2—测量齿轮　3—磁铁
4—集成电路　5—各向异性磁阻传感器

3.2.2　横摆角速度传感器

横摆角速度传感器也称横摆率传感器、偏航率传感器等，其作用是检测车辆绕其垂直轴转动的角速度，以便 ECU 根据横摆角速度信号和侧向加速度信号判断车辆的实际行驶方向。

横摆角速度传感器的基本工作原理可以简化成图 3-4 所示的双调节叉结构，上端调节叉为激励叉，下端调节叉为测量叉。激励叉和测量叉的固有频率略有不同，激励叉的固有频率为 11kHz，测量叉固有频率为 11.3kHz。当向双调节叉施加 11kHz 交变电压时，由于与激励叉固有频率相同，因此激励叉发生共振，而测量叉由于其固有频率与此不同，因此不发生共振，如图 3-5a 所示。

激励叉
连接到其他
硅片体上
测量叉

图 3-4　横摆角速度传感器的结构原理

发生共振的调节叉对于外力的反应，要比没有发生共振的调节叉运动响应慢，这意味着当车辆偏摆时，旋转角速度使得没有发生共振的测量叉与车辆同步转动，而发生共振的激励叉滞后于车辆的运动，因此调节叉发生扭曲，如图 3-5b 所示。

调节叉扭曲改变了调节叉上的电荷分配，传感器检测此信号并将其传送至控制单元，控制单元根据此信号就可以确定汽车的横摆角速度。

横摆角速度传感器通常安装在变速杆旁、后座椅下方、转向柱下方偏右侧等。横摆角速度传感器有单独制造的，也有与侧向加速度传感器组合在一起的。

3.2.3 侧向加速度传感器

侧向加速度传感器的作用是检测汽车行驶时的侧向加速度，以便 ECU 根据侧向加速度信号和横摆角速度信号判断车辆的实际行驶方向。图 3-6 所示为常见的霍尔式加速度传感器的原理，霍尔式加速度传感器有一个片状弹簧 3，一端固定，另一端有永久磁铁 2，永久磁铁 2 同时作为振动质量，与片状弹簧组成弹簧—质量系统。永久磁铁的上面是带有信号处理集成电路的霍尔传感器，永久磁铁的下方有一块铜阻尼板 4。

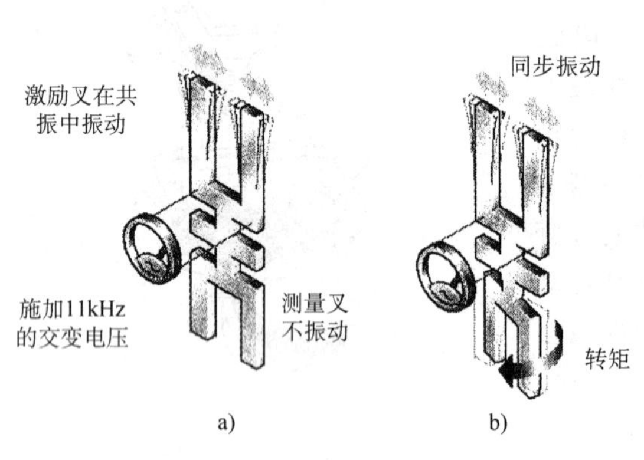

图 3-5 横摆角速度传感器的工作原理

a）激励叉共振 b）调节叉扭曲

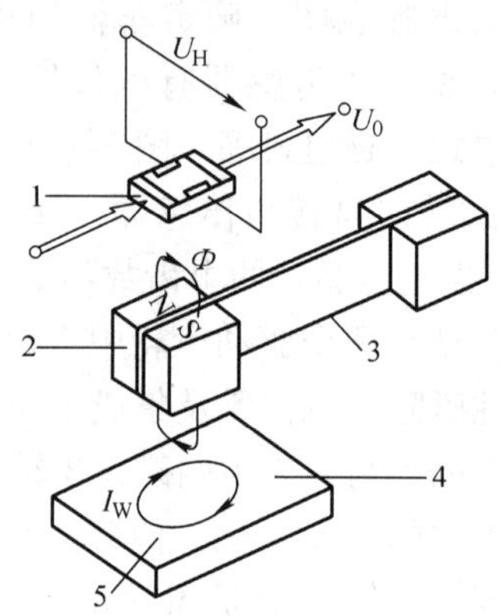

图 3-6 加速度传感器的原理

1—霍尔传感器 2—永久磁铁 3—片状弹簧 4—阻尼板 5—I_W 涡流（阻尼） U_H—霍尔电压 U_0—电源电压 Φ—磁场

如果传感器受到侧向加速度 a 的作用，传感器的弹簧—质量系统将离开其静止位置而偏移，偏移程度与加速度的大小有关。运动的磁铁在霍尔元件中产生霍尔电压 U_H，经信号处理电路处理后输出能够反映加速度大小的信号电压。阻尼板 4 的作用是衰减片状弹簧 3 的振动。

3.2.4 执行器

ESP 的执行器通常与 ABS 和 ASR 的执行器组合在一起，图 3-7 为典型的 ABS/ASR/ESP 执行器的液压调节器总成，由液压泵 2、蓄能器 3、进油阀 6、出油阀 7、隔离阀 8、起动阀 9 等部件组成。其中的进油阀 6 和隔离阀 8 为常开阀，出油阀 7 和起动阀 9 为常闭阀。为了能够独立控制每个车轮的制动回路，采用四通道制动回路，由液压泵供能可以对每一个车轮进行单独制动。下面介绍常规制动、ABS 起作用、ASR 起作用、ESP 起作用时液压调节器工作的情况。

1. 常规制动

液压调节器中的所有电磁阀均不通电，由于隔离阀 8 和进油阀 6 是常开阀，因此处于打开状态，起动阀 9 和出油阀 7 是常闭阀，因此处于关闭状态。来自制动主缸 5 的制动液经隔

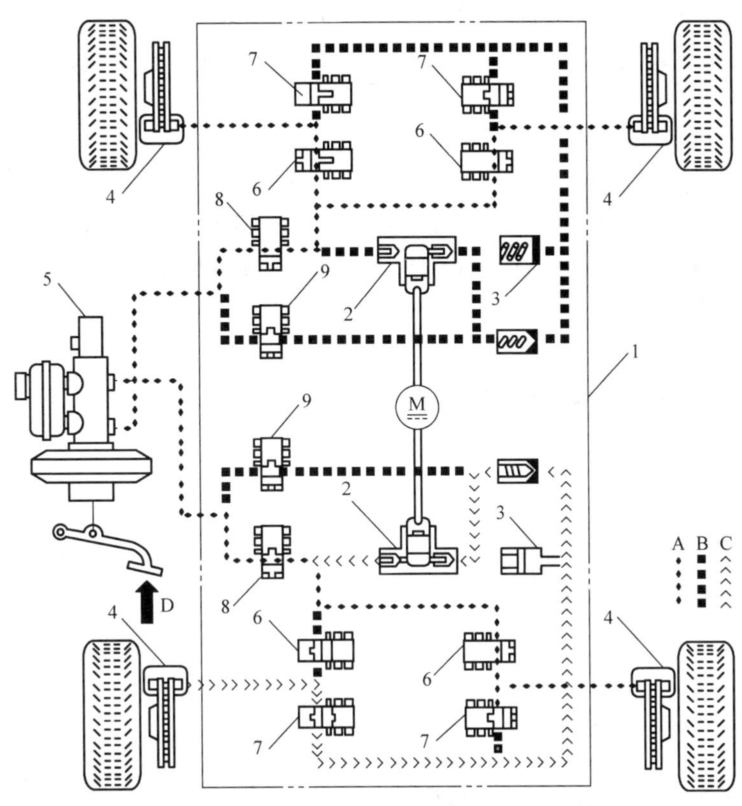

图 3-7　液压调节器总成

1—液压调节器总成　2—液压泵　3—蓄能器　4—制动钳　5—制动主缸　6—进油阀　7—出油阀　8—隔离阀　9—起动阀　A—常规制动液流　B—停止的制动液流　C—液压泵产生的制动液流　D—踏下制动踏板　M—电动机

离阀 8→进油阀 6→制动钳 4，此为常规制动油路。

2. ABS 起作用

如果制动过程中 ABS 起作用，需要对左后轮保压，ECU 使左后轮进油阀 6 通电关闭，左后轮出油阀 7 为常闭阀处于关闭状态，因此左后轮制动钳 4 中的制动液被密封，压力保持不变；如果左后轮需要减压，ECU 使左后轮出油阀 7 通电打开，进油阀 6 通电关闭，同时使液压泵 2 工作，左后轮制动钳 4 中的制动液经出油阀 7→液压泵 2→后隔离阀 8 回到制动主缸 5，制动压力降低；如果左后轮需要增压，ECU 使左后轮进油阀 6 断电打开，出油阀 7 断电关闭，油路与常规制动相同。

3. ASR 起作用

ASR 起作用时可以通过减小发动机输出转矩和对滑转的驱动车轮制动两种措施防止车轮滑转。如果只需要对左后驱动轮制动，ECU 使液压泵 2 工作，后隔离阀 8 通电关闭，后起动阀 9 通电打开，右后轮进油阀 6 通电关闭，液压泵 2 将制动主缸 5 中的制动液经后起动阀 9→液压泵 2→左后轮进油阀 6 到达左后轮制动钳 4，由于右后轮进油阀 6 关闭，制动液不能进入右后轮制动钳，因此只对左后驱动轮制动。如果 ASR 起作用时需要对两个后驱动轮都制动，则 ECU 只需要在上述控制过程中不给右后进油阀 6 通电，即可以实现对两个后驱动

轮同时制动。如果ASR起作用时需要保压，则相应的进油阀6和出油阀7都关闭；如果需要减压，则进油阀6关闭，出油阀7打开，制动钳4内的制动液经后起动阀9回到制动主缸5。

4. ESP起作用

ESP起作用的情况与ASR起作用时相似，只不过ASR起作用时只对一个或两个后驱动车轮进行制动，而ESP起作用时还可以通过控制前隔离阀8、前起动阀9以及前轮进、出油阀使前轮制动，这样就可以单独对汽车的任何一个车轮或同时对几个车轮进行制动。制动时的液压回路与ASR起作用时相同。

3.3 宝来轿车电子稳定程序

3.3.1 系统组成

宝来轿车ABS、TCS(牵引力控制系统)、ESP系统的组成如图3-8所示，系统电路如图3-9所示。

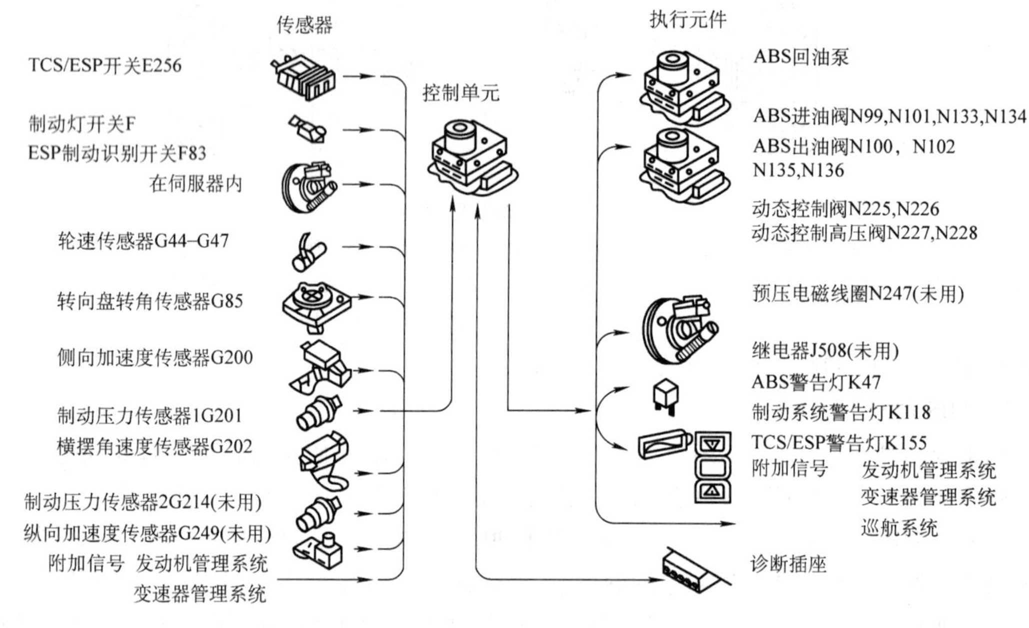

图3-8 宝来轿车ABS/TCS/ESP系统的组成

1. 转向盘转角传感器G85

G85安装在转向柱上，位于转向开关与转向盘之间，与安全气囊螺旋弹簧集成为一体。测量范围为4圈，±720°。测量精度为1.5°，分辨速度为(1°~2000°)/s。ECU通过计算转向盘转角的大小和转角变化速率来识别驾驶员的驾驶意图。更换控制单元或该传感器后，需重新标定零点。接通点火开关后，转向盘转动4.5°，传感器即进行初始化。安装该传感器时，要保证转向盘转角传感器在正中位置，观察孔内可见黄色标记。该传感器失效，系统将不能识别车辆的预期行驶方向，导致ESP不起作用。

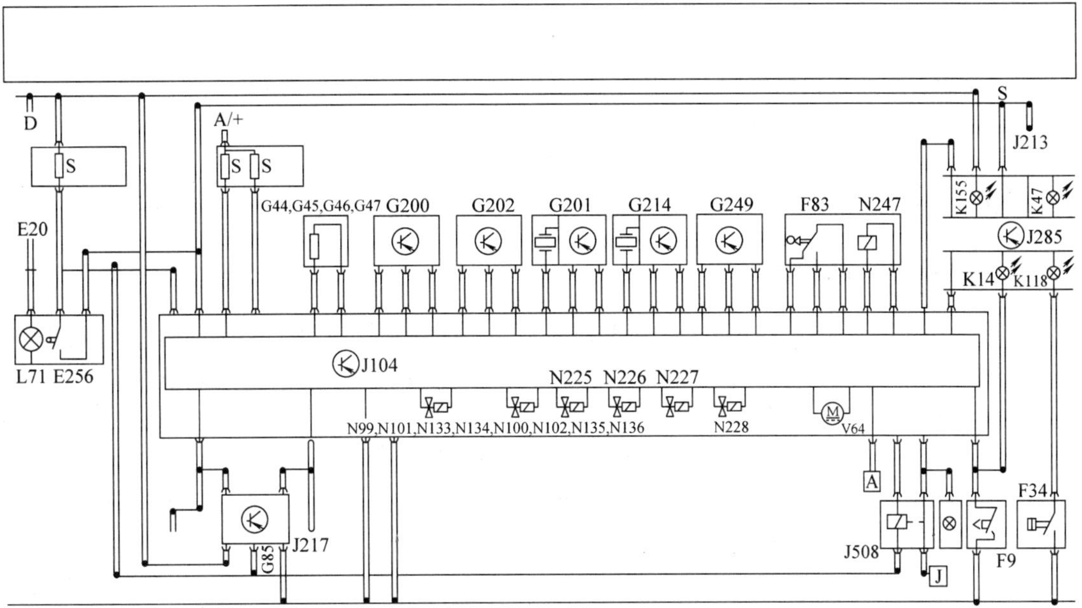

图 3-9 宝来轿车 ESP 系统电路

D—点火开关 S—熔断器 A/+—电源 E20—仪表照明调节器 L71—TCS/ESP 开关照明灯 E256—TCS/ESP 开关 G44/G46—右后/左后轮速传感器 G45/G47—右前/左前轮速传感器 G200—侧向加速度传感器 G202—横摆角速度传感器 G201—制动压力传感器 G214—制动压力传感器(未用) G249—纵向加速度传感器(未用) F83—ESP 制动识别开关 N247—预压电磁线圈(未用) J104—ABS/EDL/TCS/ESP 控制单元 N99、N101、N133、N134—ABS 进油阀 N100、N102、N135、N136—ABS 出油阀 N225、N226—动态控制阀 N227、N228—ESP 动态控制高压阀 V64—ABS 液压泵 G85—转向盘转角传感器 J508—继电器(未用) F9—驻车制动开关 F34—制动液位报警开关 J213—卸荷继电器 K155—TCS/ESP 警告灯 K47—ABS 警告灯 K118—制动系统警告灯 K14—驻车制动指示灯 J285—组合仪表带显示器的控制单元 J217—自动变速器控制单元

2. 横摆角速度传感器 G202

G202 安装在转向柱下方偏右侧，与侧向加速度传感器一体。ECU 根据横摆角速度信号和侧向加速度信号判断车辆的实际行驶方向，然后与驾驶员的驾驶意图进行比较，确定 ESP 是否起作用。该传感器失效，ECU 不能判断车辆的实际行驶状态，ESP 不起作用。

3. 侧向加速度传感器 G200

G200 安装在转向柱下方偏右侧，与横摆角速度传感器一体。测量范围为 $\pm 1.7g$(重力加速度)，信号电压为 0 ~ 2.5V，测量精度为 $1.2\text{V}/g$。该传感器失效，ECU 不能判断车辆的实际行驶状态，ESP 不起作用。

4. 制动压力传感器 G201

G201 安装在制动主缸上，为最大限度地保证安全，有些系统采用了两个压力传感器(双重保障功能)。制动压力传感器信号用于计算制动力和控制预压力。最大测量值为 17MPa。该传感器失效，ESP 不起作用。

5. TCS/ESP 开关 E256

E256 安装在仪表板上，按下此开关可关闭 TCS/ESP 的功能，并由仪表上的警告灯指示出来，再次按下此开关可重新激活 TCS/ESP 功能。如果驾驶员忘记重新激活 TCS/ESP，再次起动发动机后，系统可被重新激活。

以下情况下有必要关闭 ESP：

1）在积雪路面或松软路面上，让车轮自由转动，前后移动车辆。

2）安装了防滑链的车辆。

3）在测功机上检测车辆。

ESP 正在起作用时，系统无法被关闭；TCS/ESP 开关失效，ESP 将不起作用。

3.3.2 故障自诊断检测

使用大众故障诊断仪 V. A. G1551(或 1552)、V. A. S5051(或 5052)可对系统进行故障自诊断检测。输入地址码“0”和“3”键选择“制动电控系统”，然后输入功能代码“0”和“2”，“查询故障记忆”即可读取故障码；输入功能代码“0”和“5”，“清除故障记忆”即可清除故障码；输入功能代码“0”和“8”，“读取测量数据块”即可读取数据块；输入功能代码“0”和“3”，“执行元件测试”即可对执行元件进行测试；输入功能代码“0”和“4”，“基本设定”，即可进行某些项目的设定。

在“基本设定”功能下，再输入显示组号“001”，即可进行制动系统排气；输入显示组号“060”，即可进行转向盘转角传感器零点平衡；输入显示组号“063”，即可进行侧向加速度传感器零点平衡；输入显示组号“066”，即可进行制动压力传感器零点平衡。

当更换了控制单元 J104 后，需要对转向盘转角传感器、侧向加速度传感器、制动压力传感器进行零点平衡。当更换了上述的某一传感器后，只需对更换的传感器进行零点平衡。

1. 转向盘转角传感器 G85 零点平衡

1）连接 V. A. G1551 或 V. A. S5051，输入“03”地址码。

2）登录“11”，“Q”，“40168”，“Q”（做多项调整时，只需登录一次）。

3）驾驶车辆在平坦路面上以不超过 20km/h 的车速行驶。

4）如果转向盘在正中位置(否则调整至正中位置)，停车即可，不要再调整转向盘，不要关闭点火开关。

5）输入功能代码“08”，读取测量数据块“004”，测量数据块第一显示区应为 0°。

6）输入功能代码“04”，“Q”，输入显示组号“060”，“Q”，ABS 警告灯闪亮。

7）输入功能代码“06”退出，ABS 和 ESP 警告灯亮约 2s。

8）结束。

2. 侧向加速度传感器 G200 零点平衡

1）将车停在水平路面上。

2）连接 V. A. G1551 或 V. A. S5051，输入“03”地址码。

3）登录“11”，“Q”，“40168”，“Q”。

4）输入功能代码“04”，“Q”，输入显示组号“063”，“Q”，ABS 警告灯闪亮。

5）输入功能代码“06”退出，ABS 和 ESP 警告灯亮约 2s。

6）若显示该功能不能执行，说明登录有误；若显示基本设定关闭，说明超出零点平衡允许公差。输入功能代码“08”，读取测量数据块“004”（测量数据块第二显示区静止时 ±1.5；转向盘转至止点，以 20km/h 车速左/右转弯，测量值应均匀上升）及故障记忆。然后重新进行设定。

3. 制动压力传感器 G201 零点平衡

1) 不要踩制动踏板。

2) 连接 V. A. G1551 或 V. A. S5051，输入“03”地址码。

3) 输入功能代码“08”，读取测量数据块“005”，检查第一显示区应为 ±0.7MPa。

4) 登录“11”，“Q”，“40168”，“Q”。

5) 输入功能代码“04”，“Q”，显示组号“066”，“Q”，ABS 警告灯闪亮。

6) 输入功能代码“06”退出，ABS 和 ESP 警告灯亮约 2s。

7) 若显示该功能不能执行，说明登录有误；若显示基本设定关闭，说明超出零点平衡允许公差。输入功能代码“08”，读取测量数据块“005”及故障记忆，然后重新进行设定。

4. ESP 传感器信号检测

ESP 传感器信号检测用于检查传感器(G200、G202、G201)信号的可靠性。拆卸或更换 ESP 部件后，必须进行 ESP 传感器信号检测，具体方法如下：

1) 连接 V. A. G1551 或 V. A. S5051，接通点火开关，输入“03”地址码。

2) 输入功能代码“04”，“Q”，输入显示组号“093”，“Q”。

3) 显示屏显示“ON”，ABS 警告灯闪亮。

4) 拔下自诊断插接器，起动发动机。

5) 用力踩下制动踏板(制动力应大于 3.5 MPa)，直至 ESP 警告灯 K155 闪亮。

6) 以 15 ~ 30km/h 的车速试车，时间不超过 50s，行车时应保证 ABS、EDL(电子差速锁)、ASR、ESP 不起作用。

7) 转弯并保证转向盘转角大于 90°。

8) ABS 警告灯和 ESP 警告灯熄灭，则 ESP 检测顺利完成。

9) 若 ABS 灯不灭，说明 ESP 检测未顺利完成，应重复上述操作；若 ABS 灯不灭且 ESP 灯点亮，说明系统存在故障，应查询故障存储器并排除故障，再重新进行 ESP 检测。

3.4 雷克萨斯 LS400 轿车车辆稳定性控制系统

3.4.1 车辆稳定性控制(VSC)系统的组成

VSC 系统主要由传感器、ECU 和执行器组成。ECU 根据传感器检测到的驾驶员的操作和汽车的状态信号，估算汽车侧滑状态和计算恢复到安全状态所需的旋转动量和减速度，控制执行器有选择地对车轮进行制动和对发动机的输出转矩进行控制。

VSC 系统的大部分元件与 TRC(牵引力控制系统)系统共用，传感器部分增加了横摆角速度传感器和减速度传感器，ECU 扩展了控制功能，执行器改进了前轮的液压通道，增加了 VSC 蜂鸣器。

1. 传感器

(1) 横摆角速度传感器　安装在汽车行李箱前部，与汽车垂直轴线平行。该传感器用于检测汽车绕垂直轴的旋转角速度。

(2) 减速度传感器　水平安装在汽车质心附近，用于检测汽车的纵向和侧向加速度。

(3) 转向盘转角传感器　安装在转向盘后侧，用于检测转向盘的转动状况。

（4）制动压力传感器　安装在VSC液压控制装置上部，用于检测驾驶员进行制动操作时制动液压力的变化。

（5）轮速传感器　安装在每个车轮上，用于检测每个车轮的角速度。

（6）节气门开度传感器　安装在节气门执行器上，用于检测节气门开度的变化。

2. ECU

安装在车厢内，用于对ABS、TRC、VSC系统进行控制。

3. 执行器

（1）节气门执行器　安装在发动机进气道上，VSC起作用时如果需要降低发动机的输出转矩，ECU控制节气门执行器使节气门开度减小。

（2）液压控制装置　VSC液压控制装置主要由供能装置、制动主缸及制动助力器、选择电磁阀、控制电磁阀4部分组成，如图3-10所示。

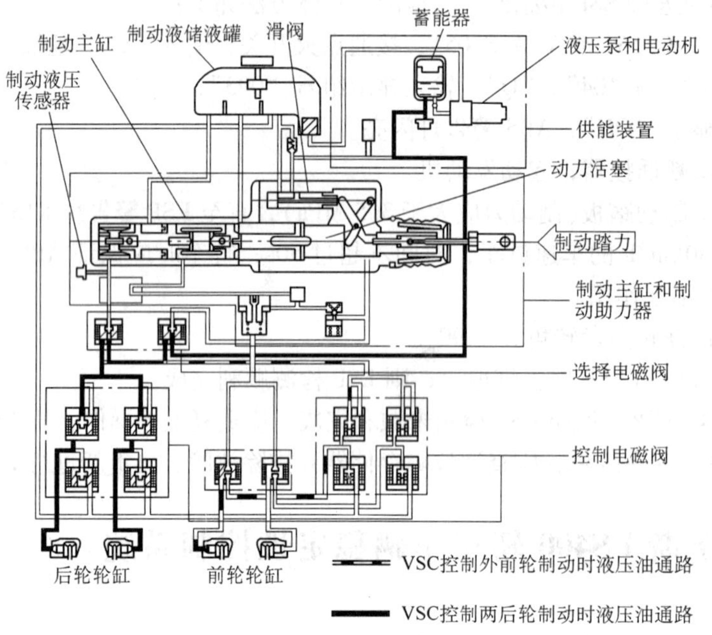

图3-10　VSC液压控制装置的组成

供能装置由电动机驱动的液压泵和蓄能器组成。蓄能器储存由液压泵供应的液压油，作为液压装置的压力源。

制动主缸的作用是根据驾驶员的制动操作产生液压，制动助力器的作用是对制动操作进行助力。

选择电磁阀的作用是，当VSC、TRC或ABS工作时，关闭制动主缸的制动液，并把从供能部分来的具有一定压力的制动液送到控制电磁阀，从而控制每个车轮制动轮缸的制动油压。

控制电磁阀的作用是，当VSC、TRC或ABS工作时，使每个车轮制动轮缸内的油压增压、保压或者减压，以控制每个车轮的制动力。

VSC起作用时液压控制装置的工作情况如下：

1）抑制前轮侧滑。当因前轮产生侧滑出现不足转向时，VSC系统将制动力施加到两个

后轮上，VSC 液压控制装置通过选择电磁阀和控制电磁阀的动作，把经过调节的供能部分具有一定压力的制动液送到两个后轮制动轮缸。

2）抑制后轮侧滑。当因后轮产生侧滑出现过度转向时，VSC 系统立即将制动力施加到正在转弯的汽车的外前轮上，VSC 液压控制装置通过选择电磁阀和控制电磁阀的动作，把经过调节的供能部分具有一定压力的制动液送到正在转弯的外前轮制动轮缸。

(3) 信息显示　VSC 系统通过指示灯和蜂鸣器向驾驶员提供车辆或 VSC 工作状态信息，预警汽车转弯时出现的失控，确保行车安全。信息显示的构成如图 3-11 所示，主要由 VSC 工作指示灯、VSC 蜂鸣器、侧滑指示灯、多路信息显示器(含 VSC 故障警告灯)组成。

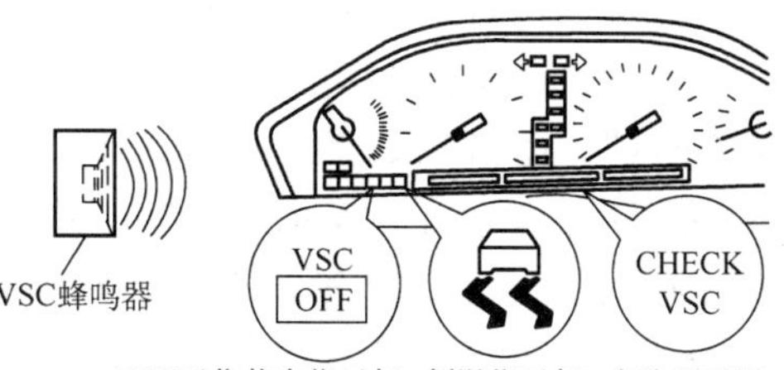

图 3-11　VSC 的信息显示

3.4.2　故障检修

将点火开关转至 ON 的位置，指示灯将进入自检状态，VSC OFF 指示灯和侧滑指示灯应亮 3s 后熄灭。如果 ECU 内存储了故障码，多路信息显示器上就会显示“CHECK VSC”，同时 VSC OFF 指示灯保持点亮。如果指示灯自检不正常，需对 VSC 警告灯电路、VSC OFF 指示灯电路、侧滑指示灯电路进行故障检测和排除。

1. VSC 系统常见故障及排除方法

VSC 系统常见故障及排除方法见表 3-1。

表 3-1　VSC 系统常见故障及排除方法

故 障 现 象	故障原因及排除方法
VSC 不工作	检查故障码，重新确认输出正常码 检查点火电源电路 检查液压回路有无泄漏 检查轮速传感器及其电路 检查减速度传感器及其电路 检查横摆角速度传感器及其电路 检查转向盘转角传感器及其电路
侧滑指示灯工作不正常	检查侧滑指示灯及其电路
VSC OFF 指示灯工作不正常	检查 VSC OFF 指示灯及其电路
VSC 警告灯(“CHECK VSC”)工作不正常	检查多路信息显示电路 检查 VSC 警告灯电路
不能进行故障码检测	检查 VSC 警告灯电路 检查诊断插座的 T_C 端子电路

注：当上述检查都正常，但故障仍然存在时，应对 ECU 进行检测，必要时进行更换。

2. 故障自诊断检测

该车的故障码可通过车上的多路信息显示器读取，也可以通过专用仪器读取。下面介绍通过车上的多路信息显示器读取和清除故障码的方法。

（1）读取故障码

1）用专用工具短路插接器连接诊断插座的 T_C 与 E_1 端子。

2）将点火开关转至 ON 位置，此时多路信息显示器上将显示“DIAG（诊断）”。

3）按下转向开关的功能键，直至多路信息显示器上显示“VSC”。

4）从组合仪表的多路信息显示器上读取故障码。此时，当 VSC 系统正常状态时会显示“VSC OK”，而当 VSC 系统有故障时，会显示“VSC NG”、“VSCE”或“VSC……”；读取完故障码后，会显示“VSC31”等；如果有两个或多个故障码时，首先输出小的故障码；当故障码显示一遍后，在第一个故障码的前边会显示“■”记号，并继续显示下一个循环；如果无故障码出现，检查诊断电路或 VSC 警告电路。故障码的含义见表 3-2。

5）完成检查后，拔下短路插接器，并关闭显示。

表 3-2　故障码表

故障码	检 查 项 目	故障排除方法
31	转向盘转角传感器故障	检查转向盘转角传感器及其电路
32	减速度传感器故障	检查减速度传感器及其电路
33	横摆角速度传感器电路断路或短路	检查横摆角速度传感器及其电路
34	横摆角速度传感器故障	检查横摆角速度传感器及其电路
36	横摆角速度传感器未经零点调校	检查横摆角速度传感器及其电路 检查 P 位开关电路
37	P/N 位开关故障	检查 P/N 位开关及其电路
43	ABS 控制系统故障	检查 ABS 控制系统
44	发动机转速 Ne 信号电路断路或短路	检查 ABS/TRC/VSC 的 ECU 与发动机/ECT 的 ECU 之间的 Ne 信号电路
51	发动机 ECU 系统故障	检查发动机控制系统
52	制动液位过低 制动液位警告开关电路断路	检查制动液位 检查制动液位警告开关及其电路
53	ECU 通信电路故障	检查 ABS/TRC/VSC 的 ECU 与发动机/ECT 的 ECU 之间的通信电路 检查 ABS/TRC/VSC 的 ECU 检查发动机/ECT 的 ECU
一直 ON	ABS/TRC/VSC 的 ECU 故障 VSC 警告电路断路	检查电源电路 检查 VSC 警告电路
71	横摆角速度传感器输出信号故障	检查横摆角速度传感器及其电路
72	转向盘转角传感器输出信号故障	检查转向角传感器及其电路

（2）清除故障码

1）用专用工具（短路插接器）连接诊断插座的 T_C 与 E_1 端子。

2）将点火开关转至 ON 位置。

3）在 5s 内踩加速踏板不少于 8 次，即可清除故障码。

4）检查多路信息显示器有无显示“CHECK VSC”。

5）从诊断插座上拔下短路插接器。

3. VSC 传感器检查(测试模式)

在进行 VSC 传感器检查之前首先要读取故障码，因为在测试模式中如果将点火开关从 ON 转至 ACC 或 LOCK 时，故障码将被清除。

VSC 传感器检查程序如下：

1）关闭点火开关。

2）将变速杆置于 P 位置，将转向盘转至中间位置。

3）用专用工具(短路插接器)跨接诊断插座的 T_S 与 E_1 端子。

4）起动发动机，保持汽车在平地静止状态 3s 以上，检查多路信息显示器上是否显示“VSC TEST”。如果多路信息显示器上不显示“VSC TEST”，应检查 VSC 警告指示电路和 T_S 端子电路。

5）检查横摆角速度传感器的零点调校。当拆下过蓄电池电缆或 ECU 线束插接器以及更换了横摆角速度传感器或 ECU 时，必须进行横摆角速度传感器零点调校。

调校方法：更换了 ECU 或横摆角速度传感器或者连接好了蓄电池电缆以后，将变速杆移至 P 位并将点火开关转至 ON，保持车辆静止 15s 以上即可完成。在这 15s 内，显示“CHECK VSC”，且 VSC OFF 指示灯亮(在点火开关转至 ON 后的 5.5s 之内,不显示“CHECK VSC”)。

6）检查转向盘转角传感器。在车辆静止情况下将转向盘向左或向右转动 450°或者更多，然后将转向盘转至中间位置。

7）检查横摆角速度传感器。将变速杆移至 D 位，并驾驶车辆以 5km/h 的车速行驶，向左(或向右)转动转向盘 90°或更多，并保持车辆按 180°圆弧行驶，在圆弧行驶时的起始和终止位置，方向应在 180° ±5°之内，如图 3-12 所示。停车并将变速杆移至 P 位，检查 VSC 蜂鸣器是否响 3s。如果蜂鸣器响，传感器检查正常完成。如果蜂鸣器不响，重复上述的传感器检查。如果蜂鸣器仍不响，说明 VSC 传感器有故障，应查阅故障码。

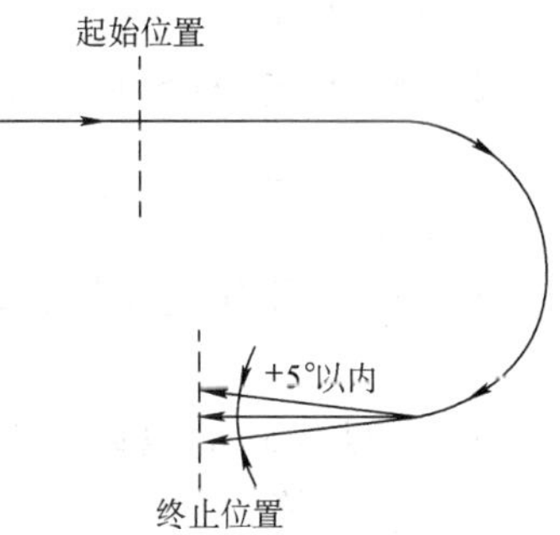

图 3-12　横摆角速度传感器的检查

8）用专用工具(短路插接器)跨接诊断插座的 T_C 与 E_1 端子。此时多路信息显示器会显示“DIAG”。

9）从多路信息显示器中读取故障码。

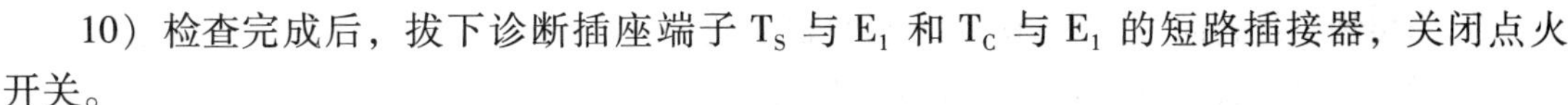

10）检查完成后，拔下诊断插座端子 T_S 与 E_1 和 T_C 与 E_1 的短路插接器，关闭点火开关。

本 章 小 结

• ESP 的功能是当检测到汽车没有按照驾驶员的驾驶意图行驶时，通过有选择地制动或者干预发动机的工作来稳定车辆，使汽车按照驾驶员的驾驶意图行驶，改善汽车的操纵稳定性，提高汽车的行驶安全性。

• ESP 是与 ABS 和 ASR 组合在一起的系统，可以认为 ESP 是 ABS 和 ASR 功能的延伸。ESP 由传感器、ECU 和执行器组成。

• ESP 工作时，首先通过转向盘转角传感器、轮速传感器信号识别转弯方向、角度、速度，从而判断驾驶员的驾驶意图。

• ESP 通过横摆角速度传感器、侧向加速度传感器识别车辆绕其垂直轴转动的方向、角速度以及旋转角度等，从而确定车辆的实际运动方向。

• ECU 将车辆实际运动方向与驾驶员的驾驶意图进行比较，如果车辆被判断为不足转向，ECU 立即指令执行器使汽车内侧后轮制动。如果车辆被判断为过度转向，ECU 立即指令执行器使汽车外侧前轮制动。

• 转向盘转角传感器的作用是检测转向盘的转动方向、转动角速度和转动角度，以便 ECU 根据转向盘转角的大小和转角变化速率来识别驾驶员的驾驶意图，确定车辆的预期行驶方向。

• 横摆角速度传感器的作用是检测车辆绕其垂直轴转动的角速度，以便 ECU 根据横摆角速度信号和侧向加速度信号判断车辆的实际行驶方向。

• 加速度传感器的作用是检测汽车行驶时的纵向和侧向加速度，以便 ECU 根据侧向加速度信号和横摆角速度信号判断车辆的实际行驶方向。

• 典型的 ABS/ASR/ESP 执行器的液压调节器总成，由液压泵、蓄能器、进油阀、出油阀、隔离阀、起动阀等部件组成。

复习思考题

一、填空题

1. ESP 的含义是__________，VSC 的含义是__________。

2. ESP 是与 ABS 和 ASR __________的系统，可以认为 ESP 是 ABS 和 ASR 功能的__________。

3. ESP 由__________、__________和__________组成。

4. ESP 大部分元件与 ABS 和 ASR 共用，传感器在原来 ABS 和 ASR 的基础上增加了__________、__________、__________等。

5. 常见的转向盘转角传感器有电位器式、__________、__________、霍尔式、__________等。

二、判断题

1. 当汽车前轮侧滑时，容易导致过度转向。（　　）
2. 当汽车后轮侧滑时，容易导致不足转向。（　　）
3. 当出现不足转向时，应制动汽车的外侧后轮。（　　）
4. 当出现过度转向时，应制动汽车的内侧前轮。（　　）
5. ESP 起作用时，除了有选择地对车轮进行制动外，还可以降低发动机的输出转矩。（　　）

三、问答题

1. ESP 的功能是什么？
2. 转向盘转角传感器的作用是什么？
3. 横摆角速度传感器的作用是什么？
4. 侧向加速度传感器的作用是什么？
5. 在什么情况下有必要关闭 ESP？

实训项目 6　宝来轿车 ESP 传感器信号检测

车 辆 型 号	车辆识别代码	检 测 系 统

一、实训目标

掌握宝来轿车 ESP 传感器信号检测方法。

二、知识准备

1. 宝来轿车 ESP 传感器信号检测用于检查____________、____________、____________传感器信号的可靠性。

2. 拆卸或更换 ESP 部件后，必须对 ESP 传感器信号进行____________。

3. 宝来轿车 ESP 传感器信号检测使用的工具是____________或____________。

三、操作步骤

1）连接 V. A. G1551 或 V. A. S5051，接通点火开关，输入“03”地址码。

2）输入功能代码“04”，“Q”，输入显示组号“093”，“Q”。

3）显示屏应显示____________，ABS 警告灯应____________。实际显示情况是____________。

4）拔下自诊断插接器，起动发动机。

5）用力踩下制动踏板(制动力应大于 3.5 MPa)，直至 ESP 警告灯 K155 闪亮。

6）以 15 ~ 30km/h 的车速试车，时间不超过 50s，行车时应保证 ABS、EDL、ASR、ESP 不起作用。

7）转弯并保证转向盘转角大于 90°。

8）ABS 警告灯和 ESP 警告灯____________，则 ESP 检测顺利完成。实际 ABS 警告灯和 ESP 警告灯____________。

9）若 ABS 灯不灭，说明 ESP 检测未顺利完成，应重复上述操作；若 ABS 灯不灭且 ESP 灯点亮，说明系统存在故障，应查询故障存储器，查询的结果是____________。

10）排除故障后，重新进行 ESP 检测。

通过上述检测，得出的结论是：____。

四、实训小结

____。

第4章 巡航控制系统（CCS）

学习目标：

- 了解巡航控制系统的基本作用。
- 了解巡航控制系统的组成与原理。
- 掌握巡航控制系统传感器的结构和工作原理。
- 了解巡航控制系统 ECU 的结构和工作原理。
- 掌握巡航控制系统执行器的结构和工作原理。
- 掌握巡航控制系统的故障诊断与维修方法。

4.1 概述

4.1.1 巡航控制系统的作用和发展

汽车巡航控制系统，英文全称为 Cruise Control System，缩写为 CCS，一般又称为巡航行驶装置、速度控制系统、自动驾驶系统、恒速行驶系统等。汽车巡航控制系统就是为减轻驾驶员的劳动强度，提高行驶舒适性，使汽车工作在发动机有利转速范围内的汽车自动行驶装置。

当汽车在高速公路上长距离行驶时，打开巡航控制系统的控制开关后，巡航控制系统将根据行车阻力自动增减节气门开度，使汽车按照设定的速度行驶，免除驾车者长时间脚踏加速踏板之苦，大大地减轻了驾驶员的疲劳强度。

巡航控制系统首先在飞机上应用，显示出了它的无可比拟的优点。汽车上应用巡航控制技术始于 1961 年，首先在美国使用，并逐渐普及。目前在美国，许多轿车上都装用了巡航控制系统。日本和欧洲生产的轿车装用汽车巡航控制系统的比例也越来越高。国产轿车中上海帕萨特、上海别克、一汽大众奥迪 A6 和广州本田雅阁等也都安装有汽车巡航控制系统。

汽车巡航控制系统经历了机械控制系统、晶体管控制系统、模拟集成电路控制系统和微机控制系统等几个过程。微机控制的汽车巡航控制系统自从 1981 年开始应用于汽车后，发展迅速。现代汽车上采用的都是微机控制的巡航控制系统。

4.1.2 巡航控制系统的优点

巡航控制系统主要有以下优点：

1. 减轻驾驶员的疲劳

当汽车巡航行驶时，驾驶员不必操纵加速踏板，减轻了驾驶员的负担，使其可以轻松地驾驶。

2. 提高汽车行驶时的舒适性

由于巡航控制系统工作时汽车等速行驶，因此可以改善汽车的行驶平顺性，提高汽车的舒适性。

3. 降低油耗，减少排放

由于巡航控制系统能够使汽车自动地以等速行驶，避免了驾驶员操纵加速踏板使汽车行驶车速反复变化的情况，因而使发动机的运行工况变化平稳，改善了汽车的燃料经济性和发动机的排放性能。

4. 提高汽车行驶的安全性

巡航控制系统实现了自动驾驶，驾驶员只要掌握好转向盘，不用踩加速踏板和换档就能等速稳定运行，驾驶员可以精力集中地驾驶车辆，提高了汽车行驶的安全性。

5. 减少磨损

巡航控制系统可使汽车稳定等速行驶，额外惯性力减少，所以机件磨损少，故障减少。

4.1.3　巡航控制系统的控制过程

巡航控制系统的控制过程如图 4-1 所示。驾驶员操纵巡航控制开关，将车速设定、减速、恢复、加速、取消等命令输入巡航控制 ECU。当驾驶员通过巡航控制开关输入了车速设定命令时，巡航控制 ECU 便记忆设定的车速，并按该车速对汽车进行等速行驶控制。汽车在巡航行驶过程中，不断通过比较电路将车速传感器检测的实际车速与设定车速进行比较，计算出实际车速与设定车速的差值，然后通过补偿电路输出对执行器的命令，执行器控制发动机节气门开大或关小，使实际车速达到设定车速。

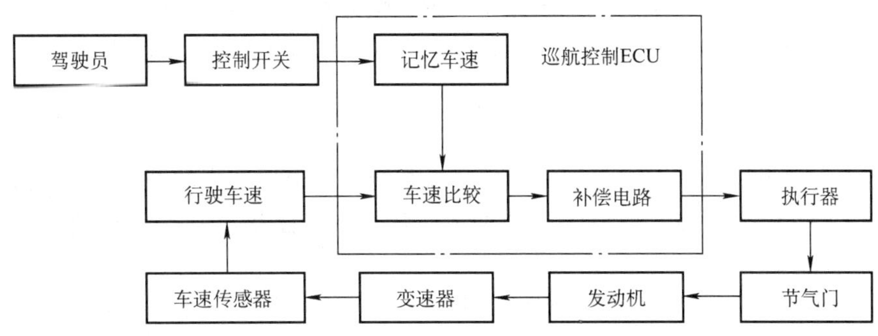

图 4-1　巡航控制系统的控制过程

4.2　巡航控制系统的组成与原理

巡航控制系统主要由开关、传感器、巡航控制 ECU、执行器等组成。开关和传感器将信号送至巡航控制 ECU，ECU 根据这些信号计算出节气门的合理开度，并给执行器发出信号，调节节气门的开度，保持汽车按设定的车速等速行驶。

4.2.1 开关

用于巡航控制系统的开关有两种，一种是巡航控制开关，另一种是退出巡航控制开关。

1. 巡航控制开关

巡航控制开关有的采用手柄式开关，安装于转向盘下方，如图4-2所示，也有的采用按键式开关，装在转向盘或仪表板上。以丰田车系为例，巡航控制开关包括主开关(MAIN)、设定/减速开关(SET/COAST)、恢复/加速开关(RES/ACC)和取消开关(CANCEL)。

(1) 主开关　主开关是巡航控制系统的主电源开关，位于手柄式开关的端部，为按键式开关，如图4-2所示。按下主开关，电源接通；再按一次主开关，电源断开。当主开关接通时，如果将点火开关关闭，主开关也关闭。当再次接通点火开关时，巡航主开关并不接通，而保持关闭。

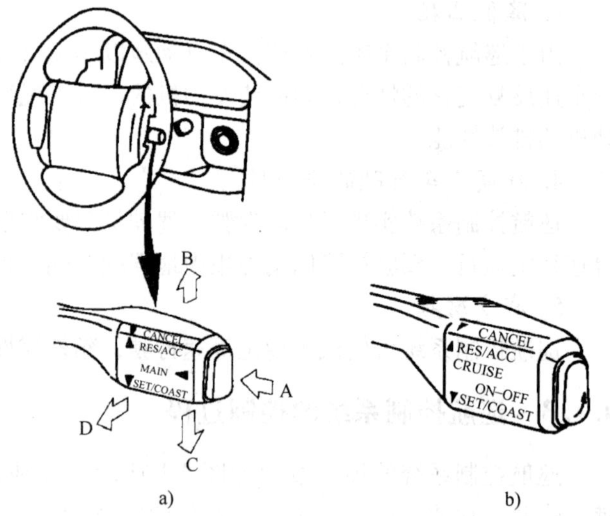

图4-2　巡航控制开关

a）雷克萨斯LS400　b）丰田凯美瑞

(2) 设定/减速开关　当向下推手柄式开关时(图4-2中的方向C)，设定/减速开关接通；放松手柄式开关时，开关自动回到原始位置，设定/减速开关断开。

(3) 恢复/加速开关　当向上推手柄式开关时(图4-2中的方向B)，恢复/加速开关接通；放松手柄式开关时，开关自动回到原始位置，恢复/加速开关断开。

(4) 取消开关　当向后拉手柄式开关时，取消开关接通(图4-2中的方向D)，放松手柄式开关时，开关自动回到原始位置，取消开关断开。

2. 退出巡航控制开关

退出巡航控制开关是指开关接通后能使巡航系统自动退出工作的开关。退出巡航控制开关除取消开关外，还包括制动灯开关、驻车制动开关、离合器开关(手动变速器)和空档起动开关(自动变速器)。

(1) 制动灯开关　制动灯开关由常闭和常开两个开关组成，如图4-3所示。开关A为常开开关，踏下制动踏板时开关闭合，将制动灯的电源电路接通，制动灯点亮。同时，电源电压经开关A加在巡航控制ECU上，将制动信号输入巡航控制ECU，巡航控制ECU取消巡航控制系统的控制，巡航系统停止工作。开关B为常闭开关，当踏下制动踏板时，开关B断开，直接切断了巡航控制ECU对巡航控制执行器的控制电路，确保巡航系统停止工作。

(2) 驻车制动开关　当施用驻车制动器时，驻车制动器开关接通，将驻车制动信号送至巡航控制ECU，巡航控制ECU将取消巡航系统的工作。同时，驻车制动灯点亮。

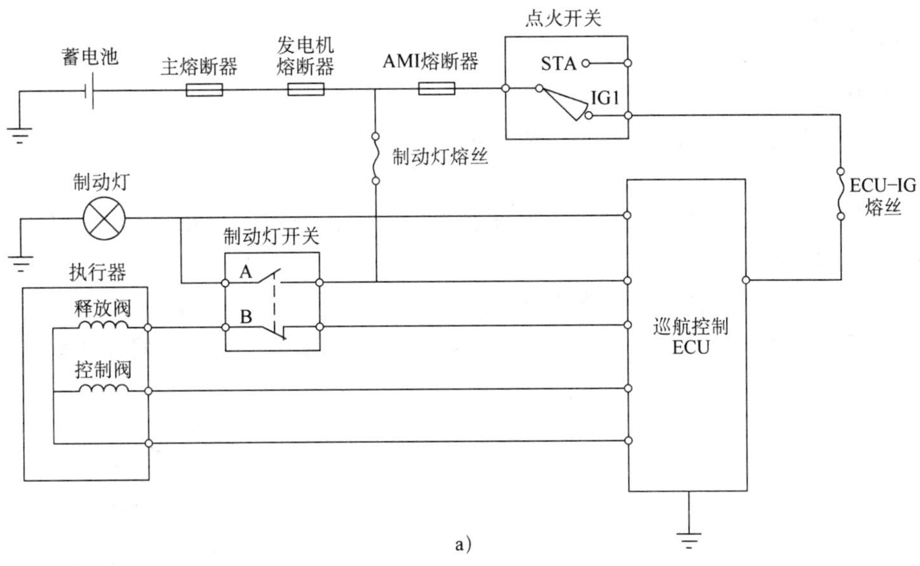

a)

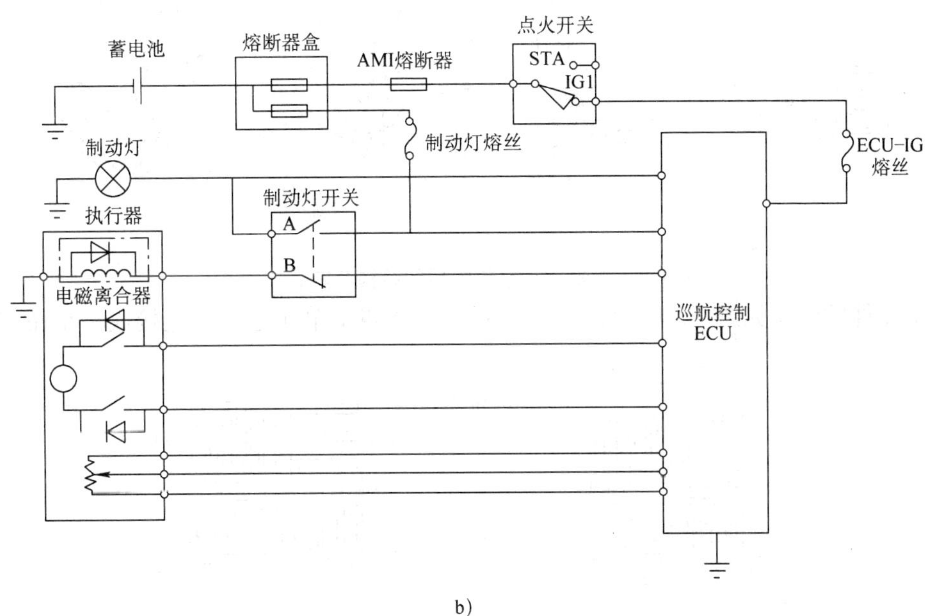

b)

图 4-3　制动灯开关电路

a）丰田 Cressida 真空驱动型执行器　b）丰田陆地巡洋舰电动机驱动型执行器

（3）离合器开关　对于装有手动变速器的汽车，当踏下离合器踏板时，离合器开关接通，将离合器开关信号送至巡航控制 ECU，巡航控制 ECU 将取消巡航控制系统的工作。

（4）空档起动开关　对于装有自动变速器的汽车，当将变速杆移至 N(空档)位置时，空档起动开关接通，将空档位置信号送至巡航控制 ECU，巡航控制 ECU 将取消巡航控制系统的工作。

4.2.2 传感器

1. 车速传感器

车速传感器的类型有舌簧开关式、磁脉冲式、霍尔式、光电式、磁阻式等。车速传感器信号可同时用于发动机控制、自动变速器控制和巡航控制等。对于巡航控制系统而言，车速传感器信号的作用是巡航控制 ECU 用于巡航车速的设定以及将实际车速与设定车速进行比较，以便实现等速控制。

磁阻式车速传感器的结构及安装位置如图 4-4 所示，由带内置 MRE(磁阻元件)的 HIC(混合集成电路)和磁环等组成。它安装在变速器或分动器上，由变速器输出轴上的齿轮驱动。

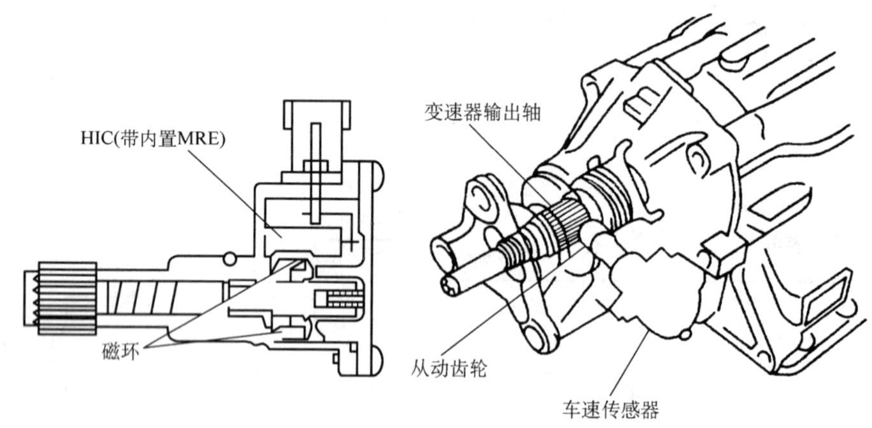

图 4-4 磁阻式车速传感器的结构及安装位置

磁阻元件的结构如图 4-5 所示，由 A、B、C、D 四个单元组成，连接成一个桥式电路，

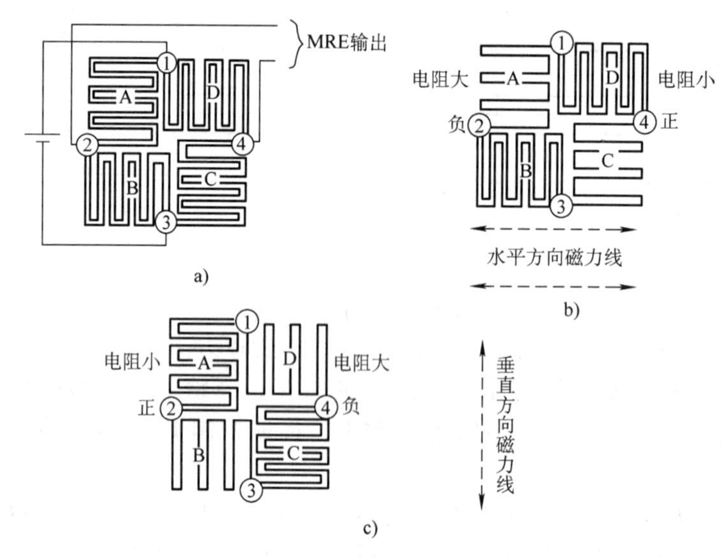

图 4-5 磁阻元件的结构原理

a）磁阻元件电路 b）水平方向磁力线 c）垂直方向磁力线

如图 4-6 所示。电源加在端子 1 与 3 之间，端子 2 与 4 为磁阻元件输出。当穿过磁阻元件的磁力线方向与磁阻元件中的电流方向平行时，磁阻元件的电阻最大；当穿过磁阻元件的磁力线方向与磁阻元件中的电流方向垂直时，磁阻元件的电阻最小。车速传感器轴转动带动磁环转动时，穿过磁阻元件的磁力线方向不断变化。当磁力线方向为水平时(图 4-5b)，磁阻元件 A、C 两单元的电阻最大，B、D 两单元的电阻最小，因而磁阻元件的输出端子 4 为正电位，端子 2 为负电位；当磁力线为垂直方向时(图 4-5c)，A、C 两单元的电阻最小，B、D 两单元的电阻最大，因而磁阻元件的输出端子 2 为正电位，端子 4 为负电位。磁环每转过一个磁极，输出信号的极性就发生一次变化，因而产生一个交变信号(图 4-7)，经比较器转变为数字信号，然后经晶体管放大输出。

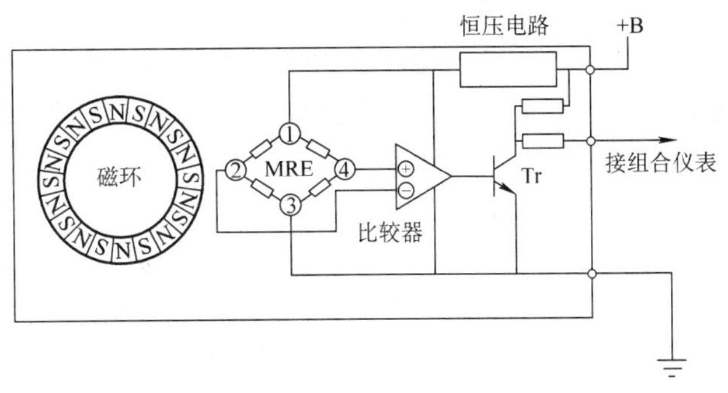

图 4-6 磁阻式车速传感器电路图

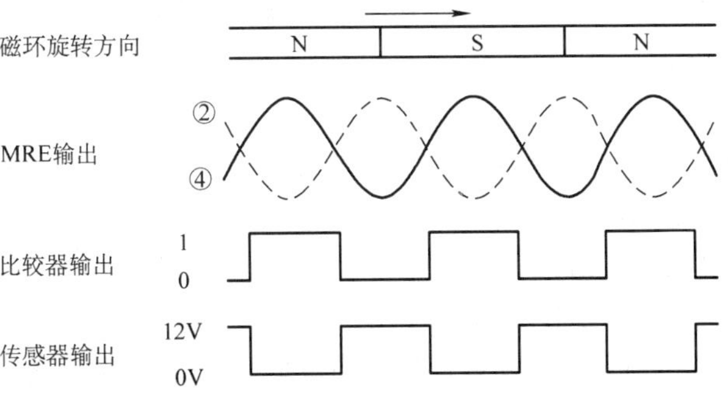

图 4-7 磁阻式车速传感器信号波形

2. 节气门位置传感器

节气门位置传感器一般为线性输出型。节气门位置传感器信号可同时用于发动机控制、自动变速器控制和巡航控制等。对于巡航控制系统而言，节气门位置传感器信号的作用是被巡航控制 ECU 用于计算输出与节气门开度的关系，以确定输出量的大小。

3. 节气门控制臂传感器

节气门控制臂传感器安装在巡航控制系统的执行器内，用于检测执行器控制臂位置。节气门控制臂位置传感器为电位计式，该信号的作用是巡航控制 ECU 根据节气门控制臂位置信号对执行器进行控制。

4.2.3 巡航控制 ECU

巡航控制 ECU 接收来自巡航控制开关、车速传感器信号和其他开关的信号，按照存储的程序对巡航系统进行控制。巡航控制 ECU 有以下控制功能：

1. 记忆设定车速功能

当主开关接通，车辆在巡航控制车速范围内(一般为 40～200km/h)行驶时，操作设定/减速(SET/COAST)开关可以设定巡航车速。ECU 将设定的车速存储在存储器内，并将按设定车速控制汽车等速行驶。

2. 等速控制功能

ECU 将实际车速与设定车速进行比较。如果实际车速高于设定车速，ECU 就控制执行器将节气门适当关小；若实际车速低于设定车速，ECU 就控制执行器将节气门适当开大。

3. 设定车速调整功能

当汽车以巡航控制模式行驶时，如果需要使设定车速提高或降低，只要操作恢复/加速或设定/减速开关，就可以使设定车速改变，巡航控制 ECU 将记忆改变后的设定车速，并按新的设定车速进行巡航行驶。

4. 取消和恢复功能

当汽车以巡航控制模式行驶时，如果接通取消开关或接通任何一个其他的退出巡航控制开关，巡航控制 ECU 将控制执行器使巡航控制取消。取消巡航控制以后，要想重新按巡航控制模式行驶，只要操纵恢复/加速开关，巡航控制 ECU 即可恢复原来的巡航控制行驶。

5. 车速下限控制功能

车速下限是巡航控制所能设定的最低车速。不同的车型稍有不同，一般为 40km/h。车速低于 40km/h 时，巡航车速不能被设定，巡航系统不能工作。当巡航行驶时，如果车速降至 40km/h 以下，巡航控制将自动取消，巡航 ECU 存储器内存储的设定车速将被清除。

6. 车速上限控制功能

车速上限是巡航控制所能设定的最高车速，一般为 200km/h。车速超过该数值，巡航控制车速不能被设定。汽车在巡航控制模式行驶时，如果操作加速开关，车速也不能加速至 200km/h 以上。

7. 安全电磁离合器控制功能

当汽车以巡航控制模式行驶时，如果因为下坡汽车车速高于设定车速 15km/h，巡航控制 ECU 将切断巡航控制系统的安全电磁离合器使车速降低。当车速降低至比设定车速高出不足 10km/h 时，安全电磁离合器再次接通，恢复巡航控制。

8. 自动取消功能

当汽车以巡航控制模式行驶时，若出现执行器驱动电流过大，伺服电动机始终朝节气门打开的方向旋转时，巡航控制 ECU 存储器内存储的设定车速将被清除，巡航控制模式将被取消，主开关同时关闭。此外，当巡航控制 ECU 诊断出系统有故障时，将会使巡航系统自动停止工作。

9. 自动变速器控制功能

当具有自动变速器的汽车以巡航控制模式行驶时，如果上坡时变速器在超速档，车速降至比设定车速低 4km/h 以上时，巡航控制 ECU 将超速档取消信号送至自动变速器 ECU，取消自动变速器超速档。当车速升至比设定车速低 2km/h 时，巡航控制 ECU 将超速档恢复信号送至自动变速器 ECU，恢复自动变速器超速档。

10. 诊断功能

如果巡航控制系统发生故障，巡航控制 ECU 的自诊断系统能够诊断出故障，并使仪表板上的巡航指示灯闪烁，以便提醒驾驶员。同时，巡航控制 ECU 将故障码存储在存储器内。通过巡航控制指示灯的闪烁或使用故障诊断仪可以读取故障码。

4.2.4 执行器

巡航控制系统的执行器由 ECU 控制，根据 ECU 的控制信号控制节气门的开度，以保持

车速恒定。巡航控制系统执行器有真空驱动型和电动机驱动型两种。

1. 真空驱动型执行器

真空驱动型执行器依靠真空力驱动节气门。真空源有两种取得方式，一是仅从发动机进气歧管取得；二是从发动机进气歧管和真空泵两个真空源取得，如图 4-8 所示。当进气歧管真空度较低时，真空泵参与工作，提高真空度。真空驱动型执行器主要由控制阀、释放阀、膜片、拉杆、回位弹簧等组成。

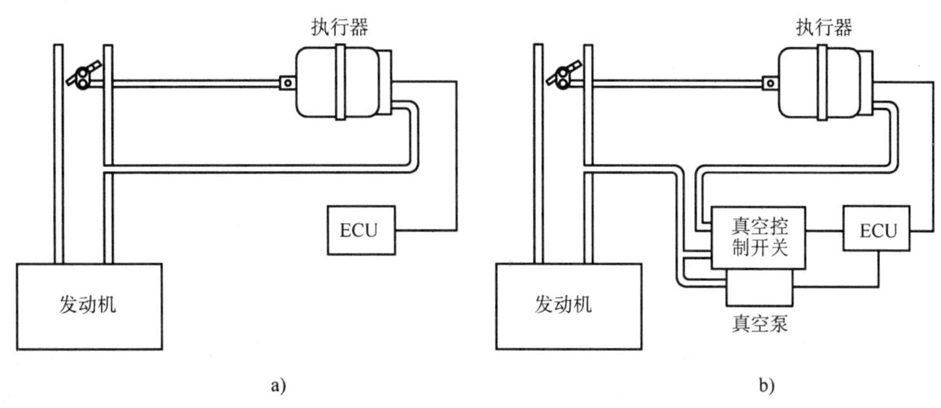

图 4-8　真空驱动型执行器的控制方法

a）从进气歧管取得真空源　b）从进气歧管和真空泵取得真空源

（1）控制阀　控制阀用来控制膜片后方的真空度，以改变膜片的位置，从而控制节气门的开度，如图 4-9 所示。当 ECU 给控制阀电磁线圈通电时，与大气相通的空气通道关闭，与进气歧管相通的真空通道打开，执行器内的真空度增大，膜片左移将弹簧压缩，与膜片相连的拉杆将节气门开大。当控制阀电磁线圈断电时，与进气歧管相通的真空通道关闭，与大气相通的空气通道打开，空气进入执行器，膜片右移，节气门关小。ECU 通过占空比信号控制电磁线圈的通电与断电，通过改变占空比控制执行器内的真空度，从而控制节气门的开度。

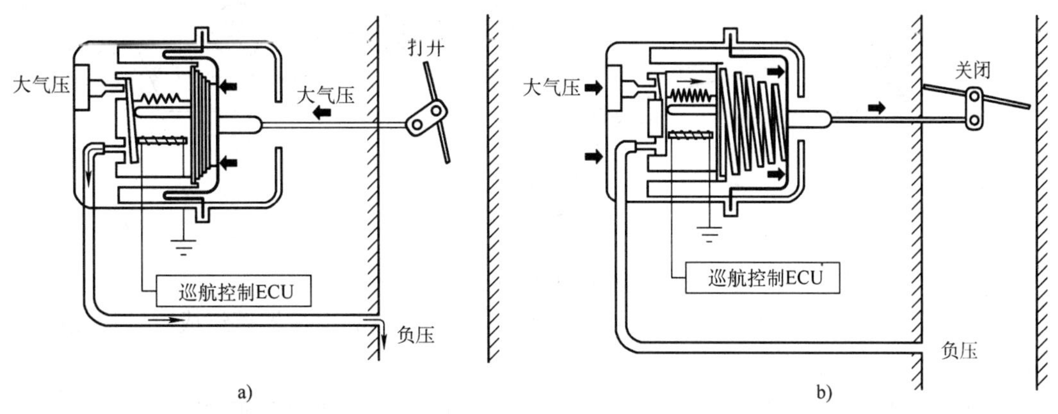

图 4-9　控制阀

a）控制线圈通电　b）控制线圈断电

（2）释放阀　释放阀的作用是取消巡航控制时，使空气迅速进入执行器将巡航控制立即取消。释放阀的工作原理如图 4-10 所示。巡航系统工作时，释放阀电磁线圈中有电流通过，与大气相通的空气通道关闭，由控制阀控制执行器内的真空度，从而控制节气门的开度，保持汽车等速行驶。取消巡航控制时，巡航控制 ECU 使控制阀电磁线圈断电，控制阀与大气相通的空气通道打开，释放阀电磁线圈也断电，与大气相通的空气通道也打开，让空气迅速进入执行器，使巡航控制立即取消。如果是因为制动而使巡航控制取消，除了上述的取消巡航行驶的控制过程外，还由于串联于释放阀电磁线圈电路中的制动灯开关的断开，直接切断了释放阀电磁线圈电流，确保在制动时可靠地取消巡航系统的工作。

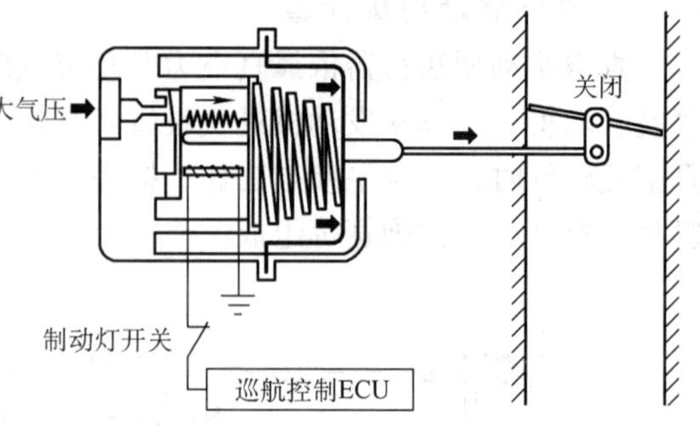

图 4-10　释放阀

2. 电动机驱动型执行器

电动机驱动型执行器的传动原理如图 4-11 所示。电动机由巡航控制 ECU 控制转动，然后通过减速机构、电磁离合器、控制臂、传动索缆传至节气门摇臂，实现对节气门的控制。另外，通过加速踏板也可以控制节气门的开度。巡航控制执行器与驾驶员通过加速踏板都可以单独控制节气门的工作，互不干涉。

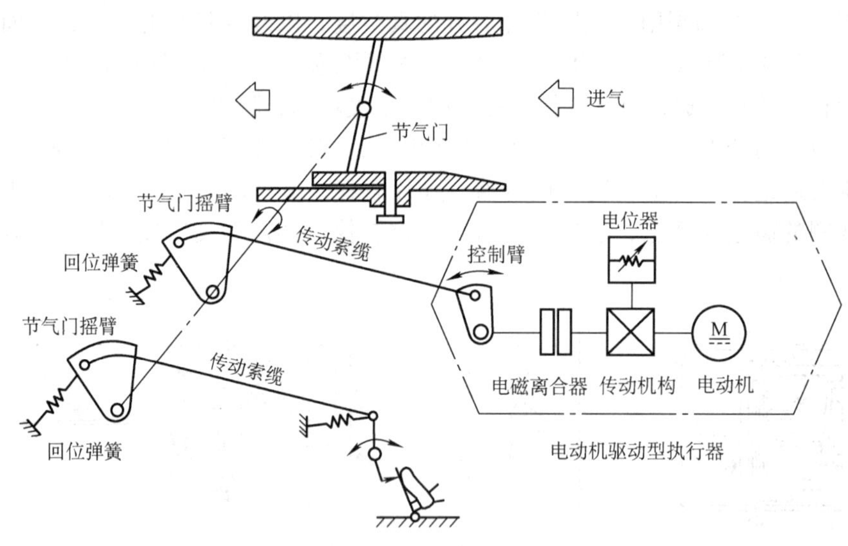

图 4-11　电动机驱动型执行器的传动原理

电动机驱动型执行器由电动机、传动机构、电磁离合器和电位器等组成，结构如图 4-12 所示。

巡航控制 ECU 控制电动机的工作，使电动机顺时针或逆时针旋转，从而改变节气门的开度。当 ECU 控制电动机工作时，电动机轴上的蜗杆带动电磁离合器外圆上的蜗轮旋转，涡轮通过电磁离合器带动小齿轮旋转，小齿轮带动齿扇转动，齿扇通过齿扇轴带动控制臂转动，控制臂上的销轴通过索缆使节气门开大或关小。为了防止节气门

完全打开或完全关闭后电动机继续转动，电动机安装了两个限位开关，用于控制电动机的转动。

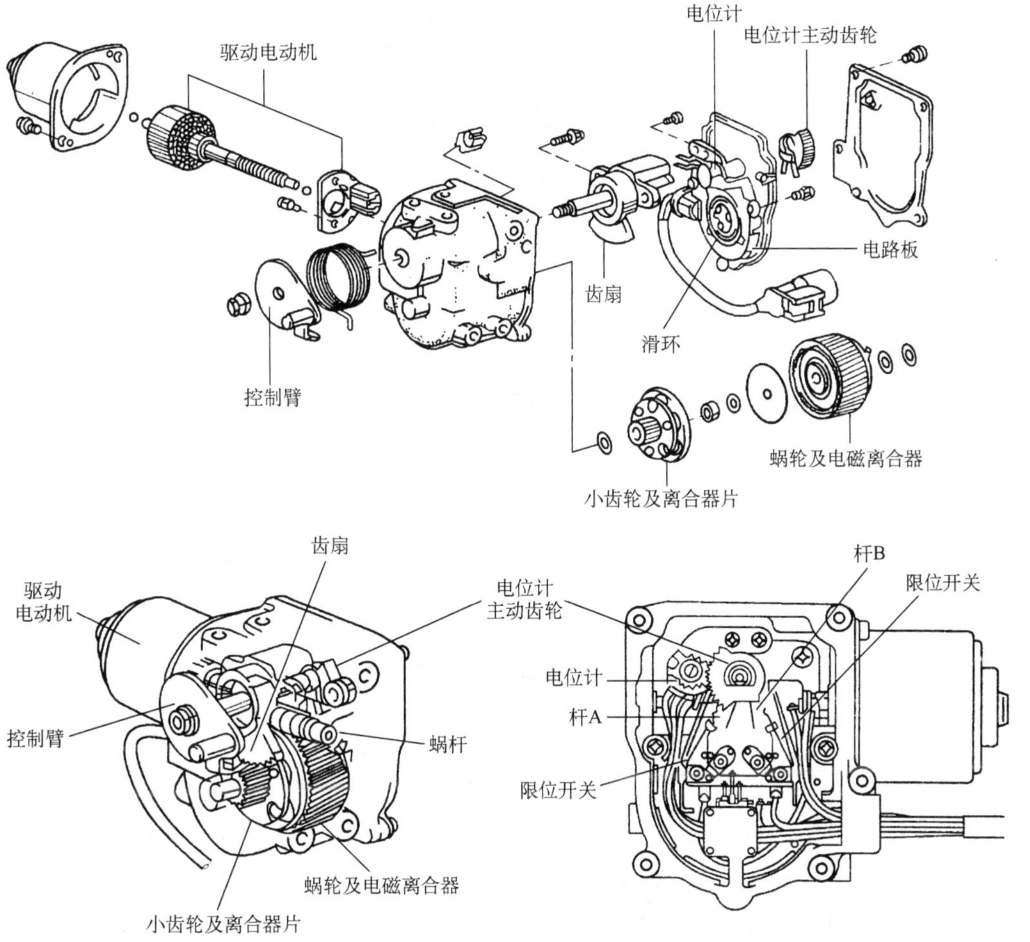

图 4-12　电动机驱动型执行器

电磁离合器及其控制电路如图 4-13 所示。电磁离合器用于接通或断开电动机与节气门索缆之间的联系。当巡航控制 ECU 给执行器发出控制信号时，电磁离合器 2 和离合器片 3 接合，电动机通过蜗杆蜗轮传动和电磁离合器以及小齿轮和齿扇 6 的啮合带动控制臂 5 转动，通过销轴拉动索缆使节气门旋转。若取消巡航控制，ECU 使电磁离合器断电分离，节气门不受电动机控制。

电位器及其电路如图 4-14 所示。当电动机带动齿扇转动改变节气门的开度时，齿扇轴同时带动电位器主动齿轮旋转，然后电位器主动齿轮通过从动齿轮带动电位器内的滑动臂转动，电位器就可以产生控制臂位置信号。当对巡航控制系统进行巡航车速设定时，电位计将节气门控制臂信号送至巡航控制 ECU，ECU 将此数据存储于存储器内，行车中 ECU 以此数据作为参照，控制节气门控制臂，使实际车速与设定车速相符。

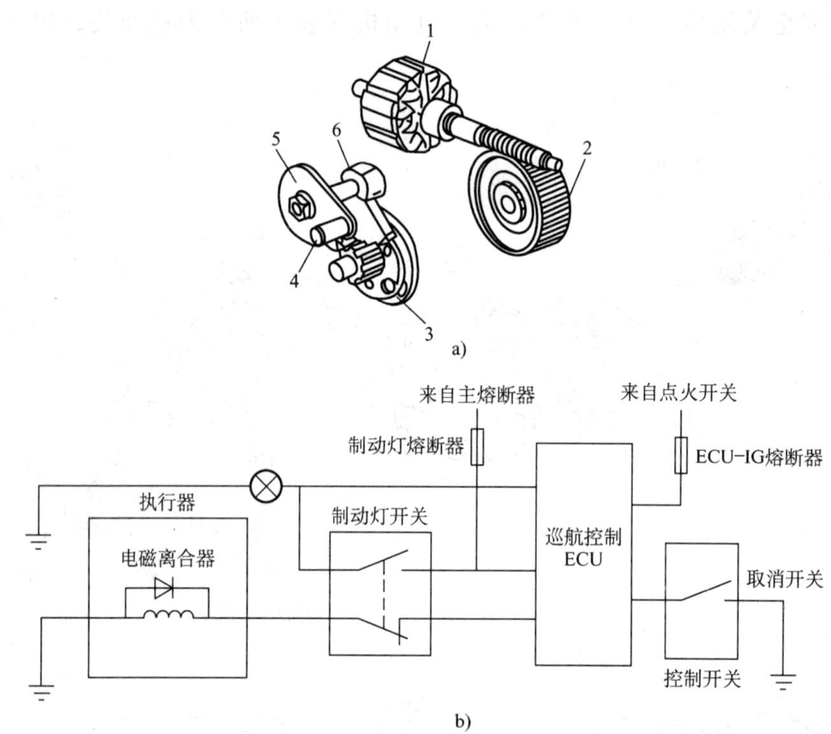

图 4-13　电磁离合器及其控制电路

a）结构　b）电路

1—驱动电动机　2—蜗轮及电磁离合器　3—小齿轮及离合器片

4—节气门索缆轴　5—控制臂　6—齿扇

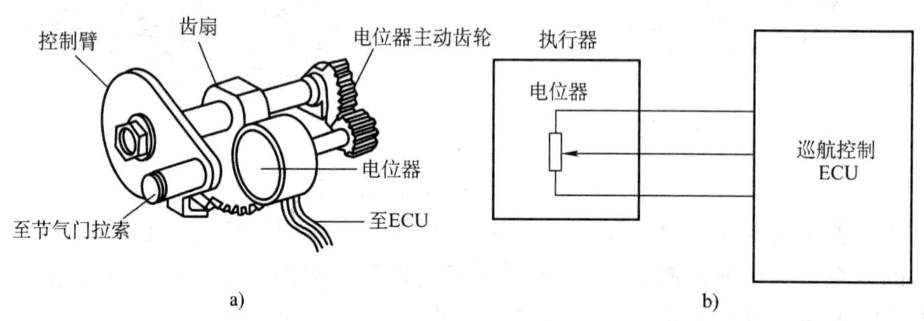

图 4-14　电位器及其电路

a）电位器　b）电位器电路

4.3　巡航控制系统的使用

巡航控制系统可以减轻驾驶员的疲劳，改善汽车的燃料经济性和发动机的排放性能，改善汽车的行驶平顺性，提高汽车的舒适性。但是，巡航控制系统如果使用不当，不仅不能充分发挥巡航系统的作用，还可能损坏巡航系统，甚至危害汽车行驶安全。因此，使用巡航系统时应注意按正确的使用方法进行操作。巡航控制系统的使用包括设定巡航车速、增加或降

低巡航设定车速、取消巡航控制以及取消巡航控制后的恢复巡航行驶。

4.3.1　巡航控制系统的使用方法

1. 设定巡航车速

巡航系统工作时的最低车速一般为 40km/h，这是为了防止汽车转弯时，由于巡航行驶而发生危险。设定巡航车速的方法是：按下巡航控制主开关，踏下加速踏板使汽车加速。当达到希望的车速时(必须高于巡航系统工作时的最低车速)，将巡航控制开关推至设定/减速位置然后放松，开关放松时的车速即被巡航控制 ECU 记忆为设定车速，巡航系统开始工作。此时驾驶员可以放松加速踏板，巡航系统控制节气门按设定车速等速行驶。

2. 加速

当汽车巡航行驶时，如果要使巡航设定车速提高，应将巡航控制开关置于恢复/加速位置保持不动，汽车将逐渐加速。当汽车加速至所希望的车速时，放松巡航控制开关，汽车将按新的较高的设定车速等速行驶。

当汽车巡航行驶时，如果需要使汽车临时加速(如超车)，则只需踏下加速踏板汽车即可加速，放松加速踏板后，汽车仍按原来设定的车速巡航行驶。

3. 减速

当汽车巡航行驶时，如果要使巡航设定车速降低，应将巡航控制开关置于设定/减速位置保持不动，汽车将逐渐减速。当汽车减速至所希望的车速时，放松巡航控制开关，汽车将按新的较低的设定车速等速行驶。

4. 点动升速和点动降速

当汽车以巡航控制模式行驶时，如果需要对巡航设定车速进行微调时，只要点动一次恢复/加速开关(接通恢复加速开关后立即放松开关,时间不超过 0.6s)，巡航设定车速就升高约 1.6km/h；只要点动一次设定/减速开关，车速就降低约 1.6km/h。

5. 取消巡航控制

取消巡航控制有几种方式可以选择：一是将巡航控制开关的取消开关接通然后释放；二是踏下制动踏板；三是对于装有手动变速器的汽车踏下离合器踏板，对于装有自动变速器的汽车将变速杆置于空档位置；四是关闭巡航控制主开关；五是施用驻车制动器。

6. 恢复巡航行驶

如果通过操作了退出巡航控制开关中的任何一个开关使巡航控制取消，要恢复巡航行驶，只要将恢复/加速开关接通然后放松开关，汽车将恢复原来巡航行驶。但如果车速已降低至 40km/h 以下，或实际车速低于设定车速 16km/h 以上，ECU 将不能恢复巡航行驶。

4.3.2　巡航控制系统的使用注意事项

巡航控制系统使用中应注意以下事项：

1）为了保证行车安全，在交通繁忙的道路上或遇到雨、雾、雪天气时，不要使用巡航控制系统。

2）为了避免巡航控制系统误工作影响驾驶安全，在不使用巡航控制系统时，应将巡航控制系统的主开关关闭。

3）在较陡的坡道上行驶时，不宜使用巡航控制系统。因为较大的坡度会引起发动机的转速波动过大，不利于发动机的正常工作。如果在巡航行驶时遇到较陡的下坡，汽车车速会高出设定车速许多，此时可首先踏下制动踏板使汽车减速，同时也取消了巡航控制，然后将变速器换入低档，利用发动机的运转阻力控制汽车车速。

4）使用巡航控制系统时要注意观察仪表板上的巡航(CRUISE)指示灯是否闪亮，若闪亮说明巡航系统有故障，巡航控制 ECU 将自动停止巡航系统的工作，应待故障排除后再使用巡航控制系统。

5）巡航控制 ECU 与汽车上的其他控制系统的 ECU 一样，对于电磁环境、湿度和机械振动等有较高的要求，使用时应注意。

4.4 巡航控制系统故障诊断与维修

当巡航控制系统发生故障时，首先应进行直观检查。检查巡航控制系统的线束及插接器是否完好，部件是否丢失或损坏等。直观检查后一般应进行故障自诊断，其内容包括巡航控制系统状态指示的检查、读取故障码、输入信号检查、取消信号检查等。在进行故障自诊断时如果读取到故障码，应进行故障码诊断，以进一步确定故障部位。如果没有读取到故障码，可按照故障征兆进行故障诊断。当确定故障的具体部位后，对有故障的电路或部件进行修理或更换。下面以雷克萨斯 LS400 轿车为例，介绍巡航控制系统的故障诊断与检修方法。

4.4.1 雷克萨斯 LS400 轿车巡航控制系统简介

雷克萨斯 LS400 轿车巡航控制系统为数字微型计算机控制型，巡航控制开关为手柄式开关，执行器为电动机驱动型。雷克萨斯 LS400 轿车巡航控制系统部件位置如图 4-15 所示，电路图如图 4-16 所示，巡航控制 ECU 插接器端子如图 4-17 所示，插接器端子名称见表 4-1。

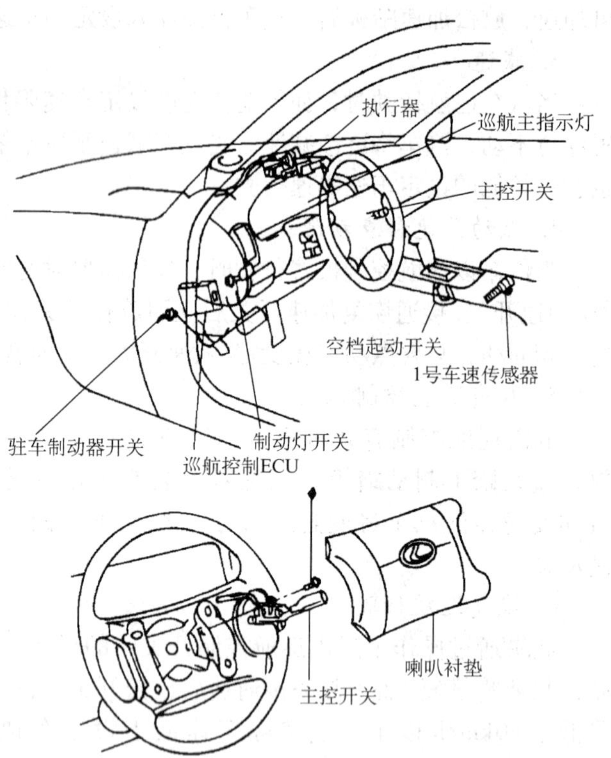

图 4-15 巡航控制系统部件位置

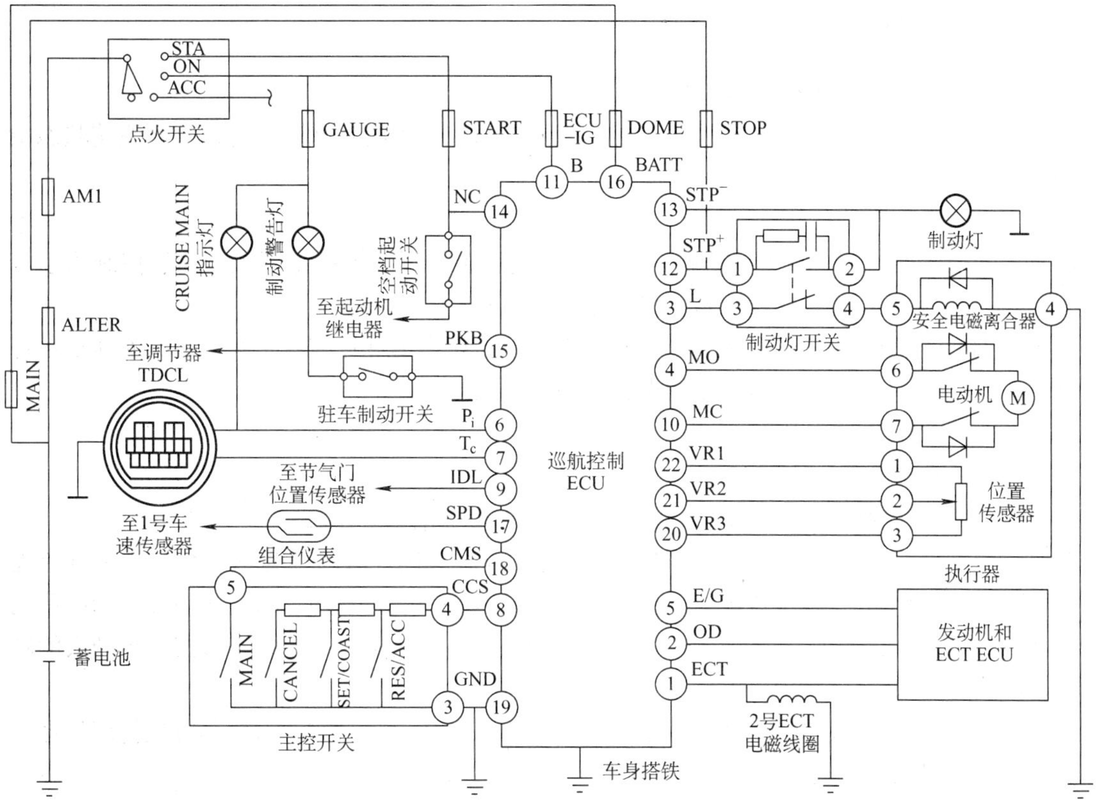

图 4-16　巡航控制系统电路

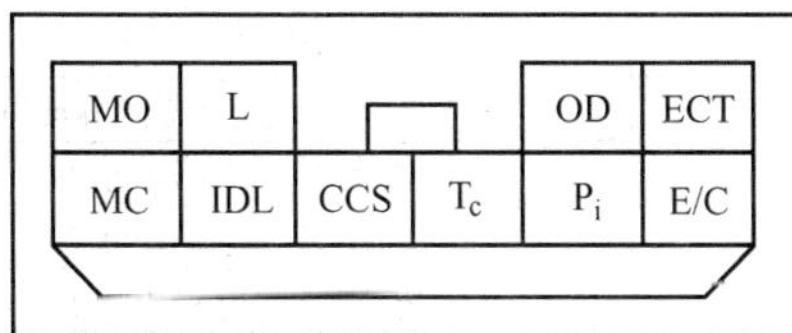

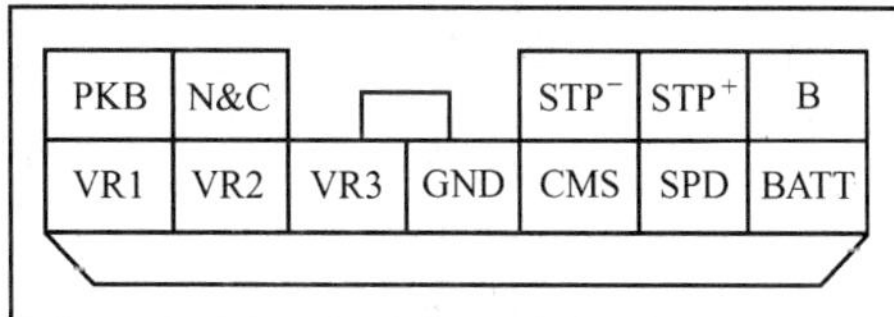

图 4-17　巡航控制 ECU 插接器

表 4-1　巡航控制 ECU 插接器端子名称

编　号	代　号	端 子 名 称	编　号	代　号	端 子 名 称
1/10	ECT	发动机和 ECT ECU	2/12	STP^+	制动灯开关
2/10	OD	发动机和 ECT ECU	3/12	STP^-	制动灯开关
3/10	L	安全电磁离合器	4/12	N&C	空档起动开关
4/10	MO	驱动电动机	5/12	PKB	驻车制动开关
5/10	E/G	发动机和 ECT ECU	6/12	BATT	备用电源
6/10	P_i	巡航指示灯	7/12	SPD	车速传感器
7/10	T_c	诊断座 DTCL	8/12	CMS	主开关
8/10	CCS	控制开关	9/12	GND	搭铁
9/10	IDL	节气门位置传感器	10/12	VR3	位置传感器
10/10	MC	驱动电动机	11/12	VR2	位置传感器
1/12	B	电源	12/12	VR1	位置传感器

4.4.2 故障自诊断

1. 巡航控制系统状态指示的检查

仪表板上的巡航指示灯的闪烁情况可以指示巡航控制系统的状态。巡航控制系统状态指示的检查步骤如下：

1）接通点火开关。

2）接通巡航控制主开关，巡航指示灯应点亮；关闭巡航控制主开关，巡航控制指示灯应熄灭。若指示灯不亮，应检查指示灯和指示灯电路。

3）如果巡航控制 ECU 诊断出系统有故障时，巡航指示灯将闪烁 5 次，每次闪烁指示灯亮 0.5s，灭 1.5s，并且 ECU 将故障码存储在存储器内。

2. 读取故障码

1）接通点火开关。

2）用跨接线将诊断座 TDCL 的端子 T_C 与端子 E_1 短接(图 2-12)。

3）根据仪表板上的巡航指示灯的闪烁情况读取故障码。故障码为两位数，指示灯首先闪烁故障码的十位数，指示灯点亮、熄灭的间隔为 0.5s，显示完十位数后，间隔 1.5s 后闪烁个位数，个位数的显示方式与十位数相同。如果有多个故障码，故障码将按从小到大的顺序依次显示，相邻两个故障码的间隔时间为 2.5s。

4）如果系统没有存储故障码，巡航指示灯将以点亮 0.25s、熄灭 0.25s 的方式持续闪烁。

5）故障码的含义表见表 4-2。

6）完成检查后，拆下 T_C 与 E_1 端子之间的跨接线，关闭点火开关。

表 4-2　雷克萨斯 LS400 巡航控制系统故障码的含义

故障码	故障码的含义	故障码	故障码的含义
11	驱动电动机或安全离合器电路不正常	23	实际车速低于设定车速 16km/h 以上
12	安全离合器电路不正常	31	控制开关电路不正常
13	驱动电动机或安全离合器电路不正常	32	控制开关电路不正常
21	车速传感器不正常	34	控制开关电路不正常

3. 清除故障码

排除故障后，关闭点火开关，拆下位于发动机室的熔断器/继电器盒内的“DOME”熔断器 10s 以上，即可清除故障码。装上熔断器，重新读取故障码，应显示正常代码。

4. 输入信号检查

输入信号包括巡航控制开关信号、制动灯信号、驻车制动信号和空档起动开关信号等。输入信号检查的目的是确认各输入信号是否正常地输入巡航控制 ECU。其方法是在巡航控制系统进入输入信号检查模式后，通过操纵输入信号开关或使汽车行驶时相应的输入信号进入巡航控制 ECU，如果 ECU 收到相应的信号，将通过巡航指示灯闪烁输出相应的代码，确认接收到该输入信号。如果巡航指示灯没有输出相应的代码，表明 ECU 没有接收到相应的输入信号，说明信号输入装置或其电路有故障。进入输入信号检查模式的步骤如下：

1）接通点火开关，将巡航控制开关置于设定/减速位置保持不动，接通巡航控制主开关，巡航指示灯应反复闪烁。

2）放松巡航控制开关使设定/减速开关关闭，按表 4-3 的操作方法进行检查。

3）根据巡航指示灯的闪烁读取代码，应如表 4-3 所示。当两个以上的信号输入 ECU 时，只显示最小的代码。

4）要退出输入信号检查模式，则关闭巡航控制主开关。

表 4-3　巡航控制系统输入信号的检查

序　号	操作方法	闪烁代码	诊　断
1	接通点火开关，接通取消开关	1	取消开关电路正常
2	接通点火开关，接通设定/减速开关	2	设定/减速开关电路正常
3	接通点火开关，接通恢复/加速开关	3	恢复/加速开关电路正常
4	接通点火开关，踏下制动踏板	6	制动灯开关电路正常
5	起动发动机，拉紧驻车制动	7	驻车制动开关电路正常
6	汽车行驶，然后将变速杆置于空档位置	8	空档起动开关电路正常
7	汽车以高于 40km/h 的车速行驶	持续闪烁	车速传感器正常
8	汽车以低于 40km/h 的车速行驶	常亮	

5. 取消信号检查

如果正在进行巡航行驶的汽车其巡航行驶被不正常地自动取消，可能是某个取消开关或电路出现了故障。通过取消信号检查，可以确定发生故障的开关及其电路。对于间歇性故障，可以通过路试的方式使故障再现，一旦故障发生，导致故障的取消信号将储存在巡航控制 ECU 的存储器内，通过取消信号检查，可以确定故障部位。使巡航控制系统 ECU 进入取消信号检查模式的方法如下：

接通点火开关，将巡航控制开关置于取消位置保持不动，接通巡航控制主开关，巡航控制 ECU 即进入取消信号检查模式。读取仪表板上的巡航指示灯闪烁的诊断码，见表 4-4。指示灯显示的代码即为取消巡航控制系统的取消信号代码，即发生故障的取消开关的代码。要退出取消信号检查诊断模式，关闭巡航主开关即可。

表 4-4　巡航控制系统取消信号检查

代　码	诊　断	代　码	诊　断
1	除故障码 23 以外的故障	5	接收到空档起动开关信号
2	故障码为 23 的故障	6	接收到驻车制动开关信号
3	接收到取消开关信号	7	车速传感器的信号降到 40km/h 以下
4	接收到制动灯开关信号	常亮	除上述以外的故障(如电源中断)

需要指出的是，当驾驶员通过操纵某一取消开关停止巡航控制系统的工作时，代表相应取消信号的代码同样会存储在巡航控制 ECU 内，因此表 4-4 中的代码不能理解为故障码。

4.4.3　故障征兆诊断

当对巡航控制系统进行自诊断测试后，如果读取到故障码，应根据故障码的内容进行进一步的故障码诊断，以确定故障的具体部位。如果没有读取到故障码，但巡航系统有故障征兆存在，可根据故障征兆进行故障诊断。

表 4-5 所示为巡航控制系统故障征兆诊断表。同一个故障征兆有几种可能的原因，当对某一故障征兆进行故障诊断时，应按表中列出的顺序对相应的部件或电路进行检查。

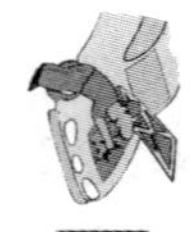

表 4-5　故障征兆诊断表

故障征兆 \ 检查部位	驱动电动机电路	车速传感器电路	控制开关电路	制动开关电路	主节气门位置传感器电路	与电控自动变速器通信的电路	与 EFI 通信的电路	驻车制动开关电路	空档开关电路	电源电路	备用电源电路	主开关电路	诊断电路	执行器拉索	巡航控制 ECU
不能设定或自动取消（故障码正常）	8	3	4	5				7	6	1		2			9
实际车速明显高于或低于设定车速	4	2			5	3								1	6
上坡行驶时档位在 3 档和 O/D 档之间频繁变换						1	2								3
踏下制动踏板不能取消巡航控制	3			2										1	4
施用驻车制动不能取消巡航控制	3							2						1	4
变速杆移至空档位置不能取消巡航控制	3								2					1	4
巡航控制开关不工作（不能设定、滑行、加速、恢复、取消）	3		2											1	4
车速在 40km/h 以下可以设定或不能取消	3	2												1	4
加速或恢复响应差	3					2								1	4
即使在平路上 O/D 档也不能恢复						1									2
故障码记忆被清除											1				2
故障码不输出或不应输出时输出													1		2

4.4.4 巡航系统主要部件及电路的检修

当对巡航控制系统进行故障诊断时，无论是通过故障自诊断测试读取到了故障码，还是根据故障征兆表查出了故障可能的原因后，都需要对部件或电路进行诊断，以确定故障的具体部位。下面以雷克萨斯 LS400 轿车巡航控制系统为例，介绍巡航控制系统主要部件和电路的检修方法。

1. 电磁离合器及其电路的检查

电磁离合器与巡航控制 ECU 的连接电路如图 4-18 所示。

(1) 电阻的检测　如图 4-19a 所示，用万用表欧姆档检测电磁离合器电路端子 4 与 5 之间的电阻，其正常值应约为 38Ω，否则，说明电磁离合器电路有故障。

(2) 工作情况检查　当将执行器插接器端子 5 与电源正极连接，端子 4 与电源负极连接而使电磁离合器通电时，应该能够用手在位置 A 和位置 B 之间转动执行器控制臂；如果不给电磁离合器通电时，不能转动执行器控制臂，如图 4-19b 所示。

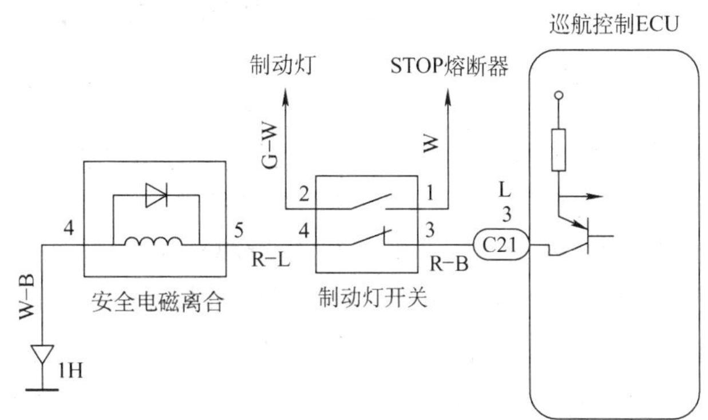

图 4-18　电磁离合器与巡航控制 ECU 的连接电路

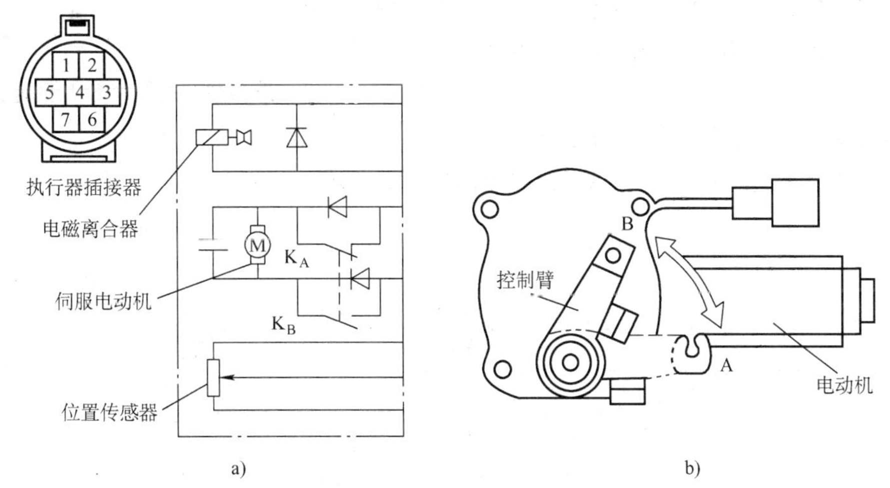

图 4-19　电磁离合器的工作检查

a) 执行器插接器及电路　b) 电磁离合器工作检查

(3) 电路检查　检测执行器线束侧插接器端子 5 与巡航控制 ECU 线束侧插接器端子 3(L)之间线路的导通性，踏下制动踏板时不应导通，放松制动踏板时应导通。

2. 电动机及其电路的检查

电动机与巡航控制 ECU 的连接如图 4-20 所示。

(1) 工作情况检查　将执行器插接器端子 5 与电源正极连接，端子 4 与电源负极连接，

保持电磁离合器处于通电状态。当执行器插接器端子6、7分别与蓄电池+、-极相连时，电动机应驱动控制臂转向节气门打开的方向；当将执行器插接器端子6、7与电源连接的极性颠倒时，控制臂应转向节气门关闭的方向。

(2) 电路检查　检测执行器线束侧插接器端子6和7分别与巡航控制ECU线束侧插接器端子4(MO)和10(MC)之间线路是否断路、短路或搭铁。

图4-20　伺服电动机与ECU的连接电路

3. 位置传感器及其电路的检查

位置传感器与巡航控制ECU的电路连接如图4-21所示。

(1) 电阻的检测　检测执行器插接器端子1与3之间的电阻，电阻值应为2000Ω。检测端子2与3之间的电阻，当用手慢慢地将控制臂从位置A转动至位置B(图4-19b)时，电阻值应从530Ω逐渐增大至1800Ω。

(2) 电路检查　检测执行器线束侧插接器端子1、2、3分别与巡航控制ECU线束侧插接器端子22(VR1)、21(VR2)、20(VR3)之间的线路是否断路、短路或搭铁。

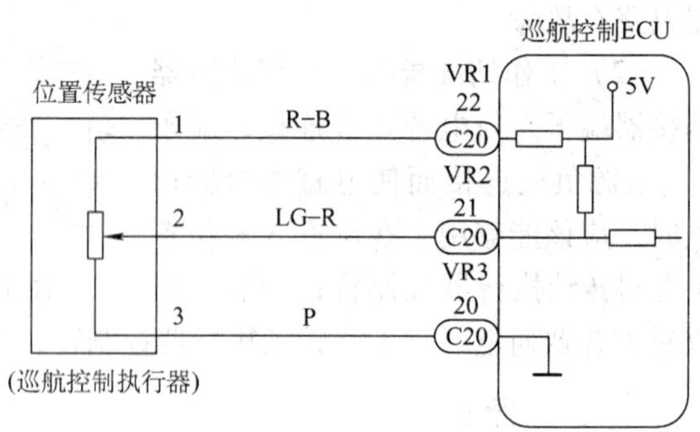

图4-21　位置传感器与巡航控制ECU的连接电路

4. 巡航控制开关及其电路的检查

巡航控制开关与巡航控制ECU的连接如图4-22所示。

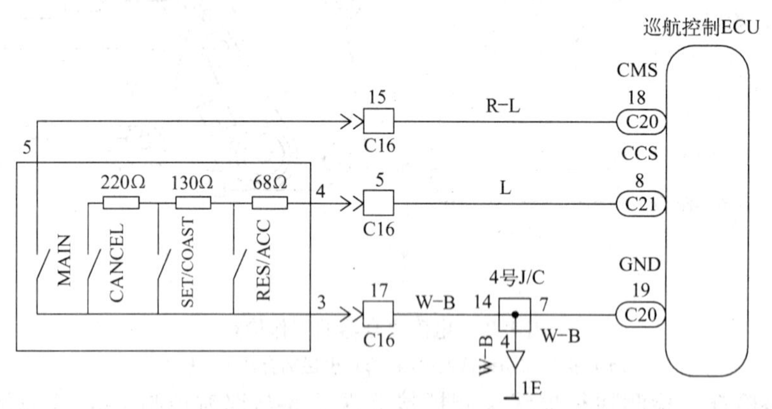

图4-22　巡航控制开关与巡航控制ECU的连接电路

(1) 电阻的检测　拆下转向盘中心衬垫，脱开巡航控制开关插接器，测量巡航控制开关插接器的端子3与4以及端子3与5之间的电阻(图4-23)。当开关处于不同位置时的电阻值应如表4-6所示。

(2) 电路检查　检测巡航控制开关线束侧插接器端子 3、4、5(图 4-23)分别与巡航控制 ECU 线束侧插接器端子 19(GND)、8(CCS)、18(CMS)之间(图 4-23)的线路是否断路、短路或搭铁。

5. 制动灯开关及其电路的检查

制动灯开关与巡航控制 ECU 的连接电路如图 4-24 所示。

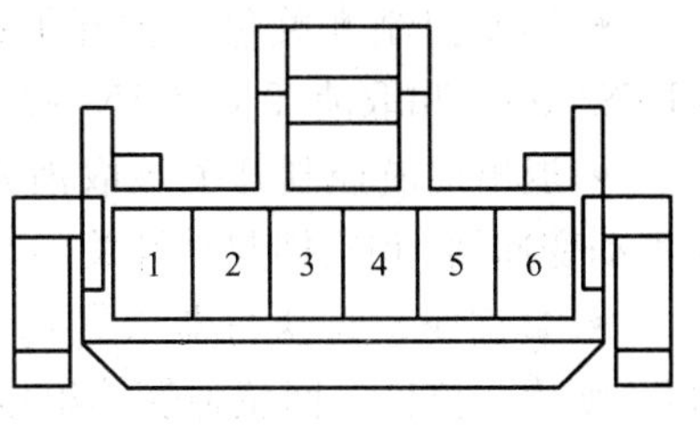

图 4-23　巡航控制开关插接器

表 4-6　控制开关电阻检查

检测的控制开关插接器端子	开 关 位 置	电阻值	检测的控制开关插接器端子	开 关 位 置	电阻值
3 与 4	各开关均关断	∞	3 与 4	CANCEL(取消)开关通	约 420Ω
3 与 4	RES/ACC(恢复、加速)开关通	约 70Ω	4 与 5	MAIN(主)开关通	0
3 与 4	SET/COAST(设定、减速)开关通	约 200Ω			

(1) 检查制动灯开关　拔下制动灯开关插接器(图 4-25)，检测制动灯开关端子之间的导通性，放松制动踏板时端子 1 与 2 之间的电阻值应为∞，端子 3 与 4 之间的电阻值应为 0；踏下制动踏板时端子 1 与 2 之间的电阻值应为 0，端子 3 与 4 之间的电阻值应为∞。

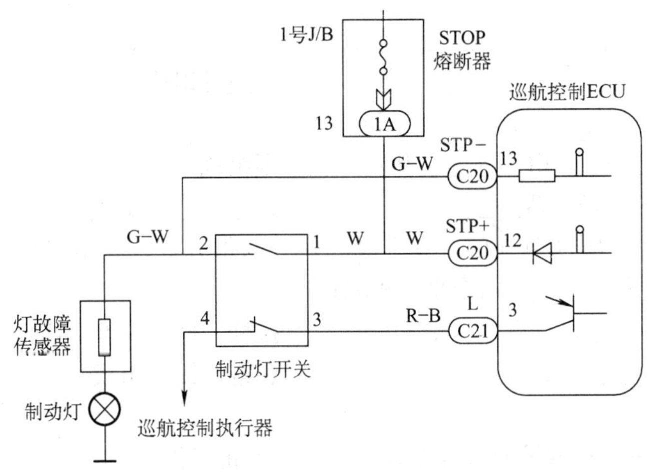

图 4-24　制动灯开关与 ECU 的连接电路

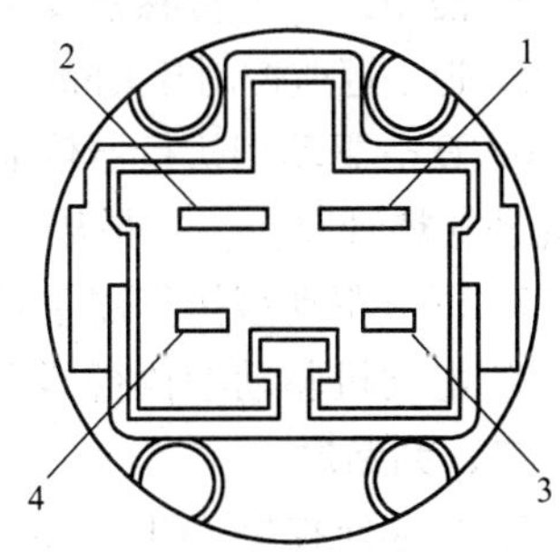

图 4-25　制动灯开关插接器端子

(2) 电路检查　分别检测制动灯开关线束侧插接器端子 1 和 3 与巡航控制 ECU 线束侧插接器端子 12(STP+)和 3(L)、制动灯开关线束侧插接器端子 2 和 4 分别与制动灯和巡航控制执行器线束侧插接器端子 5 之间的线路是否断路、短路或搭铁。

本 章 小 结

- 汽车巡航控制系统是一种使汽车自动保持恒速行驶的装置，它能减轻驾驶员的劳动强度，提高行驶舒适性，使汽车工作在发动机有利转速范围内。
- 汽车巡航控制系统主要由开关、传感器、巡航控制 ECU、执行器等组成。

• 巡航控制开关包括主开关（MAIN）、设定/减速开关（SET/COAST）、恢复/加速开关（RES/ACC）和取消开关（CANCEL）。

• 退出巡航控制开关除取消开关外，还包括制动灯开关、驻车制动开关、离合器开关（手动变速器）和空档起动开关（自动变速器）。

• 真空驱动型执行器依靠真空力驱动节气门，真空驱动型执行器主要由控制阀、释放阀、膜片、拉杆、回位弹簧等组成。

• 电动机驱动型执行器由电动机、传动机构、电磁离合器和电位器等组成。电动机由巡航控制 ECU 控制转动，然后通过减速机构、电磁离合器、控制臂、传动索缆传至节气门摇臂，实现对节气门的控制。

• 巡航控制系统的使用操作包括设定巡航车速、增加或降低巡航设定车速、取消巡航控制以及取消巡航控制后的恢复巡航行驶等。

• 当巡航控制系统发生故障时，首先应进行直观检查。直观检查后一般应进行故障自诊断，如果读取到故障码，应进行故障码诊断，以进一步确定故障部位。如果没有读取到故障码，可按照故障征兆进行故障诊断。当确定故障的具体部位后，对有故障的电路或部件进行修理或更换。

复习思考题

一、填空

1. 巡航控制系统主要优点有：________、________、________、________、________。
2. 巡航控制系统主要由________、________、________、________等组成。
3. 巡航控制开关包括________、________、________和________。
4. 磁阻式车速传感器安装在________，由________和________等组成。
5. 退出巡航控制开关除取消开关外，还包括________、________、________和________。
6. 真空驱动型执行器依靠________驱动节气门。真空源有两种取得方式，一是仅从发动机进气歧管取得；二是从________和________两个真空源取得。
7. 真空驱动型执行器主要由________、________、________、拉杆、回位弹簧等组成。
8. 电动机驱动型执行器主要由________、________、________和电位器等组成。

二、判断题

1. 当巡航控制 ECU 诊断出巡航系统有故障时，巡航控制系统会停止工作。（ ）
2. 车辆能够设定巡航行驶的车速范围一般为 40～200km/h。（ ）
3. 巡航控制执行器与驾驶员通过加速踏板都可以单独控制节气门的工作，互不干涉。（ ）
4. 电动机驱动型执行器中的电磁离合器用于接通或断开电动机与节气门索缆之间的联系。（ ）
5. 真空驱动型执行器依靠真空力驱动节气门，真空都是从发动机进气歧管取得的。（ ）
6. 输入信号检查的目的是确认各输入信号是否正常地输入巡航控制 ECU。（ ）
7. 当巡航行驶被取消后，在任何情况下只要接通恢复/加速开关，汽车就可以恢复巡航行驶。（ ）

8. 实际车速低于设定车速 16km/h 以上，ECU 将不能恢复巡航行驶。　　(　　)

三、问答

1. 巡航控制系统有哪些优点?
2. 巡航控制系统的组成与原理是什么?
3. 巡航控制系统的控制开关主要有哪些? 作用各是什么?
4. 电动机驱动型执行器中电磁离合器的作用是什么?
5. 巡航控制 ECU 的控制功能有哪些?
6. 取消巡航控制的方法有哪些?
7. 使用巡航系统应注意哪些事项?
8. 如何进行取消信号检查?

实训项目 7　巡航控制系统主要部件的检测

车 辆 型 号	车辆识别代码	检 测 系 统

一、实训目标

1. 掌握巡航控制系统故障码的读取方法，了解故障码的含义。

2. 掌握电动机驱动型巡航控制系统主要传感器、执行器的结构原理和检测方法。

二、知识准备

画出雷克萨斯 LS400 轿车巡航控制系统执行器电路简图及控制开关与 ECU 的连接图。

执行器电路简图

控制开关与 ECU 的连接图

三、实训步骤

1. 读取故障码

将点火开关接通(ON)，用跨接线跨接故障诊断插座上的 T_c 和 E_1 端子，根据 CRUISE MAIN 指示灯的闪烁规律读取故障码，故障码为________，其含义为________。系统故障检查完毕后，断开 T_c 和 E_1 端子，关闭点火开关。

（续）

车 辆 型 号	车辆识别代码	检 测 系 统

2. 安全电磁离合器检测

（1）电阻的检测

用万用表欧姆档检测执行器插接器端子 4 与 5 之间的电阻，正常值应为________，测量值为________。

（2）工作状态的检查

不给电磁离合器通电，用手转动执行器控制臂，应________(能/不能)转动，实际________(能/不能)转动；当执行器插接器端子 5 接电源 + 极，端子 4 搭铁(接电源 − 极)时，用手转动执行器控制臂，应________(能/不能)转动，实际________(能/不能)转动。

3. 电动机检测

将执行器插接器端子 5 接电源 + 极，端子 4 搭铁，同时将端子 6 接电源 + 极，端子 7 搭铁，电动机应驱动控制臂转向________方向，实际工作情况是________；当将执行器插接器端子 6、7 与电源连接的极性颠倒时，电动机应驱动控制臂转向________方向，实际工作情况是________。

4. 控制开关检测

拆下转向盘中心衬垫，脱开控制开关插接器，分别接通各控制开关，测量控制开关连接器的端子 3 与 4 之间的电阻，将开关处于不同位置的电阻值填写在下表中。

开 关 位 置	正常电阻值	测量电阻值
各开关均关断	(　　)Ω	(　　)Ω
RES/ACC(恢复/加速)通	(　　)Ω	(　　)Ω
SET/COAST(设定/减速)通	(　　)Ω	(　　)Ω
CANCEL(取消)通	(　　)Ω	(　　)Ω

四、实训小结

____

____

____

____。

第5章 安全气囊系统(SRS)

学习目标:

- 了解 SRS 的功用、组成和分类。
- 掌握 SRS 传感器的结构和工作原理。
- 掌握 SRS ECU 的结构和工作原理。
- 掌握 SRS 气囊组件的结构和工作原理。
- 掌握 SRS 故障诊断与维修方法。

5.1 概述

安全气囊系统(Supplemental Restraint System,缩写为 SRS),也称辅助乘员保护系统。它是一种当汽车遇到冲撞而急剧减速时能很快膨胀的缓冲垫,可以避免车内乘员直接碰撞到车内构件造成的伤害,是一种被动安全装置,具有不受约束、使用方便等优点。近年来随着人们对汽车安全性要求的提高,以及安全气囊制造成本的降低,以往只在高档轿车作为选装件的安全气囊,现已发展到作为普通轿车的标准配置。

5.1.1 安全气囊的分类

1. 按碰撞类型分类

根据碰撞类型的不同,安全气囊可分为正面碰撞防护安全气囊、侧面碰撞防护安全气囊、膝部碰撞防护安全气囊和顶部碰撞防护安全气囊。正面碰撞防护安全气囊应用较多,实际交通事故统计表明,安全气囊与三点式安全带配合使用,对正面碰撞事故中的乘员具有更好的保护效果。侧面碰撞防护安全气囊、膝部碰撞防护安全气囊和顶部碰撞防护安全气囊系统也将逐渐普及。

2. 按照安全气囊安装数目分类

按照安全气囊安装数目可分为单气囊系统(只装在驾驶员侧)、双气囊系统(驾驶员侧和前排乘客侧各有一个安全气囊)和多气囊系统。

3. 按照安全气囊的触发机构分类

按照安全气囊的触发机构可分为机械式和电子式两种。机械式安全气囊系统已被淘汰,目前应用的都是电子式安全气囊系统。

5.1.2 安全气囊系统的基本组成及工作原理

安全气囊系统主要由传感器、安全气囊组件和安全气囊 ECU 等组成。

安全气囊系统的工作原理如图5-1所示，当汽车遭受前方一定角度范围内的碰撞时，安装在汽车前部和SRS ECU内部的碰撞传感器都会检测到汽车突然减速的信号，并将信号输入SRS ECU。当汽车遭受碰撞且减速度达到设定值时，SRS ECU发出控制指令将气囊组件中的点火器(电雷管)电路接通，点火器引爆点火剂，迅速产生大量热量，使充气剂(叠氮化钠固体药片)受热分解并瞬间释放出大量氮气充入气囊，气囊便冲开气囊组件上的装饰盖板向驾驶员和乘员方向膨胀，使驾驶员和乘员面部和胸部压靠在充满气体的气囊上，在人体与车内构件之间铺垫一个气垫。避免人体与车内构件的直接碰撞，从而达到保护人体的目的。

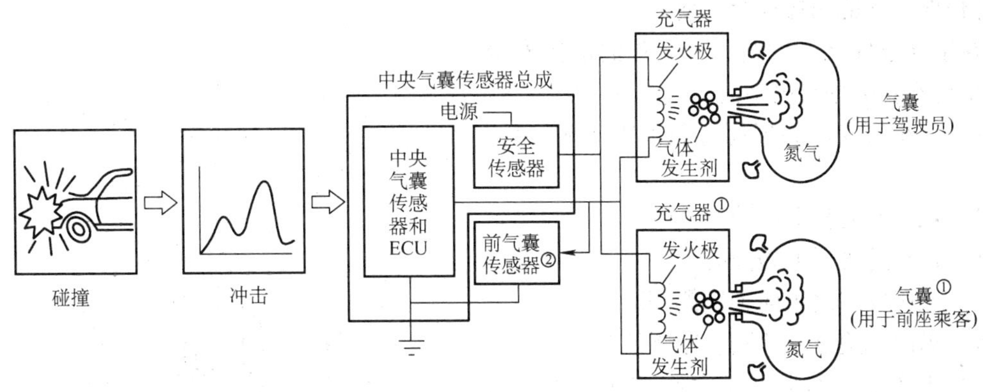

图5-1　安全气囊系统的工作原理

①仅限有前座乘客气囊的型号　②仅限某些型号

5.1.3　安全气囊的动作过程

图5-2所示为奥迪轿车车速为50km/h时与前方障碍物相撞时气囊的引爆过程。

撞车10ms后，达到引爆系统引爆条件，点火器点燃气体发生器产生氮气，驾驶员仍然直坐着，如图5-2a所示。

40ms后，气囊已完全充胀，驾驶员向前移动，安全带斜系在驾驶员身上并被拉长，部分冲击能量已被吸收，如图5-2b所示。

80ms后，驾驶员的头及身体上部沉向气囊，气囊后面的排气孔将氮气在一定压力下匀速逸出，如图5-2c所示。

110ms后，驾驶员的身体被回弹到座椅上，大部分气体从气囊中逸出，前方恢复清晰视野，如图5-2d所示。

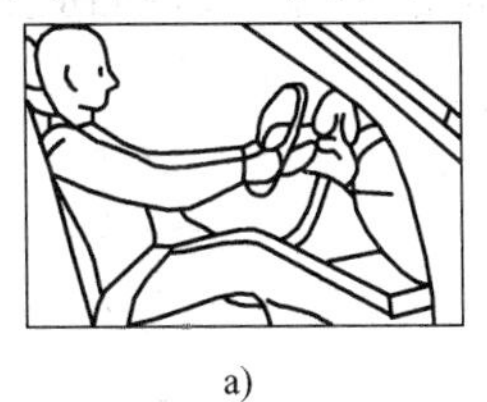
a)

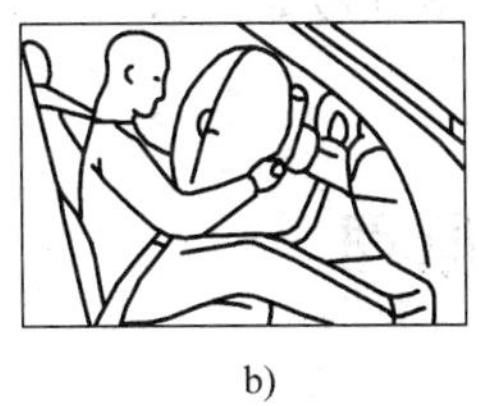
b)

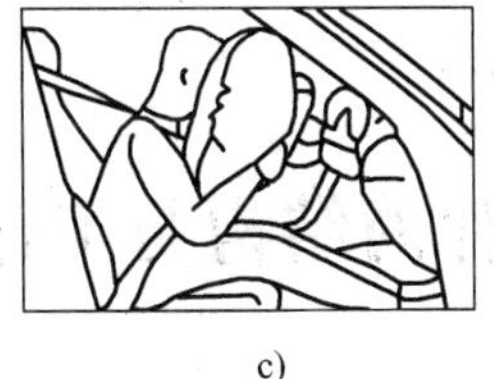
c)

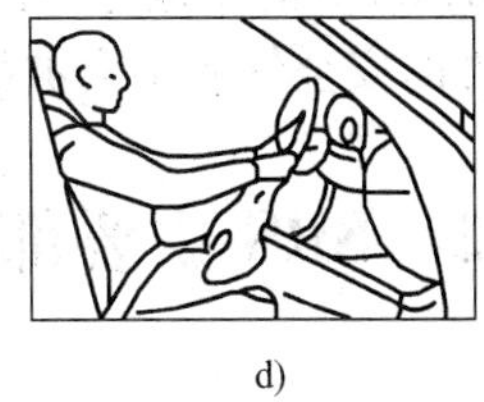
d)

图5-2　安全气囊的动作过程

由此可见，在安全气囊系统动作过程中，气囊动作时间极短。从开始充气到完全充满的时间约为30ms；从汽车受碰撞开始，到SRS气囊收缩为止，所用时间极为短暂，仅为120ms左右，而人的眼皮眨一下所用时间约为200ms左右。实验和实践证明，汽车装用安全

气囊后，汽车发生正面碰撞事故对驾驶员和乘员的伤害程度大大减小。有些汽车不仅装有正面碰撞安全气囊，还装有侧面碰撞安全气囊，在汽车发生侧向碰撞时，也能使侧向安全气囊充气，以减小侧向碰撞时的伤害。

5.1.4 安全气囊系统的有效范围

汽车安全气囊系统并非在所有碰撞情况下都能起作用。正面碰撞安全气囊系统在汽车从正前方或斜前方 ±30°角(图 5-3)范围内发生碰撞且其纵向减速度达到一定值(通常称为减速度阈值)时，才能引爆安全气囊。

在下列条件之一的情况下，正面碰撞安全气囊系统不会引爆点火剂而给气囊充气：

1）汽车遭受的碰撞超过斜前方 ±30°角范围时。

2）汽车遭受横向碰撞时。

3）汽车遭受后方碰撞时。

4）汽车发生绕纵向轴线侧翻时。

5）纵向减速度未达到设定阈值时。

6）汽车正常行驶、正常制动或在不平路面的道路上行驶时。

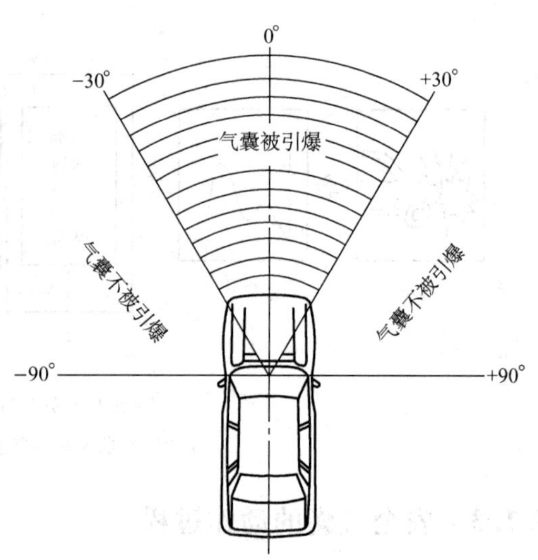

图 5-3 正面碰撞时 SRS 的有效范围

减速度阈值由设计人员根据安全气囊系统的性能设定，不同车型安全气囊系统的减速度阈值可能有所不同。在美国，因为安全气囊系统是按驾驶员不配戴座椅安全带来设计，气囊体积大、充气时间长，所以安全气囊系统应在较低的减速度阈值时引爆点火剂，即汽车在较低的车速(12～22km/h)范围内行驶而发生碰撞时，安全气囊系统就应引爆点火剂，使充气剂(叠氮化纳)受热分解给气囊充气。在日本和欧洲，由于安全气囊系统是按驾驶员配戴座椅安全带来设计，气囊体积小、充气时间短，所以设定的减速度阈值较高，汽车在较高车速(19～32km/h)范围内行驶而发生碰撞时，才引爆安全气囊。侧面安全气囊系统只有在汽车遭受侧面碰撞且其横向减速度达到设定的阈值时，才能引爆侧面碰撞安全气囊。

通常情况下，汽车以 40km/h 的车速撞到一辆正在停放的同样大小的汽车上，或以不低于 20km/h 的车速迎面撞到一个不可变形的固定障碍物上，安全气囊将被引爆。达不到上述条件时安全气囊不会被引爆。

5.2 SRS 主要部件的结构与工作原理

5.2.1 传感器

1. 传感器的分类

安全气囊系统传感器按照不同分类方式，可以分为不同类型。

(1) 按照传感器的作用分类　按照传感器的作用分类可分为碰撞传感器和保险传感器

两类。碰撞传感器根据安装位置的不同又可分为前碰撞传感器和中央碰撞传感器，前碰撞传感器通常安装在汽车前翼子板内，一般有 2 ~ 3 个；中央碰撞传感器通常安装在车内或 SRS ECU 内。保险传感器通常也安装在 SRS ECU 内。

碰撞传感器的作用是检测汽车的碰撞减速度，当碰撞减速度达到其减速度阈值时，碰撞传感器将碰撞信号传给 SRS ECU。保险传感器闭合的减速度阈值小于碰撞传感器，SRS ECU 只有接收到至少一个碰撞传感器信号并同时接收到保险传感器信号时，才会触发安全气囊，因此保险传感器可以起到防止因碰撞传感器短路而造成安全气囊误触发的作用。

（2）按照传感器的结构分类　按照传感器的结构分类可分为机电式、电子式和水银开关式三类。

机电式传感器是一种利用机械机构检测碰撞减速度的装置，当减速度达到其闭合条件时，触点接通，将碰撞信号送至 ECU。常见的机电式传感器有偏心式、滚轮式和滚球式，常用作前碰撞传感器。

电子式传感器没有电器触点，对汽车正向加速度进行连续测量，并将测量结果输送给 ECU，ECU 内有一套复杂的碰撞信号处理程序，能够确定气囊是否需要膨开。常用的有应变电阻式和压电效应式两种，一般用作中央碰撞传感器。

水银开关式碰撞传感器是利用水银(汞)良好的导电性来控制气囊点火器电路通断，一般用作保险传感器。

2. 传感器的结构与工作原理

（1）偏心式碰撞传感器　主要由偏心转子、偏心重块、固定触点和旋转触点等组成，如图 5-4 所示。不发生碰撞时，偏心转子在螺旋弹簧弹力作用下处于图 5-4a 所示位置，固定触点和旋转触点不接触；当发生正面碰撞，且作用在偏心重块上的减速度超过阈值时，偏心重块在惯性力的作用下带动偏心转子和旋转触点一起转动，使固定触点和旋转触点接触，碰撞传感器输出电信号。

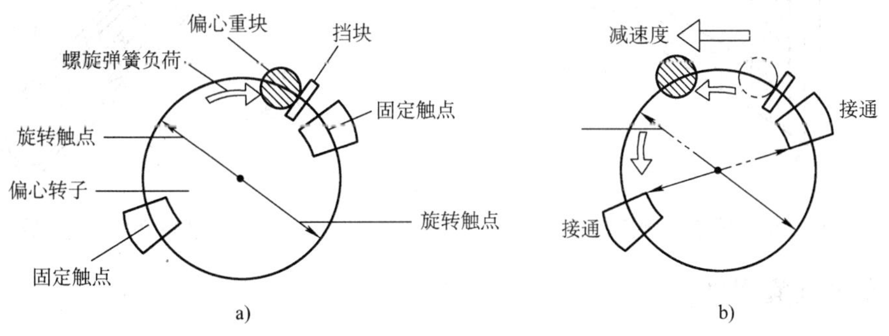

图 5-4　偏心式碰撞传感器

a）不工作状态　b）工作状态

（2）滚轮式碰撞传感器　在充满惰性气体的金属盒内，滚轮缠绕在卷簧上，卷簧的弹性力把滚轮固定在原始位置，如图 5-5 所示。当汽车前方受到强力冲击时，滚轮在惯性力的作用下滚动，使动触点与定触点接合，将碰撞信号传给 SRS ECU。

（3）滚球式碰撞传感器　如图 5-6 所示，球体(感应块)被磁铁吸引保持在原始位置，当汽车受到强力冲击时，球体克服磁铁的吸引力，移至接点处使触点闭合。

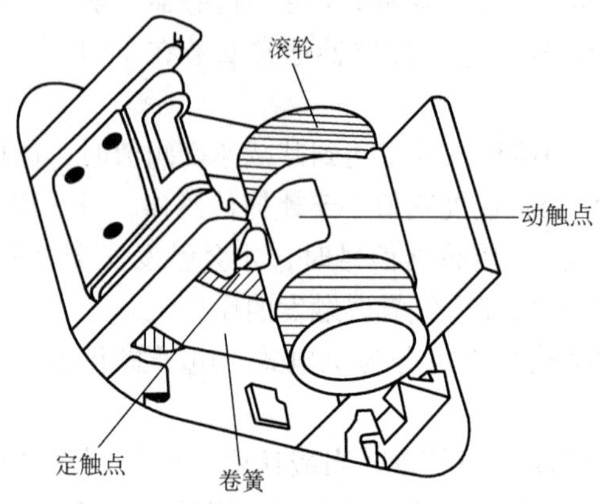

图 5-5　滚轮式碰撞传感器

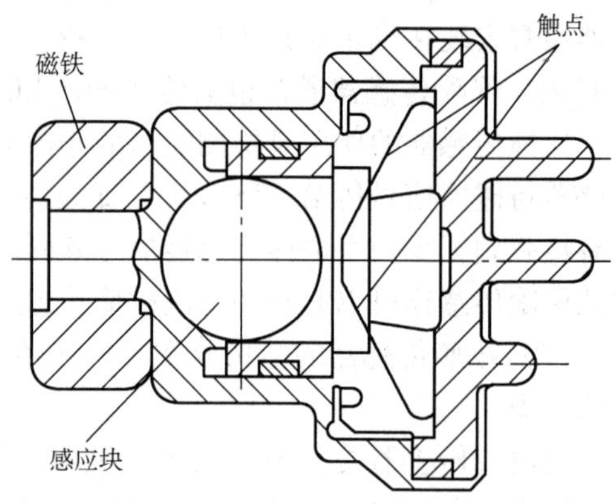

图 5-6　滚球式碰撞传感器

（4）应变电阻式传感器　应变电阻式传感器由应变电阻片和集成电路等组成，如图 5-7 所示。汽车发生碰撞时，传感器重块变形引起应变电阻阻值变化，通过集成电路将电阻变化转变成反映减速度大小的电信号送给 ECU。

（5）水银开关式保险传感器　水银开关式保险传感器如图 5-8 所示，当汽车发生碰撞时，如果减速度足够大，水银将在惯性力的作用下向上运动，接通电路。

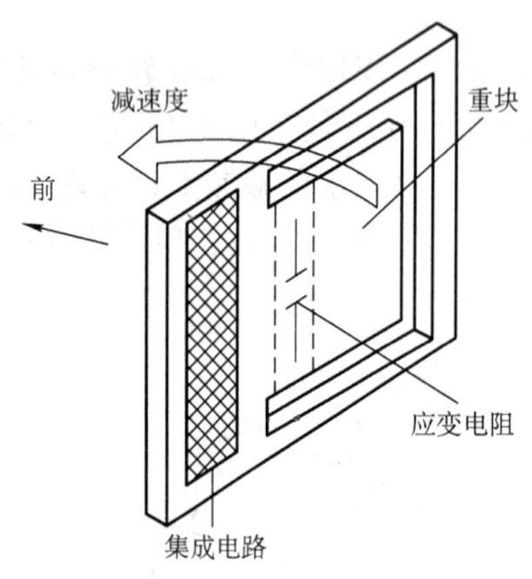

图 5-7　应变电阻式中央碰撞传感器

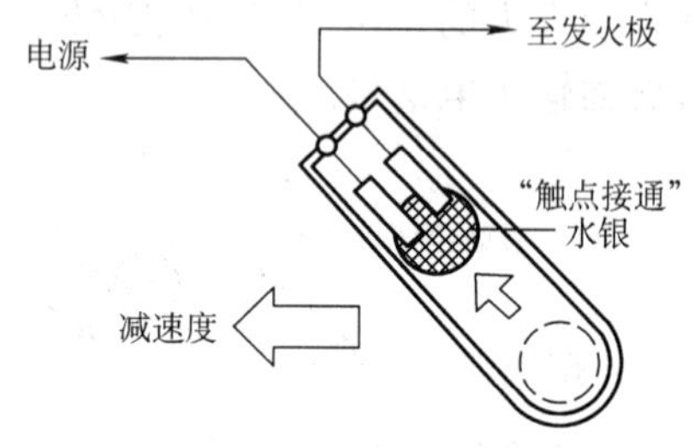

图 5-8　水银开关式保险传感器

5.2.2　安全气囊组件

安全气囊组件主要由气体发生器、点火器、气囊、装饰盖和底板组成。驾驶员侧气囊组件位于转向盘中心处，乘客侧气囊组件位于仪表板右侧杂物箱上方。

（1）气体发生器　气体发生器又称充气器，用于在点火器引爆点火剂时，产生气体向气囊充气，使气囊膨开。气体发生器用专用螺栓和螺母固定在气囊支架上，装配时只能用专用工具进行装配。气体发生器由上盖、下盖、充气剂（片状叠氮化钠）和金属滤网组成，如图 5-9 所示。上盖有若干个充气孔，充气孔有长方孔和圆孔两种。下盖上有安装孔，以便将气体发生器安装到气囊支架上。上盖与下盖用冷压工艺压装成一体，壳体内装充气剂、滤网和点火器。金属滤网安装在气体发生器的内表面，用以过滤充气剂和点火剂燃烧后的渣粒。

目前，大多数气体发生器都是利用热效反应产生氮气而充入气囊。在点火器引爆点火剂的瞬间，点火剂会产生大量热量，叠氮化钠受热立即分解释放氮气，并从充气孔充入气囊。

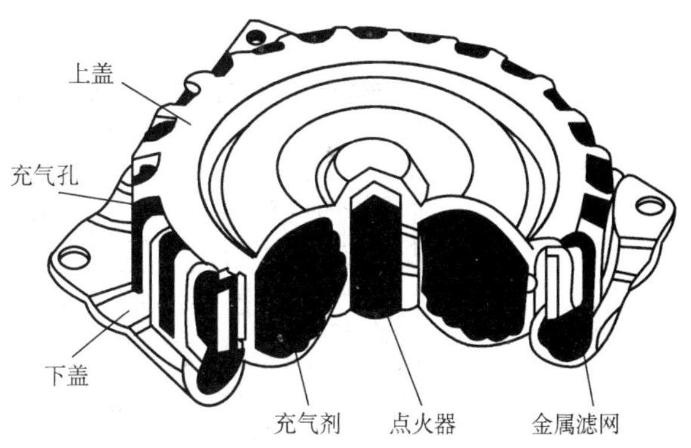

图 5-9　气体发生器

（2）点火器　点火器安装在气体发生器内部中央位置，其结构如图 5-10 所示。

点火器内有电热丝、引药和引爆炸药，当 SRS ECU 发出点火指令时，电热丝电路接通，电热丝迅速红热引燃引药，继而引爆炸药，瞬间产生大量热量，药筒内温度和压力急剧升高并冲破药筒，使充气剂受热分解释放氮气充入气囊。

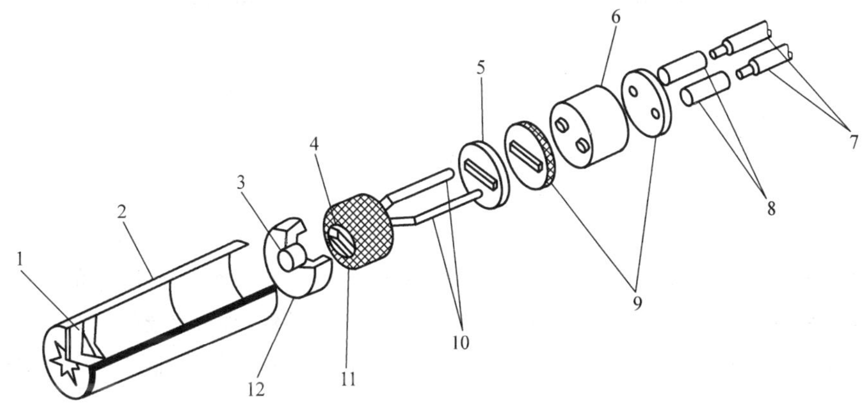

图 5-10　点火器分解图

1—引爆炸药　2—药筒　3—引药　4—电热丝　5—陶瓷片　6—永久磁铁　7—引出导线
8—绝缘套管　9—绝缘垫片　10—电极　11—电热头　12—药托

（3）气囊　气囊按布置位置可分为驾驶员侧气囊、乘客侧气囊、后排气囊、侧面气囊、顶部气囊等；按大小可分为保护整个上身的大型气囊和主要保护面部的小型护面气囊。护面气囊成本较低，但一定要和座椅安全带配合使用才有保护作用。驾驶员侧气囊多采用尼龙布涂氯丁橡胶或有机硅制成。涂氯丁橡胶的气囊背面有 2 个泄气孔。乘客侧气囊没有涂层，靠尼龙布本身的孔隙泄气。

（4）装饰盖　装饰盖是气囊组件的盖板，上面模制有撕缝，以便气囊能冲破饰盖膨开。

（5）底板　气囊和充气器装在底板上，底板装在转向盘或车身上，气囊膨开时，底板承受气囊的反力。

5.2.3　安全气囊 ECU

SRS ECU 主要由逻辑模块、信号处埋电路、备用电源电路、保护电路和稳压电路等组成。保险传感器一般安装在 SRS ECU 内。福特汽车公司林肯城市轿车 SRS ECU 的内部结构如图 5-11 所示。

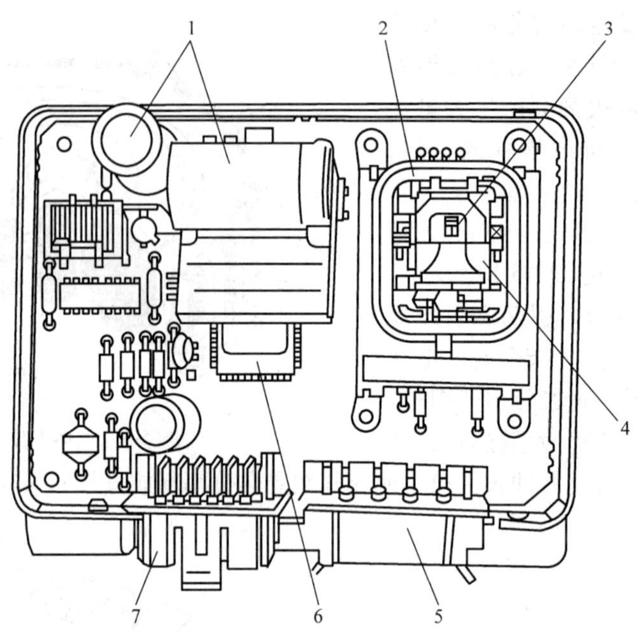

图 5-11　SRS ECU 内部结构

1—能量储存装置(电容)　2—保险传感器总成　3—传感器触点
4—传感器平衡块　5—四端子插接器　6—逻辑模块　7—SRS ECU 插接器

(1) 逻辑模块　主要用于监测汽车纵向减速度或惯性力是否达到设定值，控制气囊组件中的点火器引爆点火剂。SRS 逻辑模块由模/数转换器、数/模转换器、串行输入/输出接口、只读存储器(ROM)、随机存储器(RAM)、可擦除可编程只读存储器(EEPROM)和定时器等组成。

在汽车行驶过程中，SRS ECU 不断监测碰撞传感器和保险传感器的信号，当检测到碰撞传感器和保险传感器的信号时，经过数学计算和逻辑判断后确认发生碰撞需要引爆安全气囊时，立即运行控制点火的软件程序，并向点火电路发出点火指令引爆气囊。

除此之外，SRS ECU 还具有故障自诊断功能，当检测到 SRS 系统有故障时，点亮 SRS 故障指示灯并将故障码存储在随机存储器中。

(2) 信号处理电路　信号处理电路主要由放大器和滤波器组成，用于对传感器检测的信号进行整形、放大和滤波，以便 SRS ECU 能够接收、识别和处理。

(3) 备用电源电路　安全气囊系统有两个电源：一个是汽车电源，另一个是备用电源。备用电源又称为后备电源或紧急备用电源。备用电源电路由电源控制电路和两个电容器组成。在单安全气囊系统 ECU 中，设有一个逻辑备用电源和一个点火备用电源。在双安全气囊系统 ECU 中，设有一个逻辑备用电源和两个点火备用电源，即两条点火电路各设一个备用电源。点火开关接通 10s 后，如果汽车电源电压高于 SRS ECU 的最低工作电压，那么逻辑备用电源和点火备用电源即可完成储能任务。

备用电源用于当汽车电源电路切断后，在一定时间内维持安全气囊系统供电，保持安全气囊系统的正常功能。当汽车遭受碰撞而导致蓄电池和发电机与 SRS ECU 之间的电路切断时，逻辑备用电源能在 6s 内向 ECU 供给电能，保持 SRS ECU 的测出碰撞、发出点火指令等正常功

能。点火备用电源能在 6s 内向点火器供给足够的点火能量引爆点火剂，使充气剂受热分解给气囊充气。时间超过 6s 后，备用电源供电能力降低，备用电源不能保证 SRS 正常工作。

（4）保护电路和稳压电路　在汽车电器系统中，许多电器部件都有电感线圈，电器开关多，电器负载变化频繁。当线圈电流接通或切断、开关接通或断开、负载电流突然变化时，都会产生瞬时脉冲电压，即过电压。若过电压加到安全气囊系统电路上，系统中的电子元件就可能因电压过高而损坏。为了防止安全气囊系统元件遭受损害，SRS ECU 中必须设置保护电路。同时，为了保证汽车电源电压变化时，安全气囊系统能够正常工作，还必须设置稳压电路。

5.2.4　安全气囊系统线束与保险机构

为了保证安全气囊系统工作可靠，在对安全气囊系统进行作业时必须小心。为便于区别，现在的安全气囊系统的线束和插接器常采用黄色。为了保证安全气囊系统插接器的连接可靠，采用导电性能和耐久性能良好的镀金端子。除此之外还设计有防止气囊误爆机构、电路连接诊断机构、插接器双重锁定机构和端子双重锁定机构等。丰田科罗娜轿车安全气囊系统采用的各种特殊插接器如图 5-12 所示，插接器采用的各种保险机构见表 5-1。

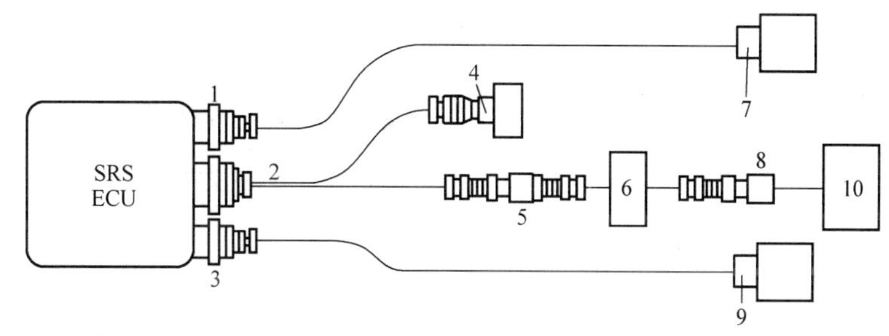

图 5-12　丰田科罗娜轿车安全气囊系统插接器

1、2、3—ECU 插接器　4—SRS 电源插接器　5—中间线束插接器　6—螺旋电缆

7—右碰撞传感器插接器　8—气囊组件插接器　9—左碰撞传感器插接器　10—点火器

表 5-1　科罗娜轿车 SRS 插接器保险机构

序号	名　称	插接器代号	序号	名　称	插接器代号
1	防止气囊误爆机构	2、5、8	3	插接器双重锁定机构	5、8
2	电路连接诊断机构	1、3、7、9	4	端子双重锁定机构	1、2、3、4、5、7、8、9

1. 防止 SRS 气囊误爆机构

图 5-12 从 SRS ECU 至 SRS 点火器之间的插接器 2、5、8 均采用了防止气囊误爆的短路片机构，主要用于当插接器拔下时，短路片自动将 SRS 点火器一侧的插接器的两个端子短接，如图 5-13 所示，防止静电或误通电将电热丝电路接通而造成气囊误爆。

插接器短路片有的设置在插头上，有的设置在插座上，但短路片必须在 SRS 点火器一侧，其作用效果完全相同。图 5-13 中的短路片设在插座上。当插头与插座正常连接时，插头的绝缘壳体将短路片向上顶起，如图 5-13a 所示，短路片与插接器端子脱开，插头的引线端子与插座的引线端子接触良好，点火器电热丝电路的“＋”端与保险传感器电路接通，

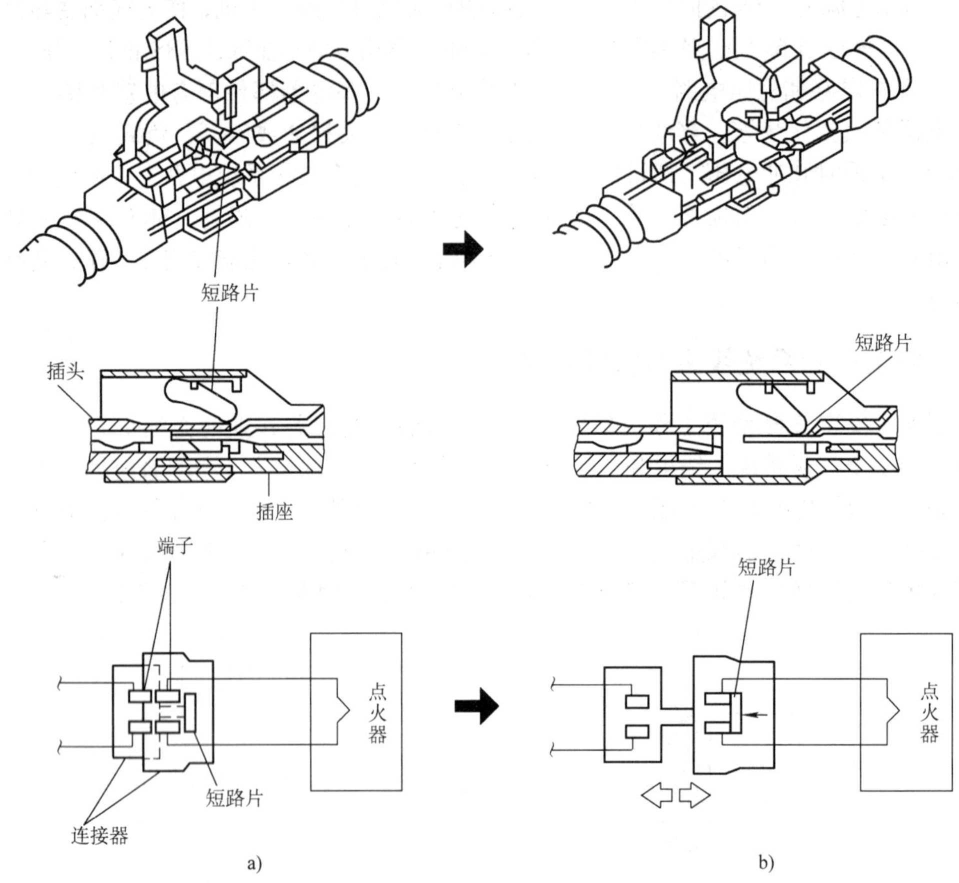

图 5-13　防止气囊误爆机构的结构与原理

a）插接器正常连接，短路片与端子脱开　b）插接器拨下，短路片将端子短接

“－”端与前碰撞传感器电路接通，电热丝电路处于正常连接状态。

当插头与插座脱开时，短路片自动将气囊点火器一侧插接器的引线端子短接，使电火器的电热丝与短路片构成回路，如图 5-13b 所示。此时即使将电源加到气囊点火器一侧插接器上，由于电源被短路片短路，也不会引爆点火器，从而防止 SRS 误爆。

2. 电路连接诊断机构

电路连接诊断机构用于监测前碰撞传感器线路以及插接器端子连接是否可靠，其结构如图 5-14 所示。插接器插头上有一个诊断销，插接器上有两个诊断端子，端子上有弹簧片。其中一个诊断端子与碰撞传感器触点的一端相连，另一个诊断端子经过一个电阻与碰撞传感器触点的另一端相连。前碰撞传感器触点为常开触点，当传感器插头与插接器半连接(未可靠连接)时，诊断端子与诊断销尚未接触，如图 5-14a 所示，此时电阻尚未与传感器触点构成并联电路，插接器引线“＋”与“－”之间的电阻为无穷大。因为“＋”、“－”引线与 SRS ECU 连接，所以当 ECU 监测到碰撞传感器的电阻为无穷大时，即诊断为插接器连接不可靠，或者是前碰撞传感器的线路断路，自诊断电路便控制 SRS 警告灯闪亮报警，同时将故障码储存在存储器中。

当传感器的插接器可靠连接时，诊断端子与诊断销可靠接触，如图 5-14b 所示，如果同

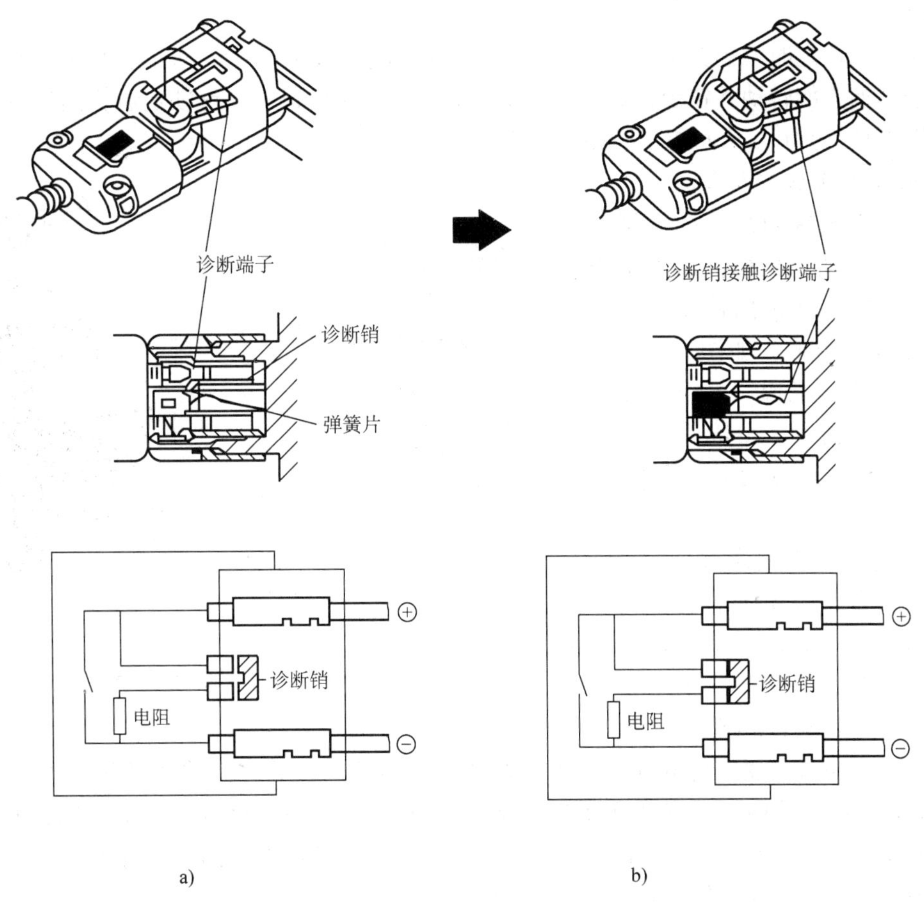

图 5-14　电路连接诊断机构的结构与原理

a）半连接　b）可靠连接

时前碰撞传感器线束也完好，SRS ECU 即可检测到该并联电阻的阻值正常，即诊断为插接器以及线束连接可靠。

3. 插接器双重锁定机构

安全气囊系统在线束的重要连接部位，其插接器采用了双重锁定机构，防止插接器脱开，其结构如图 5-15 所示。插接器插头上有主锁和两个凸台，插接器插座上有锁柄能够转

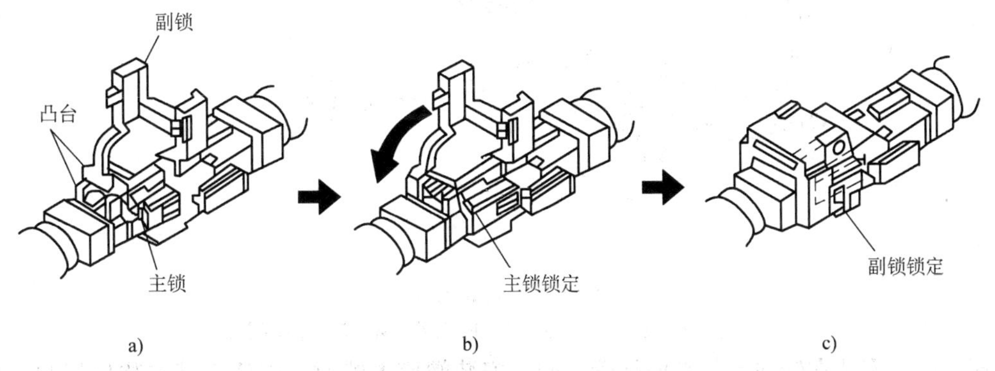

a)　b)　c)

图 5-15　插接器双重锁定机构

a）主锁打开，副锁被挡住　b）主锁锁定，副锁可以锁定　c）双重锁定

动的副锁。

当主锁未锁定时，插头上的两个凸台阻止副锁锁定，如图 5-15a 所示。当主锁完全锁定时，副锁锁柄方能转动并锁定，如图 5-15b 所示。当主锁与副锁双重锁定后，插接器的连接状态如图 5-15c 所示，从而防止插接器脱开。

4. 端子双重锁定机构

安全气囊系统的每一个插接器都设有端子双重锁定机构，用于防止引线端子滑动，主要由插接器壳体上的锁柄与分隔片组成，如图 5-16 所示。锁柄为一次锁定机构，可防止端子沿引线轴线方向滑动。分隔片为二次锁定机构，可防止端子沿引线径向移动。

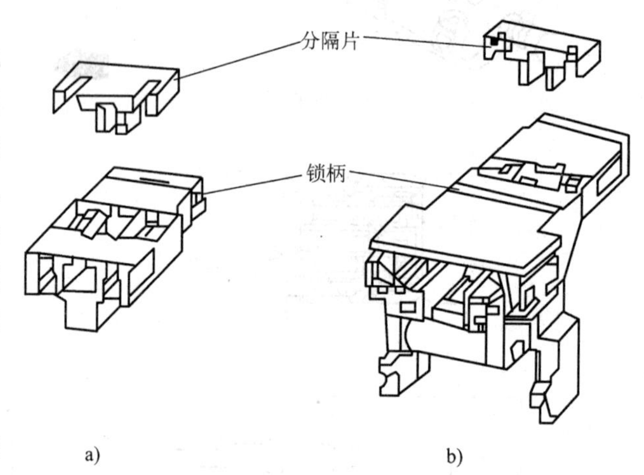

图 5-16　端子双重锁定机构

a）插头　b）插接器

5. 安全气囊系统线束

目前安全气囊系统的所有线束都套装在黄色波纹管内，并与车辆线束总成连成一体，以便于区别。为了保证转向盘具有足够的转动角度而又不致损伤驾驶席 SRS 气囊组件的连接线束，在转向盘与转向柱管之间采用了螺旋电缆。先将线束安装在螺旋弹簧内，再将螺旋弹簧安放到弹簧壳体内，如图 5-17 所示。通常电喇叭线束也安装在螺旋形弹簧内。在不同汽车公司的电路图中，螺旋电缆的名称各不相同，有的称为螺旋弹簧，有的称为游丝，有的称为游丝弹簧。

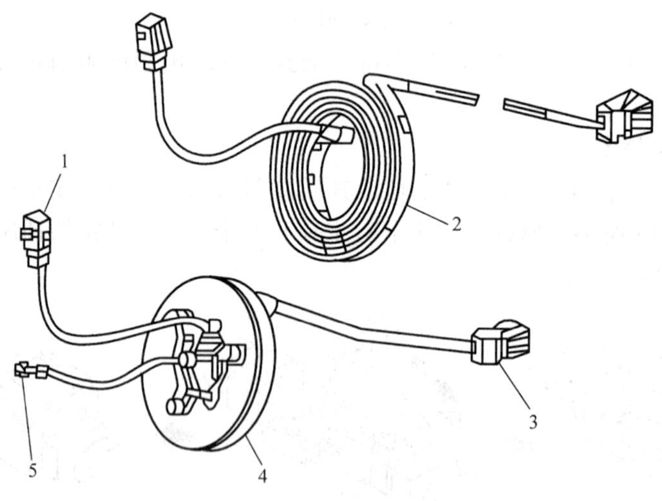

图 5-17　螺旋电缆

1、3—线束插接器　2—螺旋弹簧　4—弹簧壳体　5—搭铁插接器

螺旋电缆安装在转向盘与转向柱管之间。安装螺旋电缆时，应注意其安装位置和方向，否则将会导致转向盘转动角度不足或导致螺旋电缆损坏。

5.3 装备安全带预紧器的安全气囊系统

装有安全气囊系统的汽车在发生碰撞时，气囊系统对防止驾驶员和乘员遭受伤害十分有效。为了充分发挥座椅安全带对乘员的保护作用，有的汽车除了装备安全气囊以外，还装有座椅安全带预紧器。座椅安全带预紧器的功用是：当汽车遭受碰撞时，在气囊膨开之前迅速收紧安全带，限制驾驶员和前排乘员身体向前移动的距离，减轻碰撞对人体造成的伤害。

5.3.1 系统的组成

带安全带预紧器的安全气囊系统是在安全气囊系统的基础上，增加了前排左、右两个座椅安全带预紧器，丰田雷克萨斯 LS400 型轿车装备了带安全带预紧器的安全气囊系统，系统零部件在车上的布置如图 5-18 所示。

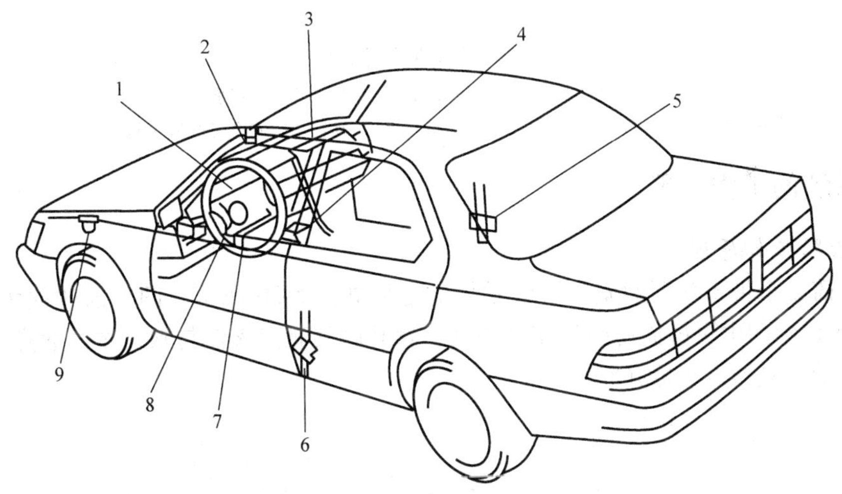

图 5 18　装备安全带预紧器的安全气囊系统的零部件位置

1—SRS 提示灯　2—右前碰撞传感器　3—乘员席 SRS 气囊组件　4—SRS ECU
5—右座椅安全带预紧器　6—左座椅安全带预紧器　7—驾驶席 SRS 气囊组件
8—螺旋电缆　9—左前碰撞传感器

该系统的座椅安全带预紧器安装在前排座椅左、右两侧或左前、右前车门立柱旁边。这一装置与安全气囊系统联动。

5.3.2 安全带预紧器的结构原理

活塞式安全带预紧器如图 5-19 所示，由气体发生器、气缸、活塞、离合器以及卷筒和缆绳等组成。缆绳的一端与活塞连接，另一端盘绕在卷筒上。当给气体发生器中的点火器通电时，气体发生器产生高压气体，推动活塞向下移动，与活塞连接的缆绳被拉紧，同时拖动卷筒旋转，通过离合器迫使安全带快速拉紧。

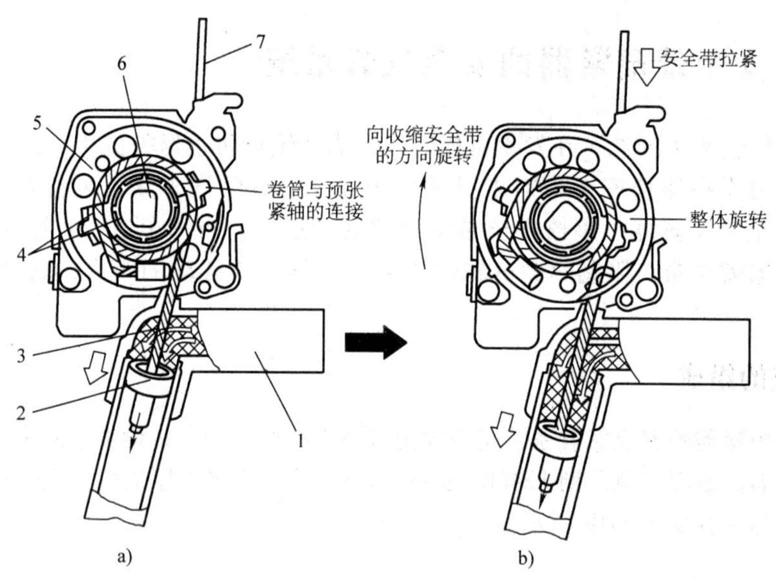

图 5-19 安全带预紧器装置

a）卷筒与预张紧轴的咬合 b）安全带开始拉紧

1—气体发生器 2—活塞 3—缆绳 4—离合器 5—卷筒 6—安全带收缩主轴 7—安全带

5.3.3 系统的工作原理

1. 预紧器工作原理

装备座椅安全带预紧器的安全气囊系统的电路如图 5-20 所示。两个前碰撞传感器与安装在 SRS ECU 中的中央碰撞传感器相互并联，驾驶席气囊点火器与乘员席气囊点火器并联，左、右安全带预紧器点火器并联。

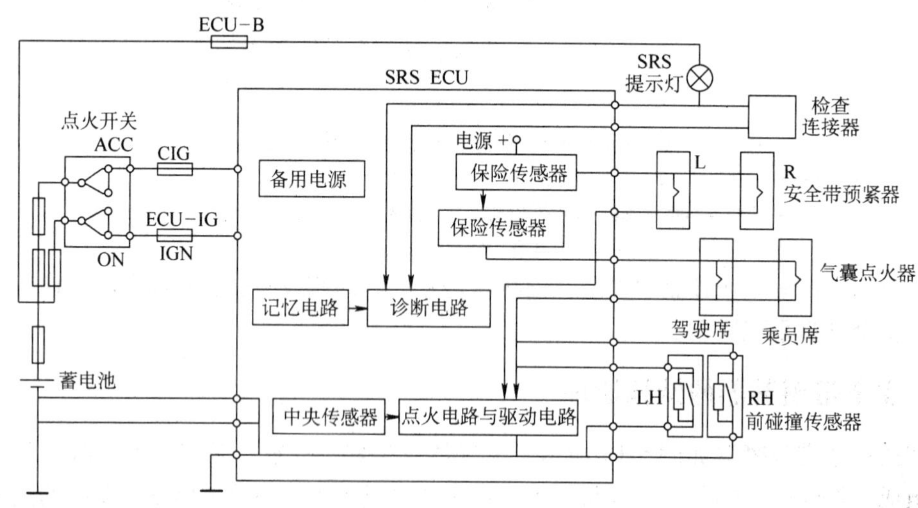

图 5-20 装备安全带预紧器的安全气囊系统的电路

在 SRS ECU 中，设有两只相互并联的保险传感器，其中一只与安全带预紧器和 SRS ECU 中的驱动电路构成回路，预紧器的点火器受控于 SRS ECU。另一只保险传感器与气囊

点火器和前碰撞传感器构成回路，气囊点火器也受控于 SRS ECU。

座椅安全带预紧器气体发生器的工作原理与安全气囊气体发生器的工作原理相似。当安全带预紧器点火器电路接通电源时，点火器引爆点火剂，充气剂受热分解产生气体，活塞在膨胀气体的作用下迅速移动，并推动预紧器的收紧装置将安全带迅速收紧 15 ~ 20cm，约束驾驶员和乘员向前移动的距离，从而防止其面部、胸部与转向盘、风窗玻璃或仪表板发生碰撞。

2. 系统工作原理

在汽车行驶过程中，SRS ECU 持续监测保险传感器、中央碰撞传感器和前碰撞传感器的信号，当接收到碰撞信号时 SRS ECU 按照预先编制的程序经过数学计算和逻辑判断后，再向安全带预紧器或安全气囊点火器发出点火指令，使安全带预紧器起作用或安全带预紧器与安全气囊同时起作用。

当汽车行驶速度低于 30km/h，碰撞产生的减速度和惯性力较小，保险传感器和中央碰撞传感器将此信号送到 SRS ECU，ECU 判断结果为不引爆安全气囊，仅引爆座椅安全带预紧器的点火器；与此同时，向左、右安全带预紧器点火器发出点火指令使安全带收紧，约束驾驶员和乘员的身体运动。

当汽车行驶速度高于 30km/h 时，碰撞产生的减速度和惯性力较大，保险传感器、中央碰撞传感器和前碰撞传感器将此信号送到 SRS ECU，ECU 判断结果为需要安全气囊和预紧器共同起作用来保护驾驶员和乘员。与此同时，向预紧器点火器和气囊点火器发出点火指令，引爆所有点火器，在座椅安全带收紧的同时，驾驶席气囊与乘员席气囊同时膨开，吸收碰撞产生的动能，达到保护驾驶员和乘员的目的。

5.4　安全气囊系统故障诊断与维修

5.4.1　检修注意事项

检修安全气囊时，若不按正确的操作规程进行，可能导致安全气囊意外膨开，造成经济损失甚至人身伤害，因此在对安全气囊系统进行检修时应注意以下事项：

1）安全气囊系统的故障很难确认，根据自诊断系统提取故障码是诊断和排除故障的重要途径和信息来源。因此在检查与排除安全气囊系统故障时，必须在拆下蓄电池负极电缆之前，读出故障码。

2）检查工作务必在关闭点火开关并将蓄电池负极电缆拆下 20s 或更长一段时间后进行，因为安全气囊系统装备有备用电源，若检查工作在拆下蓄电池负极电缆后 20s 以内就开始，气囊系统有备用电源供电，检查中很可能使气囊误爆。另外，汽车音响系统、防盗系统、时钟、电控座椅、微机控制驾驶位置设定的电控倾斜和伸缩转向系统、电控车外后视镜等系统均具有存储功能，当蓄电池负极电缆拆下后，存储的内容将会丢失。因此在检查工作开始之前，应通知汽车用户将音响防盗系统的密码和其他控制系统的有关内容记录下来。当检查工作结束之后，再由维修人员或汽车用户重新设置密码和有关内容并调整时钟。绝不允许使用车外电源来避免各系统存储内容丢失，以免导致安全气囊误爆。

3）检查安全气囊系统时，即使只发生了轻微碰撞并且安全气囊并未膨开，也应对前碰撞传感器、驾驶席 SRS 组件、乘员席 SRS 组件、座椅安全带预紧器等进行检查。

安全气囊系统对零部件的工作可靠性要求极高，所有零部件均为一次性使用部件。如需要更换零部件，则应使用新件，并且不允许使用不同型号车辆上的零部件。

在检修汽车其他零部件时，如有可能对安全气囊系统的传感器产生冲击，则应在检修工作开始之前，先将碰撞传感器拆下，以防 SRS 误爆。

当前碰撞传感器、SRS ECU 或 SRS 组件摔碰之后或其壳体、支架、插接器有裂纹时，应换用新件。

前碰撞传感器、SRS ECU 或 SRS 组件不得暴晒或接近火源。

绝对不能用万用表直接检测点火器的电阻，否则有可能导致气囊引爆。检测其他部件电阻和检测安全气囊系统故障时，必须使用高阻抗万用表，即最好使用数字式万用表。如果使用指针式万用表，由于其阻抗小，表内电源的电压加到气囊系统上就有可能引爆气囊。

在安全气囊系统各个总成或零部件的表面上，均标有说明标牌或注意事项，使用与检查时必须按规定进行。

4）当安全气囊系统的检查工作完成之后，必须对 SRS 警告灯进行检查。当点火开关转到 ON 或 ACC 位置时，SRS 提示灯亮 6s 左右后自动熄灭，说明安全气囊系统正常。

5）拆卸或搬运 SRS 组件时，气囊装饰盖一面应当朝上，不得将 SRS 组件重叠堆放，以防气囊误爆造成严重事故。

6）在报废汽车整车或报废 SRS 组件时，应在报废之前先用专用维修工具将气囊引爆。引爆工作应在远离电场干扰的地方进行，以免由于电场过强而导致气囊误爆。

7）汽车已发生过碰撞，气囊一旦引爆膨开后，SRS ECU 就不能继续使用。

8）当连接或拆下 SRS ECU 上的插接器时，因为保险传感器与 ECU 组装在一起，所以应在 ECU 安装在其固定位置之后，再进行连接或拆卸，否则保险传感器就起不到保护作用。

9）安装转向盘时，其安装位置必须正确，即必须保证螺旋电缆位于中间位置，否则可能造成螺旋电缆损坏。安全气囊系统线束套装在黄色波纹管内，所有线束插接器均为黄色，以便于区别。当发生交通事故而使安全气囊系统线束脱开或插接器破碎时，都应更换新件。

5.4.2 安全气囊系统故障自诊断

安全气囊系统是一个可靠性要求极高的控制系统，SRS ECU 具有自诊断系统，在安全气囊系统电路中，还设计有相应的检测机构。SRS ECU 一旦诊断出安全气囊系统发生故障，就将仪表板上的 SRS 警告灯点亮，提示驾驶员安全气囊系统出现故障，同时将故障码存入 SRS ECU 的随机存储器中，以便检查安全气囊系统时，通过读取故障码尽快查到故障部位。下面以丰田车系为例介绍故障码的读取与清除方法。

1. 读取故障码

将点火开关转至 ON 位置，SRS 警告灯应亮，约 6s 后 SRS 警告灯应熄灭。若 SRS 警告灯常亮，或者在汽车行驶过程中突然点亮，都说明 SRS 系统有故障，应读取故障码，确定故障部位，并排除故障。

（1）用故障诊断仪读取故障码　将丰田故障诊断仪与 3 号故障诊断插座（DLC3）相连，按故障诊断仪上的提示进行操作，即可读取故障码。丰田花冠轿车安全气囊系统故

障码见表5-2。

表5-2　丰田花冠轿车安全气囊系统故障码

<table>
<tr><th>OBD-Ⅱ
故障码</th><th>MIL
故障码</th><th>故 障 内 容</th><th>可能的故障原因</th><th>SRS
警告灯</th></tr>
<tr><td>B0100</td><td>13</td><td>驾驶员侧气囊点火器电路短路</td><td rowspan="2">1. 驾驶员侧气囊(点火器)有故障
2. 螺旋电缆有故障
3. SRS ECU有故障
4. 线束有故障</td><td rowspan="4">亮</td></tr>
<tr><td>B0101</td><td>14</td><td>驾驶员侧气囊点火器电路断路</td></tr>
<tr><td>B0102</td><td>11</td><td>驾驶员侧气囊点火器电路搭铁</td><td rowspan="2">1. 驾驶员侧气囊(点火器)有故障
2. 螺旋电缆有故障
3. 线束有故障</td></tr>
<tr><td>B0103</td><td>12</td><td>驾驶员侧气囊点火器电路与蓄电池正极短路</td></tr>
<tr><td>B0105</td><td>53</td><td>前排乘客侧气囊点火器电路短路</td><td rowspan="4">1. 前排乘客侧气囊总成(点火器)有故障
2. SRS ECU有故障
3. 线束有故障</td><td rowspan="4">亮</td></tr>
<tr><td>B0106</td><td>54</td><td>前排乘客侧气囊点火器电路断路</td></tr>
<tr><td>B0107</td><td>51</td><td>前排乘客侧气囊点火器电路搭铁</td></tr>
<tr><td>B0108</td><td>52</td><td>前排乘客侧气囊点火器电路与蓄电池正极短路</td></tr>
<tr><td>B0130</td><td>63</td><td>安全带预紧器点火器(右)电路短路</td><td rowspan="4">1. 右侧座椅安全带预紧器(点火器)有故障
2. SRS ECU有故障
3. 线束有故障</td><td rowspan="4">闪烁</td></tr>
<tr><td>B0131</td><td>64</td><td>安全带预紧器点火器(右)电路断路</td></tr>
<tr><td>B0132</td><td>61</td><td>安全带预紧器点火器(右)电路搭铁</td></tr>
<tr><td>B0133</td><td>62</td><td>安全带预紧器点火器(右)电路与蓄电池正极短路</td></tr>
<tr><td>B0135</td><td>73</td><td>安全带预紧器点火器(左)电路短路</td><td rowspan="4">1. 左侧座椅安全带预紧器(点火器)有故障
2. SRS ECU有故障
3. 线束有故障</td><td rowspan="4">闪烁</td></tr>
<tr><td>B0136</td><td>74</td><td>安全带预紧器点火器(左)电路断路</td></tr>
<tr><td>B0137</td><td>71</td><td>安全带预紧器点火器(左)电路搭铁</td></tr>
<tr><td>B0138</td><td>72</td><td>安全带预紧器点火器(左)电路与蓄电池正极短路</td></tr>
<tr><td>B01100</td><td>31</td><td>SRS ECU有故障</td><td>SRS ECU有故障</td><td>亮</td></tr>
<tr><td>B01135</td><td>24</td><td>不完全连接故障</td><td>SRS ECU有故障</td><td>亮</td></tr>
<tr><td>B01156
B01157</td><td>15</td><td>前气囊传感器(右)有故障</td><td>1. 前气囊传感器(右)有故障
2. SRS ECU有故障
3. 发动机室主线束有故障
4. 线束有故障</td><td>亮</td></tr>
<tr><td>B01158
B01159</td><td>16</td><td>前气囊传感器(左)有故障</td><td>1. 前气囊传感器(左)有故障
2. SRS ECU有故障
3. 发动机室主线束有故障
4. 线束有故障</td><td>亮</td></tr>
<tr><td rowspan="2">正常</td><td>系统正常</td><td></td><td></td><td>不亮</td></tr>
<tr><td>电源电压下降</td><td></td><td>1. 蓄电池有故障
2. SRS ECU有故障</td><td>亮</td></tr>
</table>

（2）人工读取故障码　将点火开关转至 ON 位置，等待约 60s，用跨接线连接 DLC3 端子 13(TC)与 4(CC)，这时可通过 SRS 警告灯的闪烁情况读取故障码，该故障码为当前故障码。

先用跨接线连接 DLC3 端子 13(TC)与 4(CC)，再将点火开关转至 ON 位置，等约 60s，这时可通过 SRS 警告灯的闪烁情况读取故障码，该故障码为历史故障码。

2. 清除故障码

（1）用丰田故障诊断仪清除故障码　将故障诊断仪与 DLC3 相连，按故障诊断仪上的提示进行操作，即可清除故障码。

（2）人工清除故障码　关闭点火开关，故障码即被清除，若故障码不能被清除，则连接跨接线进行清除。

1）用跨接线连接 DLC3 端子 13 与 4，将点火开关转至 ON 位置，在故障码开始输出后 10s 内脱开 DLC3 端子 13 上的跨接线，并检查 3s 内 SRS 警告灯是否点亮。

2）在 SRS 警告灯点亮后 2～4s 内将跨接线接回 DLC3 端子 13，在接回 DLC3 端子 13 后 2～4s 后 SRS 警告灯将熄灭，在 SRS 警告灯熄灭后 2～4s 脱开 DLC3 端子 13 上的跨接线。

3）脱开 DLC3 端子 13 上的跨接线 3s 后，SRS 警告灯应点亮。SRS 警告灯点亮后 2～4s 内将跨接线接回 DLC3 端子 13。

4）在跨接线接回到 DLC3 端子 13 后 2～4s 内 SRS 警告灯将熄灭，SRS 警告灯熄灭后 1s 内输出正常码，表明故障码被清除。如果故障码没有被清除，则重复上述操作，直至故障码被清除。故障码清除如图 5-21 所示。

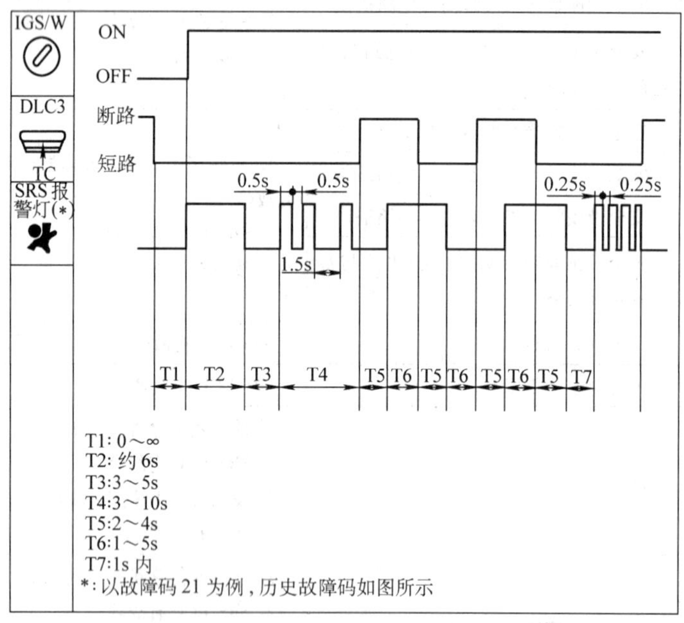

图 5-21　故障码清除

5.4.3　典型安全气囊系统的检修

下面以丰田花冠轿车安全气囊系统为例，介绍安全气囊系统的检修方法。

1. 丰田花冠轿车安全气囊系统简介

丰田花冠轿车安全气囊系统电路如图 5-22 所示。该系统有两个前碰撞传感器，两个前

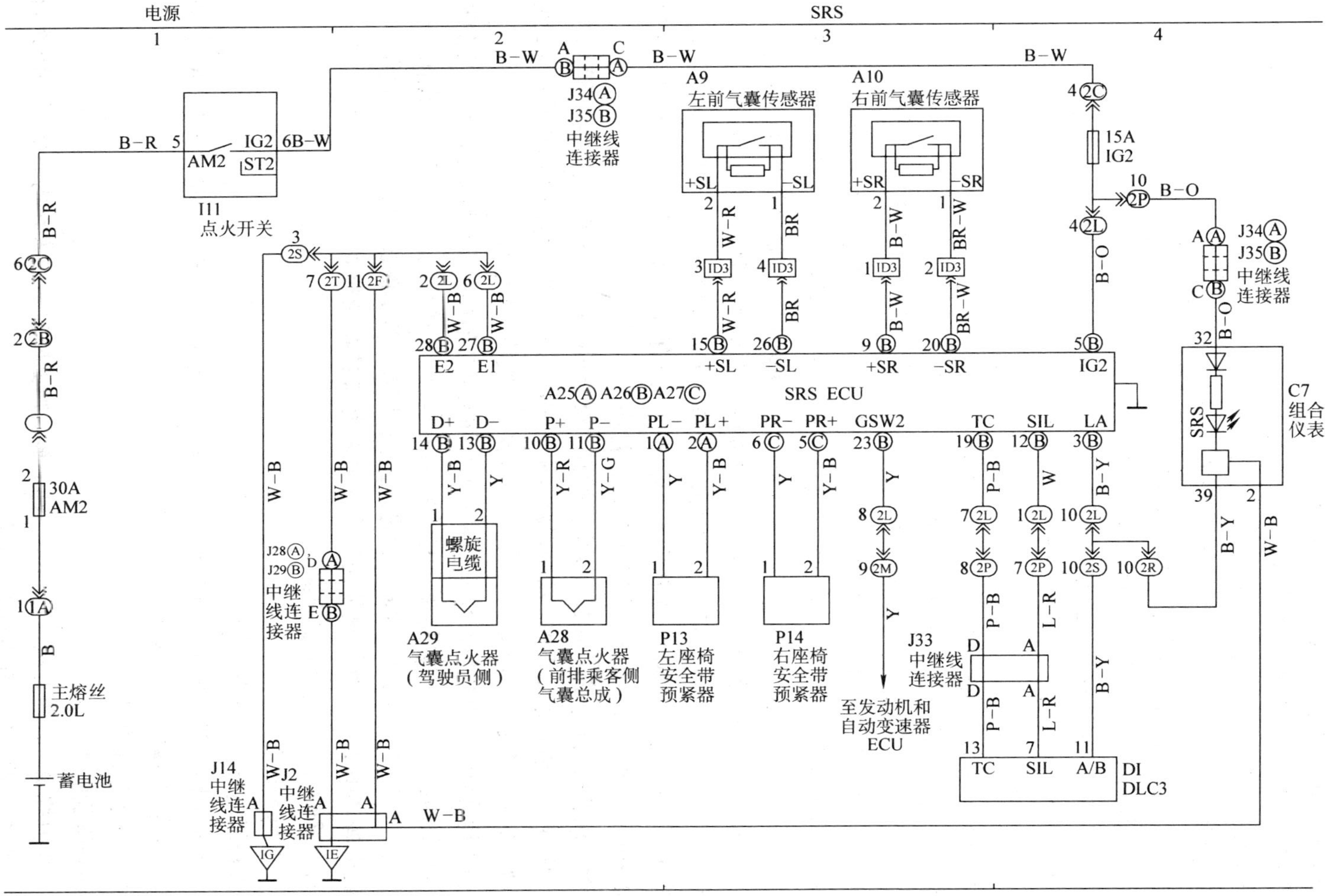

图 5-22　丰田花冠轿车安全气囊系统电路图

碰撞安全气囊和两个座椅安全带预紧器。

2. 故障码 B0100/B0101(13/14)即驾驶员侧气囊点火器电路短路/断路的检查

驾驶员侧气囊点火器电路如图 5-23 所示。

1）检查驾驶员侧气囊点火器电路。拆下蓄电池负极电缆，等至少 90s，脱开 SRS ECU 与转向盘衬垫之间的插接器，松开 SRS ECU 与螺旋电缆之间的插接器(在 SRS ECU 侧)上的气囊防触发机构，检测螺旋电缆与转向盘衬垫间的黄色插接器端子 1(D+)与 2(D-)之间的电阻，应为 1MΩ 或者更大。若正常，进行下一步骤，否则检查仪表板线束。

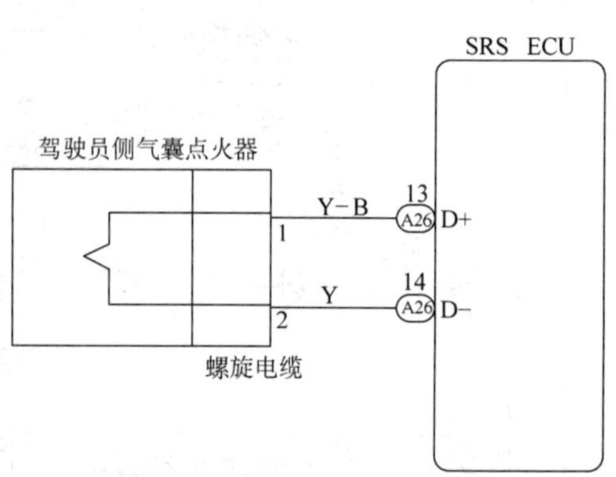

图 5-23　驾驶员侧气囊点火器电路

2）检查 SRS ECU。连接 SRS ECU 插接器，再连接蓄电池负极电缆并等至少 2s。将点火开关转至 ON 位置并等至少 20s，清除 SRS 故障码。将点火开关转至 LOCK 位置并等至少 20s，再将点火开关转至 ON 位置并等至少 60s，读取 SRS 故障码，这时应没有故障码。若正常，进行下一步检查；若不正常，更换 SRS ECU。

3）检查驾驶员侧气囊点火器。将点火开关转至 LOCK 位置，脱开蓄电池负极电缆，等至少 90s，插回转向盘衬垫插接器，接回蓄电池负极电缆并等至少 1s。将点火开关转至 ON 位置并等至少 20s，清除 SRS 故障码。将点火开关转至 LOCK 位置并等至少 20s，再将点火开关转至 ON 位置并等至少 60s，读取 SRS 故障码，不应有故障码。若正常，则用模拟故障症状的方法进行检查，若不正常，则更换转向盘衬垫。

4）检查仪表板线束。脱开仪表板线束插接器，松开 SRS ECU 与螺旋电缆间的插接器(在 SRS ECU 侧)上的气囊防触发机构，检测螺旋电缆与 SRS ECU 间的黄色插接器端子 1 与 2 间的电阻，应为 1MΩ 或者更大。若正常，进行下一步骤，否则检查仪表板线束。

5）检查螺旋电缆。松开 SRS ECU 与螺旋电缆间的插接器(在 SRS ECU 侧)上的气囊防触发机构，检测螺旋电缆与转向盘衬垫间的插接器(在螺旋电缆侧)端子 1 与 2 间的电阻，应为 1MΩ 或更大。若正常，则用模拟故障症状的方法进行检查，若不正常，则更换螺旋电缆。

3. 故障码 B0102(11)即驾驶员侧气囊点火器电路搭铁的检查

1）检查驾驶员侧气囊点火器电路。

2）检查 SRS ECU。

3）检查驾驶员侧气囊点火器。

4）用模拟故障症状的方法进行检查。若正常，则更换包括线束在内的所有 SRS 组件；若不正常，则检查驾驶员侧气囊点火器电路。

5）检查仪表板线束。

6）检查螺旋电缆。

7）用模拟故障症状的方法进行检查。若正常，则更换包括线束在内的所有 SRS 组件；若不正常，则检查驾驶员侧气囊点火器电路。

4. 故障码 B0103(12)即驾驶员侧气囊点火器电路与蓄电池正极短路的检查

1）检查驾驶员侧气囊点火器电路。脱开蓄电池负极电缆并等至少 90s，脱开 SRS ECU

与转向盘衬垫间的插接器，接回蓄电池负极电缆。将点火开关转至ON位置，检测螺旋电缆与转向盘衬垫间的插接器(在螺旋电缆侧)端子1与车身搭铁间的电压，应小于1V。若正常，进行下一步检查；若不正常，检查仪表板线束。

2）检查SRS ECU。脱开蓄电池负极电缆，等至少90s，插回SRS ECU插接器，用跨接线连接螺旋电缆与转向盘衬垫间的插接器电缆侧端子1与2，接回蓄电池负极电缆并等至少2s。将点火开关转至ON位置并等至少20s，清除SRS故障码。将点火开关转至LOCK位置并等至少20s，再将点火开关转至ON位置并等至少60s，读取SRS故障码，这时应没有故障码。若正常，进行下一步检查；若不正常，更换SRS ECU。

3）检查驾驶员侧气囊点火器。

4）用模拟故障症状的方法进行检查。若正常，则更换包括线束在内的所有SRS组件；若不正常，则检查驾驶员侧气囊点火器电路。

5）检查仪表板线束。将点火开关转至LOCK位置，脱开仪表板线束插接器，检测螺旋电缆与SRS ECU间的插接器(在SRS ECU侧)端子1与车身搭铁间的电压，应小于1V，若正常，进行下一步检查；若不正常，修理或更换仪表板线束。

6）检查螺旋电缆。检测螺旋电缆与转向盘衬垫间的插接器端子1与车身搭铁间的电压，应小于1V。若正常，则进行下一步检查；若不正常，更换螺旋电缆。

7）用模拟故障症状的方法进行检查。若正常，则更换包括线束在内的所有SRS组件；若不正常，检查驾驶员侧气囊点火器电路。

5. 故障码B01158/B01159(16)即左侧前碰撞传感器故障的检查

左侧前碰撞传感器的电路如图5-24所示。

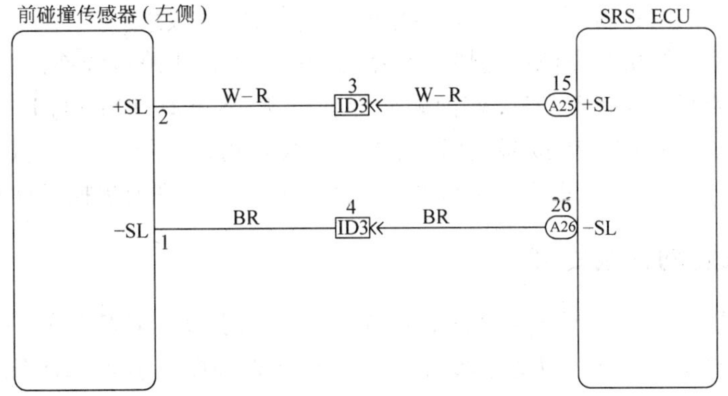

图5-24　左侧前碰撞传感器电路

1）检查左侧前碰撞传感器电路。脱开蓄电池负极电缆并等至少90s，再脱开SRS ECU与左侧前碰撞传感器间的插接器，接回蓄电池负极电缆。将点火开关转至ON位置，检测左侧前碰撞传感器与SRS ECU间的插接器(在SRS ECU侧)端子(+SL)与车身搭铁间及端子(−SL)与车身搭铁间的电压，应小于1V。若正常，进行下一步检查；若不正常，检查发动机室主线束。

脱开蓄电池负极电缆并等至少90s，检测左侧前碰撞传感器与SRS ECU间的插接器(在SRS ECU侧)端子(+SL)与车身搭铁间及端子(−SL)与车身搭铁间的电阻，应为1MΩ或更大。若正常，则进行下一步检查；若不正常，检查发动机室主线束。

检测左侧前碰撞传感器与SRS ECU间的插接器(在SRS ECU侧)端子(+SL)与(−SL)间的电阻，应小于1Ω。若正常，进行下一步检查；若不正常，检查发动机室主线束。

用跨接线连接 SRS ECU 与左侧前碰撞传感器间的插接器(在左侧前碰撞传感器侧)端子 2(+SL)与 1(-SL)。检测左侧前碰撞传感器与 SRS ECU 间的插接器(在 SRS ECU 侧)端子(+SL)与(-SL)间的电阻，应小于 1Ω。若正常，进行下一步检查；若不正常，检查发动机室主线束。

2）检查左侧前碰撞传感器。检测左侧前碰撞传感器插接器端子 2(+SL) 与 1(-SL) 间的电阻，应为 820Ω。若正常，进行下一步检查；若不正常，则更换左侧前碰撞传感器。

3）检查 SRS ECU。

4）检查发动机室主线束。脱开蓄电池负极电缆并等至少 90s，再脱开发动机室主线束与左侧前碰撞传感器间的插接器，接回蓄电池负极电缆。将点火开关转至 ON 位置并等至少 60s，如图 5-25 所示，检测 SRS ECU 与发动机室主线束间的插接器(在发动机室主线束侧)端子(+SL)与车身间及端子(-SL)与车身间的电压，应小于 1V。若正常，修理或更换仪表板线束；若不正常，则修理或更换发动机室主线束。

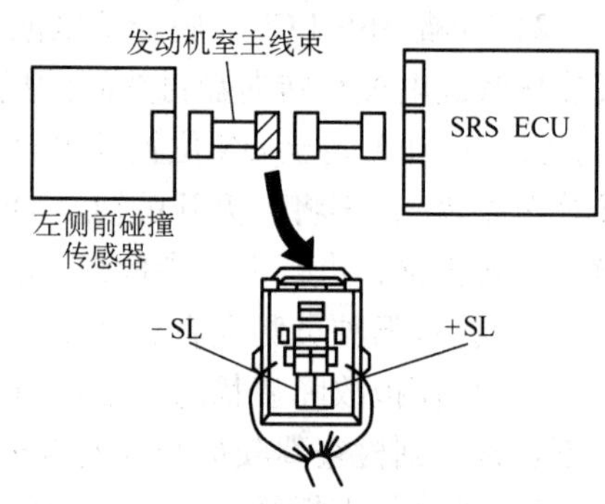

图 5-25　左侧前碰撞传感器与 SRS ECU 之间的线束插接器

脱开发动机室主线束与左侧前碰撞传感器间的插接器，检测 SRS ECU 与发动机室主线束间的插接器端子(+SL)与车身间及端子(-SL)与车身间的电阻，应为 1MΩ 或更大。若正常，修理或更换仪表板线束；若不正常，修理或更换发动机室主线束。

脱开发动机室主线束与左侧前碰撞传感器间的插接器，检测 SRS ECU 与发动机室主线束间的插接器(在发动机室主线束侧)端子(+SL)与(-SL)间的电阻，应小于 1Ω。若正常，修理或更换仪表板线束；若不正常，修理或更换发动机室主线束。

脱开发动机室主线束与左侧前碰撞传感器间的插接器，用跨接线连接发动机室主线束与左侧前碰撞传感器间的插接器(在左侧前碰撞传感器侧)端子 2(+SL)与 1(-SL)，检测 SRS ECU 与发动机室主线束间的插接器(在发动机室主线束侧)端子(+SL)与(-SL)间的电阻，应小于 1Ω。若正常，修理或更换仪表板线束；若不正常，修理或更换发动机室主线束。

5.4.4　安全气囊的报废处理

在报废汽车整车或报废 SRS 组件时，应先使用专用引爆工具将气囊引爆。引爆工作应在远离电场干扰的地方进行，以免电场过强而导致气囊误爆。引爆 SRS 气囊时，应按制造厂家规定的方法进行。有的规定在汽车上引爆，如图 5-26 所示，有的规定先从汽车上将 SRS 气囊组件拆下，然后再按图 5-27 所示的方法引爆。具体操作方法如下：

1）拆下蓄电池负极电缆。

2）拔下 SRS 组件与螺旋电缆之间的插接器。

3）剪断 SRS 组件线束，使插头与线束分离。

4）将引爆工具接线夹与 SRS 组件引线连接。

5）先将引爆工具放置在距 SRS 组件 10m 以上距离，然后再将电源夹与蓄电池连接。

6）查看引爆工具上的红色指示灯是否点亮，当红色指示灯点亮后才能引爆。

7）按下引爆开关引爆 SRS。待绿色指示灯点亮之后，将引爆后的气囊组件装入塑料袋内再作废物处理。

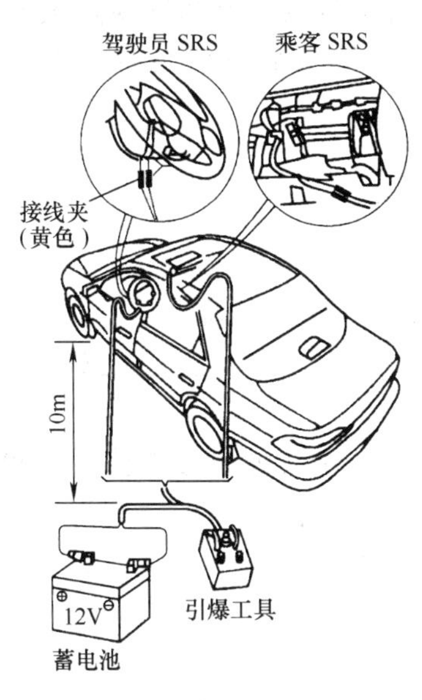

图 5-26　安全气囊的车上引爆方法

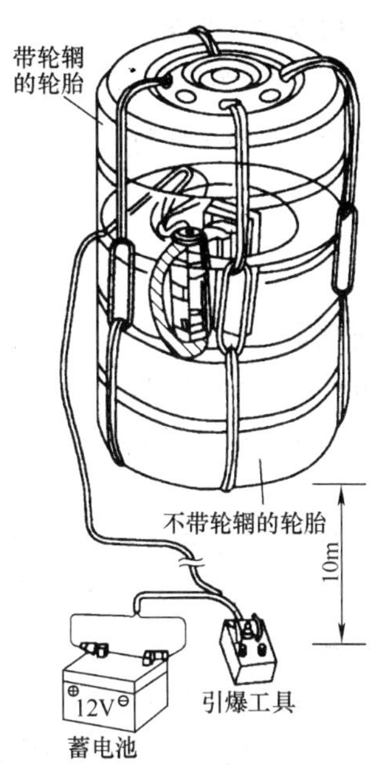

图 5-27　安全气囊的车下引爆方法

本章小结

• 电子控制安全气囊系统主要由碰撞传感器、安全气囊组件和安全气囊 ECU 等组成。安全气囊组件主要由气体发生器、点火器、气囊、装饰盖和底板组成。安全气囊 ECU 主要由逻辑模块、信号处理电路、备用电源电路、保护电路和稳压电路等组成。

• 安全气囊的分类，按碰撞类型分类可分为正面碰撞防护安全气囊、侧面碰撞防护安全气囊、膝部碰撞防护安全气囊和顶部碰撞防护安全气囊；按照安全气囊安装数目分类可分为单气囊系统、双气囊系统和多气囊系统；按照安全气囊的触发机构分类可分为机械式和电子式两种。

• 安全气囊传感器的分类，按照传感器的作用可分为碰撞传感器和保险传感器两类。按照传感器的结构分类可分为机电式、电子式和水银开关式三类。

• 安全气囊系统线束与保险机构有防止气囊误爆机构、端子双重锁定机构、插接器双重锁定机构和电路连接诊断机构等。

• 带安全带预紧器的安全气囊系统是在安全气囊系统的基础上，增加了前排左、右两个座椅安全带预紧器。

• 在汽车行驶过程中，SRS ECU 持续监测保险传感器、中央碰撞传感器和前碰撞传感器的信号，当接收到碰撞信号时，SRS ECU 按照预先编制的程序，经过数学计算和逻辑判断后，再向安全带预紧器或安全气囊点火器发出点火指令，使安全带预紧器起作用或安全带预紧器与安全气囊同时起作用。

- 当汽车行驶速度低于30km/h时，SRS ECU不引爆安全气囊，仅引爆座椅安全带预紧器的点火器使安全带收紧。
- 当汽车行驶速度高于30km/h时，SRS ECU向预紧器点火器和气囊点火器发出点火指令，引爆所有点火器，在座椅安全带收紧的同时，驾驶席气囊与乘员席气囊同时膨开。

复习思考题

一、填空题

1. 安全气囊系统主要由________、________和安全气囊ECU组成。
2. 安全气囊按照其碰撞类型分类可分为________、________、________和________四种类型。
3. 安全气囊引爆的条件是SRS ECU只有接收到至少一个碰撞传感器信号并同时接收到________时，才会触发安全气囊。
4. 安全气囊的整个工作过程时间约为________ ms。
5. 空气气囊的材料多采用________或有机硅制成。
6. 安全气囊传感器按照其结构分类可分为________、________、________三类。
7. 安全气囊传感器按照其作用分类可分为________、________两类。
8. 安全气囊组件主要由________、________、________、________和底板组成。
9. 安全气囊ECU主要由________、________、________、________和稳压电路等组成。
10. 安全气囊系统线束与保险机构有________、________、________和电路连接诊断机构等。

二、判断题

1. 只要车辆发生碰撞，安全气囊即会自动引爆。 (   )
2. 防止安全气囊误爆机构是在插接器拔下时，通过短路片将点火器线圈电路接通，防止安全气囊误爆的。 (   )
3. 正面碰撞安全气囊系统起作用的有效范围是汽车正前方或斜前方±30°角。 (   )
4. 安全气囊组件的充气剂通常是叠氮化钠。 (   )
5. 安全气囊不可以重复使用，而座椅安全带预紧装置可以重复使用。 (   )

三、问答题

1. 安全气囊系统由哪几部分组成?
2. 简述安全气囊系统的有效范围。
3. 简述安全气囊系统的动作过程。
4. 安全气囊组件主要由哪几部分组成？有什么功用?
5. 安全气囊有哪些种类的传感器?
6. 安全气囊系统有哪些保险机构?
7. 画出安全气囊系统线束与保险机构中的防误爆机构的电路原理图，说明其工作原理。

8. 简述安全带预紧器的工作原理。
9. 安全气囊系统如何报废处理?
10. 安全气囊系统的检修注意事项有哪些?

实训项目8　故障码的读取与清除

车 辆 型 号	车辆识别代码	检 测 系 统

一、实训目标

掌握丰田花冠轿车故障码的读取与清除的方法。

二、知识准备

1. 将点火开关转至 ON 位置，SRS 警告灯应点亮，约________ s 后 SRS 警告灯应熄灭。

2. 若 SRS 警告灯常亮，或者在汽车行驶过程中突然点亮，都说明 SRS 系统________，应读取故障码，确定故障部位，并排除故障。

三、实训步骤

1. 故障码的读取

（1）用故障诊断仪读取故障码　将丰田故障诊断仪与 3 号故障诊断插座（DLC3）相连，按故障诊断仪上的提示进行操作，读取故障码。将读取到的故障码填写到下表中。

（2）人工读取故障码　将点火开关转至 ON 位置，等待约________ s，用跨接线连接 DLC3 端子________与________，通过 SRS 警告灯的闪烁情况读取故障码，该故障码为________故障码。将读取到的故障码填写到下表内。

先用跨接线连接 DLC3 端子________与________，再将点火开关转至 ON 位置，等待约 60s，这时可通过 SRS 警告灯的闪烁情况读取故障码，该故障码为________故障码。将读取到的故障码填写到下表内。

故 障 码	故 障 内 容	可能的故障原因

2. 清除故障码

（1）用丰田故障诊断仪清除故障码　将故障诊断仪与 DLC3 相连，按故障诊断仪上的提示进行操作，清除故障码。

（2）人工清除故障码　关闭点火开关，故障码即被清除，若故障码不能被清除，则连接跨接线进行清除。

1）用跨接线连接 DLC3 端子________与________，将点火开关转至 ON 位置，在故障码开始输出后________ s 内脱开 DLC3 端子 13 上的跨接线，并检查 3s 内 SRS 警告灯是否点亮。

2）在 SRS 警告灯点亮后________ s 内将跨接线接回 DLC3 端子 13，在接回 DLC3 端子 13 ________ s 后 SRS 警告灯将熄灭，在 SRS 警告灯熄灭后 2～4s 脱开 DLC3 端子 13 上的跨接线。

3）脱开 DLC3 端子 13 上的跨接线________ s 后 SRS 警告灯应点亮。SRS 警告灯点亮后 2～4s 内将跨接线接回 DLC3 端子 13。

4）在跨接线接回到 DLC3 端子 13 后 2～4s 内 SRS 警告灯将熄灭，SRS 警告灯熄灭后________ s 内输出正常码，表明故障码被清除。如果故障码没有被清除，则重复上述操作，直至故障码被清除。

通过上述检测，得出的结论是：____

____。

（续）

车 辆 型 号	车辆识别代码	检 测 系 统
四、实训小结 ____ ____ ____。		

实训项目9　丰田花冠轿车SRS故障诊断

车 辆 型 号	车辆识别代码	检 测 系 统

一、实训目标

掌握丰田花冠轿车SRS故障诊断方法。

二、知识准备

1. 故障码B0100/B0101(13/14)所代表的故障内容是____。

2. 画出丰田花冠轿车驾驶员侧气囊点火器电路图。

三、实训步骤

1. 检查驾驶员侧气囊点火器电路

拆下蓄电池负极电缆，等至少90s，脱开SRS ECU与转向盘衬垫之间的插接器，松开SRS ECU与螺旋电缆之间的插接器(在SRS ECU侧)上的气囊防触发机构，检测螺旋电缆与转向盘衬垫间的黄色插接器端子1(D+)与2(D-)之间的电阻，应为________或者更大。实际检测结果是________。若正常，进行下一步骤，否则检查仪表板线束。

2. 检查SRS ECU

连接SRS ECU插接器，连接蓄电池负极电缆并等至少2s。将点火开关转至ON位置并等至少20s，清除SRS故障码。将点火开关转至LOCK位置并至少等20s，再将点火开关转至ON位置并等至少60s，读取SRS故障码，这时应________，实际是________。若正常，则进行下一步检查；若不正常，则更换SRS ECU。

3. 检查驾驶员侧气囊点火器

将点火开关转至LOCK位置，脱开蓄电池负极电缆，等至少90s，插回转向盘衬垫插接器，接回蓄电池负极电缆并等至少1s。将点火开关转至ON位置并等至少20s，清除SRS故障码。将点火开关转至LOCK位置并等至少20s，再将点火开关转至ON位置并等至少60s，读取SRS故障码，不应________，实际结果是________。若正常，则用模拟故障症状的方法进行检查；若不正常，则更换转向盘衬垫。

4. 检查仪表板线束

脱开仪表板线束插接器，松开SRS ECU与螺旋电缆间的插接器(在SRS ECU侧)上的气囊防触发机构，检测螺旋电缆与SRS ECU间的黄色插接器端子1与2间的电阻，应为________，实际检测结果是________。若正常，进行下一步骤，否则检查仪表板线束。

5. 检查螺旋电缆

松开SRS ECU与螺旋电缆间的插接器(在SRS ECU侧)上的气囊防触发机构，检测螺旋电缆与转向盘衬垫间的插接器(在螺旋电缆侧)端子1与2间的电阻，应为________，实际检测结果是________。若正常，则用模拟故障症状的方法进行检查；若不正常，则更换螺旋电缆。

（续）

车 辆 型 号	车辆识别代码	检 测 系 统

通过上述检测，得出的结论是：____

____。

四、实训小结

____

____

____。

第6章 电控悬架系统

学习目标：

- 了解汽车悬架系统的功能及分类。
- 了解不同类型电控悬架系统的基本组成和结构。
- 掌握悬架减振器阻尼力控制的原理。
- 掌握悬架弹性元件刚度及车身高度控制的原理。
- 掌握电控悬架系统传感器的结构和工作原理。
- 了解电控悬架控制单元(ECU)的组成和控制原理。
- 掌握电控悬架系统执行器的结构和工作原理。
- 掌握电控悬架系统常见故障及诊断与检修方法。

6.1 概述

汽车的悬架装置是连接车架(或承载式车身)和车桥(或车轮)之间全部传力装置的总称，主要由弹性元件、减振器、导向机构组成，其作用主要有三方面：

(1) 承载　承受汽车各个方向(包括垂直、纵向、侧向)的载荷。

(2) 缓冲　缓和由于汽车载荷和路面状况等引起的各种振动冲击。

(3) 传力　将车轮与路面之间的力传递给车身，使之正常前进或减速停车。

衡量悬架性能好坏的主要指标有两点：一是汽车行驶的平顺性，二是车辆的操纵稳定性。悬架的性能参数主要包括刚度(K)和阻尼(C)，但这两个参数对平顺性和操纵稳定性的影响是相互矛盾的，即任何一个参数的变化在提高其中一个指标的同时必定降低了另外一个指标。一方面，若降低弹簧的刚度或减小减振器的阻尼，则车体加速度减小使平顺性提高，但同时会导致车体位移的增加，由此产生车体质心的变动将引起轮胎负荷变化的增加，对操纵稳定性产生不良影响；另一方面，若增加弹簧的刚度或提高减振器的阻尼，就会提高操纵稳定性，但这将导致汽车对不平路面缓冲能力下降，使平顺性降低。

因此，理想的悬架应在不同的使用条件下具有不同的弹簧刚度和减振器阻尼，只有这样才能使之既能满足平顺性的要求又能满足操纵稳定性的要求。

传统悬架因具有固定的悬架刚度和阻尼系数，在结构设计上只能在满足平顺性和操纵稳定性的矛盾之间折衷，无法达到悬架控制的理想目标。为了使被动悬架能够对不同的道路条件具有一定的适应性，通常将悬架的刚度和减振器的阻尼设计成具有一定程度的非线性特性，如采用变节距螺旋弹簧和三级阻力控制的液压减振器等，但这种被动悬架是无法达到悬

架控制的理想目标的。

20世纪60年代，国外就提出了主动悬架的概念，即悬架的刚度、阻尼以及车身高度可随车辆的运动情况和路面的状况进行主动调节。现代电控技术的发展使得这一概念成为现实，目前中、高档轿车上采用的电控悬架，就是在普通悬架的基础上加装了一套电控系统，可根据不同的路面条件、车辆载荷、行驶速度等来控制悬架的弹簧刚度和减振器阻尼等，使车辆的平顺性和操纵稳定性在各种条件下都达到最佳。

6.1.1　电控悬架系统的功能

采用电控悬架的目的是可以根据车辆行驶状况及驾驶员的意愿等因素由电子控制系统自动调节悬架的相关特性参数，从而打破传统被动悬架的局限性，使汽车悬架的特性与道路状况及行驶状态相适应，保证汽车的平顺性和操纵稳定性都得到最大的满足。电控悬架系统的基本功能如下：

（1）减振器阻尼力调节　根据汽车的负载、行驶路面条件、汽车行驶状态等来控制悬架减振器的阻尼力，防止汽车急速起步或急加速时的车尾下蹲、紧急制动时的车头下沉，以及急转弯时车身横向摇动和换档时车身纵向摇动等，提高行驶平顺性和操纵稳定性。

（2）弹性元件刚度调节　在各种工况下，通过对悬架弹性元件刚度的调整，改变车身的振动强度和对路况及车速的感应程度，来改善汽车的乘坐舒适性与操纵稳定性。

（3）汽车车身高度调节　可以使得车辆根据负载变化自动调节悬架高度以保持车身的正常高度和姿态。当汽车在坏路面行驶时可以使车身升高，增强其通过性；当汽车在高速行驶时，又可以使车身降低，减少空气阻力并提高行驶稳定性。

目前，中级轿车上采用的电控悬架（半主动悬架）一般只能实现减振器阻尼力的调节功能和横向稳定器侧倾刚度的调节，而一些高级轿车上的电控悬架（主动悬架）则能实现上述全部功能。

6.1.2　电控悬架系统的分类

图6-1所示为悬架系统的基本分类，本章主要研究电控悬架部分。

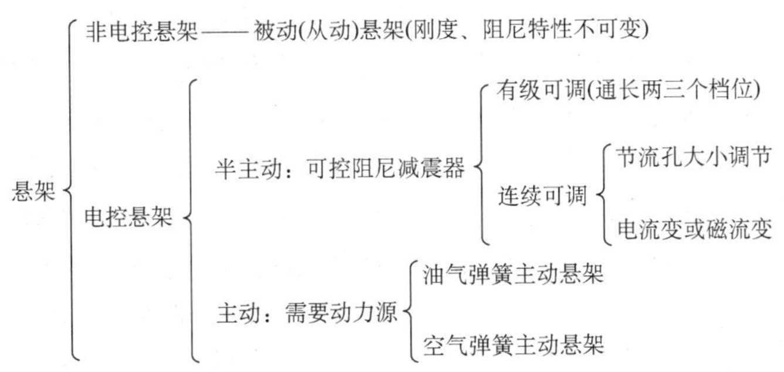

图6-1　悬架系统的分类

目前汽车上使用的电控悬架有不同的结构形式，可以按以下方式进行分类。

1. 按悬架所控制的特性参数不同分类

按照控制参数不同，电控悬架可分为半主动悬架和主动悬架两大类。

半主动悬架是指悬架的特性参数(弹簧刚度和减振器阻尼力)中只有减振器阻尼力以及横向稳定器侧倾刚度可调。根据减振器阻尼力调节方式不同，半主动式电控悬架又分为有级半主动式(阻尼力有级可调)和无级半主动式(阻尼力连续可调)两种。无级半主动悬架可以根据路面的行驶状态和车身的响应对悬架阻尼力进行连续控制，并在几毫秒内由最小变化到最大，使车身的振动响应始终被控制在某个范围内。但在转向、制动等工况时，不能对阻尼力实施有效的控制。

主动悬架是一种能供给和控制动力源(空气、油液)的系统，能根据传感器检测到的汽车载荷、路面情况、行驶速度、起动、制动、转向等工况的变化，主动调节悬架的弹簧刚度和减振器阻尼力以及车身高度等参数，从而能够同时满足汽车行驶平顺性和操纵稳定性的要求。根据频带和能量消耗的不同，主动悬架分为全主动式(频带宽大于15Hz)和慢全主动式(频带宽3～6Hz)；根据驱动机构和介质的不同，主动悬架又可分为由电磁阀驱动的油气主动式悬架和由步进电动机驱动的空气主动式悬架。

2. 按是否需要外加动力源分类

根据是否需要外加动力源，电控悬架系统分为有源控制和无源控制两种。

半主动悬架是无源控制，因此，消耗的能量很小，成本较低，但汽车在转向、起动、制动等工况时不能对弹簧刚度和减振器阻尼力进行有效的控制；主动悬架是有源控制，是具有做功能力的悬架，在悬架系统中附加一个可控制作用力的装置，当各传感器检测到汽车载荷、行驶速度、路面状况变化和汽车处于起动、制动、转向等不同工况时，都能够自动调节悬架的弹簧刚度和减振器阻尼力，此外，还可以根据车速的变化调节车身高度等，显著提高汽车的操纵稳定性和乘坐舒适性。

6.2 电控悬架系统的结构与工作原理

6.2.1 电控悬架系统的基本组成和原理

虽然现代汽车电控悬架系统结构形式多种多样，但它们的基本组成却是相同的，即由感应汽车运行状况的各种传感器、开关、电子控制单元及执行机构等组成。传感器一般有车身高度传感器、车速传感器、加速度传感器、转向盘转角传感器、节气门位置传感器等；开关主要有模式选择开关、制动灯开关、停车开关和车门开关等；执行机构有可调节减振器阻尼力的电动机、可调节弹簧刚度的步进电动机和可调节车身高度的电磁阀等。

电控悬架系统的一般工作原理是：利用传感器(包括开关)的信号对汽车行驶时路面的状况和车身的状态以及驾驶意愿进行检测，并将检测到的信号输入悬架控制单元(ECU)进行分析处理，计算机通过计算得出指令信息，经过驱动电路控制悬架系统的执行器动作，完成相应的悬架特性参数及车身高度的调整。图6-2所示为悬架电控系统的基本组成及工作原理图。

1. 电控半主动悬架的基本原理

从提高车辆的平顺性和操纵稳定性出发，悬架系统弹性元件的刚度和减振器的阻尼力应能随着汽车的运行状态不同而作相应的变化，使悬架性能总是处于最优状态。但是一般弹簧(譬如钢板弹簧、螺旋弹簧、扭杆弹簧等)的刚度在选定后就不能改变。因此，半主动悬架往

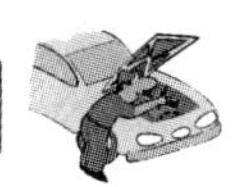

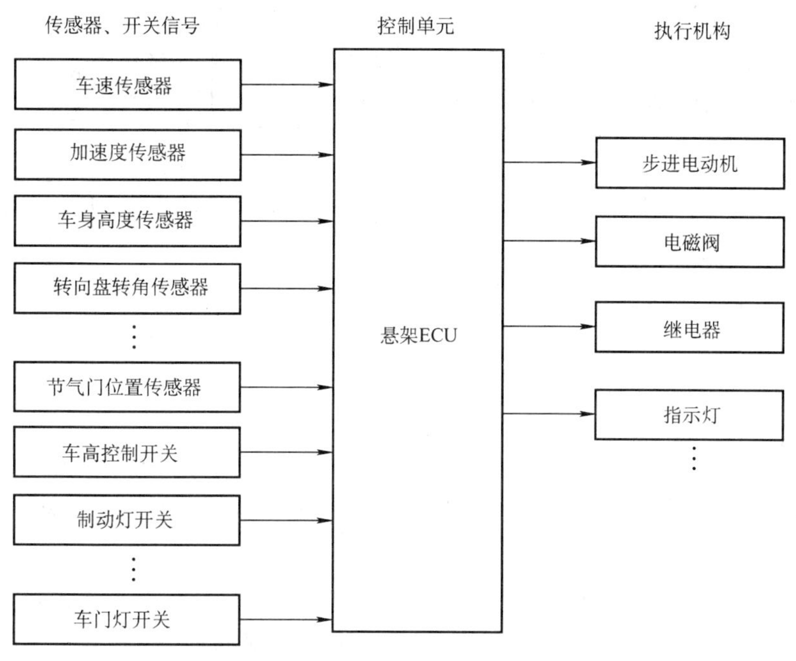

图 6-2　悬架电控系统的基本组成及工作原理

往从改变减振器阻尼力入手，提高悬架特性。图 6-3 所示为半主动悬架的控制模型图。

半主动悬架系统的设计思路是：在行驶的过程中，可以通过改变减振器的阻尼力，从而适应车辆对行驶平顺性和稳定性的要求。选择较低的阻尼力，可以降低系统自振频率，减少对车身的冲击，满足舒适性的要求，但安全性下降，适合于车辆的低速行驶；选择较高阻尼力则可提高车辆行驶安全性，但是舒适性下降，适合于车辆的高速行驶。

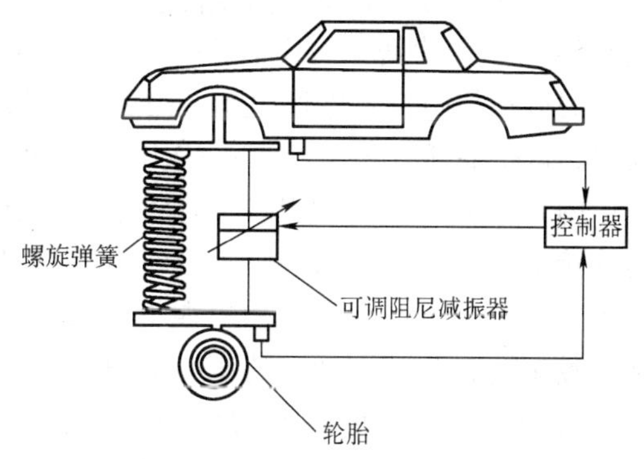

图 6-3　半主动悬架的控制模型

减振器工作时活塞杆上、下伸缩运动，具有黏性的液压油通过活塞孔产生阻力，当活塞上下运动较慢时，阻尼力小；当活塞快速运动时，就会产生很大的阻尼力。从机械原理上讲，节流孔越大，阻尼力越小；油的黏度越大，阻尼力越大。油液的黏度不容易改变，因此阻尼力控制的最佳方法就是控制节流孔的大小，根据其控制的方式不同，目前减振器阻尼力的调节可分为有级可调式和连续可调式两种。

2. 电控主动悬架的基本原理

主动悬架采用了与传统结构完全不同的弹性元件(空气弹簧、油气弹簧等)，使其突破了一般弹性元件(钢板弹簧、螺旋弹簧、扭杆弹簧等)在刚度变化方面的局限性。因此，主动悬架能够根据车身高度、车速、转向角度及角速度、制动等信号，由电控单元控制悬架执行机构，进而改变悬架弹性元件的刚度、减振器阻尼力及车身高度等参数，从而使车辆的操纵性和平顺性都达到最佳。图 6-4 所示为主动悬架的控制模型图。

这类悬架大多采用空气弹簧或油气弹簧作为弹性元件，通过改变弹性元件内部工作介质(空气或油液)的流通特性或压力大小来调节悬架的刚度；通过工作介质的充、放来改变悬架的高度，即可以进行车身高度的控制。

对于阻尼力的调节方式也是采用阻尼力可调的减振器，原理与半主动悬架相同。

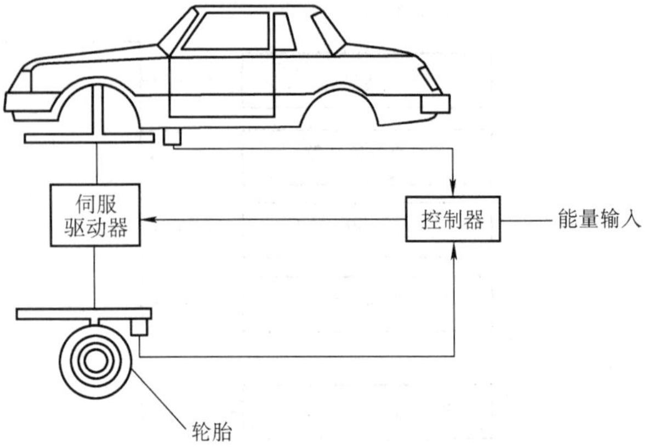

图6-4　主动悬架的控制模型

6.2.2　传感器

电控悬架系统传感器(及开关)的作用是对汽车行驶时路面的状况和车身的状态进行检测，为ECU提供参考信号。

1. 车身高度传感器

车身高度传感器的作用是检测汽车行驶时车身高度的变化情况(车身相对车桥的位移量即悬架位移量)，并转换成电信号输入悬架系统的电子控制单元，可反映汽车的平顺性和车身高度信息。

常用的车身高度传感器有片簧开关式、霍尔式、光电式和电位计式四种形式。

(1) 片簧开关式车身高度传感器　片簧开关式车身高度传感器在福特车型上应用较多。图6-5a所示为片簧开关式车身高度传感器的结构，它由4组触点式开关和一个磁体组成，4个开关分别与两个晶体管相连，构成4个检测回路。用两个端子作为输出信号与悬架ECU连接，两个晶体管均受ECU“输出”端子的控制。

图6-5b所示为片簧开关式车身高度传感器的连接电路。其工作原理是：当车身高度调定为正常高度后，如果因货物、乘员数量变化等会导致车辆载荷的增加，使车身高度偏低，此时片簧开关式高度传感器的另一对触点闭合，产生电信号输送给ECU，ECU随即作出车身高度偏低的判断，从而输出电信号到车身高度控制执行器，促使悬架系统车身高度控制执行器工作，使车身高度恢复为正常高度状态。该传感器将车身高度状态组合为4个检测区域，分别是低、正常、高、超高。

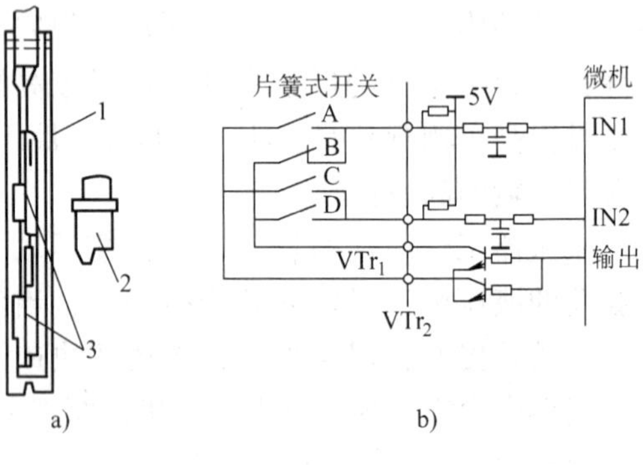

图6-5　片簧开关式车身高度传感器
a) 结构　b) 连接电路
1—车身高度传感器　2—磁体　3—片簧开关

(2) 霍尔式车身高度传感器　图6-6所示为霍尔式高度传感器，由两个霍尔集成电路(A、B)、两个磁体(1号和2号)等组成。

其工作原理是：当两个磁体因车身高度的改变而产生相对位移时，将在两个霍尔集成电路上产生不同的霍尔效应，形成相应的电信号，悬架的电控装置根据这些电信号作出车身高度偏离调定高度的情况判别，从而驱动执行器作出有关调整。

由于在安装时，两个霍尔集成电路和两个磁体的位置进行了不同的组合，可以将车身高

度状态分为三个区域进行检测，分别是低、正常、高。

（3）光电式车身高度传感器　光电式车身高度传感器固定在车架上，传感器轴的外端装有导杆，导杆的另一端通过一个连杆与独立悬架的下摆臂连接，其结构如图 6-7 所示。

在传感器上，有一根靠连杆带动转动的转轴 7，转轴上固定一个开有许多窄槽的圆盘 2，圆盘两边是由发光二极管和光敏晶体管组成的光耦合器 1。每一个光耦合器共有两组发光二极管和光敏晶体管耦合元件组成。一般情况下，传感器中有两个光耦合器。

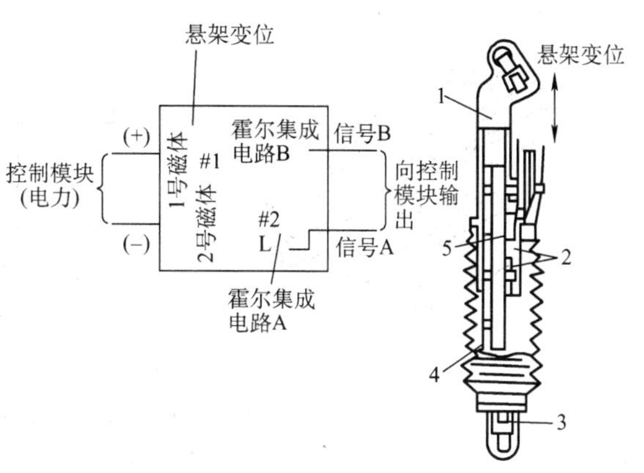

图 6-6　霍尔式车身高度传感器

1—传感器体　2—霍尔集成电路　3—弹簧夹　4—滑轴　5—窗孔

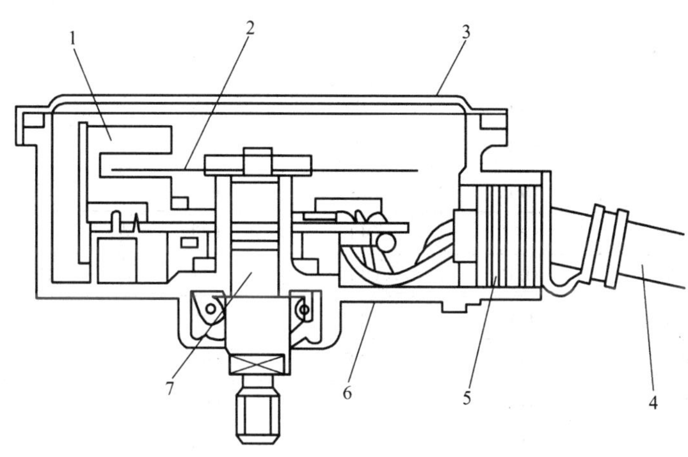

图 6-7　光电式车身高度传感器结构

1—光耦合器　2—圆盘　3—传感器盖　4—信号线　5—金属油封环　6—传感器壳体　7—传感器转轴

图 6-8 所示为光电式高度传感器的工作原理。当车身高度发生变化时，导杆将随悬架摆臂的上下移动而摆动，从而通过传感器转轴驱动圆盘转动，如图 6-8a 所示，光耦合器相对应的发光二极管和光敏晶体管之间即产生照/遮的转换。如图 6-8b 所示，光敏晶体管把相应的 ON/OFF 转换成电信号，并通过导线输送给悬架 ECU。ECU 根据不同的脉冲信号，即可判断圆盘转过的角度，从而计算出悬架高度的变化情况。

表 6-1 所示为具有 4 组光耦合元件的状态与车高的对照。由表 6-1 可以看出，通过 4 组光耦合元件可以测出 16 种不同车身高度，精确评价 5 个车身高度区域。

而在一般情况下，悬架系统进行车身高度调节时，只需判断出 4 个车身高度区域即可，因此车身高度传感器中只需两组光耦合元件即可。此时光耦合元件的状态与车身高度的对照见表 6-2。

如果只需判断出 3 个车身高度区域，即过高、正常、过低，则只需将表 6-2 中偏高和偏低两种状态均作为“正常”状态即可。

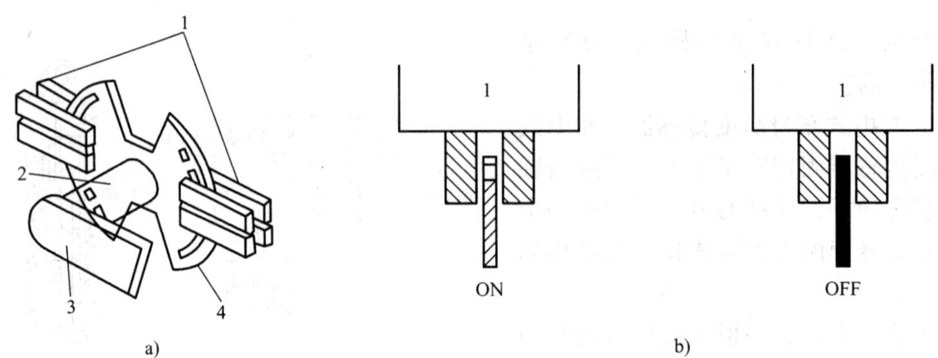

图 6-8　光电式车身高度传感器的工作原理

1—光耦合器　2—传感器转轴　3—导杆　4—圆盘

（4）电位计式车身高度传感器　图 6-9 所示为电位计式车身高度传感器的安装位置，其安装位置与光电式车身高度传感器相同。

表 6-1　4 组光耦合元件的状态与车身高度的对照表

车高变化	光耦合元件的状态				车高数值	评价结果
	1	2	3	4		
高	OFF	OFF	ON	OFF	15	过高
	OFF	OFF	ON	ON	14	
	ON	OFF	ON	ON	13	
	ON	OFF	ON	OFF	12	高
	ON	OFF	OFF	OFF	11	
	ON	OFF	OFF	ON	10	
	ON	ON	OFF	ON	9	
	ON	ON	OFF	OFF	8	普通
	ON	ON	ON	OFF	7	
	ON	ON	ON	ON	6	
	OFF	ON	ON	ON	5	
	OFF	ON	ON	OFF	4	低
	OFF	ON	OFF	OFF	3	
低	OFF	ON	OFF	ON	2	
	OFF	OFF	OFF	ON	1	过低
	OFF	OFF	OFF	OFF	0	

表 6-2　两组光耦合元件的状态与车身高度的对照表

车 高 变 化	光耦合元件的状态		评 价 结 果
	1	2	
高 ↓ 低	OFF	ON	过高
	OFF	OFF	偏高
	ON	OFF	偏低
	ON	ON	过低

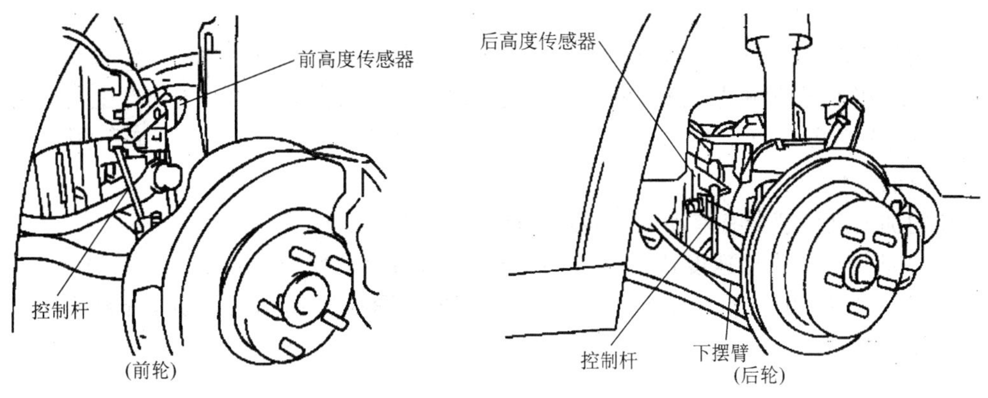

图 6-9 电位计式车身高度传感器的安装位置

图 6-10 所示为电位计式车身高度传感器的结构及工作原理，该传感器主要由传感器轴、转板、电刷和印制电路板组成，前三者组成一个整体，由导杆带动而旋转，印制电路板上有一电阻器，电刷可在电阻器上滑动。

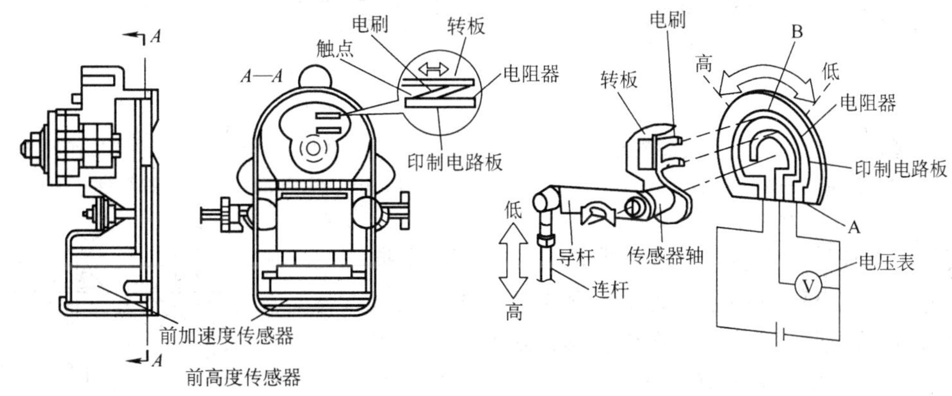

图 6-10 电位计式车身高度传感器的结构及工作原理

其工作原理是：当由于车身高度的变化使与转板和传感器轴一体的电刷在电阻器上滑动时，A 和 B 之间的电阻值就发生变化，电阻值的变化与转板的转动角度成正比，即与车身高度的变化成正比。当悬架 ECU 把一个恒定电压加到整个电阻器上时，A 和 B 之间产生的电压变化取决于转板的转动角度。将这一电压信号送到悬架 ECU，悬架 ECU 即可从电压的变化中检测出车身高度的变化。

悬架位移量的改变引起电位计式高度传感器电阻器阻值的变化，利用电路将该阻值的变化转换为电压的变化，得到的输出信号为线性的，这种传感器检测精度和可靠性较高。

上述几种车身高度传感器中，片簧开关式与电位计式车身高度传感器在使用过程中存在磨损，影响了检测的精度和使用的寿命；而光电式与霍尔式车身高度传感器，在使用过程中不存在磨损，检测精度和灵敏度都很高，越来越多地被现代轿车所采用。

注意：在主动悬架系统中，要对车身高度进行检测与调节，一般在悬架上安装三个车身高度传感器即可，位置在左、右前轮和后桥中部。如果传感器多于三个，则会出现调整干涉现象。

2. 加速度传感器

在车轮打滑时，无法以转向角和汽车车速正确判断车身侧向力的大小，此时利用加速度传感器可以直接准确地测量出汽车的纵向加速度以及汽车转向时因离心力而产生的横向加速度，并将信号输送给 ECU，使 ECU 能够调节悬架系统的阻尼力大小及空气弹簧的压力大小，以维持车身的最佳姿势。

常用的加速度传感器有差动变压器式、球位移式等。

（1）差动变压器式加速度传感器　图 6-11 所示为差动变压器式加速度传感器的结构，主要由线圈(一次绕组,二次绕组)、铁心、电路组成。图 6-12 所示为差动变压器式加速度传感器的工作原理。

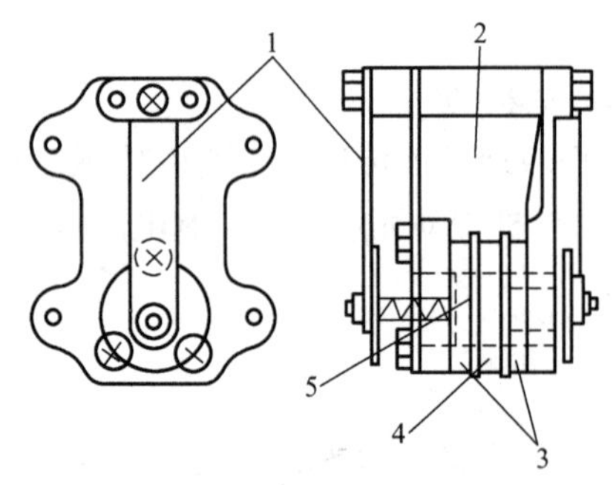

图 6-11　差动变压器式加速度传感器结构
1—弹簧　2—封入硅油
3—检测线圈　4—励磁线圈　5—芯杆

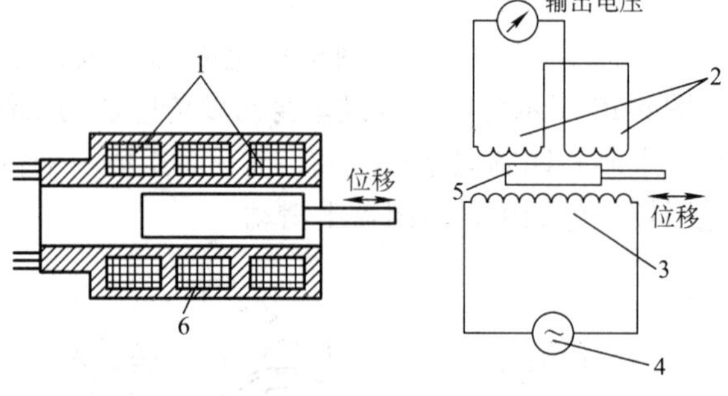

图 6-12　差动变压器式加速度传感器工作原理
1、2—二次绕组　3、6—一次绕组
4—电源　5—芯杆

其工作原理是：传感器的励磁线圈(一次绕组)上通有交流电，当汽车转弯(或加、减速)行驶时，铁心在汽车横向力(或纵向力)的作用下产生位移，随着铁心位置的变化，检测线圈(二次绕组)的输出电压发生变化，线圈的输出电压随着汽车加速度大小的变化而变化，该电压信号输入给 ECU 后，ECU 根据此输入信号即可正确判断汽车横向力(或纵向力)的大小，对车身姿势进行控制。

（2）球位移式加速度传感器　图 6-13 所示为球位移式加速度传感器，主要由线圈、钢球、磁铁、电路等组成。

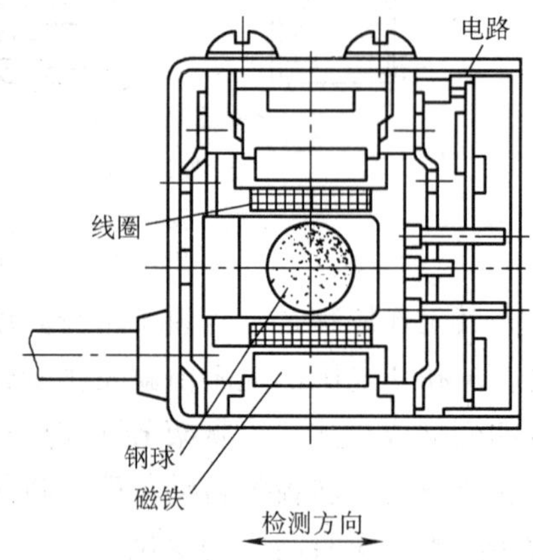

图 6-13　球位移式加速度传感器

其工作原理是：当汽车转弯(或加、减速)行驶时，钢球在汽车横向力(或纵向力)的作用下产生位移，随着钢球位置的变化，线圈内部的磁场强度也发生变化，线圈的输出电压即发生变化。ECU 根据电压信号的变化情况即可正确判断汽车横向力(或纵向力)的大小，进而对车身姿势进行控制。

此外，三菱 GALANT 汽车上采用的是半导体型加速度传感器，安装于汽车的前端，半导体膜片的弹性变化通过一个电位计转化为电压信号输入给 ECU。

注意：无论是什么形式的加速度传感器，都可以用来测量汽车的纵向加速度和横向加速度，只是根据所检测的力的方向不同，其安装方向也不同(轴线相差 90°角)。

3. 转向盘转角传感器

转向盘转角传感器位于转向盘下面，主要用来检测转向盘的中间位置、转动方向、转动角度和转动速度等，并把信号输送给悬架 ECU，ECU 根据该信号和车速信号判断汽车转向时侧向力的大小和方向，从而控制车身的侧倾。

现代汽车多采用光电式转向盘转角传感器，其安装位置及结构如图 6-14 所示，主要由信号盘(有缝圆盘)、光耦合器和处理电路组成。

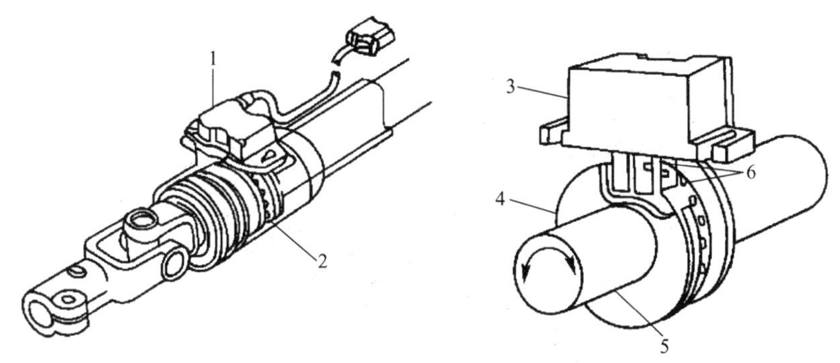

图 6-14　光电式转角位置传感器的安装位置及结构

1、3—转角位置传感器　2—光耦合器　4—传感器圆盘　5—转向轴　6—光电元件

其工作原理是：当转向盘转动时，转轴带动信号盘旋转，光耦合器中的发光二极管和光敏二极管之间的光束将产生通/断交替的变化，光敏二极管进而进行 ON/OFF 转换，形成与转向轴的转角相对应的数字脉冲信号，ECU 根据此信号的变化来判断转向盘的转角与转速。同时，传感器上采用了两组光耦合器，可根据它们检测到的脉冲信号的相位差(判断哪个光耦合器首先转变为 ON 状态)来判断转向盘的偏转方向。因为两个遮光器在安装上使它们的 ON/OFF 变换的相位错开 90°，通过判断哪个遮光器首先变为 ON 状态，即可检测出转向轴的偏转方向。例如，转向盘向左转时，左侧光耦合器总是先于右侧光耦合器达到 ON 状态；向右转时，右侧光耦合器总是先于左侧光耦合器达到 ON 状态。

4. 车速传感器

车速信号是汽车悬架系统的常用控制信号，汽车车身的侧倾程度取决于车速的高低和汽车转向半径的大小。车速传感器的作用是检测汽车速度，并将信号传递给 ECU，用来调节悬架的阻尼力。

常用的车速传感器主要有舌簧开关式、电磁感应式、光电式等。一般情况下舌簧开关式和光电式车速传感器安装在仪表板上，与车速表装在一起，并用软轴与变速器的输出轴相连；而电磁感应式车速传感器装在变速器上，通过蜗轮蜗杆机构与变速器的输出轴相连。

5. 节气门位置传感器

节气门位置传感器安装在节气门体上，用来检测节气门的开度及开度变化，为悬架 ECU 提供相应的信号。

汽车在急加速时，由于惯性力和驱动力的作用，汽车尾部容易产生“下蹲”现象，为了防止这一现象，ECU 根据节气门位置信号检测汽车的加速工况(判断汽车是否在进行急加速)，并根据该信号控制悬架的弹簧刚度、阻尼力等参数，防止车尾“下蹲”。

常用的节气门位置传感器有触点开关式、线性可变电阻式、触点与可变电阻组合式。

6. 悬架控制开关

在电控悬架中，常用的开关主要有模式选择开关、阻尼力调节开关、车身高度控制开关及车身高度控制通/断开关等，一般位于变速杆旁或仪表板上，个别开关位于行李箱内。

（1）模式选择开关　模式选择开关一般位于变速杆旁，模式选择开关在车上的位置如图 6-15 所示。驾驶员根据车辆行驶状况和路面情况选择悬架的运行模式，通过操纵该开关，可以使减振器阻尼力按手动或自动两种模式进行变化。

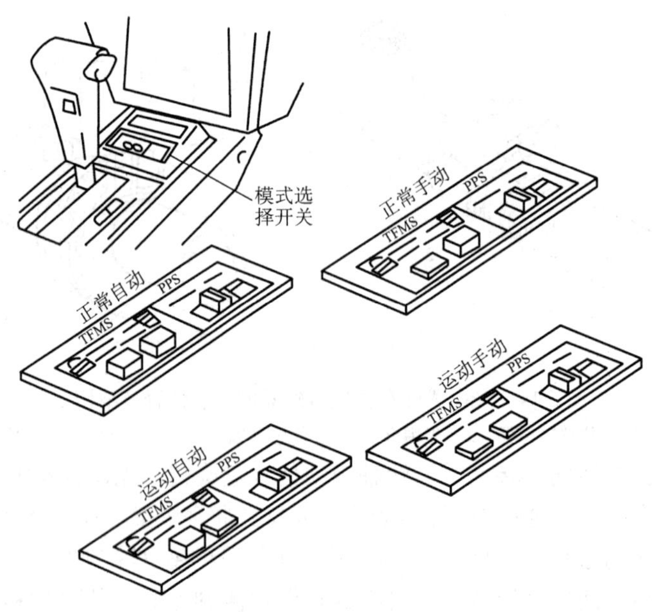

图 6-15　模式选择开关与阻尼力调节开关在车上的实际位置

当选择“自动”模式时，悬架系统可以根据汽车行驶状态自动调节减振器的阻尼力，以保证汽车乘坐舒适性和操纵稳定性，其控制功能如表 6-3 所示。当选择“手动”模式时，悬架系统的阻尼力只有标准（中等）和运动（硬）两种状态，根据驾驶员操纵阻尼力调节开关进行转换。

表 6-3　模式选择开关功能

汽车行驶状态	减振器阻尼力（悬架状态）	
	自动、标准模式	自动、运动模式
一般情况下	软	中等
汽车急加速、急转弯或紧急制动时	硬	硬
高速行驶时	中等	中等

（2）阻尼力调节开关　阻尼力调节开关也位于变速杆旁，如图 6-15 所示。通过操纵此开关可以使阻尼力处于标准（中等）和运动（硬）两种状态，此开关在模式选择开关处于手动位置时起作用。

在雷克萨斯轿车的电控主动悬架系统中，阻尼力调节开关被称为 LRC（Lexus Riding Control，雷克萨斯汽车行驶平顺性控制）开关，如图 6-16a 所示。用于选择减振器的工作模式（NORMAL 或 SPORT），部分车辆上取消了 LRC 开关，悬架减振器阻尼力的大小根据车况自

动进行调节。

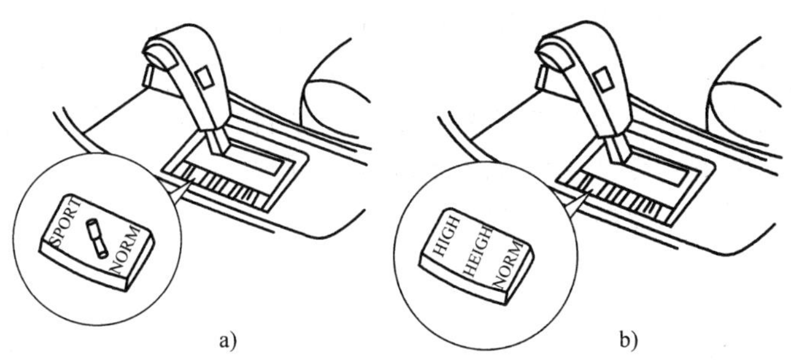

图6-16 悬架控制开关

a）阻尼力调节开关 b）车身高度控制开关

注意：在半主动悬架中一般只有模式选择和阻尼力调节两个开关组合在一起，可使悬架系统工作在4种运行模式：自动、标准(Auto,Normal)；自动、运动(Auto,Sport)；手动、标准(Manu,Normal)；手动、运动(Manu,Sport)，如图6-15所示。

（3）车身高度控制开关　图6-16b所示为雷克萨斯轿车车身高度控制开关，驾驶员操纵此开关选择所希望的车身高度(NORMAL或HIGH)后，电控主动悬架系统会根据车辆载荷等参数的变化自动调节车身高度为设定的目标值。有些轿车悬架也可根据车速、路况等自动调节车身高度以适应车辆的行驶要求。

（4）车身高度控制通断开关　车身高度控制通断开关用来接通(ON)或中止(OFF)主动悬架的车身高度控制功能，一般位于车辆行李箱的工具储藏室内。当车辆被举升、停在不平的路面或车辆被拖拽时，要先将此开关拨至OFF位置，这样可避免空气弹簧中的压缩空气排出，从而造成车身高度的下降。

7. 其他信号

（1）制动灯开关信号(以LS400轿车为例)　制动灯开关位于制动踏板支架上，当踩下制动踏板时，开关接通，将12V的电压加在悬架ECU的STP端子上，悬架ECU利用这一信号判断汽车是否处于制动状态，以便进行制动时的“点头”控制。制动灯开关位置及电路如图6 17所示。

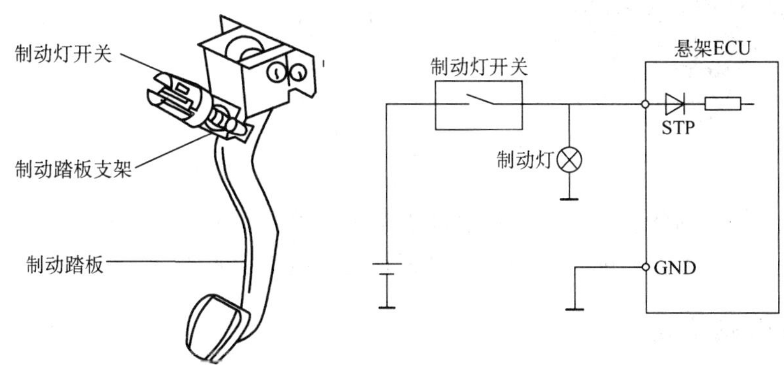

图6-17 LS400制动灯开关位置及电路

（2）门控灯信号(以LS400轿车为例)　门控灯开关位于汽车各门的门柱上或行李箱内，

其安装位置及电路如图 6-18 所示。当所有的车门(和行李箱盖)都关上时，门控灯开关断开，蓄电池电压加在悬架 ECU 的 DOOR 端子上；当有任何一个门打开时，DOOR 上的电压变为 0V。

在主动悬架系统中，ECU 根据该信号判断车门是否打开，因为在车辆停止后，悬架系统会自动使车身降到较低的高度，而若此时 ECU 检测到车门打开(下客或卸货)时，车身高度自动控制功能必须停止，以免造成危险。

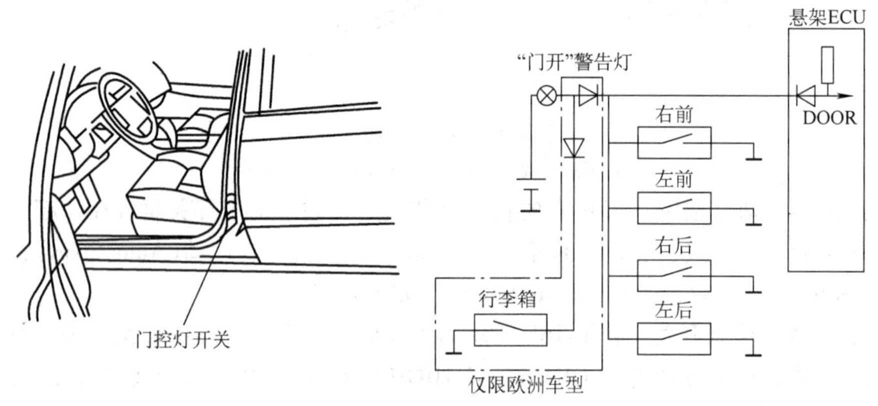

图 6-18　门控灯开关位置及电路

(3) 发电机 IC 调节器信号(以 LS400 轿车为例)　发电机 IC 调节器位于发动机的交流发电机内，其安装位置及电路如图 6-19 所示。IC 调节器的 L 端子在发动机运转时(即发电机发电)为蓄电池电压，在发动机停止时(即发电机不发电)不高于 1.5 V。IC 调节器的 L 端子直接与悬架 ECU 的 REG 端子连接，悬架 ECU 据此判断发动机是否运转。悬架 ECU 利用这一信号，进行如转角、高度等传感器的检查和失效保护功能。

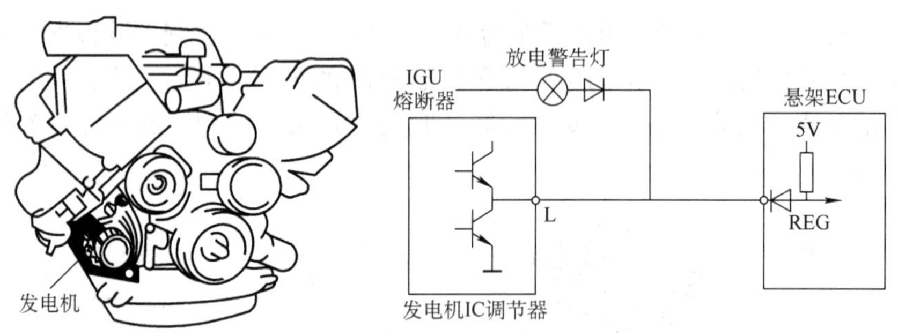

图 6-19　IC 调节器位置及电路

随着电控悬架技术的发展，对其控制要求更为严格，越来越多各种形式的传感器和开关信号都被悬架作为悬架控制的参考信号，使其系统控制更为精准。

6.2.3　电子控制单元

悬架电子控制单元是一台小型专用计算机，一般由输入电路、微处理器、输出电路和电源电路等组成，如图 6-20 所示。

ECU 是悬架控制系统的中枢，具有多种功能。

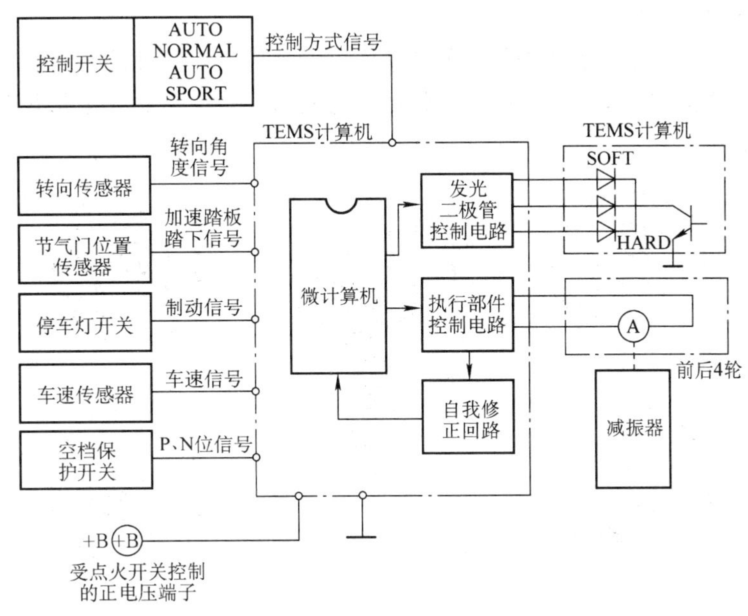

图 6-20　悬架 ECU 控制电路

（1）提供稳压电源　控制装置内部所用电源和供各种传感器的电源均由稳压电源提供。

（2）传感器信号放大　用接口电路将输入信号（如各种传感器信号、开关信号）中的干扰信号除去，然后放大、变换极值、比较极值，变换为适合输入控制装置的信号。

（3）输入信号的计算　电子控制单元根据预先写入只读存储器 ROM 中的程序对各输入信号进行计算，并将计算结果与内存的数据进行比较后，向执行机构（电动机、电磁阀、继电器等）发出控制信号。如果输入 ECU 的信号除了数字信号外还有模拟信号时，还应进行 A/D 转换。

（4）驱动执行机构　悬架 ECU 用输出驱动电路将输出驱动信号放大，然后输送到各执行机构，如电动机、电磁阀、继电器等，以实现对汽车悬架参数的控制。

（5）故障检测　悬架 ECU 用故障检测电路来检测传感器、执行器、线路等的故障，当检测到故障时，将信号送入悬架 ECU，目的在于即使发生故障，也应使悬架系统安全工作，而且在修理故障时容易确定故障所在位置。

注意：在实际使用过程当中，悬架 ECU 性能比较稳定，出现故障的概率很低，因此对于其内部的电子元件和控制逻辑不需要了解很多，只要掌握其基本控制功能以及外部电路原理就可以满足维修的需求。

6.2.4　执行器

悬架电控系统主要的执行器有两大类，即电动机和电磁阀。它们的应用及结构形式在不同的悬架系统中各有不同，但其基本作用都是接受 ECU 的指令，完成相应的驱动动作，改变减振器阻尼孔的截面积以改变悬架阻尼力大小，或改变空气（油气）弹簧内部介质的流通情况进而改变悬架刚度和车身高度等特性。

此外执行器还有继电器（根据 ECU 指令控制电路的通、断）、指示灯（提示驾驶员系统的状态或某些故障信息）等。

1. 直流电动机式执行器

这种执行器安装在悬架系统中每个悬架减振器的顶部，并通过其上的控制杆与减振器的回转阀相连。其结构如图 6-21 所示，主要由直流电动机、小齿轮、扇形齿轮、电磁线圈、挡块、控制杆组成。

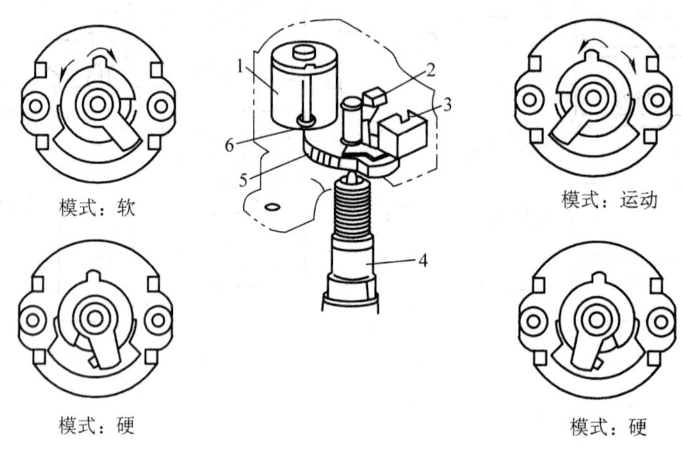

图 6-21 直流电动机式执行器

1—直流电动机 2—挡块 3—电磁线圈 4—减振器 5—扇形齿轮 6—驱动齿轮

直流电动机和电磁线圈直接受控于 ECU，当需要调整减振器阻尼力时，ECU 控制电磁线圈通电，挡块脱离扇形齿轮的凹槽，同时给直流电动机通电，带动扇形齿轮旋转，进而使控制杆带动回转阀旋转，减振器的阻尼力即按照要求改变；当阻尼力调整合适后，ECU 控制电磁线圈断电，使挡块进入扇形齿轮上的凹槽将其固定，同时给直流电动机断电，控制杆保持不动，调整好的阻尼力保持不变。

由于控制杆需要正反转，因此直流电动机也是正反转电动机，ECU 根据阻尼力的调整方向来控制电动机的电流方向。减振器工作时直流电动机和电磁线圈通电情况如表 6-4 所示。

表 6-4 减振器通电情况

减振器阻尼状态	电动机通电情况		电磁线圈通电情况
调整前的状态→调整后的状态	正 极	负 极	
硬/中等→软	-	+	OFF
硬/软→中等	+	-	OFF
软→硬	+	-	ON
中等→硬	-	+	ON

2. 步进电动机式执行器

这种执行器也安装在悬架减振器的顶部，控制原理与直流电动机相似，只是控制杆改由步进电动机驱动。其结构如图 6-22 所示，步进电动机由定子、线圈和永磁转子组成，定子有两个 12 极的铁心，相互错开半齿而对置，两个线圈绕在两个铁心上，但绕线方向相反。转子则是一个具有 12 极的永久磁铁。

当悬架 ECU 给步进电动机的两个线圈（A、B）分别通以一定的电流时，就会在定子铁心上产生电磁力，使永久磁铁转子转动，从而通过减振器控制杆带动回转阀转动。

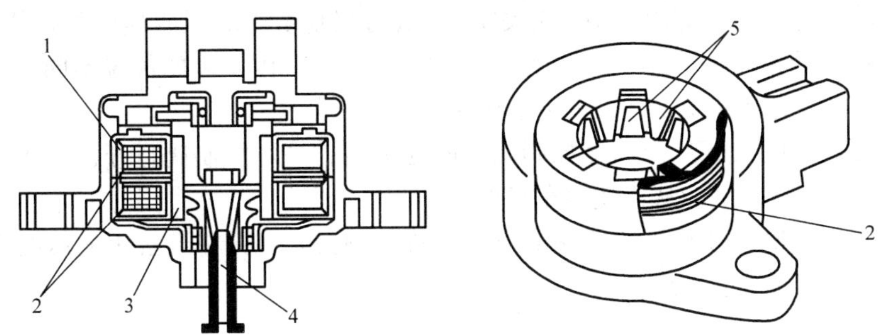

图 6-22　步进电动机式执行器的结构

1—定子　2—线圈　3—永磁转子　4—减振器控制杆　5—铁心

其工作原理如图 6-23 所示，ECU 每施加一次脉冲电流，转子即转动一步（1/24 圈即 15°）。例如，当 ECU 先给 A 线圈通上正向电流，转子在图 6-23a 所示的位置上；当 ECU 给 A 线圈断电，进而给线圈 B 通电后，转子顺时针旋转 15°，如图 6-23b 所示。

由此可见，通过改变线圈上电流的施加顺序，即可使步进电动机以 15°/步的速度正向或逆向旋转；通过改变脉冲电流的频率，可以自由控制转子的旋转速度；通过改变电流的通断时机，可以控制转子的停留位置。

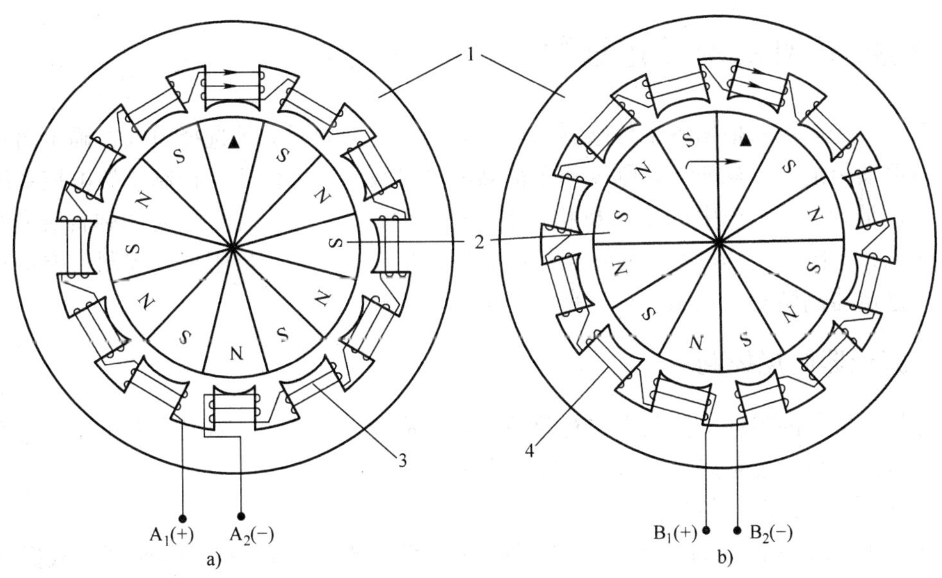

图 6-23　步进电动机式执行器工作原理

a）给线圈 A 通电时　b）给线圈 B 通电时

1—定子　2—转子　3—线圈 A　4—线圈 B

步进电动机为非接触型电动机，与直流电动机式执行器相比，使用寿命更长。此外，步进电动机常处于开环控制系统，受数字脉冲信号控制，其转角和转速分别与输入脉冲数和频率成正比，具有自锁能力，不需要传感器和锁止机构，控制系统简单高效，可获得更快速的响应和更精确的控制，因此汽车在不平路面行驶时可获得更佳的控制效果。

3. 电磁阀

电磁阀是接受 ECU 的指令打开(或关闭)，从而控制某一液压或气压管路使之相通(或不通)的元件，不同的电磁阀在结构和原理上大同小异，但因安装的位置不同，所起的作用也不尽相同。电控悬架系统中常用的电磁阀主要有以下几种：

（1）高度控制阀　ECU 使高度控制阀线圈通电后，高度控制阀打开，并将空气压缩机来的压缩空气引向气压缸，从而使汽车高度上升。

（2）排气阀　ECU 使排气阀线圈通电后，排气阀打开，并将气缸中的压缩空气排放到大气中，从而使汽车高度下降。

4. 继电器

继电器在电路中的作用是接受 ECU 的指令开、闭，从而控制该条电路的通、断。电控空气悬架控制电路中设有高度控制继电器，当车身高度开始上升时，继电器接受 ECU 控制信号，开关闭合，压缩机就能通电产生压缩空气，否则压缩机不工作。

5. 故障指示灯

根据 ECU 的指令点亮，在悬架系统自检时亮起，自检完毕后熄灭；悬架系统出现故障时亮起，进行故障警告；维修人员可以通过其闪烁规律读取故障码。

上述就是电控悬架系统中采用的执行器常见类型，随着电子技术不断进步，执行机构的形式也在不断发生演化，越来越多的新型机构被应用在该系统中。

6.3　电控悬架系统工作过程

悬架电子控制单元根据各个传感器的信号以及悬架控制开关的选择模式，确定出 4 个车轮上的减振器阻尼力、悬架弹簧刚度和车辆高度等参数的目标值后，控制悬架电控系统的执行器动作，带动悬架系统中的执行机构(可变阻尼力的减振器、可变刚度的弹性元件等)动作，完成悬架系统的工作过程。对悬架的控制项目主要有：减振器阻尼力控制、弹簧刚度控制、横向稳定器侧倾刚度控制、车身高度控制。

6.3.1　减振器阻尼控制

对悬架减振器的阻尼力控制方式有两类：一类是有级可调式，阻尼力大小在不连续的几个状态间转换；另一类是连续可调式，阻尼力大小可以连续改变。

1. 阻尼力有级可调式减振器

图 6-24 所示为一阻尼力有级可调式减振器(三级可调)的结构及工作原理。减振器的活塞杆是空心的，内有一个回转阀，回转阀上端与控制杆相连，控制杆上端连接执行器(电动机)。

如图 6-24a 所示，减振器活塞上、下两腔之间有两类阻尼孔——常通孔与非常通孔。常通孔位于活塞下部，使得上、下两腔液压油常通；在 *A-A* 截面、*B-B* 截面和 *C-C* 截面，回转阀与活塞杆上也各有通孔，为非常通孔，负责改变减振器阻尼力。系统工作时，电动机带动控制杆旋转，进而带动回转阀旋转，回转阀旋转时可使其上的孔与活塞杆上相应的孔之间相通或者不通。当非常通孔都相通时，上、下两腔液压油的流通截面积较大，反之较小。这样

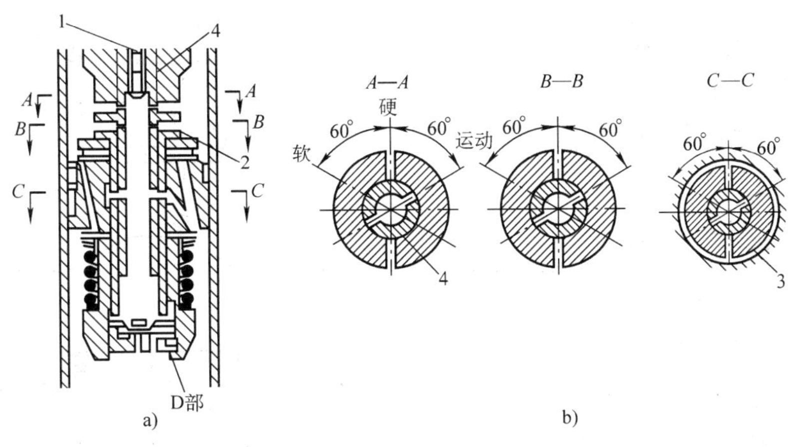

图 6-24　阻尼有级可调式减振器

a）结构　b）工作原理

1—回转阀控制杆　2—阻尼孔　3—活塞杆　4—回转阀

就调节了减振器上、下两腔之间液压油的流通量，起到了控制减振器阻尼力的作用。

如图 6-24b 所示，根据路况和载荷等的变化，电控悬架系统对减振器的阻尼力控制分为以下 3 种情况：

（1）较弱的阻尼力(软)　*A-A*、*B-B*、*C-C* 三个截面的通孔都接通，减振器的阻尼力小，减振能力弱，可充分发挥弹性元件的缓冲作用，使车辆具有高级轿车的舒适性。

（2）中等水平阻尼力(运动)　只有 *B-B* 截面的通孔接通，*A-A*、*C-C* 截面通孔关闭，减振器阻尼力处于中等状态，车辆高速行驶性能良好。

（3）强阻尼力(硬)　*A-A*、*B-B*、*C-C* 三个截面的通孔全部关闭，减振器阻尼力阻尼力较大，减振能力强，汽车具有跑车的优良操纵稳定性。

2. 阻尼力连续可调式减振器

阻尼力有级可调只能在一定程度上符和车辆对减振器阻尼状态的变化要求，现代轿车越来越多地采用连续可变阻尼的减振器，有助于提高系统的响应特性。

图 6-25 所示为一种阻尼可连续调节的半主动悬架，其阻尼力可以在几毫秒之内由最小变到最大，其工作原理是由 ECU 接收速度、位移、加速度等信号，计算出相应的阻尼值，向步进电动机发出控制信号，经控制杆调节阀门，使节流孔大小连续变化，阻尼力就可进行连续调节。

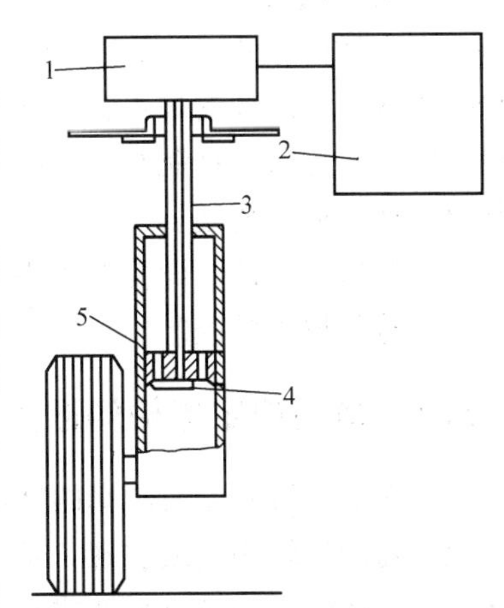

图 6-25　阻尼可连续调节的半主动悬架

1—步进电动机　2—ECU　3—控制杆　4—阀门　5—节流孔

3. 减振器阻尼力控制过程

如图 6-26 所示，以汽车走过一个凸起路面为例，说明减振器阻尼力的控制过程：

（1）开始上坡　如图 6-26a 所示，当车轮开始走向凸起面，使减振器受到压缩，且车身向上移动时，减振器的减振阻尼力减少，以使减振阻尼力不向上推车身。

（2）继续上升　如图 6-26b 所示，当车轮继续升上凸起路面时，弹簧力向上推车身，使

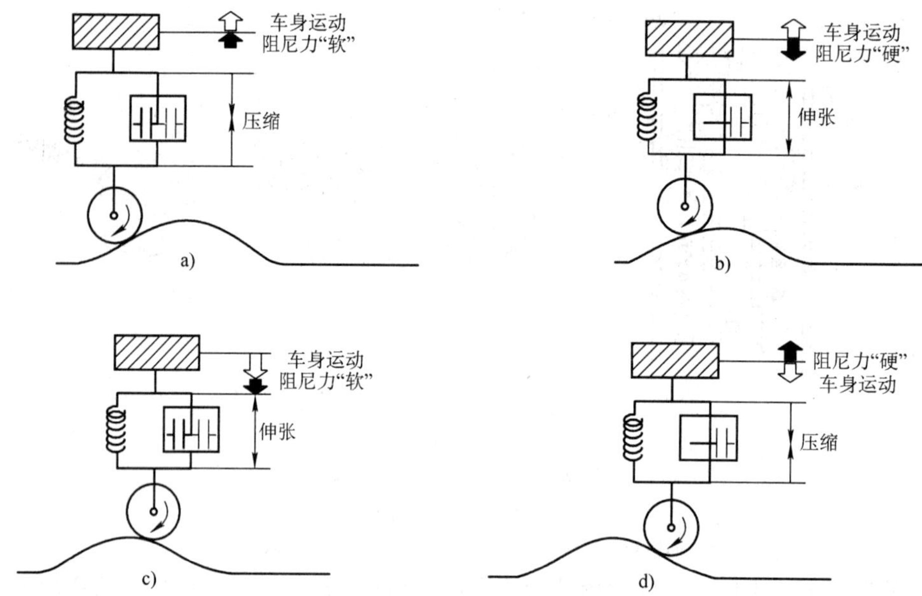

图 6-26　阻尼力控制过程

a）开始上坡　b）继续上升　c）开始下坡　d）继续下行

减振器逐渐伸张。因此，减振阻尼力增加以阻止车身向上运动。

（3）开始下坡　如图 6-26c 所示，当车轮开始走下凸起路面，使减振器伸张，且车身向下运动时，减振器的减振阻尼力减少，以使悬架平缓向下。

（4）继续下行　如图 6-26d 所示，当车轮进一步下行，使减振器逐渐受到压缩时，减振器的减振阻尼力增加，以减少车身向下运动。

因此，通过悬架控制单元的指令，半主动控制功能会根据不同的情况调节减振器的阻尼力。在上述(1)和(3)条中，减小减振器的阻尼力有助于增加车身与车架(车轮)的相对运动，吸收来自路面的冲击，因此控制单元使悬架减振器变软；而在(2)和(4)条中，增大减振器的阻尼力可以抑制车架(车身)与车桥(车轮)的相对运动，保持车身运动平稳，因此控制单元使减振器变硬。

根据这一方法，即使在不平的路面上，悬架 ECU 也可在所有 4 个车轮上独立地实现最佳减振器阻尼力的控制。

6.3.2　横向稳定器侧倾刚度控制过程

汽车的侧倾刚度与汽车的转向特性密切相关，要改变汽车的侧倾刚度，可以通过改变横向稳定器的扭转刚度来实现。系统采用具有液压缸结构的横向稳定器，可以通过内部油路的开、闭，使液压缸具有弹性或刚性特点，从而调节横向稳定器的扭转刚度，改变汽车的抗侧倾刚度。其结构就是在传统横向稳定杆的基础上增加了液压缸和执行机构。

1. 带液压缸的稳定器杆

带液压缸的稳定器杆就是在传统的横向稳定杆上增设了一套电控液压系统，液压缸安装在稳定器臂(扭杆弹簧)的一侧端部与同侧独立悬架下摆臂之间，如图 6-27 所示。其作用是通过自身可变的伸缩性，改变横向稳定器的扭转刚度，进而改变车辆的侧倾刚度。

如图6-27a所示，当稳定器杆成为能够伸缩的弹性体，横向稳定器U形杆的一侧可以相对于悬架上、下移动，此时获得的抗侧倾刚度比较小，相当于采用了直径较小的稳定器臂（扭杆弹簧）；而当稳定器杆成为无法伸缩的刚性体，如图6-27b所示，横向稳定器U形杆的一侧不能相对悬架上、下移动，此时获得的抗侧倾刚度比较大，相当于采用了直径较大的稳定器臂（扭杆弹簧）。

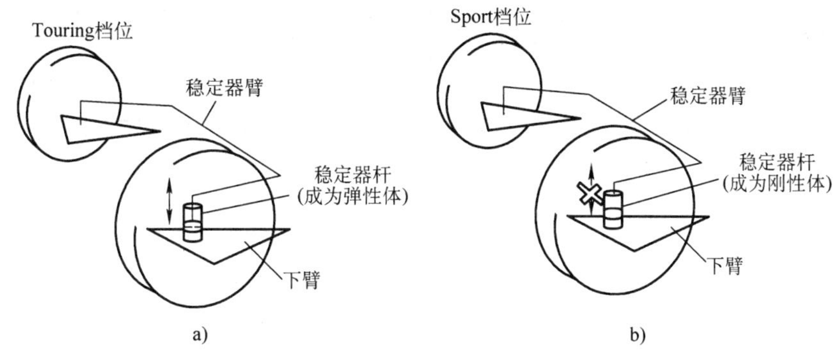

图6-27 液压缸的安装位置及作用

a）扭转刚度较小时 b）扭转刚度较大时

稳定器杆的结构如图6-28所示，主要包括储油腔、单向阀，推杆、活塞、挡块、回位弹簧等。

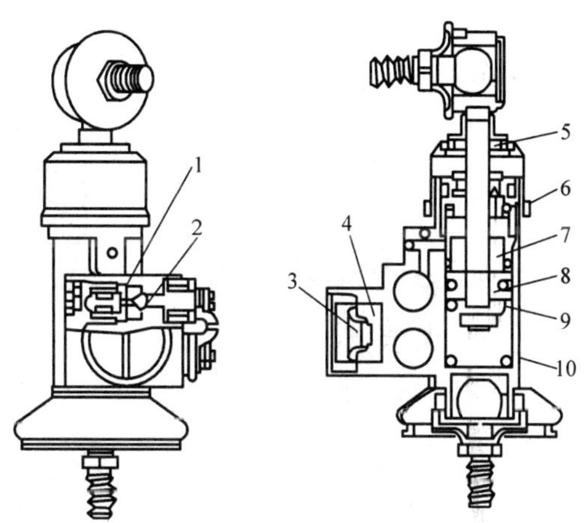

图6-28 稳定器杆的结构

1—单向阀 2—推杆 3—膜片 4—储油腔 5—挡块（压缩侧） 6、9—卡簧 7—挡块（伸张侧） 8—活塞 10—缸体

其工作原理是：如图6-29a所示，当模式选择开关选择在“Touring”档位时，推杆向左移动，单向阀被推开，稳定器杆液压缸上、下两腔连通，油液可以自由流动，此时活塞可以上、下移动，稳定器杆可以自由伸缩，横向稳定器的侧倾刚度较小，但此时活塞行程有限，当急转弯时活塞运动达到全程状态后稳定杆变为刚性体，汽车的抗侧倾刚度自动增大，增强转弯时的操纵稳定性；如图6-29b所示，当模式选择开关选择在“Sport”档位时，推杆向右移动，单向阀在自身回位弹簧的作用下关闭，稳定器杆液压缸上、下两腔不连通，油液不流动，此时活塞不能移动，稳定器杆不能自由伸缩，横向稳定器的侧倾刚度较大。

2. 横向稳定器执行机构

横向稳定器执行机构叫做稳定驱动器，其作用是根据ECU的信号，通过稳定器缆绳来控制稳定器杆液压缸内部油路的关闭和开启。图6-30所示为稳定驱动器的构造及原理，它由直流电动机、蜗轮蜗杆机构、行星齿轮机构及限位开关等组成。行星齿轮机构由一套单排行星齿轮系统组成，其中太阳轮为主动轮，齿圈固定，行星架与驱动器输出轴一体；蜗轮蜗杆机构的蜗轮与太阳轮一体，蜗杆与直流电动机输入轴一体。

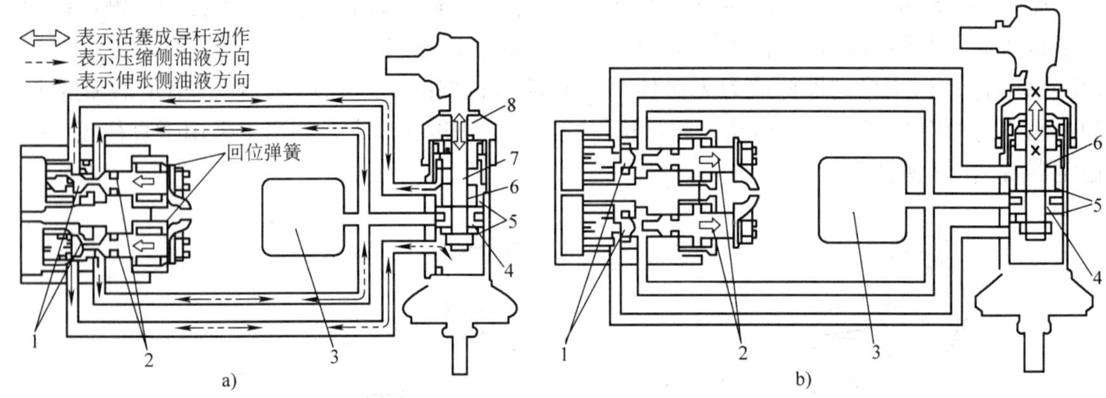

图 6-29　横向稳定器工作油路图

a）"Touring" 档位时的油路　b）"Sport" 档位时的油路

1—单向阀　2—推杆　3—储油腔　4—活塞　5—卡簧　6，8—挡块　7—活塞杆

其工作原理是：直流电动机通电后驱动蜗轮蜗杆机构中的蜗杆旋转，蜗轮被驱动后带动行星齿轮机构的太阳轮旋转，经过行星齿轮机构减速进而带动行星架旋转，通过输出轴带动驱动杆旋转，其上连接的缆绳拉动推杆运动，改变稳定器杆内部液压缸的油路，进而改变其伸缩性。动力的传递经过直流电动机→蜗杆→蜗轮→太阳轮→行星轮→行星架→输出轴→驱动杆→缆绳→推杆。

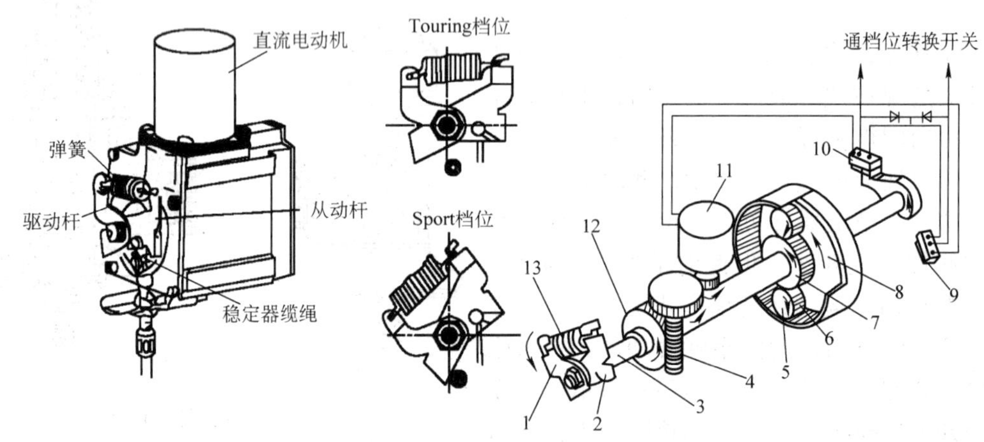

图 6-30　驱动器结构及工作原理

1—驱动杆　2—从动杆　3—变速传感器　4—蜗杆　5—小行星轮　6—齿圈　7—太阳轮　8—托架　9—限位开关(SW_2)　10—限位开关(SW_1)　11—直流电动机　12—蜗轮　13—弹簧

6.3.3　悬架刚度控制过程

可变刚度的电控悬架采用的弹性元件主要有空气弹簧和油气弹簧两种，针对于刚度的控制方法不尽相同。

1. 空气弹簧主动悬架刚度控制

图 6-31 所示为空气弹簧主动悬架的总体结构，悬架中的空气弹簧位于悬架上方，与可变化阻尼力的减振器一起构成悬架支柱，上端与车架(或承载式车身)相连，下端安装在悬

架摆臂上。

图 6-32 所示为空气悬架气动缸的基本结构剖面图。气动缸由封入低压惰性气体的弹性元件和阻尼力可调的减振器以及悬架执行元件等组成。弹性元件(气体弹簧)分为主、副气室两部分，主气室是可变容积的，在它的下部有一个可伸展的隔膜，压缩空气进入主气室可使悬架的高度升高，反之使悬架高度下降；同时，主气室与副气室之间有一个通道，气体可以相互流通，改变主、副气室的气体通道截面积大小，进而改变空气悬架的刚度。主、副气室设计为一体既节省了空间，又减轻了重量。悬架的上方与车架(或承载式车身)相连，随着车架(或承载式车身)与车轮的相对运动，主气室的容积在不断变化。减振器的活塞通过控制杆(阻尼力调节杆)与齿轮系和直流步进电动机相连接，步进电动机转动可以改变活塞阻尼孔的大小，从而改变减振器阻尼力。

悬架刚度的自动调节原理如图 6-33 所示。主、副气室间的气阀体上有大小两个通道。

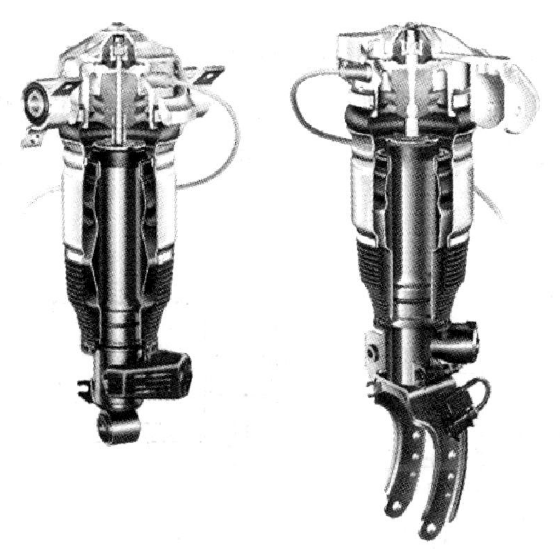

图 6-31　空气弹簧悬架结构

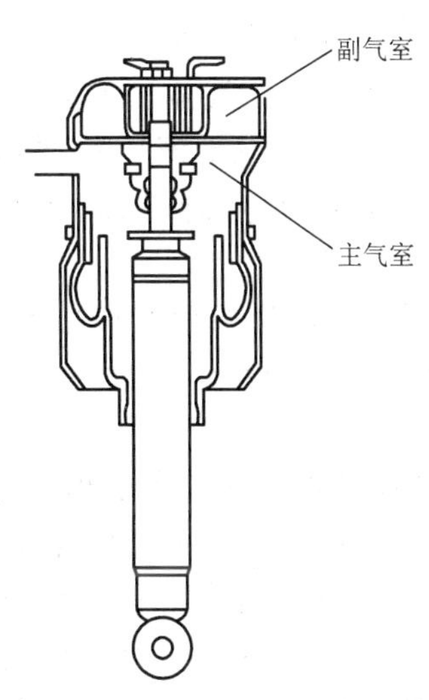

图 6-32　气动缸剖面图

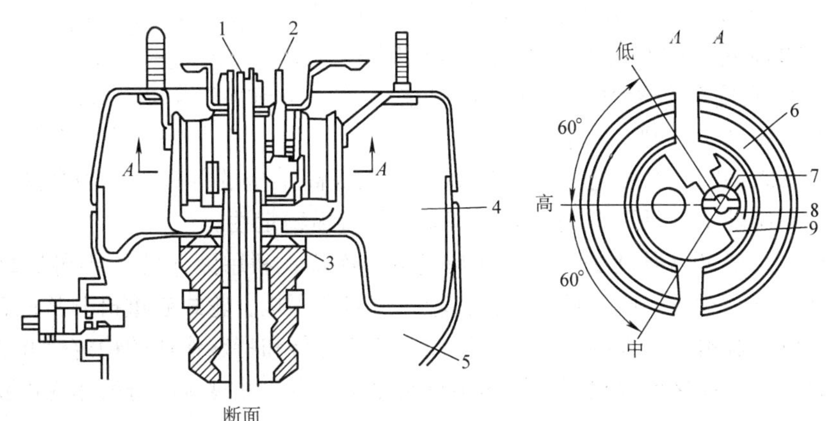

图 6-33　悬架刚度自动调节原理

1—阻尼力调节杆　2—空气阀控制杆　3—主、副气室通道　4—副气室

5—主气室　6—气阀体　7—气体通道　8—阀芯　9—大气通道

步进电动机带动空气阀控制杆转动，使空气阀阀芯转过一个角度，改变气体通道的大小，就可以改变主、副气室气体流量，使悬架的刚度发生变化。

悬架刚度可以在低、中、高三种状态间变化。

1）当阀芯的开口转到对准图示的“低”位置时，气体通道的大通道被打开。主气室的气体经过阀芯的中间孔、阀体侧面通道与副气室的气体相通，两气室之间的空气流量增大，相当于参与工作的气体容积增大，悬架刚度处于低状态。

2）当阀芯开口转到对准图示的“中”位置时，气体通道的大通道被关闭、小通道被打开。两气室之间的空气流量小，悬架刚度处于中间状态。

3）当阀芯开口转到对准图示的“高”位置时，两气室之间的气体通道全部被封闭，两气室之间的气体相互不能流动。悬架在振动过程中，只有主气室的气体单独承担缓冲工作，悬架刚度处于高状态。

2. 油气弹簧主动悬架

油气弹簧以惰性气体（通常为氮气）作为弹性介质，而用油液作为传力介质，一般由气体弹簧和相当于液压减振器的液压缸组成。通过油液压缩气室中的气体实现变刚度特性，通过电磁阀控制油液管路中的小孔节流实现变阻尼特性。图6-34所示为油气弹簧示意图。

油气弹簧主动悬架在雪铁龙XM轿车上采用，系统的工作原理如图6-35所示。

如图6-35a所示，电磁阀7在ECU的指令下向右移动，从而接通压力油道，使辅助液压阀8的阀芯向左移动，中间的油气室9与前、后油气室连通，使总的气室容积增加，气压减小，从而刚度变小，系统处于“软”状态。所以中间油气室9又被称为刚度调节器，节流孔a、b称为阻尼器；在图6-35b中，电磁阀7中无电流通过，在弹簧作用下，阀芯左移，关闭压力油道，原来用于推动液压阀8的压力油通过电磁阀7的左边油道泄压，液压阀8阀芯右移，关闭刚度调节器9，气室总容积减小，刚度增大，使系统处于“硬”状态。

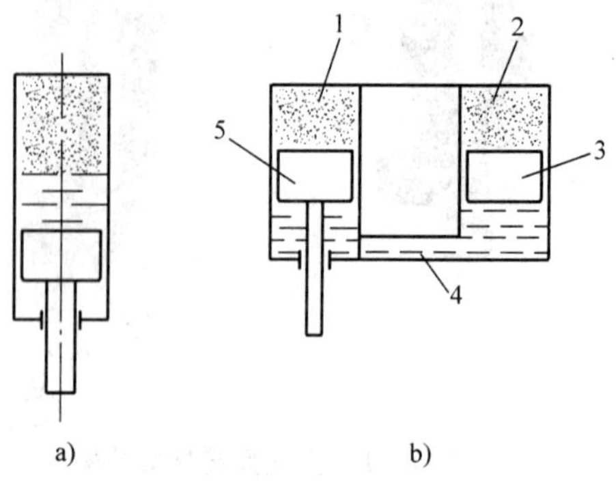

图6-34　油气弹簧示意图

a）单气室油气弹簧　b）双气室油气弹簧

1—主气室　2—反压气室　3—浮动活塞

4—通道　5—主活塞

在正常行车状态时，系统处于“软”状态，以提高乘坐的舒适性，当高速、转向、起步和制动时，系统处于“硬”状态，以提高车辆的操纵稳定性。

另外，油气悬架可以通过切断液压缸与气室的连接，利用液体的“不可压缩性能”实现纯刚性悬架功能。对于一些工程车辆，如轮式道路碾压机、轮式起重机非常适合。作业时断开连接，降低动载引起过大的振幅，从而保证负载运行和特殊作业的稳定性和安全性；在道路上行驶时，打开连接可以很好地缓和来自路面的冲击，并衰减车身或车轮的振动，保证良好的舒适性能和操纵稳定性能。

油气弹簧具有良好的非线性特性，但是与空气弹簧相比，其成本高、体积大、加工精度高、保养维护困难。

6.3.4　车身高度控制过程

1. 空气弹簧对车身高度的调整

采用空气弹簧调节车身高度的系统有两种，一种是外排气式，另一种是内排气式。两者都是通过向空气弹簧的主气室内充、放气来实现车身高度的调节的，其工作原理基本相同。不同的是前者从大气中吸入空气并将气体排入大气，通过接入干燥罐处理水蒸气；而后者采用封闭的空气供给系统，系统将空气排向储气筒低压腔。

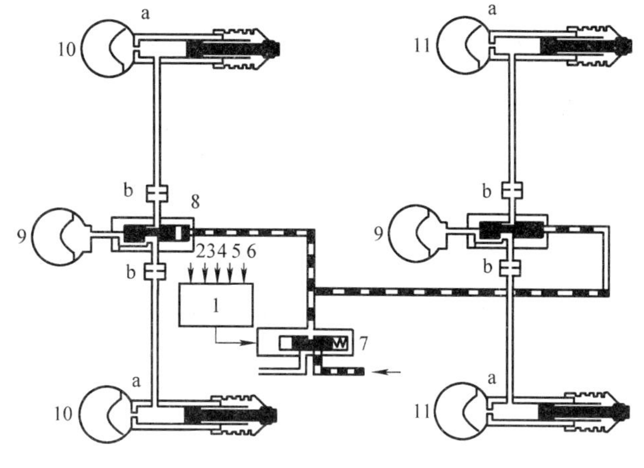

a)

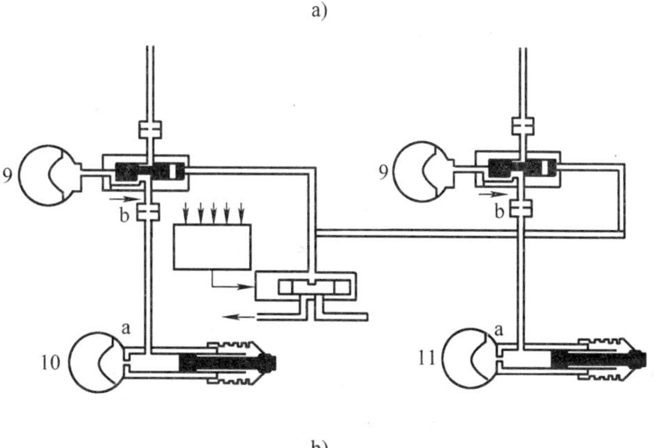

b)

图6-35　油气弹簧主动悬架工作原理

a）刚度较小　b）刚度较大

1—ECU　2—转向盘转向角传感器　3—加速度传感器　4—制动压力传感器　5—车速传感器　6—车身高度传感器　7—电磁阀　8—辅助液压阀　9—中间油气室（刚度调节器）　10—前油气室　11—后油气室

图6-36所示为悬架控制系统空气管路图，该系统主要由气源系统、空气管路、高度控制阀和空气弹簧（气压缸）4大部分组成。气源系统主要包括空气压缩机、干燥器、排气阀等，空气压缩机由一个小直流电动机驱动，根据悬架ECU的信号向干燥器输送提高车高所必需的压缩空气。干燥器有一个装有硅胶的容器，可以将空气中的水分过滤掉。排气阀从系统中放出压缩空气，同时排掉干燥器滤出的空气中的水分。高度控制阀采用二位二通电磁阀，控制向主气室内进气（将进气路与主气室相通）和排气（将主气室与大气相通）。

车身高度控制系统工作时，悬架ECU根据车身高度传感器信号来判断汽车的高度状况。当判定“车高过低”时，则控制空气压缩机电动机工作，高度控制阀向空气弹簧主气室内充气，使车高增加；反之，若判定“车高过高”时，则切断压缩机电动机的电路，使高度控制阀向外排气，则使车高降低。

2. 油气弹簧悬架对车身高度的调整

空气弹簧悬架调节车身高度是通过向空气弹簧气室内充、放气实现的，而油气悬架是通过向液压缸内充、放油液实现的，相比之下，后者实现车身高度调节时，对悬架的刚度影响小，但由于液压缸内壁与活塞的摩擦，使得调节过程会产生振荡，通常主动悬架控制策略无法消除，需要额外的控制策略。图6-37所示为油气悬架车身高度控制液压系统原理图。

其工作原理是：驾驶员预先通过指令输入设备（触摸屏）设置好所需车身高度，控制器根据车身高度传感器（位移传感器）检测到的实际高度，按照一定的控制规律不断调整比例阀对液压缸进行充、放油。当实际车身高度偏低时，对液压缸进行充油，拉升油气悬架，从而使得车身高度增加；当实际车身高度偏高时，对液压缸进行放油，压缩油气悬架，从而降低车身高度达到要求。

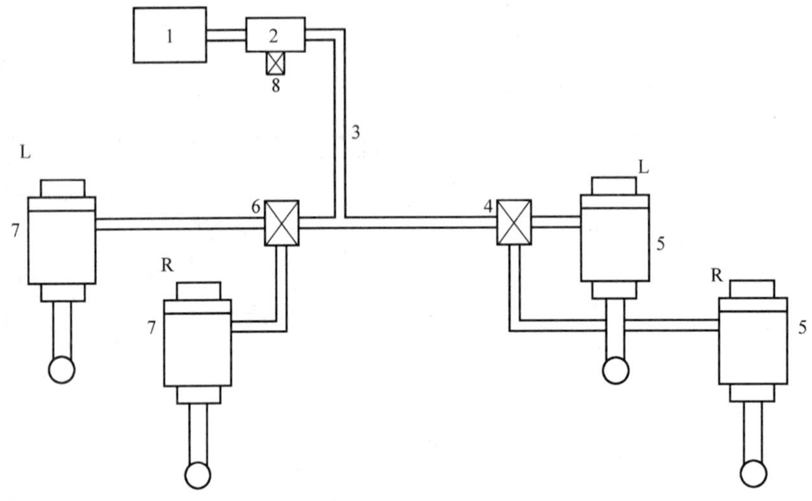

图 6-36 悬架控制系统空气管路

1—压缩机 2—干燥器 3—空气管 4—2 号高度控制阀 5—后气压缸 6—1 号高度控制阀 7—前气压缸 8—排气阀

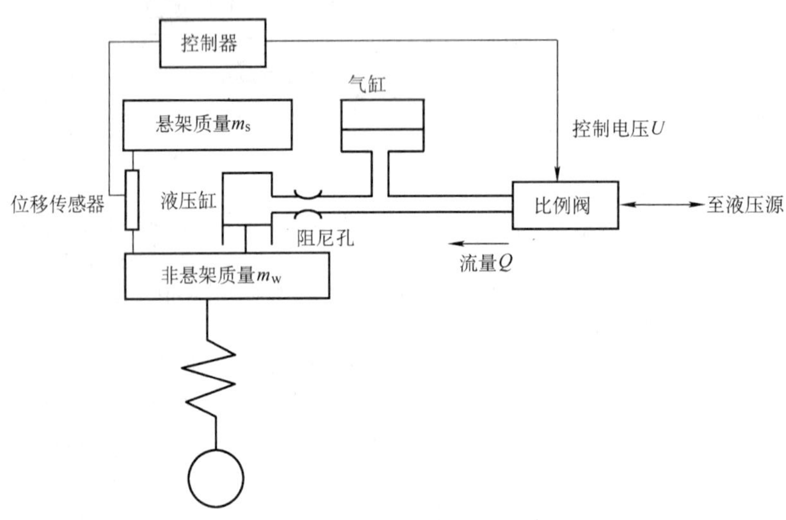

图 6-37 油气悬架车身高度控制液压系统原理

6.4 典型汽车电控悬架系统

电控悬架系统主要应用于中、高档轿车和客车上，如雷克萨斯 LS400、雪铁龙 C6、大众途锐、辉腾、奥迪 A8(AAS,Adaptive Air Suspension,可调空气悬架)、通用凯迪拉克、三菱 GALANT(格兰特)轿车(Auto-Electronic Control Suspension ,A-ECS)等，国外部分重型车辆上也有应用。

本节主要介绍雷克萨斯 LS400 轿车和三菱 GALANT 轿车的电控空气悬架系统。

6.4.1　雷克萨斯 LS400 轿车电控空气悬架系统

雷克萨斯 LS400 轿车装有电子控制空气悬架系统，称为 TEMS(TOYOTA Electronic Modulated Suspension)。

1. 雷克萨斯 LS400 轿车电控空气悬架系统的功能

电子调整空气悬架中装有起弹簧作用的压缩空气，弹簧的刚度和汽车的高度可根据驾驶条件自动控制；同时悬架减振器的阻尼力大小可以进行电子控制，以抑制车辆侧倾、加速下蹲、制动点头等，明显改善车辆的平顺性和操纵稳定性。雷克萨斯 LS400 轿车电控悬架的主要功能包括：

（1）减振器阻尼和弹簧刚度的控制

1）防侧倾控制。在车辆转向时，使弹簧刚度和减振器阻尼变成“坚硬”状态，能抑制侧倾而使汽车的姿势变化减至最小，以改善操纵性。

2）防点头控制。在车辆制动时，使弹簧刚度和减振器阻尼变成“坚硬”状态，能抑制汽车前部点头而使汽车的姿势变化减至最小，以改善乘坐舒适性。

3）防下蹲控制。在车辆加速时，使弹簧刚度和减振器阻尼变成“坚硬”状态，能抑制汽车后部下蹲而使汽车的姿势变化减至最小，以改善乘坐舒适性。

4）高车速控制。在车辆高速行驶时，使弹簧刚度变成“坚硬”状态或使减振器阻尼力变成“中等”状态，能改善汽车的行驶稳定性和操纵性。

5）不平坦路面控制。汽车在不平坦路面上行驶时，使弹簧刚度和减振器阻尼力根据需要转变成“中等”或“坚硬”状态，抑制汽车在不平坦路面上行驶的上下振动。

（2）车身高度的控制

1）自动高度控制。根据车辆的负载变化情况，自动调节使车身的高度做相应变化，使汽车高度保持在最佳的位置。

2）高车速控制。当车辆高速行驶时，若高度控制开关在“高”位置时，汽车高度会降低至“正常”状态，从而改善汽车高速行驶时的稳定性。

3）点火开关 OFF 控制。当点火开关关闭后，因乘客和行李质量减少而导致汽车高度变高(高于目标高度)时，能使汽车高度降低至目标高度，从而改善汽车的驻车姿势。

2. 雷克萨斯 LS400 轿车电控空气悬架的组成

雷克萨斯 LS400 轿车电控空气悬架系统中包括内充压缩空气的 4 组悬架弹簧、阻尼力可调的减振器及悬架电子控制系统等。通过 ECU(自动控制)及手动开关可改变悬架弹簧的刚度和减振器的阻尼力，系统组成如图 6-38 所示。

（1）电子控制系统　雷克萨斯 LS400 轿车空气悬架电子控制系统主要由悬架高度传感器、转向传感器、节气门位置传感器、各种手动控制开关等信号输入装置，悬架控制单元(ECU)，车辆高度控制阀、压缩空气排气阀、高度控制继电器、仪表板上的各种显示仪表、指示灯等执行器组成。

悬架系统弹簧的刚度、减振器的阻尼力、车身的高度等参数都可根据悬架控制开关的位置来确定，也可由电控系统根据车辆速度、载荷和路面条件等情况进行自动调整，并将悬架的状态显示在汽车的仪表板上，以提醒驾驶员。雷克萨斯 LS400 轿车悬架电子控制系统的原

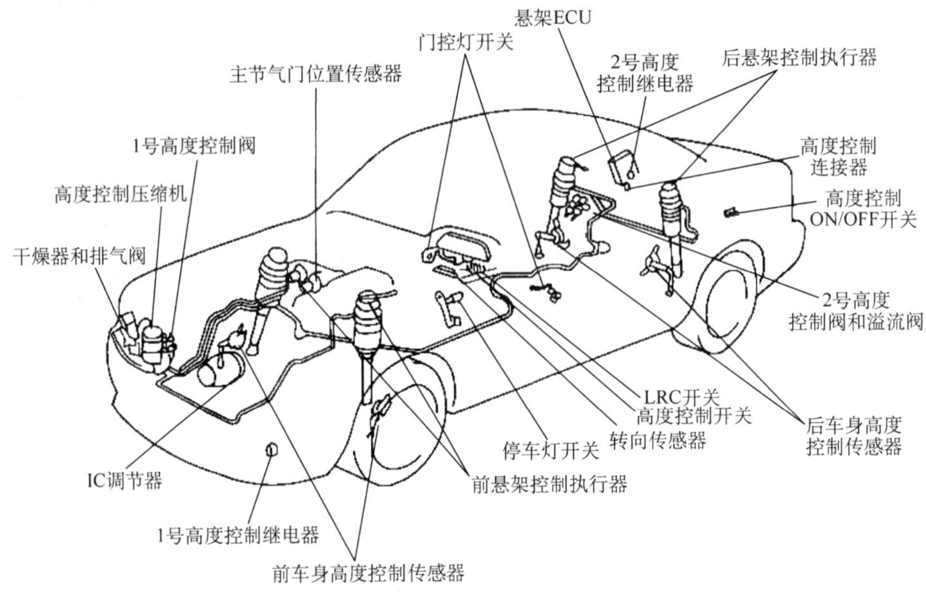

图 6-38　雷克萨斯 LS400 轿车电控悬架系统组成

理如图 6-39 所示。

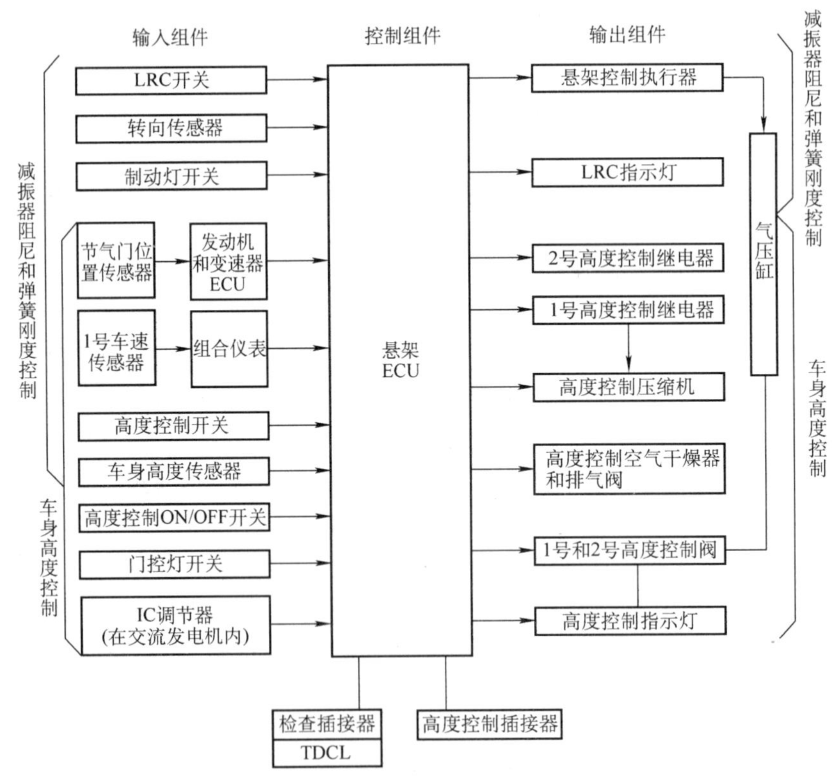

图 6-39　雷克萨斯 LS400 轿车悬架电子控制系统的原理

（2）空气弹簧系统　空气弹簧系统是电子控制悬架的供能系统，主要包括4组气动减振器(气压缸)、供应系统压缩空气的空气压缩机、压缩空气干燥器、高度电磁阀、压缩空气排气阀、压缩空气管路等。

（3）阻尼力可调减振器　结构及原理与半主动悬架系统中的减振器一致。

3. 雷克萨斯LS400轿车电控悬架的工作原理

雷克萨斯LS400轿车电控悬架的刚度和阻尼都是可自动调节的。系统工作时，车身高度传感器、转向盘转角传感器和车速传感器的信号传递给ECU，ECU就可以判断出车辆的工况和路面状况等信息，并且计算出悬架参数的理想数值，进而控制安装在悬架端部的执行器，调整减振器的阻尼力，减振器阻尼孔的截面积越大，则阻尼力越小；还可以调整空气弹簧的刚度，进入空气悬架副气室的空气量越多(储气空间越大)，则空气弹簧的刚度越小。

雷克萨斯LS400轿车的车身高度可以由驾驶员设定在一定范围内，并由系统进行自动控制。系统工作时，根据车身高度传感器的信号测出实际的车身高度，并将信号传输给ECU，ECU将该信号与其内部存储的设定高度相比较，如车身高度低于设定高度，控制空气压缩机运转，高度控制阀打开，压缩空气进入主气室，可伸缩的气缸在气体压力作用下伸长，使车身升高，当车身升高到目标高度时，微机控制压缩机停转，高度控制阀关闭，使汽车车身保持在设定高度；如车身高度高于设定高度，ECU控制高度控制阀及排气阀打开，气缸主气室的压缩空气排到大气中去，使得气缸压缩，车身高度下降，当车身高度下降到设定的高度值时，高度控制阀和排气阀关闭，从而使汽车保持在设定高度。所以，无论实际载荷如何变化，车身高度都可以控制在理想的高度。

4. 雷克萨斯LS400轿车电控空气悬架控制电路

图6-40所示为雷克萨斯LS400轿车电控空气悬架系统的线路连接图，在检修时，可以根据故障的现象及可能的部位，参照电路图对控制系统的电路进行检查。

表6-5所示为雷克萨斯LS400轿车电控空气悬架ECU插接器端子排列及端子代号。

5. 雷克萨斯LS400轿车电控空气悬架使用方法

雷克萨斯LS400轿车电控空气悬架的操作非常简单，系统中共有三个操作选择开关：高度控制ON/OFF开关、高度控制开关和用于调节减振器阻尼的LRC(Lexus Riding Control,雷克萨斯汽车行驶平顺性控制)开关。

高度控制ON/OFF开关安装于汽车尾部行李箱左侧，当把此开关打到“ON”位置时，系统可按选择方式进行车身高度的自动控制；当把此开关置于“OFF”位置时，系统不执行车身高度控制。

高度控制开关位于驾驶室内，在变速杆旁边，用于选择控制车身高度，当高度控制开关置于“HIGH”位置时，系统对车身高度进行自动调整，车身高度偏高；当高度控制开关处于“NORM”位置时，系统对车身高度进行自动调整，车身高度为常规值。

LRC开关位于高度控制开关附近，用来选择控制悬架的刚度、阻尼力参数的模式，当此开关位于“SPORT”位置时，系统进入高速行驶自动控制；当此开关处于“NORM”位置时，系统对刚度和阻尼力进行常规值的自动控制，ECU根据车速信号，自动控制悬架处于“软”、“中等”、“硬”三个位置。

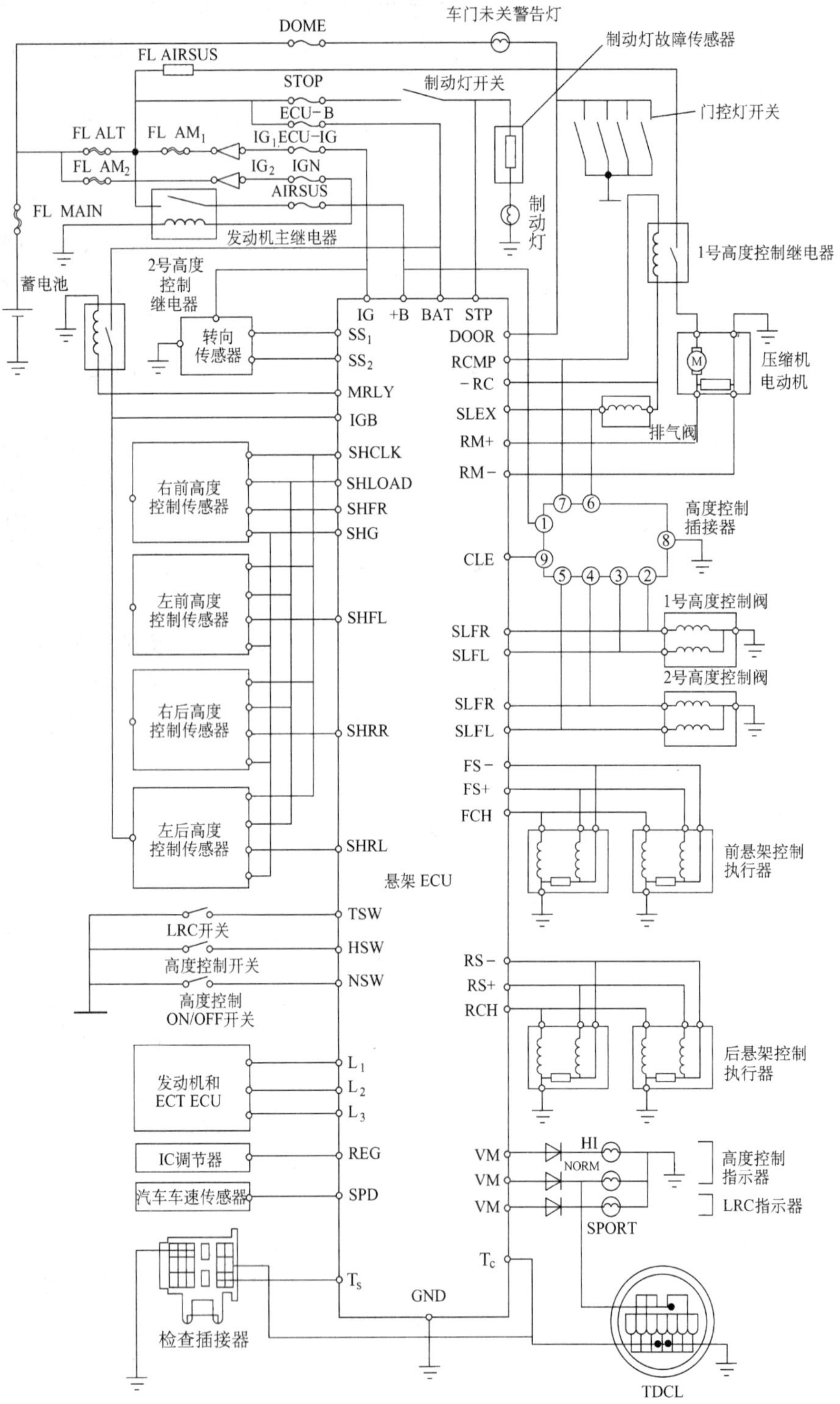

DOME
车门未关警告灯
FL AIRSUS
制动灯故障传感器
STOP
制动灯开关
门控灯开关
ECU-B
FL ALT
FL AM_1
IG_1ECU-IG
FL AM_2
IG_2 IGN
AIRSUS
FL MAIN
制动灯
发动机主继电器
1号高度控制继电器
蓄电池
2号高度控制继电器
IG +B BAT STP
转向传感器
SS_1
SS_2
DOOR
RCMP
-RC
压缩机电动机
MRLY
IGB
SLEX
排气阀
RM+
RM-
右前高度控制传感器
SHCLK
SHLOAD
SHFR
SHG
高度控制插接器
CLE
左前高度控制传感器
SHFL
1号高度控制阀
SLFR
SLFL
2号高度控制阀
SLFR
SLFL
右后高度控制传感器
SHRR
FS-
FS+
FCH
左后高度控制传感器
SHRL
前悬架控制执行器
悬架 ECU
LRC开关
TSW
高度控制开关
HSW
高度控制ON/OFF开关
NSW
RS-
RS+
RCH
后悬架控制执行器
发动机和ECT ECU
L_1
L_2
L_3
IC调节器
REG
汽车车速传感器
SPD
VM
VM
VM
HI
NORM
SPORT
高度控制指示器
LRC指示器
T_c
T_s
GND
检查插接器
TDCL

图 6-40 雷克萨斯 LS400 轿车电控空气悬架系统线路连接图

表 6-5　雷克萨斯 LS400 轿车电控悬架 ECU 端子排列及代号

51	50	49	48	47	46	45	44	43	42	41	40	39	29	30	28	27	26	25	24	23	11	10	9	8	7	6	5	4	3	2	1
64	63	62	61	60	59	58	57	56	55	54	53	52	38	37	36	35	34	33	32	31	22	21	20	19	18	17	16	15	14	13	12

序号	代号	连 接 对 象	序号	代号	连 接 对 象
1	SLFR	1 号右高度控制阀	33		
2	SLRR	2 号右高度控制阀	34	CLE	高度控制插接器
3	RCMP	1 号高度控制传感器	35		
4	SHRL	左后高度控制传感器	36		
5	SHRR	右后高度控制传感器	37		
6	SHFL	左前高度控制传感器	38	RM -	压缩机电动机
7	SHFR	右前高度控制传感器	39	+B	悬架控制执行器电源
8	NSW	高度控制 ON/OFF 开关	40	IGB	高度控制电源
9			41	BAT	备用电源
10	TSW	LRC 开关	42		
11	STP	停车灯开关	43	SHLOAD	高度控制传感器
12	SLFL	1 号左高度控制阀	44	SHCLK	高度控制传感器
13	SLRL	2 号左高度控制阀	45	MRLY	2 号高度控制继电器
14			46	VH	高度控制“HIGH”指示灯
15			47	VN	高度控制“NORM”指示灯
16			48		
17			49	FS +	前悬架控制执行器
18			50	FS -	前悬架控制执行器
19			51	FCH	前悬架控制执行器
20	DOOR	门控灯开关	52	IG	点火开关
21	HSW	高度控制开关	53	GND	ECU 搭铁
22	SLEX	排气阀	54	- RC	1 号高度控制继电器
23	L_1	发动机和 ECT ECU	55	SHG	高度控制传感器
24	L_3	发动机和 ECT ECU	56		
25	T_C	TDCL 和诊断插座	57		
26	T_S	诊断插座	58		
27	SPD	汽车车速传感器	59	VS	LRC 指示灯
28	SS_2	转向传感器	60		
29	SS_1	转向传感器	61		
30	RM +	压缩机传感器	62	RS +	后悬架控制执行器
31	L_2	发动机和 ECT ECU	63	RS -	后悬架控制执行器
32	REG	IG 调节器	64	RCH	后悬架控制执行器

图 6-16 所示为 LS400 轿车电控悬架系统的高度控制开关和 LRC 开关在驾驶室内的位置。

图 6-41 所示为目前在售的 LS460 轿车电控悬架系统控制开关在实车上的位置，相对于 LS400 有些变化，其中的 LRC 开关有两种模式，即“SPORT”运动模式和“COMF”舒适模式；高度控制开关按下和弹起分别对应了“高”和“正常”两种车身高度状态，驾驶员可以根据需要进行调节。

图 6-41　高度控制开关与 LRC 开关

6.4.2　三菱 GALANT 轿车电控空气悬架系统

三菱 GALANT 轿车上装备的是电控空气主动悬架系统(A-ECS)。它能够根据汽车的负载情况、行驶状况和路面情况等，主动调节包括悬架系统的减振器阻尼力、弹性元件的刚度、汽车车身的高度在内的多项特性参数，使汽车的行驶平顺性和操纵稳定性等达到最佳状态。

图 6-42 所示为 A-ECS 系统的整车分布图，该系统主要由空气弹簧、空气压缩机、储气

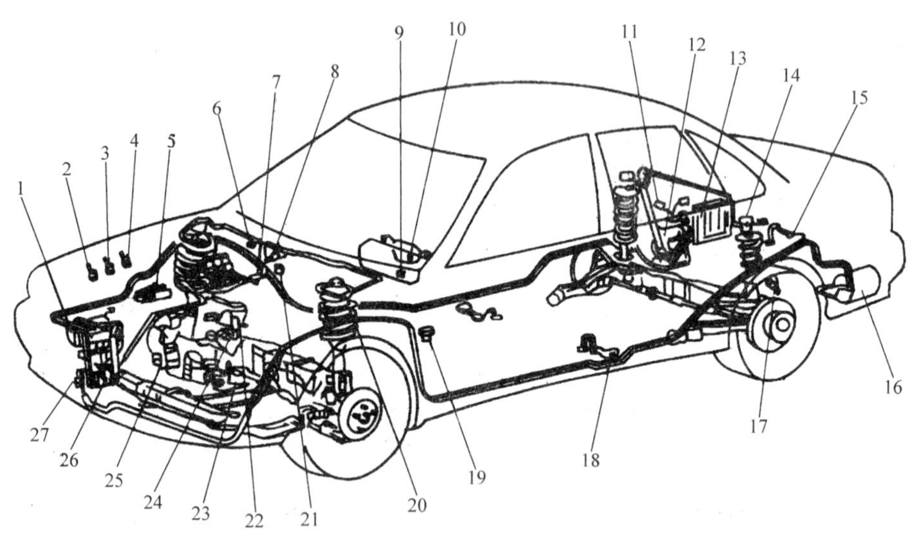

图 6-42　三菱轿车主动电子控制悬架系统

1—前储气筒　2—回油液压泵继电器　3—空气压缩机继电器　4—电磁阀　5—ECS 电源继电器　6—加速度计开关　7—节气门位置传感器　8—制动灯开关　9—车速传感器　10—转角传感器　11—右后车门开关　12—后电磁阀总成　13—电子控制单元　14—阻尼力转换执行器　15—左后车门开关　16—后储气筒　17—后高度传感器　18—左前车门开关　19—ECS 开关　20—阻尼力转换执行器(步进电动机型)　21—加速度计位置　22—空气压缩机总成　23—G 传感器　24—前高度传感器　25—系统禁止开关　26—空气干燥器　27—流量控制电磁阀总成

筒等构成的空气压力回路，阻尼力可调的减振器，以及由车速传感器、G传感器、转角传感器、车身高度传感器、节气门位置传感器、ECU、阻尼力转换执行器、电磁阀、继电器等组成的电控系统三大部分组成。

1. 减振器阻尼力的调节

三菱GALANT轿车电控悬架利用安装在悬架减振器上方的步进电动机作为阻尼力调节执行器，根据ECU发出的脉冲信号来驱动步进电动机旋转，进而带动减振器回转阀工作，改变减振器油孔的通道截面积来改变减振器的阻尼力，使悬架系统具有软、中、硬三种阻尼力模式。

2. 空气弹簧刚度调节

三菱GALANT轿车电控悬架的弹簧元件采用空气弹簧，利用主、副气室之间的空气流通截面积的改变来改变弹簧的刚度。

3. 车身高度的控制

图6-43所示为三菱GALANT轿车电控悬架系统的空气压力回路。该空气压力回路为封闭回路，由空气压缩机、空气干燥器、储气筒、流量控制电磁阀、前后悬架控制电磁阀、空气弹簧以及连接管路组成，其特点是空气弹簧排出的空气不排入大气，而是排入低压腔。

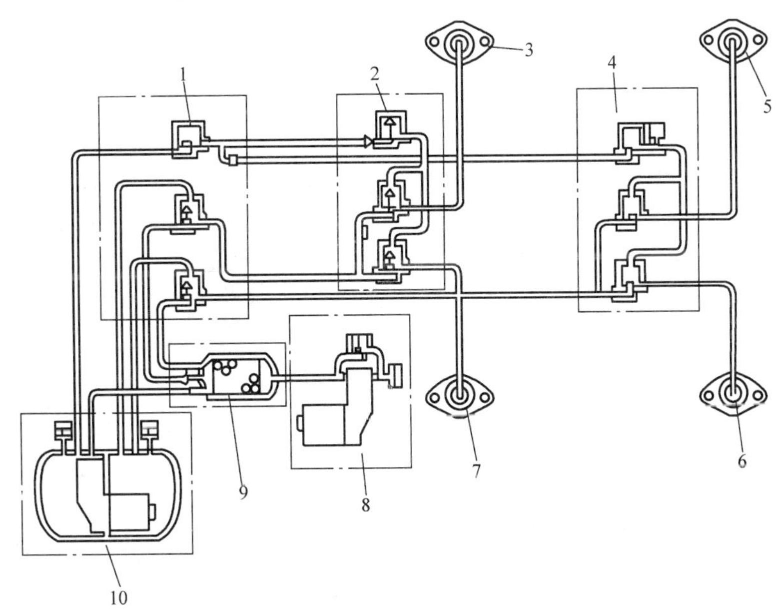

图6-43　三菱轿车悬架空气压力回路

1—流量控制电磁阀　2—前悬架控制用电磁阀　3—右前带减振器的空气弹簧
4—后悬架控制用电磁阀　5—右后带减振器的空气弹簧　6—左后带减振器的空气弹簧
7—左前带减振器的空气弹簧　8—空气压缩机　9—空气干燥器　10—储气筒

系统中各空气弹簧为并联独立布置，各空气弹簧可以单独进行充、排气操作，互不干涉。各电磁阀的工作都是由ECU进行控制。系统工作的过程如下：

（1）气压的建立　发动机起动后，当处于充电状态时（如果发电机没有发电，此时空气压缩机不工作以防蓄电池放电），直流电动机带动压缩机工作。空气经过滤后，从进气阀进入气缸，被压缩后的空气由排气阀流向干燥器，经干燥后进入储气筒。储气筒上有压力调节装置，当气压达到规定值时，空气压缩机将进气阀打开，使空气压缩机空转，减少对发动机功率的消耗。储气筒的气压一般保持在750～1000kPa左右。

(2) 车身高度的升高　当传感器检测到车身高度过低，ECU发出提高车身高度的指令，流量控制电磁阀和前后悬架控制电磁阀的进气阀打开，储气筒的空气进入空气弹簧使其气压提高，车身高度上升至规定高度后，电磁阀关闭。

(3) 车身高度的降低　当传感器检测到车身高度过高，ECU发出降低车身高度的指令，流量控制电磁阀和前后悬架控制电磁阀的排气阀打开，空气弹簧中的空气经过这些阀门流向储气筒的低压腔。当车身降低到规定值后，各电磁阀关闭。

(4) 空气的内部循环　该系统是一个封闭系统，空气只在系统内部管路中流通。当需要降低高度时，空气从空气弹簧排入储气筒的低压腔；当需要提升高度时，低压腔中的气体经空气压缩机进气阀进入气缸，被压缩和干燥后，再进入储气筒的高压腔，被充入空气弹簧内部。这种内部循环有助于提高充气效率，减少能量消耗，防止水分进入系统污染元件。

该悬架系统空气弹簧能够实现三种车身高度状态，分别是低、正常、高。在一般行驶状态下，车身高度保持“正常”状态；当车速超过120km/h时，车身高度变为“低”状态，以减少风阻并提高行驶稳定性；当车辆在坏路面上行驶时，车身高度变为“高”状态以提高通过性。也可由驾驶员根据具体情况手动调节，满足车辆的不同使用要求。

6.4.3　新型电控悬架系统

近年来，随着电子技术和计算机技术的发展，一些全新的电控悬架的形式开始出现，其结构形式和原理与传统电控悬架相比完全不同，下面就介绍两种较为先进的悬架系统。

1. *磁流变减振器*

磁流变减振器(MagneRideTM)技术由德尔福公司发明，主要应用在一些高档车辆上，如凯迪拉克SRX和通用的高档SUV等。

图6-44　磁流变减振器

磁流变减振器结构如图6-44所示，主要由减振器、电磁线圈、磁流变液体、控制单元等部分组成。在减振器中充有磁流变(MR)液体，它是一种由高磁导率、低磁滞性的微小软磁性颗粒(如铁粒子)和非导磁体液体混合而成的磁性软粒悬浮液，这种悬浮体在零磁场条件下呈现出低粘度的特性，而在强磁场作用下，呈现出高粘度、低流动性的液体特性。装在减振器中的小型电磁线圈可以产生可变磁场调节液流，从而不用阀门控制量孔。

图6-45所示为磁流变减振器的原理：悬架系统工作时，减振器中的磁流变(MR)液体在冲击力的作用下经过电磁线圈的内部。当减振器电磁线圈处于断电或者微弱电流的状态时，液体未被磁化，铁粒子在液体中是随机分布的，液体可以自由穿过活塞上的量孔，如图6-45a所示，此时减振器处于弱阻尼状态；当电磁线圈通电后，液体被磁化，其黏度迅速改变，变化程度与所施加的磁场强度成正比，当强电流加在线圈上时，所产生的磁场使铁粒子排列起来，使得液体变稠，流动阻力增大，如图6-45b所示。由于液体的黏度与磁场强度成

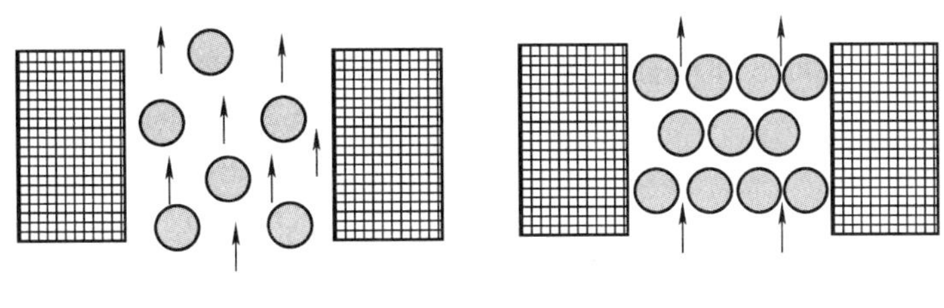

图6-45　磁流变减振器原理
a）线圈不通电时　b）线圈通电时

正比，而减振器的阻尼力也与油液的黏度成正比，从而使减振器处于强阻尼状态。

磁流变减振器在没有机电控制阀且机械装置简单的情形下产生反应迅速、可控性强的阻尼力，这种系统的响应时间非常短，大约只有5ms。因此，能够提供出色的车身控制并缓冲每个车轮所受的反冲力，从而最大程度地提高车辆的稳定性，增进驾驶性能和舒适程度。

2. 电磁悬架

电磁悬架是由Bose公司研发的一种新型悬架，以悬架专家的惯常思维，多会用气体或液体作为主动悬架的工作介质，但Bose公司的电气工程师开发出一种线性电磁电动机，里面是电磁线圈和磁铁，线圈通电后，这个柱状体就能够自由伸缩。它通过车辆周身的传感器采集路面状况和车身姿态，由电脑控制悬架的伸缩。它不再依赖弹簧-阻尼这种传统硬件，伸长和收缩是自主的，完全颠覆了传统悬架的结构模式和控制方式。

图6-46所示为电磁悬架的结构，传统悬架中的螺旋弹簧和减振器被一个线性电磁电动机替代。下三角臂的转轴端套在一根扭杆弹簧上，静态的时候，就由这根弹簧负担车重。在车轮位置还有一个缓冲器，当车轮被推顶到路面上时，它尽量避免轮胎因反弹而失去抓地力。

Bose的前悬架模块，基本上就是麦弗逊支柱式结构，因此不用大幅改动，就能安装到全世界绝大多数轿车上。它是真正的独立悬架，因为没有抗侧倾杆。

图6-46　Bose电磁悬架

注意：抗侧倾也是悬架性能的重要决定因素，悬架越粗，汽车过弯时就越平稳，但左右的独立性差，舒适度降低，但在Bose悬架系统上，完全不需要抗侧倾杆，其抗侧倾性能也很优异。

6.5　电控悬架系统的检修

对电控悬架系统的检修主要包括基本检查、故障自诊断、故障分析与电路故障诊断等。现代电控悬架系统都设有故障自诊断系统，随时监测系统的工作情况，为故障分析和排除提供了很好的参考和指导作用，只要在检修过程中注意正确的操作方法，就能迅速排除故障。

本节以雷克萨斯 LS400 轿车电控悬架系统为例，介绍电控悬架系统的检修。

6.5.1 检修注意事项

1）安装电控空气悬架的汽车，在举升前一定要确认点火开关处于“断开”状态，行李箱内的高度控制 ON/OFF 开关处于 OFF 状态。如果在高度控制 ON/OFF 开关拨到 ON 位置的情况下顶起汽车，则 ECU 中会记录一个故障码。如果记录了故障码，务必将其从存储器中清除掉。建议用悬架举升型举升器，不用车身举升型举升器。

注意：当将高度控制 ON/OFF 开关拨到 OFF 位置时，会显示故障码 71。当将开关重新拨到 ON 位置时，该故障码即被消除。

2）在放下千斤顶前，应将汽车下面所有的物体搬走。因为在维修过程中，可能进行过空气悬架的放气、空气管路拆检等操作，此时空气弹簧中的主气室可能无气或存有少量剩余气体，汽车落地后，因自身的重量使车身高度降低，就会将下面的物体压住。

3）在开动汽车之前，应起动发动机将汽车的高度调整到正常状态。因为在维修时空气弹簧中的空气被放掉，车身高度变得很低，如果此时汽车起步，势必造成车身与悬架或轮胎相互碰撞。因此，维修后首先起动发动机，用空气压缩机给空气弹簧气室输送压缩空气，使汽车高度恢复正常，这样汽车便可正常行驶。

4）前安全气囊碰撞传感器安装在空气压缩机和 1 号车身高度控制阀上面。因此，除非必要时，不要触及这个传感器。若要触及，必须按照安全气囊维修中的说明，在维修前拆下前安全气囊碰撞传感器，避免影响安全气囊系统的正常工作。

5）安装电子控制空气悬架的汽车，一定要按照正确的步骤进行拖车，以免损坏电控悬架系统。拖行时，必须将点火开关断开，从汽车前端拖行时，速度不应超过 60km/h，或者拖行距离不得超过 80km，从汽车后端拖行时，速度不应超过 80km/h，或者拖行距离不得超过 60km。

6）当空气弹簧中存在压力时，在任何情况下都不要拆卸空气弹簧，在未排除所有空气之前或对空气弹簧悬架进行支撑之前，不要拆卸支撑空气弹簧的任何部件。

6.5.2 雷克萨斯 LS400 轿车电控悬架系统的基本检查

电控悬架的基本检查主要是针对悬架的基本功能、元件的工作状态进行检查和调整，以便及时发现和解决问题，确保电控悬架系统正常工作。下面就以雷克萨斯 LS400 轿车电控悬架系统为例讲解电控悬架系统的基本检查。

首先进行初步检查，即轮胎充气压力是否正确，标准数据为前轮：230kPa，后轮：250kPa。

1. 车身高度检查

该项检查的目的是通过测量汽车车身高度是否在标准范围以内，根据需要进行适当调整。检查的步骤如下：

（1）准备工作　将车辆停于水平地面上，将 LRC 开关置于 NORM 位置，让车身上下跳振几次，以使悬架处于稳定状态；前后推动汽车，确保车轮处于稳定状态；将变速杆置于空档；松开驻车制动器，固定好车轮，起动发动机。

将车身高度控制开关拨到HIGH位置，等车身升高后停留60s，再拨至NORM位置，等车身下降后停留50s，重复上述操作1~2次。

经过上述准备工作，使汽车和悬架各部分处于稳定状态后，方可进行车身高度的测量。

（2）测量车身高度　测量从地面到下悬架臂安装螺栓中心之间的距离，雷克萨斯LS400轿车正常的车身高度值见表6-6。

表6-6　雷克萨斯LS400轿车车身高度标准

部　　位	车　前　端	车　后　端	左右误差	前后误差
高度/mm	228±10	210.5±10	<10	17.5±15

（3）车身高度调整　若测量结果与标准值不符，则应进行调整。

1）旋松车身高度传感器调节杆上的两只锁紧螺母，如图6-47所示。

2）转动车身高度传感器调节杆的螺栓以调节长度(车身高度传感器调节杆每转一圈,汽车高度改变大约为4mm)。

3）调整后，检查车身高度传感器调节杆的尺寸是否小于极限值。前、后悬架的极限值均为13mm。

4）预拧紧两只锁紧螺母，再检查一次车身高度。

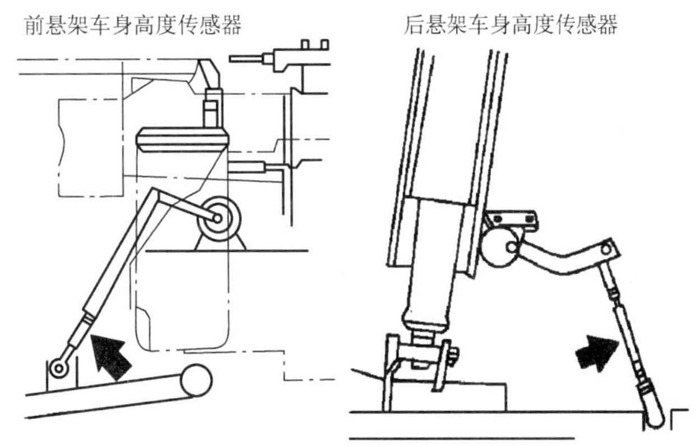

图6-47　车身高度传感器调整螺母

5）若车身高度符合要求，则拧紧锁紧螺母，拧紧力矩为4.4N·m。注意：在拧紧锁紧螺母时应确保球节与托架平行。

2. 车轮定位参数检查

在车身高度调整完毕后，应检查车轮定位，标准值如表6-7所示。

表6-7　雷克萨斯LS400轿车四轮定位参数

前轮定位	车轮外倾角	-0°05′±45′	主销内倾角	8°50′±45′
	主销后倾角	9°50′±45′	车轮前束	(1±2)mm
后轮定位	车轮外倾角	-0°45′±45′	车轮前束	(3±2)mm

3. 车身高度调整功能检查

该项检查的目的是通过操作高度控制开关，检查汽车高度变化的情况是否符合操作的要求和高度值，分为车身升高(NORM→HIGH)功能的检查和车身降低(HIGH→NORM)功能的检查，检查的具体步骤如下：

（1）车身升高功能

1）将车身高度控制开关置于NORM位置，起动发动机，测量车身高度。

2）将高度控制开关从NORM位置切换到HIGH位置，检查完成高度调整所需的时间和汽车高度变化量。调整时间应为：从高度控制开关拨到HIGH位置开始到压缩机起动时止，

所需时间约为 2s；从压缩机起动时开始到完成高度调整时止，所需时间约为 20～40s。汽车高度的变化量应为 10～30mm。

若不符合，应对车身高度调整系统进行检查。

（2）车身降低功能

1）将车身高度控制开关置于 HIGH 位置，起动发动机，测量车身高度。

2）将高度控制开关从 HIGH 位置切换到 NORM 位置，检查完成高度调整所需的时间和汽车高度变化量。调整时间应为：从高度控制开关拨到 NORM 位置开始到排气阀开始排气时止，所需时间约为 2s；从开始排气时开始到完成高度调整时止，所需时间约为 20～40s。汽车高度的变化量应为 10～30mm。

若不符合，应对车身高度调整系统进行检查。

4. 溢流阀功能检查

该项检查通过迫使压缩机工作，检查溢流阀能否动作，检查的步骤如下：

1）将高度控制插接器的端子 1 与 7 用导线跨接。

2）将点火开关转到 ON，迫使压缩机工作。

3）等压缩机工作一段时间后，检查溢流阀是否能够排气。

如果不能正常排气，则应检查空气管路中是否有漏气，压缩机是否正常工作，溢流阀是否堵塞或有其他故障。

4）检查完后，将点火开关转到 OFF 位置。清除故障码，由于迫使压缩机工作时，ECU 中会记录一个故障码，在完成检查后，务必将这个故障码清除掉。

5. 漏气检查

管路中一旦有漏气，将直接影响系统气压的建立和保持，影响悬架的正常调节功能，因此要经常检查系统的密封性能。漏气一般发生在管路接头处，检查的步骤如下：

1）起动发动机，将高度控制开关拨到 HIGH 位置，使车身升高。

2）车身升至最高位后，将发动机熄火。

3）用肥皂水涂在管路接头处及怀疑漏气处，观察是否有气泡产生。

若有气泡，则证明此处漏气，应及时修复或更换。

6.5.3 雷克萨斯 LS400 轿车电控悬架系统故障自诊断

自诊断系统可以通过检测电控悬架的运行参数，判断系统工作是否正常，并可以在出现故障时点亮仪表板上的指示灯提示驾驶员，同时将故障信息以代码的形式存储在 ECU 内部，以供维修人员在检查时根据指示灯的闪烁规律读取故障码。

1. 故障指示灯

电控悬架系统的故障指示灯有两个，一个是 LRC 指示灯，一个是高度控制指示灯。在点火开关打开后 2s 左右时，系统进行自检，两个指示灯应该常亮；自检结束后，两灯的亮灭则取决于其控制开关的位置。当 LRC 开关拨到 SPORT 位置时，LRC 指示灯亮起；当高度控制开关拨到 NORM 或 HIGH 位置时，相应的指示灯亮起；在系统出现故障后，高度控制 NORM 指示灯会以 1s 间隔闪烁。

2. 故障码的读取与清除

（1）故障码的读取　用跨接线将 TDCL 或诊断插座的端子 T_c 与 E_1 跨接起来，打开点火

开关到 ON 位置，根据仪表板上的高度控制 NORM 指示灯的闪烁读取故障码。

也可以用故障诊断仪直接读取故障信息。

（2）故障码的清除　方法一：关闭点火开关，拆下 1 号接线盒中的 ECU-B 熔断器 10s 以上，故障码即可清除；方法二：关闭点火开关，将高度控制插接器的端子 8(E) 和 9(CLE) 连接，同时连接诊断插座的端子 T_s 与 E_1，保持 10s 以上，故障码即可清除。

也可用故障诊断仪的清除故障码功能直接清除故障信息。

注意：无论用什么方法清除故障码，在清除之前必须保证对应的故障已被排除，否则相应的故障码无法被清除。

3. 雷克萨斯 LS400 轿车电控悬架系统故障码

故障码含义如表 6-8 所示。

表 6-8　雷克萨斯 LS400 轿车电控悬架系统故障码

代码	系　统	故障诊断	故障部位	指示灯	存储器
11	右前车身高度传感器电路	车身高度传感器电路开路或短路	ECU 与车身高度控制传感器之间的线路或插接器，车身高度控制传感器，ECU	○	○
12	左前车身高度传感器电路			○	○
13	右后车身高度传感器电路			○	○
14	左后车身高度传感器电路			○	○
21	前悬架控制执行器电路	悬架控制执行器开路或短路	ECU 与悬架控制执行器之间的线路或插接器，悬架控制执行器，ECU	○	○
22	后悬架控制执行器电路			○	○
31	1 号高度控制阀电路	高度控制阀电路开路或短路	ECU 与高度控制阀之间的线路或插接器，高度控制阀，ECU	○	○
33	2 号高度控制阀电路（用于右悬架）			○	○
34	2 号高度控制阀电路（用于左悬架）			○	○
35	排气阀电路	排气阀电路开路或短路	ECU 与排气阀之间的线路或插接器，排气阀，ECU	○	○
41	1 号高度控制继电器	1 号高度控制继电器电路开路或短路	ECU 与 1 号高度控制继电器之间的线路或插接器，ECU	○	○
42	压缩机电动机电路	压缩机电动机电路短路，压缩机电动机被卡住	ECU 与压缩机电动机之间的线路或插接器，压缩机电动机，ECU	○	○
51	至 1 号高度控制继电器的持续电流	向 1 号高度控制继电器供电的时间约 8.5min 以上	压缩机电动机，压缩机，空气管，1 号、2 号控制阀，排气阀，车身高度传感器连接杆，车身高度传感器，溢流阀，ECU	—	○
52	排气阀的持续电流	向排气阀供电的时间约 6min 以上	高度控制阀，排气阀，空气管，车身高度传感器连接杆，车身高度传感器，ECU	—	○

（续）

代码	系　统	故障诊断	故障部位	指示灯	存储器
61	悬架控制信号	ECU 故障	ECU	—	○
71	高度控制 ON/OFF 开关电路	高度控制 ON/OFF 开关位于 OFF 位置或高度控制 ON/OFF 开关电路短路	ECU 与高度控制开关之间的线路或插接器，高度控制 ON/OFF 开关，ECU		—
72	悬架控制执行器供电电路	悬架控制执行器供电电路开路或熔断器烧断	AIR SUS 熔断器，ECU 与发动机主继电器之间的线路或插接器，ECU	—	—

注：1. 表中“指示灯”一栏中的○表示高度控制 NORM 指示灯以 1s 的时间间隔闪烁，—表示指示灯不闪烁。

2. 表中“存储器”一栏中的○表示存储器中有故障码(无论点火开关打开还是关闭)，—表示存储器中没有存储故障码。

3. 关于故障码 51，因为压缩空气的溢流压力是 980kPa，如果试图在坡道上或汽车超负荷情况下进行高度控制，就会输出代码“51”，同时汽车高度控制、阻尼力控制和弹簧刚度控制终止，这并非异常。在这种情况下，只要关闭点火开关约 70min 后再打开，系统就会恢复正常。

4. 关于故障码 52，如果在拆下车轮或支起汽车的情况下进行高度控制，就会输出代码“52”，同时汽车高度控制、阻尼力控制和弹簧刚度控制终止，这并非异常。此时，只要关闭点火开关后再打开，系统就会恢复正常。

5. 关于故障码 71，当高度控制 ON/OFF 开关在 OFF 位置时，会输出故障码“71”，这并非异常。当没有故障码输出时，应检查 T_c 端子电路。

4. 检查 ECU 输入信号

该项功能用来检查转向传感器和停车开关等开关信号能否正常地输入 ECU，具体的方法是：将点火开关打开到 ON，根据不同的检查项目分别进行表 6-9 中的“操作 1”，用跨接线连接诊断插座的端子 T_s 与 E_1，再进行表 6-9 中相应的“操作 2”，观察高度控制指示灯 NORM 的状态，在发动机停转或运行两种状态下，应该符合表 6-9 中的“指示灯状态”。

表 6-9　检查 ECU 输入信号

检查项目	操　作　1	指示灯状态		操　作　2	指示灯状态	
		停转	运行		停转	运行
转向传感器	车向前摆正直行	○	—	转向角 45°以上	—	○
停车灯开关	OFF(不踩制动踏板)	○	—	ON(踩下制动踏板)	—	○
门控灯开关	OFF(所有车门关闭)	○	—	ON(所有车门打开)	—	○
节气门位置传感器	不踩加速踏板	○	—	加速踏板踩到底	—	○
1 号车速传感器	车速低于 20km/h	○	—	车速 20km/h 以上	—	○
高度控制开关	NORM 位置	○	—	HIGH 位置	—	○
LRC 开关	NORM 位置	○	—	SPORT 位置	—	○
高度控制 ON/OFF 开关	ON 位置	○	—	OFF 位置	—	○

注：1. 表中“指示灯状态”栏中，○和—表示检查结果正常时指示灯的状态，○表示指示灯每 0.25s 闪烁一次，—表示指示灯常亮。

2. 在进行本项检查中，减振器的阻尼力控制和弹簧刚度控制被暂时停止，减振器的阻尼力和弹簧刚度被固定为“坚硬”状态，车身高度控制正常进行。

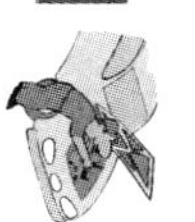

表 6-10 电控悬架系统故障征兆一览表

征兆	怀疑部位	高度控制传感器	悬架控制执行器电路	高度控制阀、排气阀电路	1号高度控制继电器电路	压缩机电动机电路	高度控制ON/OFF	悬架控制执行器电源电路	汽车高度控制电源电路	IC调节器电路（发电机电路）	LRC开关电路	高度控制开关电路	停车灯开关电路	转向传感器电路	节气门位置信号电路	车速传感器电路	门控灯开关电路	T_c端子电路	T_s端子电路	高度控制传感器连接杆	空气泄漏	气压缸/减振器	悬架ECU
弹簧刚度和减振器阻尼控制失效	无论怎么操纵LRC开关，LRC指示灯的状态不变										1												2
	悬架刚度和阻尼系数控制失效		1					6			4							2	3			5	7
	只有防侧倾控制失效													1									2
	只有防下蹲功能失效														1								2
	只有防点头功能失效												1			2							3
	只有高速控制失效															1							2
车身的高度控制失灵	高度控制指示灯状态不随开关位置改变	4							3	2		1											5
	汽车高度控制功能失效	5					4		2	1		3											6
	只有高速时汽车高度控制失效															1							2
	汽车高度变化没有规律不可控	2																			1		3
	汽车有高度调节作用，但是各个悬架的高度调节不均匀			1																2			
	汽车有高度调节作用，但高度过高或过低																			1			
	进行汽车高度调节时，汽车处于非常高或非常低的位置	1																					
	汽车高度控制ON/OFF开关在OFF位置时，汽车高度控制仍起作用						1																2
	点火开关OFF控制不起作用（点火开关关闭后，汽车高度不下降到驻车状态）								2								1						3
	车门打开时，点火开关OFF控制仍起作用																1						2
	汽车驻车高度过低（汽车驻车时，短时间内或一到两天内车高下降的太多）																				1	2	
	压缩机电动机仍旧运转				2	3															1		4

注：表中的数字表示故障检查的顺序。

6.5.4 电控悬架系统故障检修

当故障自诊断系统无故障码输出，但是系统依然有明显的故障症状时，就需要根据故障症状来进行故障分析。电控悬架系统常见的故障有两大类，一是悬架系统刚度和阻尼力控制失效，二是车身的高度控制失灵。在查找故障原因时，可按照表 6-10 所示的顺序进行逐次逐个排查，以便尽快找到故障原因和部位进行排除。

从表 6-10 中可以看出，几乎所有故障的原因都有可能由悬架 ECU 引起，但实际上，ECU 本身出故障的概率非常低，因此在进行故障检修时，应该首先检查 ECU 以外的可能故障部位，当确认外部部件和线路良好时，才考虑检查或更换 ECU。

本章小结

• 衡量悬架性能好坏的主要指标有两点：一是汽车行驶的平顺性，二是车辆的操纵稳定性。

• 电控悬架就是在普通悬架的基础上加装了一套电控系统，可根据不同的路面条件、车辆载荷、行驶速度等来控制悬架的弹簧刚度和减振器阻尼等，使车辆的平顺性和操纵稳定性在各种条件下都达到最佳。

• 按照控制参数不同，电控悬架可分为半主动悬架和主动悬架两大类，目前常用的主动悬架主要有空气弹簧式和油气弹簧式两种。

• 电控悬架系统主要由传感器、ECU、执行器三大部分组成。传感器一般有车身高度传感器、车速传感器、加速度传感器、转向盘转角传感器、节气门位置传感器等；开关主要有模式选择开关、制动灯开关、停车开关和车门开关等；执行器主要有电动机和电磁阀两种。

• 悬架阻尼力的改变是通过电动机驱动可调阻尼力减振器中的控制杆改变回转阀的位置，继而改变阻尼孔的截面积，从而实现阻尼力的变化。

• 悬架刚度的改变是通过空气弹簧或油气弹簧来实现的：空气弹簧式主动悬架使主、副气室之间气体的流通量改变进而改变空气弹簧刚度；油气弹簧则是通过油液压缩气室中的空气，从而改变空气的容积来实现刚度的改变。

• 空气弹簧悬架的车身高度改变主要是通过改变气室中空气的量来实现的。

• 电控悬架的基本检查主要是针对悬架的基本功能、元件工作状态进行检查和调整，以便及时发现和解决问题，确保电控悬架系统正常工作。

• 自诊断系统可以检测电控悬架的运行参数，判断系统是否正常，并可以在出现故障时点亮仪表板上的指示灯提示驾驶员，同时将故障信息以代码的形式存储在 ECU 内部，以供维修人员在检查时根据指示灯的闪烁规律读取故障码。

• 当故障自诊断系统无故障码输出，但是系统依然有明显的故障症状时，就需要根据故障症状来进行故障分析。

• 电控悬架系统常见的故障有两大类，一是悬架系统刚度和阻尼力控制失效，二是车身的高度控制失灵。

复习思考题

一、填空题

1. 汽车悬架系统主要的作用是________、________和________，系统的主要参数包括________和________。

2. 衡量悬架性能好坏的主要指标有两点：一是________，二是________。

3. 电控悬架系统的基本功能是________、________和________。

4. 根据悬架所控制的特性参数不同，电控悬架可分为________和________两大类。

5. 现代汽车悬架电控系统主要由传感器、________和________三部分组成，其中常用的传感器有________、________、加速度传感器、________、节气门位置传感器等。

6. 常用的车身高度传感器有 4 种形式，主要包括________、________、________和光电式，其中光电式车身高度传感器通过 4 个光耦合器组件可以精确评价出________种不同的车身高度区域。

7. 汽车在急加速时，尾部容易产生“________”现象，为了防止这一现象，ECU 根据________传感器信号检测汽车的加速工况，并根据该信号控制悬架的刚度和阻尼力等参数。

8. 悬架电子控制单元 ECU 是一台小型专用计算机，一般由________、________、________和电源电路等组成。

9. 悬架电控系统主要的执行器有两类，即________和________，此外还包括________、________等。

10. 在阻尼力有级可调的悬架中，电控系统对悬架减振器的阻尼力控制分为 3 种情况，分别是________、________和________。

11. 横向稳定器的刚度越大，车辆的________性能越好。

12. 在可变刚度的电控悬架中，目前常采用的弹性元件主要有________和油气弹簧两种。

13. 通过改变________的气体通道的________大小，就可以改变空气悬架的刚度。

14. 对于车身高度的调节，空气悬架是通过________实现的，而油气悬架是通过________实现的。

15. 雷克萨斯 LS400 轿车上装用的 TEMS 电控悬架属于________（悬架类型）。

16. 对电控悬架系统的检修主要包括________、________、________等。

17. 电控悬架系统的故障指示灯有两个，一个是________，另一个是________，其中，系统出现故障时________闪烁。

18. 当将高度控制 ON/OFF 开关拨到________位置时顶起汽车，会显示一个故障码________。当将开关重新拨到________位置时，该代码即被消除。

19. 当故障指示灯闪烁时，用跨接线将 TDCL 或诊断插座的端子________与________跨接起来，打开点火开关到________位置，根据仪表板上的高度控制 NORM 指示灯的闪烁读取故障码。

20. 电控悬架系统常见的故障有两大类，一是________，二是________。

二、判断题

1. 若降低弹簧的刚度，能够使车辆的操纵稳定性提高，但同时对平顺性产生不良影响。 (　　)

2. 电控悬架就是在普通悬架的基础上加装了一套电控系统，使车辆的平顺性和操纵稳定性在各种行驶条件下都达到最佳。 (　　)

3. 半主动悬架往往从改变减振器阻尼力入手，提高悬架特性。 (　　)

4. 选择较高的阻尼力，可以减少对车身的冲击，满足舒适性的要求但安全性下降，适合于车辆的低速行驶。 (　　)

5. 霍尔式车身高度传感器，在使用过程中不存在磨损，检测精度和灵敏度都很高，越来越多地被现代轿车所采用。 (　　)

6. 在主动悬架系统中，要对车身高度进行检测与调节，一般只需在悬架上安装 3 个车身高度传感器即可，如果多于 3 个，则会出现调整干涉现象。 (　　)

7. 在车辆停止后，悬架系统自动使车身降到较低的高度，若此时打开车门(下客或卸货时)，车高自动控制必须加速结束，以免造成危险。 (　　)

8. 步进电动机为非接触型电动机，与直流电动机式执行器相比，使用寿命更长，可获得更快速的响应和更精确的控制。 (　　)

9. ECU 使高度控制阀线圈通电后，高度控制阀打开，并将从空气压缩机来的压缩空气引向气压缸，从而使汽车高度上升。 (　　)

10. ECU 使排气阀线圈通电后，排气阀打开，并将气缸中的压缩空气排放到大气中，从而使汽车高度下降。 (　　)

11. 油气弹簧具有良好的非线性特性，但是与空气弹簧相比，其成本高、体积大、加工精度高、保养维护困难。 (　　)

12. 在车辆转向时，使弹簧刚度和减振器阻尼变成“坚硬”状态，能抑制侧倾而使汽车的姿势变化减至最小，以改善操纵性。 (　　)

13. 在车辆制动时，使弹簧刚度和减振器阻尼变成“中等”状态，能抑制汽车前部点头而使汽车的姿势变化减至最小，以改善乘坐舒适性。 (　　)

14. 在车辆加速时，使弹簧刚度和减振器阻尼变成“坚硬”状态，能抑制汽车后部下蹲而使汽车的姿势变化减至最小，以改善乘坐舒适性。 (　　)

15. 高度控制开关安装于汽车尾部行李箱左侧，当把此开关打到 ON 位置时，系统可按选择方式进行车身高度的自动控制。 (　　)

16. 当用千斤顶将汽车顶起时，应将高度控制 ON/OFF 开关拨到 ON 位置。 (　　)

17. 在放下千斤顶前，应将汽车下面所有的物体搬走。 (　　)

18. 维修后，在开动汽车之前，应先起动发动机并将汽车的高度调整到正常状态。 (　　)

19. 在点火开关打开后 2s 左右时，悬架系统进行自检，仪表板上的两个指示灯应该闪烁。 (　　)

20. 电控悬架系统中，几乎所有的故障现象都有可能是悬架电控单元(ECU)的问题引起的，所以应首先考虑检查或更换 ECU。 (　　)

三、问答题

1. 理想的悬架刚度和阻尼特性应该如何？为什么？

2. 电控悬架的类型有哪些？

3. 简述光电式车身高度传感器的工作原理。

4. 在电控半主动悬架中，主要的开关有哪些？各起什么作用？

5. 以阻尼力有级可调式减振器为例，说明根据路面或载荷的变化，阻尼力的调节有哪些情况？

6. 以汽车走过一个凸起路面为例，说明减振器阻尼力的控制过程。

7. 简述空气弹簧悬架的刚度控制过程。

8. 油气弹簧悬架如何对车身高度进行调整？

9. 以雷克萨斯 LS400 轿车为例，简述电控空气悬架系统的功能。

10. 三菱 GALANT 轿车电控悬架系统的减振器阻尼力是如何进行调节的？

11. 目前主要有哪些全新的电控悬架形式出现？各有什么优点？

12. 以雷克萨斯 LS400 轿车电控悬架系统为例，介绍悬架的基本检查有哪些内容？

13. 在实际操作过程中，如何检查雷克萨斯 LS400 轿车的车身高度调整功能？

14. 如何进行雷克萨斯 LS400 轿车电控悬架系统的故障码读取和清除？

15. 当汽车高度控制功能失效时，如何根据故障征兆表进行检查？

实训项目10　电控悬架系统的基本检查

车 辆 型 号	车辆识别代码	检 测 系 统

一、实训目标

1. 掌握电控悬架系统基本检查的内容(项目)。

2. 掌握电控悬架系统基本检查的方法和评价标准。

二、知识准备

1. 雷克萨斯 LS400 轿车电控悬架主要功能有________、________和 ________。

2. 电控悬架系统的基本检查内容包括________、________和 ________。

3. 在图 6-38 中仔细辨认雷克萨斯 LS400 轿车电控悬架的主要组成部分，并在实车上一一对应指出。

三、实训步骤

1. 准备工作

将车辆停放在水平地面，检查胎压是否符合要求。标准值应为前轮________；后轮________；测量值为前轮________；后轮________。

2. LS400 轿车车身高度的检查

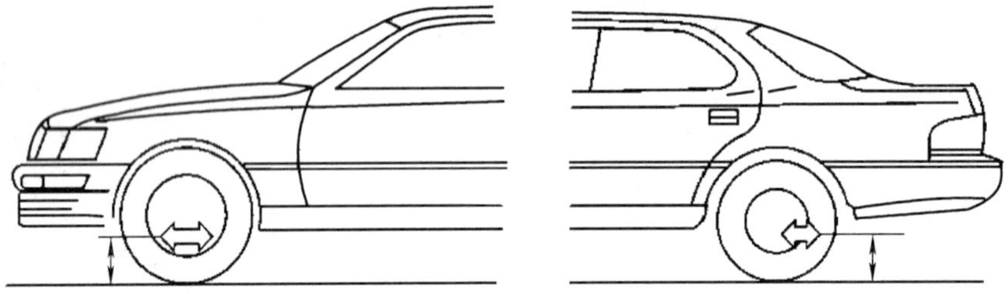

a) 车身前端　　b) 车身后端

图 6-48　车身高度的测量

按照图 6-48 所示的位置测量车身高度，并进行数据记录。

部　　位	车　前　端	车　后　端	左 右 误 差	前 后 误 差
高度/mm				

将数据结果与维修手册标准数据比对，若测量结果与标准值不符，则应进行车身高度的调整。

3. LS400 轿车电控悬架车身高度调整功能的检查

检 查 步 骤	检 查 结 果			
	调整时间/s		高度变化量/mm	结　　果
车身升高功能(NORM-HIGH)				
车身降低功能(HIGH-NORM)				

4. 溢流阀功能的检查

1）将高度控制插接器的端子 1 与 7 用导线跨接，如图 6-49 所示，将点火开关转到 ON，迫使压缩机工作。

2）等压缩机工作一段时间后，检查溢流阀，________(能/不能)排气。

（续）

车 辆 型 号	车辆识别代码	检 测 系 统

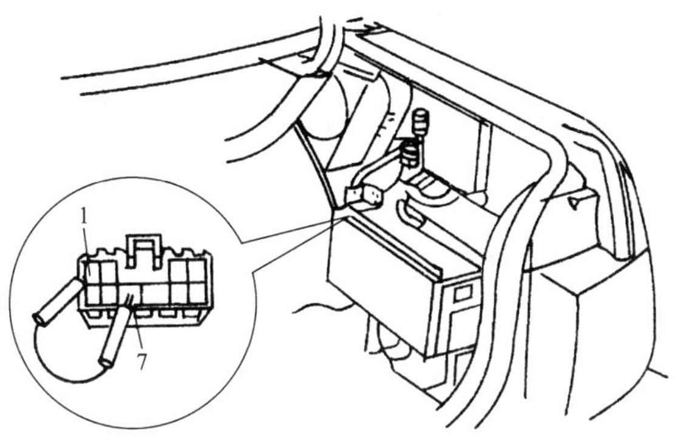

图 6-49　溢流阀的检查

注意：检查完毕后需要清除故障码。

5. 漏气检查

1）起动发动机，将高度控制开关拨到________位置，使车身升高。

2）车身升至最高位后，将发动机熄火。

3）用肥皂水涂在管路接头处及怀疑漏气处，观察是否有________产生。

通过上述检查，得出结论：____

____。

四、实训小结

____

____

____。

实训项目 11　高度传感器及悬架执行器的检修

车 辆 型 号	车辆识别代码	检 测 系 统

一、实训目标

1. 了解电控悬架系统高度传感器与悬架执行器的结构及工作原理。

2. 掌握高度传感器与悬架执行器的常见故障。

3. 能够利用检测工具和简单的分析判断出故障点。

4. 掌握线路、插接器及零部件的检修和更换方法。

二、知识准备

1. 图 6-50 所示为高度传感器的电路，雷克萨斯 LS400 轿车电控悬架采用的高度传感器类型是________式，一共有________个。

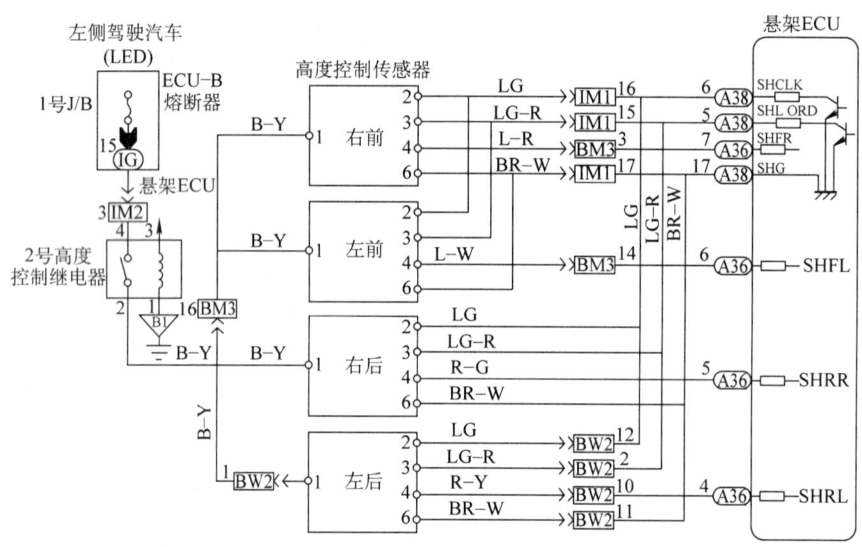

图 6-50　高度传感器电路图

2. 在进行故障诊断时若出现故障码________，就应该检测相应的车身高度传感器连接电路及元件本身是否出现了故障。在出现故障码________时，说明悬架执行器电路出现了问题。

三、实训步骤

1. 高度传感器的检修

若是前高度传感器，在检查前应拆下前轮胎，拔下高度传感器的插接器，接通点火开关；对于后高度传感器，在检查前应拆下行李箱装饰前盖，脱开插接器，接通点火开关。

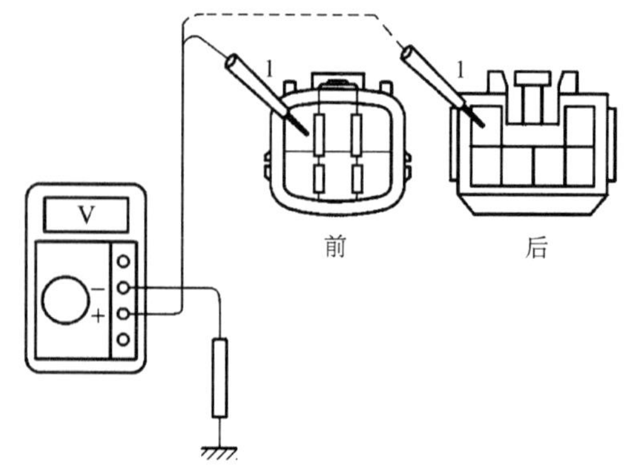

图 6-51　高度传感器的检修

1）检查高度传感器插接器端子 1 与车身搭铁之间的电压，如图 6-51 所示，正常值应为________，检测结果为________。

（续）

车 辆 型 号	车辆识别代码	检 测 系 统

2）检查悬架 ECU 与高度传感器之间的插接器和连线是否正常。利用万用表的导通档测量高度传感器与 ECU 连接的线束中各个线路的导通性，正常结果都应该导通，实测结果为________。

3）检查高速传感器是否有故障，装上一只新的高度传感器，观察故障是否消失，给出进一步的维修意见：________。

2. 悬架执行器的检修

检查前悬架执行器时，可先拆下执行器盖和执行器，并接通点火开关；而对于后悬架执行器，应先拆下后座位和封板装饰，再拆下执行器盖和执行器，接通点火开关。

1）检查悬架执行器工作情况，检查在 LRC 开关拨至 SPORT 和 NORM 时悬架执行器的工作情况，如图 6-52 所示，正常应该执行器动作，实测________。

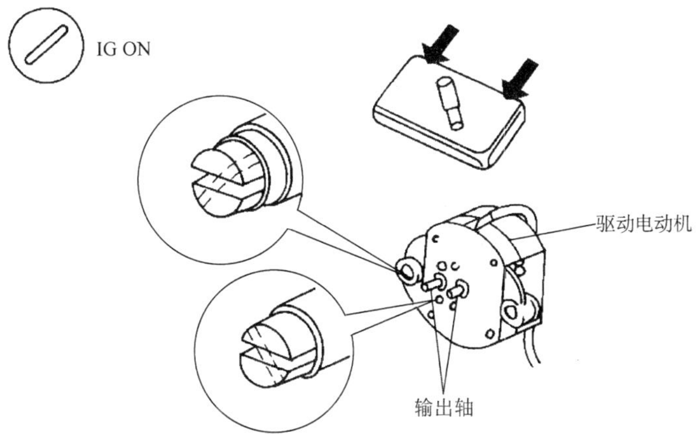

图 6-52　悬架执行器工作情况的检查

2）检查悬架执行器。测量悬架执行器各端子之间的电阻，如图 6-53 所示，将测量值与维修手册中的标准值作比较。

端　子	标 准 电 阻	实　测　值
1-2	3～6Ω	
3-4	3～6Ω	
2-4	2.3～4.3kΩ	

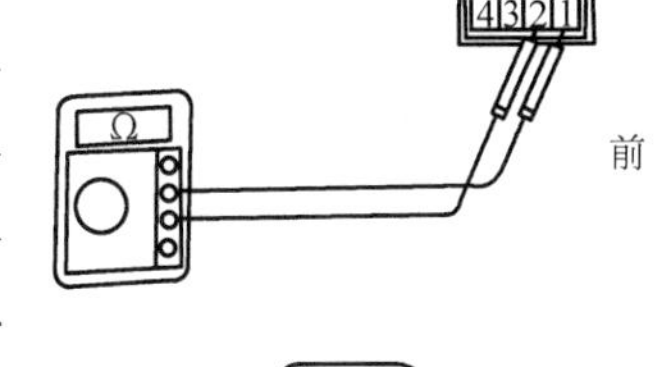

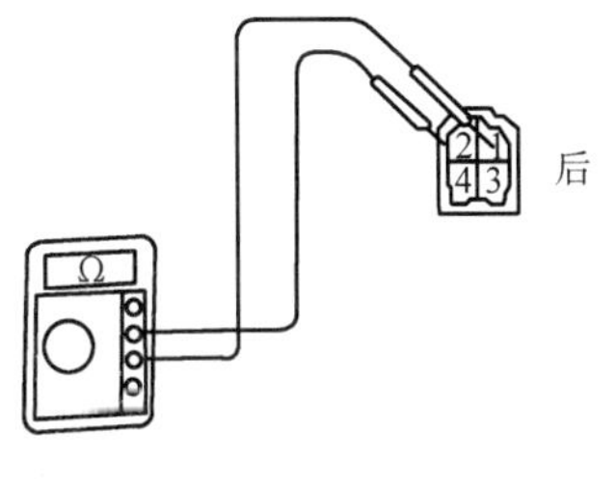

图 6-53　测量悬架执行器电阻

3）在悬架控制执行器下列各端子间加上蓄电池电压，如图 6-54 所示，检查执行器工作情况是否符合下表。

位　置	蓄电池 +	蓄电池 −
坚硬	端子 1	端子 2
中等	端子 3	端子 4
软	端子 2	端子 1

（续）

车 辆 型 号	车辆识别代码	检 测 系 统

注意：此项检查应在短时间(1s)内完成，以免损坏执行器。

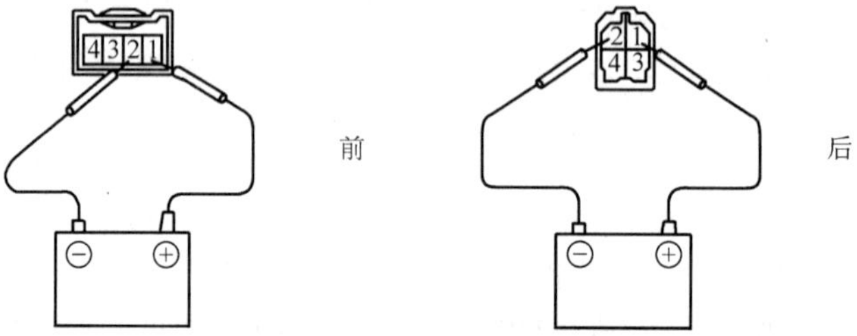

图 6-54　悬架执行器工作情况检查

4）检查连接电路和 ECU。

检查悬架 ECU 与执行器、执行器与车身搭铁之间的线路和插接器，若不正常，应更换和修理线路和插接器；若均正常，则应检查 ECU。

通过上述检查，得出结论：____。

四、实训小结

____

____

____。

第7章 电控动力转向系统与四轮转向系统

学习目标：

- 了解汽车动力转向系统的功能及分类。
- 了解不同类型动力转向系统的组成和基本原理。
- 掌握液压式电控动力转向系统的结构及原理。
- 掌握电动式电控动力转向系统的结构及原理。
- 掌握动力转向系统各部件的检修方法。
- 掌握动力转向系统的常见故障诊断与分析方法。
- 了解四轮转向系统的特点。
- 掌握四轮转向系统的组成和基本原理。
- 掌握四轮转向系统常用的控制方式。

7.1 概述

汽车转向系统是指能够按照驾驶员的意愿，使汽车改变或恢复其行驶方向的一套专设机构，传统的转向系统主要由转向操纵机构、转向器、转向传动机构三部分组成。当驾驶员操纵转向盘时，转向力通过机械的传动机构传递给转向车轮，转向轮旋转进而使车辆转向。使用这种机械式转向系统的缺点是转向力大，驾驶员劳动强度高，随着人们对车辆转向性能的要求不断提高，现代轿车上普遍采用了动力转向系统。

理想的动力转向系统应该能够在汽车低速时使转向轻便，减轻驾驶员劳动强度；而在汽车高速时则应具有一定的转动转向盘的力，给驾驶员一定的路感，防止转向发飘。

但是一般动力转向系统在设计时存在着如下矛盾：一方面，如果所设计的固定放大倍率是为了减小汽车在停车或低速行驶状态下转动转向盘的力，那么汽车低速行驶时转向较轻便，但是当汽车高速行驶时，会使转动转向盘的力显得太小(发飘)，不利于对高速行驶的汽车进行方向控制；反之，如果所设计的固定放大倍率是为了增加汽车在高速行驶时的转向力，虽然汽车高速时转向具有一定的路感，但是当汽车停驶或低速行驶时，转动转向盘就会显得非常吃力(沉重)。

由此可见，普通的动力转向系统可以使转向轻便，但是其转向力的放大倍率是不可变的，因此无法兼顾高速和低速时车辆对于转向助力的不同要求。

目前，大部分汽车上采用了电控动力转向系统，它是在普通动力转向系统的基础上增设了一套电子控制系统，因此具有可变的放大倍率。这种电控动力转向系统既可在低速时使转向轻便、灵活，又能在高速时保证一定的路感，其驾驶舒适性、操纵稳定性更高，解决了上述矛盾，得到了广泛的应用。

7.1.1 电控动力转向系统的功能

汽车电控动力转向系统的功能就是根据各传感器的信号判断驾驶意愿和车辆状况，借助于液压系统的液体压力或电动机驱动力来对车轮的转向实现不同程度的助力，所以动力转向系统也称为转向助力装置。

一般电控动力转向系统应满足以下要求：

(1) 优越的操纵性　当汽车行驶在狭窄弯曲的道路上时，系统必须保证转向灵活、平顺，减小驾驶员对转向盘的操纵力。

(2) 合适的转向力　转向力应随汽车行驶速度的增加而减少，即在车辆低速行驶的时候提供较大的助力以协助驾驶员实现车辆转向，而在高速行驶时提供较小的助力，甚至不提供助力以保证高速行驶时车辆的方向稳定性以及给驾驶员更佳的路感。

(3) 平顺的回正性能　要求在转向结束时，转向盘能自动回正(使车轮回到直线行驶的位置上)，当驾驶员放松转向盘之后，这个回正动作必须平顺地进行。

(4) 要有随动作用　转向车轮的偏转角和驾驶员转动转向盘的转角要保持一定的关系，并能使转向车轮保持在任一偏转角位置上。

(5) 减小从道路表面传来的冲击　要求转向装置绝不可以因道路表面不平坦而造成转向盘失去控制或反转的情况。

(6) 工作可靠　当动力转向系统发生故障或失效时，应能保证通过机械转向系统进行有效的转向操作。

7.1.2 电控动力转向系统的分类

按照动力源不同，电控动力转向系统可以分为液压式和电动式两种。

液压式电控动力转向系统是在普通动力转向系统中增设了控制液体流量的电控系统，包括电磁阀、车速传感器以及电控单元(ECU)等。ECU 通过传感器的信号控制电磁阀的开、闭，使得动力转向的助力程度连续可调，从而满足车辆在高、低速时的不同转向力要求。

电动式电控动力转向系统是采用电动机作为动力源，电控单元根据转向参数和车速传感器信号控制加在转向机构上的电动机转矩的大小和方向，得到一个相应的转向助力。

7.2 电控动力转向系统的结构与工作原理

电控动力转向系统(Electronic Control Power Steering,简称 EPS)在轿车上得到了广泛的应用。目前常用的电控动力转向系统有液压式和电动式两种。

7.2.1 液压式电控动力转向系统

液压式电控动力转向系统是在普通动力转向系统的基础上增设了控制液体流量的电磁阀、检测车辆信息的各种传感器以及电控单元(ECU)。目前液压式 EPS 在轿车上应用较多，如上海大众 POLO、一汽大众 Audi A6 等。

根据控制方式不同，液压式电控动力转向系统分为流量控制式、反力控制式和阀灵敏度控制式三种形式。

1. 流量控制式电控液压动力转向系统

流量控制式电控液压动力转向系统(以下简称流量控制式 EPS)根据车速传感器信号调节动力转向装置供应的液压油，改变油液的输入、输出流量，从而实现对转向助力的控制。

图 7-1a 所示为日产蓝鸟轿车上使用的一种流量控制式 EPS 的基本组成。该系统是在一般液压动力转向系统上增加了旁通流量控制阀、车速传感器、转向角速度传感器、电子控制单元和控制开关等元件。

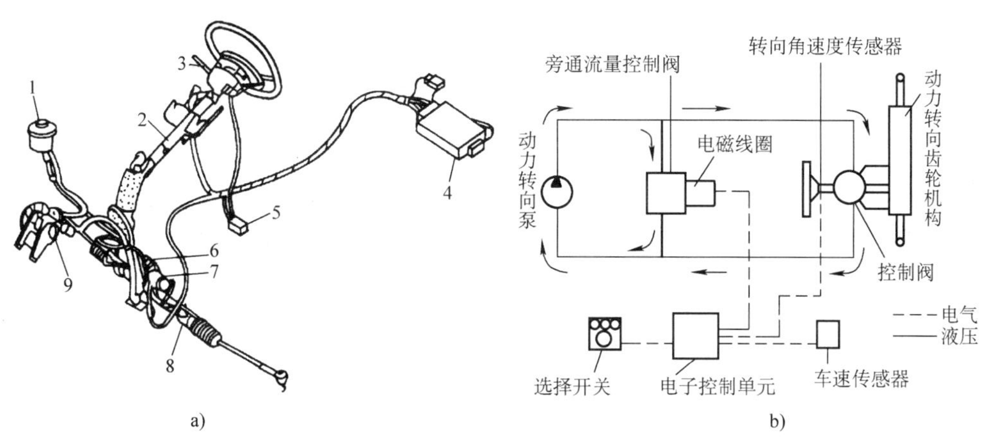

图 7-1　蓝鸟轿车流量控制式 EPS 组成及原理

a）组成结构　b）工作原理

1—动力转向液罐　2—转向管柱　3—转向角速度传感器　4—ECU　5—转向角速度传感器增幅器　6—旁通流量控制阀　7—电磁线圈　8—转向齿轮联动机构　9—动力转向泵

其工作原理如图 7-1b 所示，在动力转向泵与转向控制阀之间设有旁通管路，在旁通管路中又设有旁通流量控制阀。系统工作时，ECU 根据车速传感器、转向角速度传感器和控制开关等信号，给旁通流量控制阀通入如图 7-2 所示的不同占空比的信号，以控制其开启程度，进而控制供油和回油管路之间的旁通油量，从而调整供给转向器内部的转向液的流量。当车辆高速行驶时，流过旁通流量控制阀电磁线圈上的平均电流大，阀的开度大，旁路液压油量大，油泵向转向器供油量减少，动力转向控制阀灵敏度下降(传力介质减少了)，转向助力作用降低，操纵转向盘的转向力增加；反之，阀开度变小，旁路液压油量小，油泵向转向器供油量增多，转向助力作用提高，操纵转向盘的转向力减小。

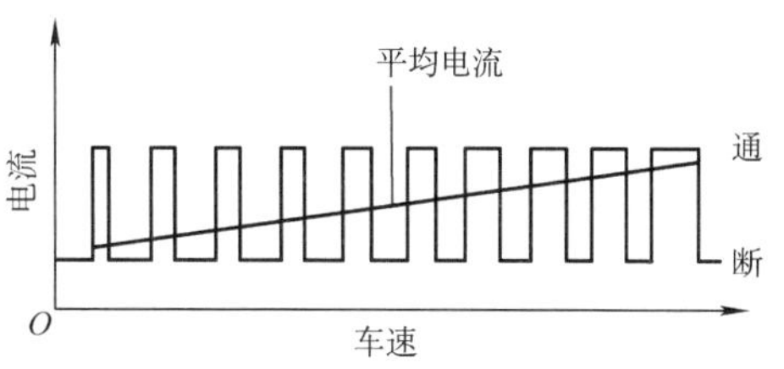

图 7-2　电磁阀驱动信号

图 7-3 所示为该系统旁通流量控制阀的结构示意图。在阀体内装有主滑阀 2 和稳压滑阀 7，在主滑阀的右端与电磁线圈柱塞 3 连接，主滑阀与电磁线圈的推力成正比移动，从而改变主滑阀左端流量主孔 1 的开口面积。调整调节螺钉 4 可以调节旁通流量的大小。稳压滑阀 7 的作用是保持流量主孔前后压差的稳定，以使旁通流量与流量主孔的开口面积成正比。

当因转向负荷变化而使流量主孔前后压差偏离设定值时，稳压滑阀阀芯将在其左侧弹簧张力和右侧高压油压力的作用下发生滑移。如果压差大于设定值，则阀芯左移，使节流孔开口面积减小，流入到阀内的液压油量减少，前后压差减小；如果压差小于设定值，则阀芯右移，使节流孔开口面积增大，流入到阀内的液压油量增多，前后压差增大。流量主孔前后压差的稳定，保证了旁通流量的大小只与主滑阀控制的流量主孔的开口面积有关。

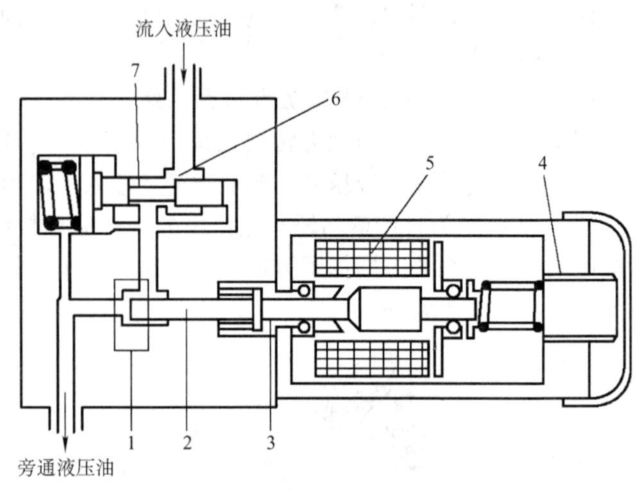

图 7-3　旁通流量控制阀结构

1—流量主孔　2—主滑阀　3—电磁线圈柱塞　4—调节螺钉　5—电磁线圈　6—节流孔　7—稳压滑阀

在实际的转向操作中，驾驶员可以通过转换开关选择不同的转向模式：“H-高”、“N-中”、“L-低”，得到三种适应不同行驶条件的转向力特性曲线，如图 7-4 所示。另外，ECU 还可以根据转向角度传感器输出信号的大小，在汽车急转弯时按照特殊的转向力特性实施最优控制，如图 7-5 所示。

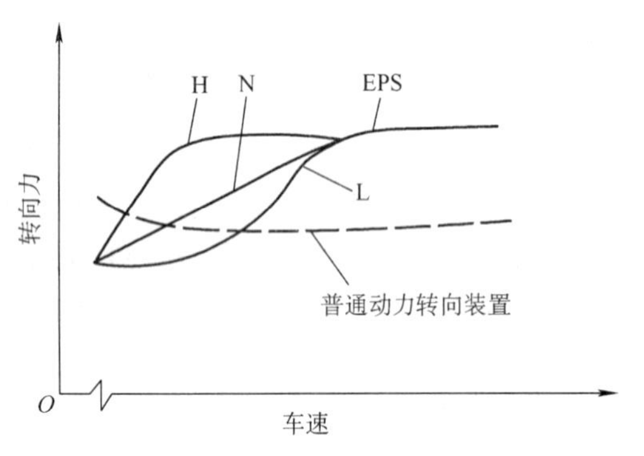

图 7-4　三种不同的转向力特性曲线

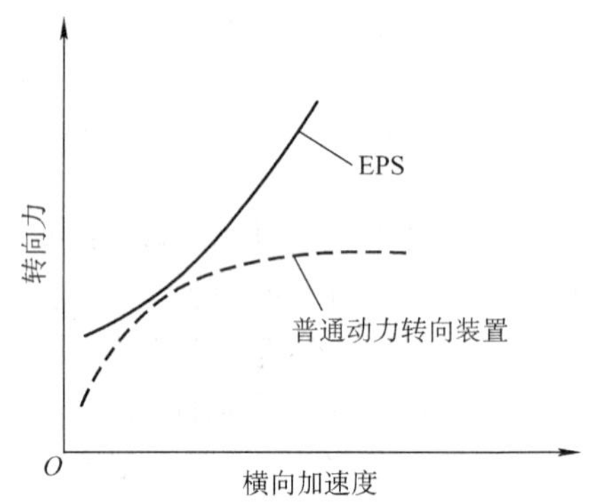

图 7-5　汽车急转弯时的转向力特性

图 7-6 所示为流量控制式电控动力转向系统电控系统电路图，该系统主要由传感器及开关等信号输入装置、ECU、执行器等组成，当系统出现故障时，能够实现自诊断和失效保护等功能。

流量控制式 EPS 的优点是在传统动力转向系统中增设压力油液流量控制装置，制造成本低，结构相对简单；但是，当流向动力转向机构的助力液降低到极限值时，将改变转向控制部分的刚度，使其下降到接近转向刚性，这样，在低供给油量区域内，对于快速转向会因油量不足产生压力不足、响应较慢等缺点，影响其推广使用。

2. 反力控制式电控液压动力转向系统

反力控制式电控液压动力转向系统（以下简称反力控制式 EPS）是根据车速大小控制反

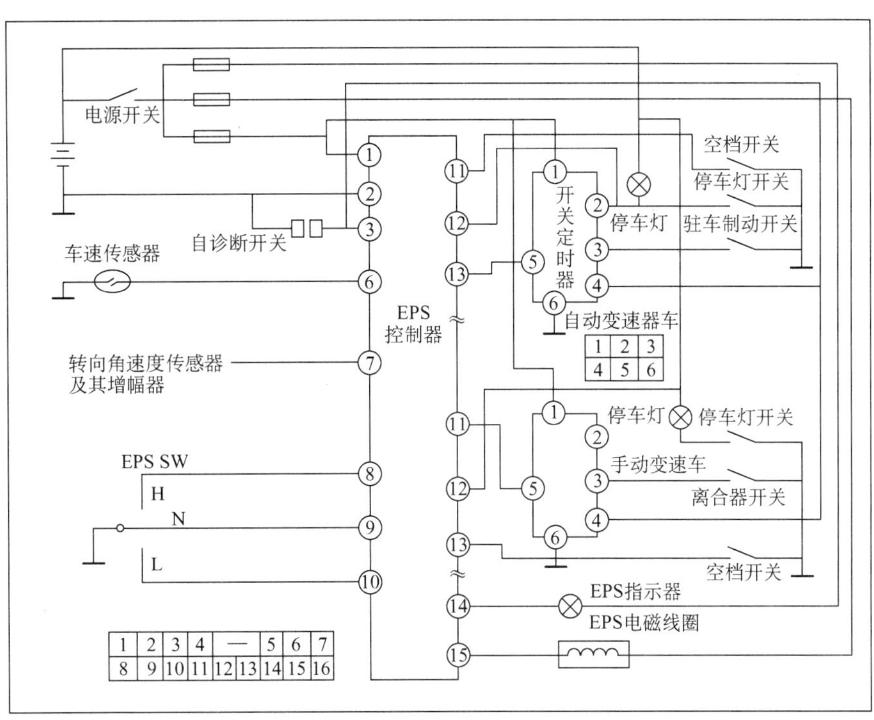

图 7-6　流量控制式电控动力转向系统电路图

力室油压，从而改变输入、输出增益幅度，改变转向控制阀扭杆的扭转刚度，进而控制转向力的大小。

图 7-7 所示为反力控制式 EPS。该系统主要由转向控制阀、分流阀、电磁阀、转向动力缸、转向液压泵、储油箱、车速传感器以及电子控制单元等组成。转向控制阀是在传统的整

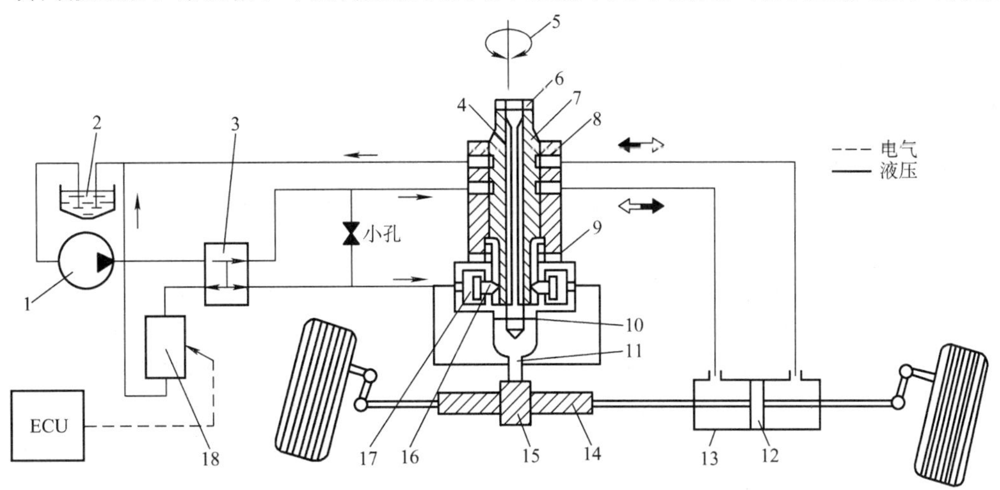

图 7-7　反力控制式 EPS

1—泵　2—储油箱　3—分流阀　4—扭力杆　5—转向盘　6、9、10—销　7—转向控制阀阀芯　8—转向控制阀阀套　11—小齿轮轴　12—活塞　13—动力缸　14—齿条　15—小齿轮　16—柱塞　17—油压反力室　18—电磁阀

体转阀式动力转向控制阀的基础上增设了油压反力室而构成。扭力杆 4 的上端通过销子 6 与控制阀阀芯 7 相连，下端通过销子 10 与小齿轮轴 11 连接。小齿轮轴的上端通过销 9 与控制阀阀套 8 相连。

该系统的工作原理是：汽车转向时，转向盘上的转向力通过扭力杆传递给小齿轮轴。当转向力增大，扭力杆发生扭转变形时，控制阀阀套和阀芯之间将发生相对转动，于是就改变了阀套和阀芯之间油道的通、断关系和工作油液的流动方向，从而实现不同的转向助力作用。

分流阀 3 的作用是把来自转向液压泵的液压油向控制阀一侧和电磁阀 18 一侧进行分流。按照车速和转向要求，改变控制阀一侧与电磁阀一侧的油压，确保电磁阀一侧具有稳定的液压油流量。固定小孔的作用是把供给转向控制阀的一部分流量分配到油压反力室 17 一侧。电磁阀的作用是根据需要，将油压反力室一侧的液压油流回储油箱，以控制油压反力室油压。

反力控制式 EPS 工作时，ECU 根据车速的高低线性控制电磁阀的开度。

1）当车辆停驶或速度较低时，ECU 使电磁线圈的通电电流增大，电磁阀开口面积增大，经分流阀分流的液压油通过电磁阀重新回流到储油箱中，所以作用于柱塞 16 的背压（油压反力室压力）降低。于是柱塞推动控制阀阀芯的力（反力）较小，因此只需要较小的转向力就可使扭力杆扭转变形，使转向控制阀的阀套与阀芯产生相对转动而实现转向助力作用。

2）当车辆在中、高速区域转向时，ECU 使电磁线圈的通电电流减小，电磁阀开口面积减小，所以油压反力室的油压升高，作用于柱塞的背压增大，于是柱塞推动控制阀阀芯的力增大。此时需要较大的转向力才能使转向控制阀的阀套与阀芯之间作相对转动（相当于增加了扭力杆的扭转刚度）而实现转向助力作用，所以在中、高速时可使驾驶员获得良好的转向手感和转向特性。

反力控制式 EPS 的优点是具有较大的选择转向力的自由度，转向刚度大，驾驶员能感受到路面情况，可以获得稳定的操作手感等；其缺点是结构复杂，且价格较高。

3. 阀灵敏度控制式电控液压动力转向系统

阀灵敏度控制式电控液压动力转向系统（以下简称阀灵敏度控制式 EPS）是根据车速信号控制电磁阀直接改变动力转向控制阀的油压增益（阀灵敏度）来控制系统油压，进而控制转向助力的大小。

图 7-8a 所示为阀灵敏度控制式 EPS 的组成，该系统主要由转向控制阀、转向动力缸、储油箱、电磁阀、车速传感器和电子控制单元等组成，系统对转向控制阀作了局部改进，如图 7-8b 所示，一般在控制阀阀套圆周上形成 6 条或 8 条沟槽，各沟槽利用阀部外体与泵、动力缸、电磁阀及储油箱连接。控制阀的可变小孔分为低速专用小孔（1R、1L、2R、2L）和高速专用小孔（3R、3L）两种，在高速专用可变孔的下边设有旁通电磁阀回路。

图 7-9a 所示为转向控制阀的等效液压回路图，其工作过程如下：

1）如图 7-9b 所示，当车辆停止时，电磁阀完全关闭，如果此时向右转动转向盘，则高灵敏度低速专用小孔 1R 及 2R 在较小的转向转矩作用下即可关闭。转向液压泵的高压油液经 1L 流向转向动力缸右腔室，其左腔室的油液经 3L、2L 流回储油箱，所以此时具有轻便的转向特性。而且施加在转向盘上的转向力矩越大，可变小孔 1L、2L 的开口面积越大，节

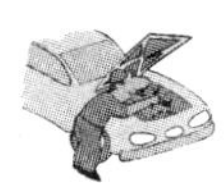

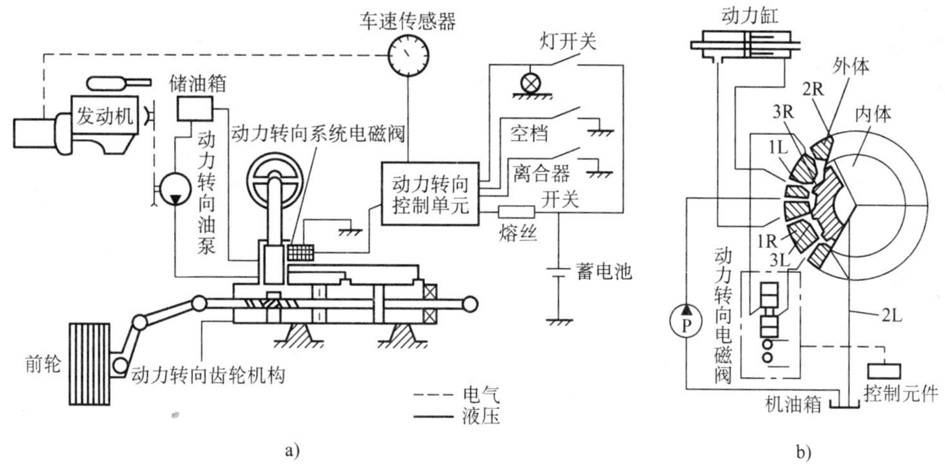

图 7-8　阀灵敏度控制式 EPS

a）系统组成　b）控制阀结构

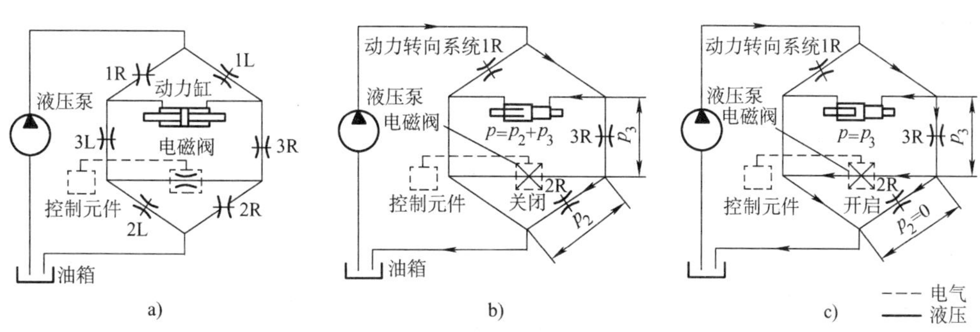

图 7-9　控制阀的等效液压回路图

a）等效液压回路　b）助力作用增大　c）助力作用减小

流作用就越小，转向助力作用越明显。

2）如图 7-9c 所示，随着车辆行驶速度的提高，在电子控制单元的作用下，电磁阀的开度也线性增加，如果向右转动转向盘，则转向液压泵的高压油液经 1L、3R 旁通电磁阀流回储油箱。此时，转向动力缸右腔室的转向助力油压就取决于旁通电磁阀和灵敏度低的高速专用可变孔 3R 的开度。车速越高，在电子控制单元的控制下，电磁阀的开度越大，旁路流量越大，转向助力作用越小；在车速不变的情况下，施加在转向盘上的转向力越小，高速专用小孔 3R 的开度越大，转向助力作用也越小。当转向力增大时，3R 的开度逐渐减小，转向助力作用也随之增大。

由此可见，阀灵敏度控制式 EPS 可使驾驶员获得非常自然的转向手感和良好的速度转向特性。

转子阀与电磁阀的剖面结构如图 7-10 所示，该阀设有接控制上下流量的旁通油道，是可变的节流阀。在低速时向电磁线圈通以最大的电流，使可变孔关闭，随着车速升高，依次减小通电电流，可变孔开启；在高速时，开启截面达到最大值。该阀在左右转向时，油液流动的方向可以逆转，所以在上下流动方向中，可变小孔必须具有相同的特性。为了确保高压时流体有效作用于阀，必须提供稳定的油压控制。

阀灵敏度控制式 EPS 电控系统电路如图 7-11 所示，其结构简单、部件少、价格便宜，而且具有较大的选择转向力的自由度，与反力控制式转向相比，转向刚性差，但可以最大限度提高原来的弹性刚度来加以克服，从而获得自然的转向手感和良好的转向特性。

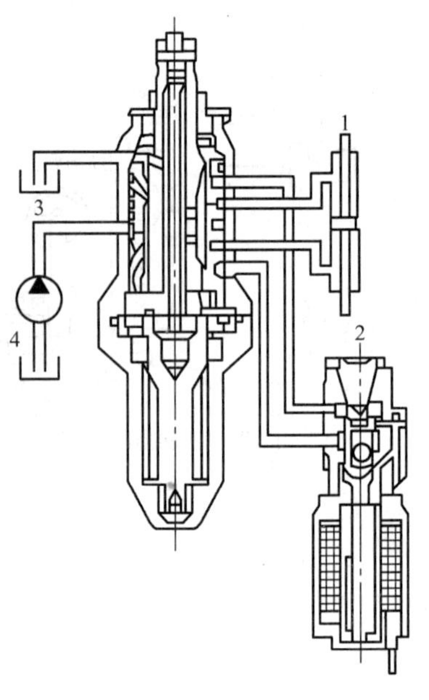

图 7-10 转子阀与电磁阀的剖面结构

1—动力缸 2—电磁阀

3—油箱 4—泵

7.2.2 电动式电控动力转向系统

液压式电控动力转向系统由于工作压力和工作灵敏度较高，外廓尺寸较小，因此获得了广泛的应用。在采用气压制动或空气悬架的大型车辆上，也有采用气压动力转向的。这类动力转向系统的共同缺点是结构复杂、消耗功率大，容易产生泄漏，转向力不易有效控制等。

随着电子技术的进一步发展，目前越来越多的轿车上采用了电动式电控动力转向系统（简称电动式 EPS），它是一种直接依靠电动机提供辅助转矩的电控动力式转向系统。主要优点有：

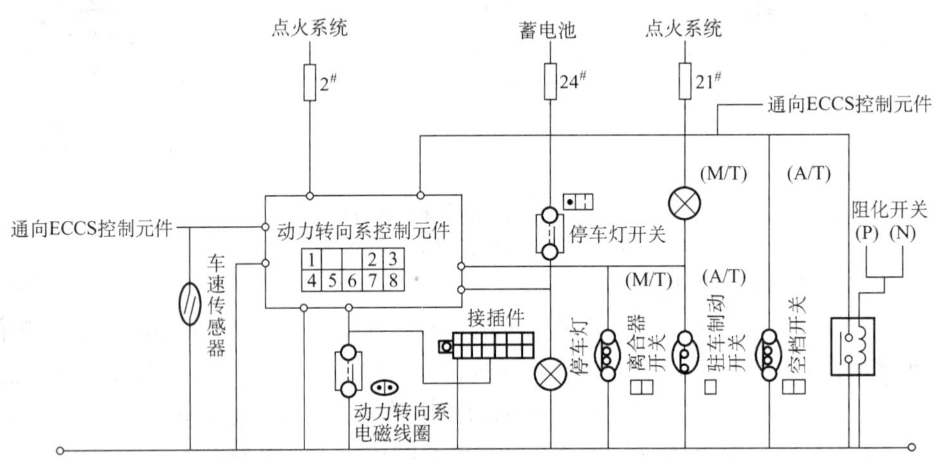

图 7-11 阀灵敏度控制式 EPS 电控系统电路图

1）采用电力作为转向动力，省去了液压系统，所以不需要给转向泵补充油，也不必担心漏油。

2）没有液压式动力转向系统所必需的常运转转向泵，电动机只是在需要转向时才接通电源，所以动力消耗和燃油消耗均可降到最低。

3）将各部件装配成一个整体，既无管道也无控制阀，其结构紧凑、质量较轻。一般电动式 EPS 的质量比液压式 EPS 质量轻 25% 左右。

4）电动机工作可用 ECU 进行控制，可以比较容易地按照汽车性能的需要设置、修改转向助力特性，具有较好的兼容性。

目前，电动式EPS主要应用在轿车上，如本田飞度、丰田雷克萨斯和锐志等系列车型。

1. 电动式EPS分类

根据电动机对转向系统产生助力的部位不同，电动式电控动力转向系统有三种类型：

(1) 转向轴助力式　如图7-12a所示，转向助力机械安装在转向轴上。当驾驶员转动转向盘时，控制单元根据接收的转矩、转动方向、车速等信号，控制直流助力电动机的电流。电动机的动力经离合器、电动机齿轮传给转向轴的齿轮，然后经万向节及中间轴传给转向器。

(2) 转向器小齿轮助力式　如图7-12b所示，转向助力机械安装在转向器小齿轮处。与转向轴助力式相比，可以提供较大的转向力，适用于中型车。

(3) 齿条助力式　如图7-12c所示，转向助力机械安装在转向齿条处。电动机通过减速传动机构直接驱动转向齿条。与转向器小齿轮助力式相比，可以提供更大的转向力，适用于大型车，对原有的转向传动机械有较大改变。

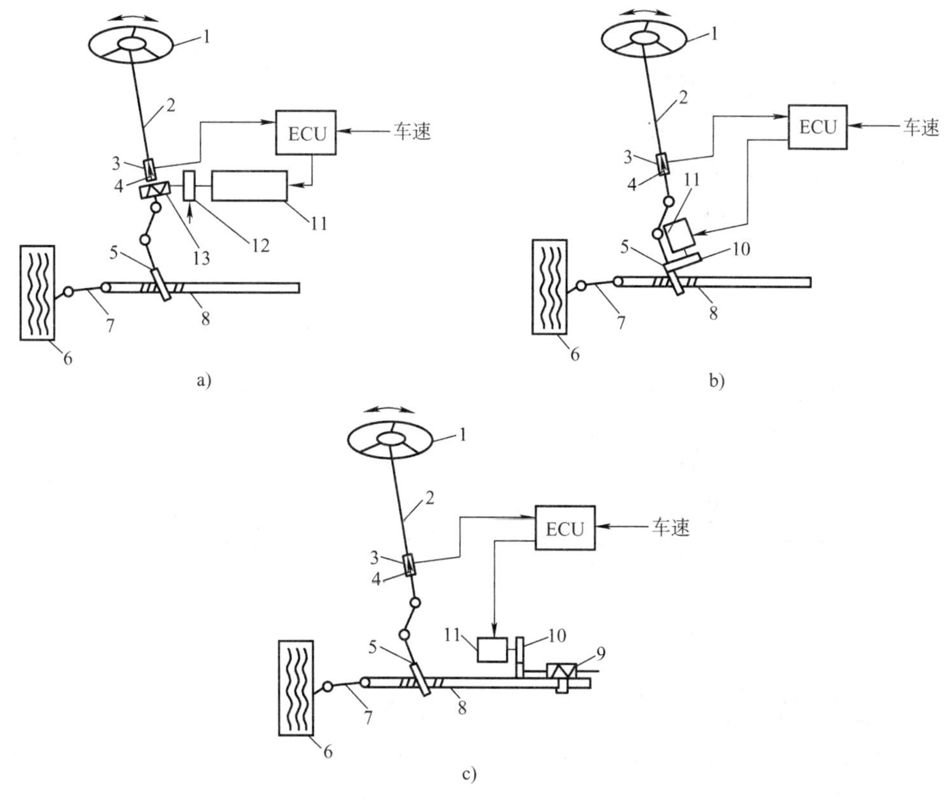

图7-12　电动式EPS类型

a）转向轴助力式　b）转向器小齿轮助力式　c）齿条助力式

1—转向盘　2—转向轴　3—转矩传感器　4—扭杆　5—小齿轮　6—车轮　7—拉杆

8—齿条　9—螺杆螺母　10—斜齿轮　11—电动机　12—电磁离合器　13—减速机构

2. 电动式EPS的基本组成及元件结构

电动式EPS是在机械转向机构的基础上，增加了传感器，电控单元和电动机等执行机构，如图7-13所示，系统主要由转矩传感器、车速传感器、电控单元(EPS ECU)、电动机、电磁离合器和减速机构等组成。

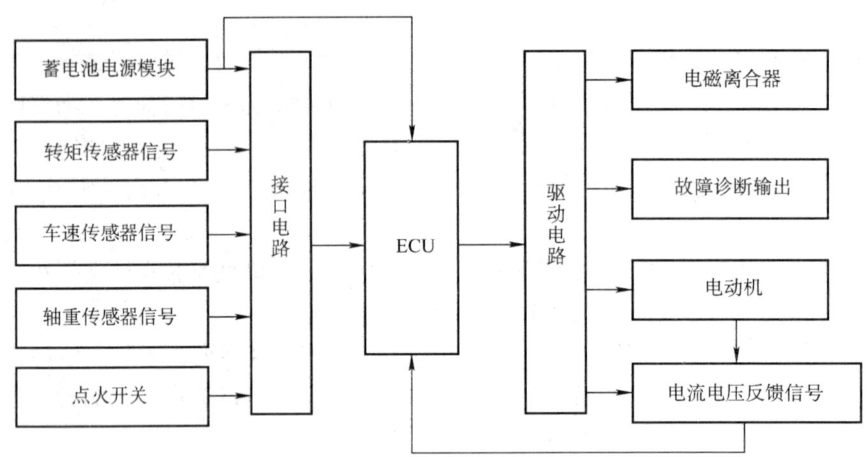

图 7-13　电动式 EPS 组成

（1）传感器　系统中的传感器主要有车速传感器和转矩传感器，其中车速传感器的作用是测量车辆行驶速度，作为电动助力调节的依据。

转矩传感器的作用是测量转向盘与转向器之间的相对转矩，以作为电动机动力调节的依据。图 7-14 所示为一种无触点式转矩传感器的结构及原理。

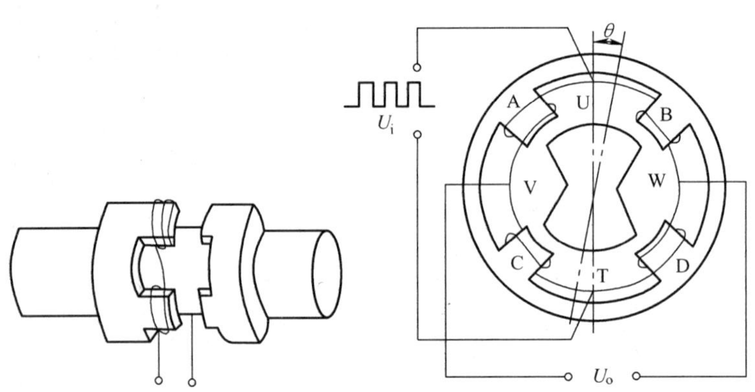

图 7-14　无触点式转矩传感器

在输出轴的极靴上分别绕有 A、B、C、D 四个线圈，其工作原理是：当转向盘处于中间位置(直驶)时，扭力杆的纵向对称面正好处于图示输出轴极靴 AC、BD 的对称面上，当在 U、T 两端加上连续的输入脉冲电压信号 U_i 时，由于通过每个极靴的磁通量相等，所以在 V、W 两端检测到的输出电压信号 $U_o=0$；当转动转向盘时，由于扭力杆和输出轴极靴之间发生相对扭转变形，极靴 A、D 之间的磁阻增加，B、C 之间的磁阻减少，各个极靴的磁通量发生变化，于是在 V、W 之间就出现了电位差。该电位差与扭力杆的扭转角和输入电压 U_i 成正比。所以，通过测量 V、W 两端的电位差就可以测量出扭力杆的扭转角，即可得出转向盘上施加的转矩大小。

此外，也有滑动可变电阻式转矩传感器，它是将负载力矩引起的扭力杆角位移转换为电位器电阻的变化，并经滑环传递出来作为转矩信号。

（2）控制单元 ECU包括检测电路、微处理器、控制电路等。检测电路将传感器的信号进行整形放大后输入微处理器，然后由微处理器计算出最优化的助力转矩，控制电路将来自微处理器的电流命令输送到电动机驱动电路。

（3）电动机 电动式EPS中用的电动机是直流电动机，与起动用直流电动机原理基本相同，一般采用永磁磁场。最大电流为30A左右，电压为DC12V，额定转矩为10N·m左右。

转向盘的转动是双向的，因此转向助力电动机需要进行正反转控制，其控制电路如图7-15所示。a_1、a_2为触发信号端，当a_1端得到输入信号时，晶体管VT_3导通，VT_2得到基极电流而导通，电流经VT_2→电动机M→VT_3→搭铁而构成回路，于是电动机正转；当a_2端得到输入信号时，电流则经VT_1→电动机M→VT_4→搭铁而构成回路，电动机则因电流方向相反而反转。控制触发信号端电流的大小，就可以控制通过电动机电流的大小。

（4）电磁离合器 电控动力转向系统的工作一般都有一定的范围，如果超过规定车速（如45km/h），就不需要电动机辅助动力转向，此时电动机停止工作，且离合器分离，不再起传递动力的作用。在不加动力的情况下，离合器可以消除电动机惯性的影响。同时，在系统发生故障时，因离合器分离，可以恢复手动控制转向。

图7-16所示为电磁离合器的工作原理，电动机带动主动轮旋转，当线圈通电时，离合器接合，主动轮与压板结合，通过压板内的花键带动从动轴旋转，此时电动机具有助力作用；反之，离合器分离，助力作用被切断。为了减少加与不加助力时驾驶车辆感觉的差别，设法使离合器具有滞后输出特性，同时还使其具有半离合状态区域。

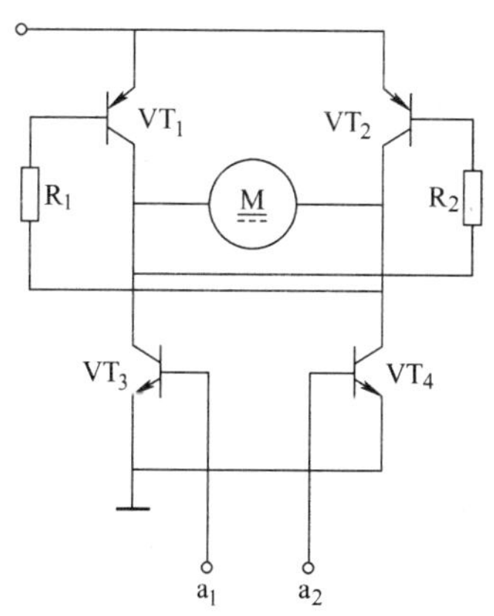

图7-15 电动机正反转控制电路

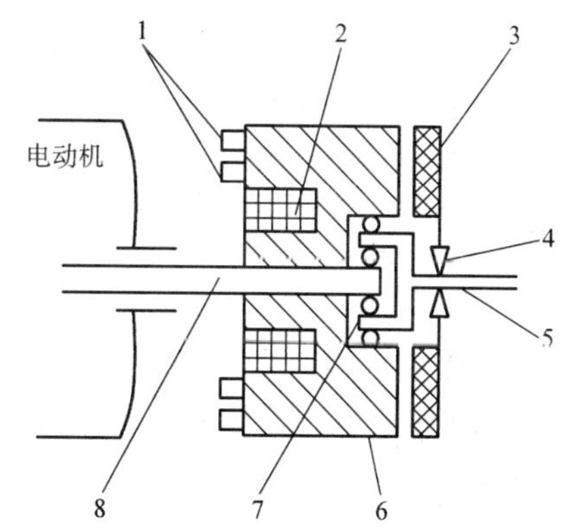

图7-16 电磁离合器工作原理

1—滑环 2—线圈 3—压板 4—花键 5—从动轴 6—主动轮 7—滚动轴承 8—主动轴

（5）减速机构 减速机构是电动式EPS不可缺少的部件，其作用是把电动机的输出进行减速增扭，再传给转向齿轮箱的主要部件。目前已使用的有多种组合方式，如两级行星齿轮与传动齿轮驱动组合式，蜗轮蜗杆与转向轴驱动组合式等。为了抑制噪声和提高耐久性，减速机构中的齿轮多半采用了特殊齿形或者采用树脂材料。

3. 电动式EPS的工作原理

系统的工作原理是：当驾驶员操纵转向盘时，转矩传感器不断输出与转向力大小相应的转矩信号，同时，车速传感器提供的车速信号与该信号同时输入给电控单元，电控单元根据这些输入信号，确定动力转矩的大小和方向，即选定电动机的电流大小和方向。电动机的转矩由电磁离合器传递并通过减速机构减速增矩后，加在汽车的转向机构上，使之得到一个与汽车工况相适应的转向作用力。当超过规定的车速时，离合器的驱动信号被切断，电动机与减速机构分离，同时电动机也停止工作。

系统的控制电路如图 7-17 所示。控制电路的中心是 8 位单片机，主传感器和辅助传感器的转矩信号及电动机的电流信号通过 A/D 转换器输入到微型计算机中，而车速信号、发动机转速、蓄电池电压和起动机开关的通断状态、交流发电机的 L 端子电压则通过接口电路输入到微型计算机中。

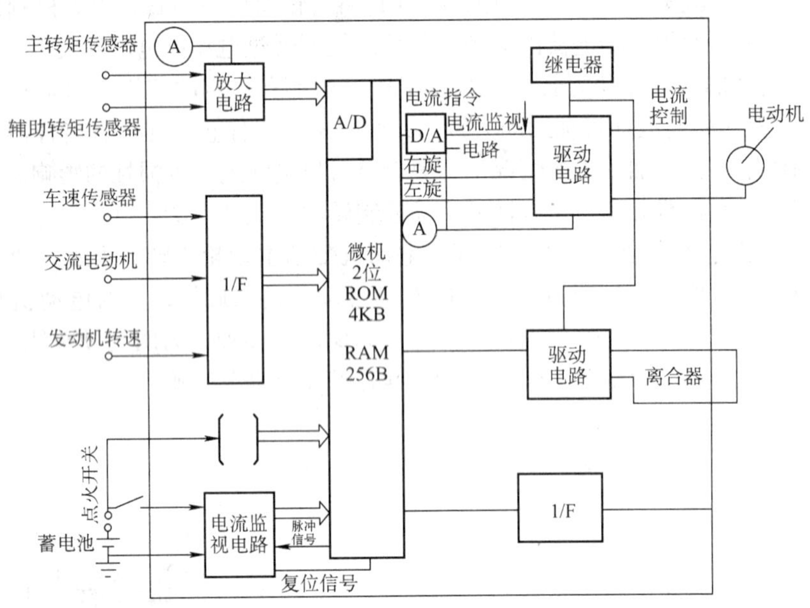

图 7-17　控制系统电路图

控制系统具有故障自诊断功能，当动力转向系统发生故障时，能自动停止助力，离合器脱开，恢复机械式转向。同时，计算机可以记忆故障内容，并使故障指示灯点亮，维修时可根据故障码找出故障原因。

7.3　典型汽车电控动力转向系统

目前，电控动力转向系统在国内普遍应用于轿车上，国外部分大中型客、货车上也有应用。本节主要介绍丰田雷克萨斯 LS400 轿车的电控动力转向系统。

雷克萨斯 LS400 轿车采用反力控制式电控液压动力转向系统，丰田公司称之为 PPS（Progressive Power Steering）。

1. 雷克萨斯 LS400 轿车动力转向系统的功能

1）可随汽车行驶速度改变液压助力的大小，提高车辆的转向性和操纵稳定性。

2）转向机构中还包括有动力倾斜、动力伸缩 ECU 控制的转向柱，可根据驾驶员的需要

使转向柱自动选择合适的倾斜角度和伸缩长度，以及返回原位等。

2. 雷克萨斯 LS400 轿车电控动力转向系统的组成

如图 7-18 所示，雷克萨斯 LS400 轿车的电控液压动力转向系统由锥齿轮式转向机构、液压控制系统和电子控制系统三部分组成。

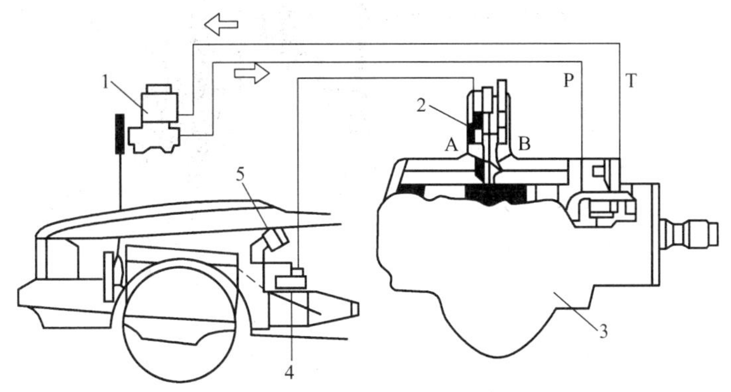

图 7-18　雷克萨斯 LS400 轿车电控动力转向系统组成

1—动力转向泵　2—电磁阀　3—动力转向控制阀　4—ECU　5—车速传感器

锥齿轮式转向机构主要包括转向盘、转向柱、锥齿轮式转向器等；液压控制系统主要包括动力转向泵(含储油罐)、转向器(含动力转向控制阀、反力室以及助力缸)及相连的管道等；电子控制系统主要包括车速传感器、转向控制单元(ECU)以及电磁阀等。

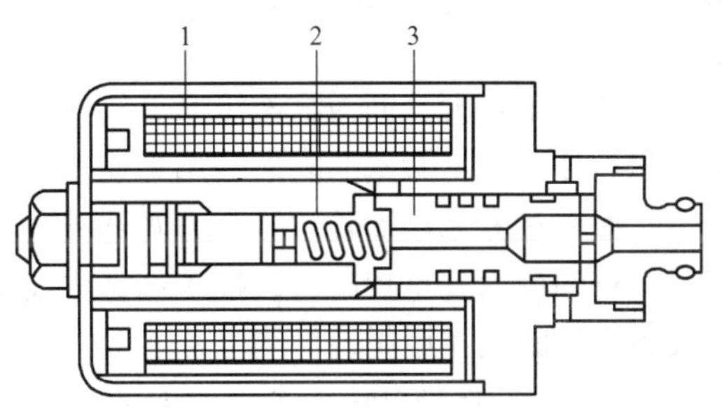

图 7-19　电磁阀的结构

1—线圈　2—弹簧　3—阀

电磁阀的结构如图 7-19 所示，为占空比型电磁阀，驱动电磁阀电磁线圈的脉冲电流信号频率基本不变，但随着车速增大，脉冲电流信号的占空比将逐渐增大，使流过电磁线圈的平均电流值随车速的升高而增大。电磁阀安装在通向转向动力缸活塞两侧油室的油道之间，当电磁阀的阀针开启时，两油道就被电磁阀旁通，开启程度越大，旁通油量也越多。因此，系统利用车速传感器的信号对电磁阀进行控制，进而改变转向控制阀的流量，就可以改变转向助力的大小。

3. 雷克萨斯 LS400 轿车电控动力转向系统的工作原理

图 7-20 所示为雷克萨斯 LS400 轿车动力转向系统油路图，该系统利用发动机的动力驱动液压泵，液压油提高压力后被送往液压控制阀，控制阀根据 ECU 的控制打开或关闭，不同的转向驱动力作用在动力缸的活塞上，具有自动调整助力功能的转向器上共有 4 个油路接口，P、Q 分别接回油及油泵压力油，R、S 接口则接助力缸两端油口，起助力作用。

1）当车辆低速行驶或车辆泊位停车时，转向 ECU 接收的是低速传感信号，即向电磁阀提供较大的电流，阀芯开度增大，从转向油泵输出的压力油液经流量分配阀后，一部分流向转向旋转滑阀，然后经助力缸起转向助力作用；另一部分则经电磁阀旁路流回到储液罐内，使得流向反力室的液压油流量大大减少，反力室中的油压下降，失去阻尼作用，故此时需要

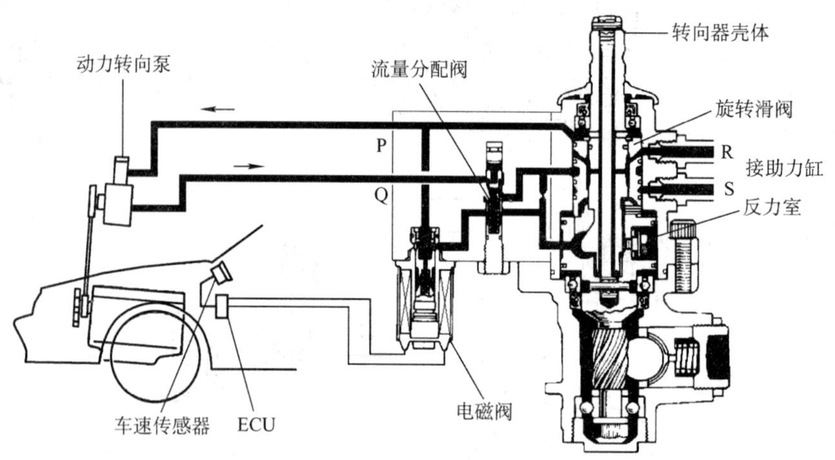

图 7-20　雷克萨斯 LS400 轿车动力转向系统油路图

的转向操纵力很小，转向轻巧灵活，对泊位停车或低速行驶转向十分有利。

2）当车辆在中、高速行驶转向时，因为电磁阀从 ECU 只得到随车速增高而逐渐减小的电流，阀芯位移很小，流量旁通作用很小，反力室中的油压上升，使得转向操作的“路感”明显，可有效地克服高速转向“发飘”和不易掌握的缺陷，提高行驶稳定性和安全性。

当转向角较大、助力缸液压升高较大时，反馈到进油管的压力也升高，则通过量孔的流量自然增加，使反力室的阻尼作用迅速得以增强。

然而，过分地增加转向操纵力对驾驶也不利，为此，流量分配阀起限制反力室流量的作用。当进油压力升至较高时，推动流量分配阀下阀体逐渐向下，关小至反力室的液流通道，使反力室的阻尼作用得以抑制。

4. 雷克萨斯 LS400 轿车电控动力转向系统电路

图 7-21 所示为雷克萨斯 LS400 轿车动力转向系统电路图。

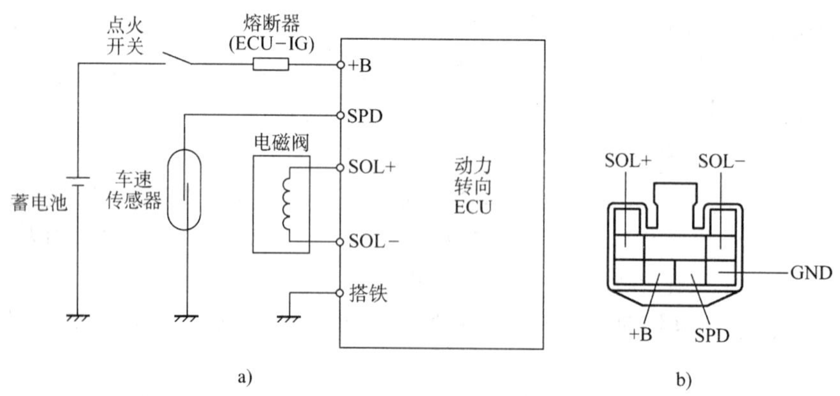

图 7-21　雷克萨斯 LS400 轿车电控动力转向系统电路图

a）电控动力转向系统电路　b）ECU 线束插接器端子位置

7.4 电控动力转向系统故障诊断与检修

7.4.1 检修注意事项

1）应经常检查转向系统储液罐油面以及油质，如需添加更换或排气应及时进行。

2）行驶过程中尽量避免将方向打到某一侧极限，防止动力油泵负荷过大。

3）电控转向系统发生故障时，通常不要打开 ECU 及各种电控元件的盖子或盒子，以免造成 ECU 被静电损坏。

4）检修过程中一般按照可能性由大到小、检查复杂程度由简到难的顺序进行，先对线路和传感器等元件进行基本检查，不要轻易更换 ECU 或拆卸管路。

7.4.2 雷克萨斯 LS400 轿车电控转向系统基本检查

电控转向系统装配完毕后，应进行基本检查，主要包括针对液压系统的油量和油压试验、系统排气、转向泵传动带松紧度调整，以及电控部分及其相关部件的工作状态检查等，以确定系统是否需要进一步检修，保证转向系统良好的工作性能。不同车型动力转向系统的检查内容和方法基本类似，下面以雷克萨斯 LS400 轿车电控转向系统为例讲解电控转向系统的基本检查程序。

1. 初步检查

在进行系统检查之前，首先要根据车辆的具体情况初步地检查一下轮胎气压(前轮：230kPa,后轮:250kPa)、前轮定位、悬架与转向连接杆之间的润滑情况、转向系统接头及悬架臂球头等处是否正常，转向柱管是否弯曲，转向盘的自由间隙是否正常等。

2. 常规检查

（1）检查传动带　动力转向泵传动带的检查主要包括两项内容：

1）传动带与带轮配合位置的检查，如图 7-22a 所示。

2）传动带松紧度的检查，如图 7-22b 所示，利用丰田专用工具检查，在 95N · m 的作用力矩下，传动带的挠度：运转 5min 以下时为 7.5 ~ 9.5mm，运转 5min 以上时为 9 ~ 13mm。

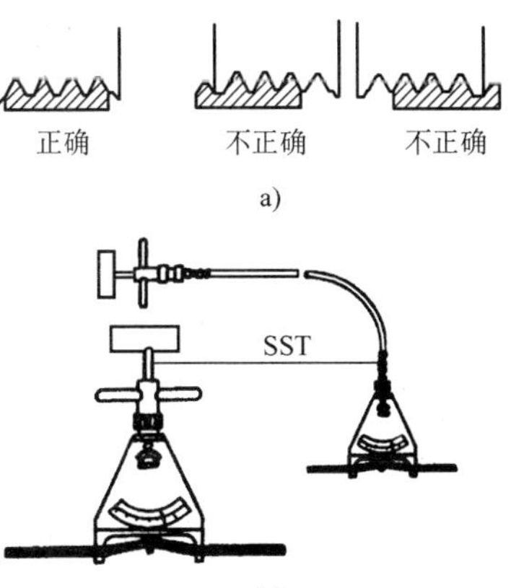

图 7-22　传动带的检查
a）配合位置的检查　b）松紧度的检查

（2）检查储液罐液面高度　丰田汽车采用的转向液压油牌号为 ATF DEXRON® Ⅱ，检查油面高度时，保持车身水平位置，在油温 80℃时进行。

在发动机维持怠速运转(约 850r/min)的条件下，反复将转向盘从左侧打到右侧再返回，使得油温达到正常要求后，打开储液箱，检查液压油有无泡沫或乳化现象，量油尺液面应在 HOT 范围以内。

若在检查系统无泄漏情况下需要补给液压油，按规定号牌补给；若需更换液压油，则先顶起转向桥，从转向油罐及回油管排出旧液压油，并将转向盘反复左、右转至极限位置，直

至旧液压油排尽 1 ~2s 后加注新液压油。

（3）系统空气排放　动力转向系统在更换液压油后和检查转向油罐中油位时发现有气泡冒出，说明系统内渗入了空气，这将引起转向沉重、前轮摆动、转向噪声等故障，必须对系统进行排气，具体程序如下：

架起转向桥，发动机怠速运转，反复向左、右转动转向盘到极限位置，直至转向油罐内无气泡冒出并消除乳化现象，表明液力转向系统中的空气已基本排除干净。

（4）检查油泵压力　将油压表的一端接在转向液压泵的输出端，另一端接在转向助力器的输入端，维持发动机怠速运转，油温达到 80℃，如图 7-23a、b、c 所示。

检查阀关闭时的压力(图 7-23a)：不小于 7845kPa，检查阀全开时的压力差(1000r/min 和 3000r/min 时,图 7-23b)：不大于 490kPa，检查转向盘在锁定位置时的压力(图 7-23c)：不小于 7845kPa。

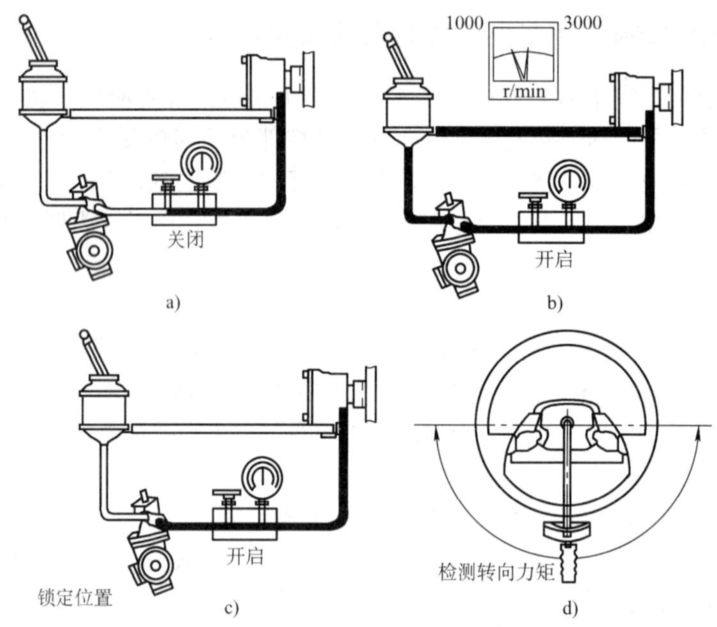

图 7-23　检查油压与转向力矩

（5）检查转向盘转向力矩　使汽车停放在平坦地面上，两转向轮在直线行驶位置，发动机怠速运转，测量转向盘从中间位置向左、右转动所需的力矩，如图 7-23d 所示，标准：不大于 5. 9N · m。

7. 4. 3　电控动力转向系统故障自诊断

电控动力转向系统具有自诊断功能，当发生系统故障时，能自动停止助力。同时 ECU 可以记忆故障内容，并使故障指示灯点亮，提醒驾驶员。维修时可以读取故障码，找出故障原因。此功能与大多数电控系统故障自诊断的工作原理类似，在此不详述。

对于电动式动力转向系统而言，当自诊断系统诊断出有故障后，控制电路停止向电动机供电，并且将离合器脱开，此时系统恢复至机械转向系统，仍能够实现正常的转向，只是转向力变大。

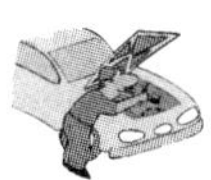

7.4.4　电控动力转向系统故障检修

电控动力转向系统常见的故障有转向沉重或助力不足，动力转向液产生乳状泡沫、液面低以及压力低，向左或向右急转转向盘时转向力瞬时增大等。

主要原因集中在油路系统和电控系统中，对于油路系统的检修，在基本检查中逐步排查（详见 7.4.2），电控系统的检修主要针对传感器、执行器、ECU 及线路连接，并应充分利用故障自诊断系统的功能。下面以雷克萨斯 LS400 轿车为例，讲解电控动力转向系统的检修方法。

1. 车速传感器检修

顶起汽车，旋转后轮，用万用表测量传感器侧线束插接器上的 SPD 与 GND 端子之间的电压，应在 0～5V，否则应检查传感器及其连接线路。

2. 电磁阀的检修

用万用表检测电磁阀侧线束插接器上的 SOL + 与 SOL - 端子之间的阻值，应为 6～11Ω，否则说明线圈断路或短路故障；用 12V 的蓄电池电压给电磁阀通电，应能听到“咔哒”声，否则说明线路断路或电磁阀损坏，需更换。

图 7-24 所示为雷克萨斯 LS400 轿车电控动力转向系统综合故障诊断流程。

7.4.5　雷克萨斯 LS400 型轿车电控动力转向系统工作异常故障案例分析

（1）故障症状　该车不论在正常行驶时转向还是在原地时转向，转向盘明显沉重，助力泵噪声很大，同时在转动转向盘时，观察油杯的液面变化不明显。

（2）可能故障部位　轮胎气压、系统机械连接、油面高度、系统管路、液压泵、助力器、安全阀、电控系统等。

（3）故障检修

1）首先检查轮胎气压、转向系统的各球头磨损、相关悬架悬臂部分、转向器本身及相关管路渗漏状况、油杯液面高度及油质、转向助力泵传动带松紧度、前轮定位等，各项参数都在正常技术规范范围内。

2）拔下电磁阀线束插接器，测量动力转向电磁阀阻值在 10Ω 左右，基本符合标准。起动发动机，转动转向盘，用发光二极管测试灯连接电磁阀线束插接器的两个端子，试灯点亮；用数字万用表电压档测量两个端子之间的电压，电压数值正常。说明动力转向 ECU 本身无故障，动力转向 ECU 与 SOL +、SOL - 端子之间的连接正常。

3）在驾驶室内转向盘下方找到动力转向 ECU，拆下 ECU 的线束插接器，用数字万用表检查 ECU 线束侧插接器 + B 端子的输入电压正常，且该车发电机发电量正常，说明连接 ECU 的 + B 端子的线路无问题。顶起该车后端，用手转动后轮，同时用数字万用表电阻档检查 SPD 端子与 GND 端子之间的电阻值的变化，表的读数在 0～∞ 交替变化，说明车速传感器信号输入 ECU 是正常的。

4）用举升机将车举起，再次拔下动力转向电磁阀的线束插接器，用试灯连接线束插接器的两个端子，同时左右转动转向盘，试灯仍亮；用手晃动电磁阀线束，并稍用力拉伸、弯折线束，试灯熄灭，说明此线束有折断或虚接的地方。经检查，是 SOL - 端子到电磁阀间的线束有问题，重新接好 SOL - 到电磁阀间的线路后试车，不管是在原地还是行驶时左右转动

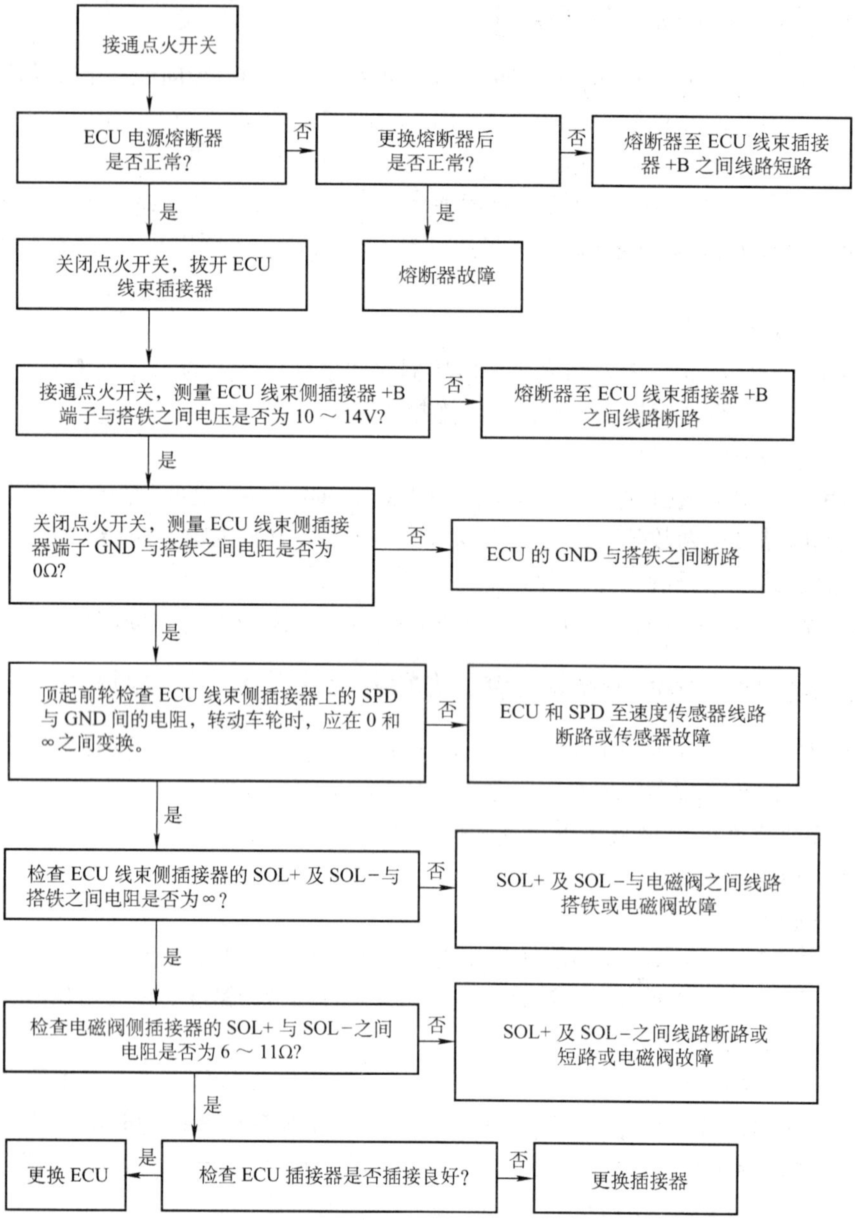

接通点火开关

ECU 电源熔断器是否正常？ —否→ 更换熔断器后是否正常？ —否→ 熔断器至 ECU 线束插接器 +B 之间线路短路

更换熔断器后是否正常？ —是→ 熔断器故障

ECU 电源熔断器是否正常？ —是→ 关闭点火开关，拔开 ECU 线束插接器

接通点火开关，测量 ECU 线束侧插接器 +B 端子与搭铁之间电压是否为 10 ～ 14V？ —否→ 熔断器至 ECU 线束插接器 +B 之间线路断路

是→ 关闭点火开关，测量 ECU 线束侧插接器端子 GND 与搭铁之间电阻是否为 0Ω？ —否→ ECU 的 GND 与搭铁之间断路

是→ 顶起前轮检查 ECU 线束侧插接器上的 SPD 与 GND 间的电阻，转动车轮时，应在 0 和 ∞之间变换。 —否→ ECU 和 SPD 至速度传感器线路断路或传感器故障

是→ 检查 ECU 线束侧插接器的 SOL+ 及 SOL－与搭铁之间电阻是否为∞？ —否→ SOL+ 及 SOL－与电磁阀之间线路搭铁或电磁阀故障

是→ 检查电磁阀侧插接器的 SOL+ 与 SOL－之间电阻是否为 6 ～ 11Ω？ —否→ SOL+ 及 SOL－之间线路断路或短路或电磁阀故障

是→ 检查 ECU 插接器是否插接良好？ —是→ 更换 ECU；—否→ 更换插接器

图 7-24　雷克萨斯 LS400 轿车 EPS 系统综合故障诊断

转向盘，都有明显的改善。但是仍感觉稍沉，有时感觉像转向助力突然失效一样，时沉时轻，说明动力转向系统还存在故障。

5）将动力转向电磁阀从转向器上拆下来，直接用 12V 电源驱动电磁阀，用时通时断的方法来验证其技术状态，检验结果电磁阀能发出“咔嗒”的工作声，但声音很小，判断该阀可能发卡或开度不够。更换新电磁阀后，故障得以完全排除。在原地转动转向盘，用一个手指拨动感觉不费力，且在低速、高速等不同工况下都正常。

（4）原因分析　转向电磁阀接线不良导致其信号时有时无，以及电磁阀本身发卡或开

度不够，使得动力转向电子控制系统的工作不良，从而导致了助力不良，间歇性失效，驾驶感觉转向沉重。

7.5 四轮转向控制系统

四轮转向(4WS—4 Wheel Steering)汽车是指四个车轮都是转向车轮的汽车，或4个车轮都能起转向作用的汽车。它是在传统两轮转向系统的基础上，增设了一个安装在后悬架上的后轮转向机构，能够使驾驶员操纵转向盘时转动汽车的前后四个车轮，不仅提高了高速时的稳定性和可控性，而且提高了低速时的机动性。

汽车的四轮转向系统在20世纪80年代中期开始发展，20世纪80、90年代的本田、马自达及通用概念车都曾经应用了四轮转向技术。此外，最近几年的丰田概念车、日产以及雷诺等车型都用到了四轮转向技术。目前该技术被很多公司所采用，其中大多应用在了高级轿车、大型车辆上，也有一些SUV以及跑车具有四轮转向的功能。

7.5.1 4WS车辆的转向特性

采用四轮转向系统的车辆，在低速行驶时为逆相转向(前、后轮旋转方向相反)，使转弯时具有较小的转弯半径，灵活性良好；中高速时为同相转向(前、后轮旋转方向相同)，以提高在高速时抗侧风能力及车道变换或车辆转弯时的操纵稳定性。

1. 4WS车辆的低速转向特性

汽车在低速转向时，可以认为车辆的前进方向与车体的朝向是一致的，所以在各车轮上几乎不会产生旋转向心力。四轮行进方向的垂直线会交于一点，车辆就以该点(转向中心)为中心进行转向。

图7-25所示为低速转弯时车辆的行驶轨迹，二轮转向(2WS)的汽车(前轮转向时)因为后轮不转向，所以车辆的转向中心大致在后轴的延长线上，如图7-25a所示；而同样的情况下，4WS车对后轮进行逆相转向操作，车辆的转向中心就比2WS车更靠近车辆，转弯半径减小，如图7-25b所示。

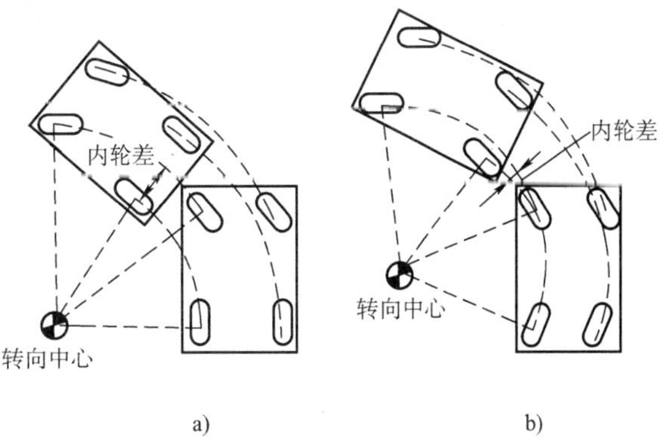

图7-25 低速转向时的行驶轨迹

a) 2WS b) 4WS

由此可见，车辆低速转向时，在前轮转向角相同的前提下，4WS车的转弯半径可以更小，内轮差也可缩小，所以转向性能更好。以一般小轿车为例，如果后轮逆相转5°角，则整车最小转弯半径可减小约0.5m，内轮差可减少约0.1m。

2. 4WS车辆的高速转向特性

汽车的转向运动实际上是由两个运动合成的，一是车辆质心绕转向中心的公转，二是车辆本身绕其质心的自转。在低速转向时，由于车辆运动速度慢，旋转时的惯性力(离心力)很小，因此自转运动不会影响到车辆的转向稳定性，可以被忽略。

高速转向时车辆的运动状态如图 7-26 所示。根据汽车动力学的理论分析，当前轮转向时，轮胎产生侧偏角 α，同时受到地面对其产生的旋转向心力，随着车体出现偏转后，后轮也相应出现侧偏角 β，也受到了相应的旋转向心力。当车速较低时，4 轮的旋转向心力与车辆转向的惯性力(离心力)平衡，车辆可以稳定转向不发生侧偏的危险；但是随着车速的升高，惯性力(离心力)会越来越大，为了平衡逐渐增大的惯性力，必须给前轮更大的侧偏角，使之产生更大的旋转向心力，同时后轮的侧偏角也相应增大，但是如此一来，车体有了更大的自转运动，会引起车辆的自转运动转变为不稳定的旋转，车速越高，这种自转运动就越容易引起车辆旋转。

因此，理想的高速转向运动应该是尽可能使车体朝向与前进方向一致，防止多余的自转运动，使前后轮产生足够的旋转向心力。采用四轮转向的车辆，可以通过对后轮进行同相转向操作使后轮与前轮产生同样的侧偏角 $\alpha(\alpha>\beta)$，在不增加前轮转角的前提下增大车辆的旋转向心力，以抑制过多的自转运动，就可以达到车体朝向与前进方向一致的稳定转向状态，如图 7-27 所示。

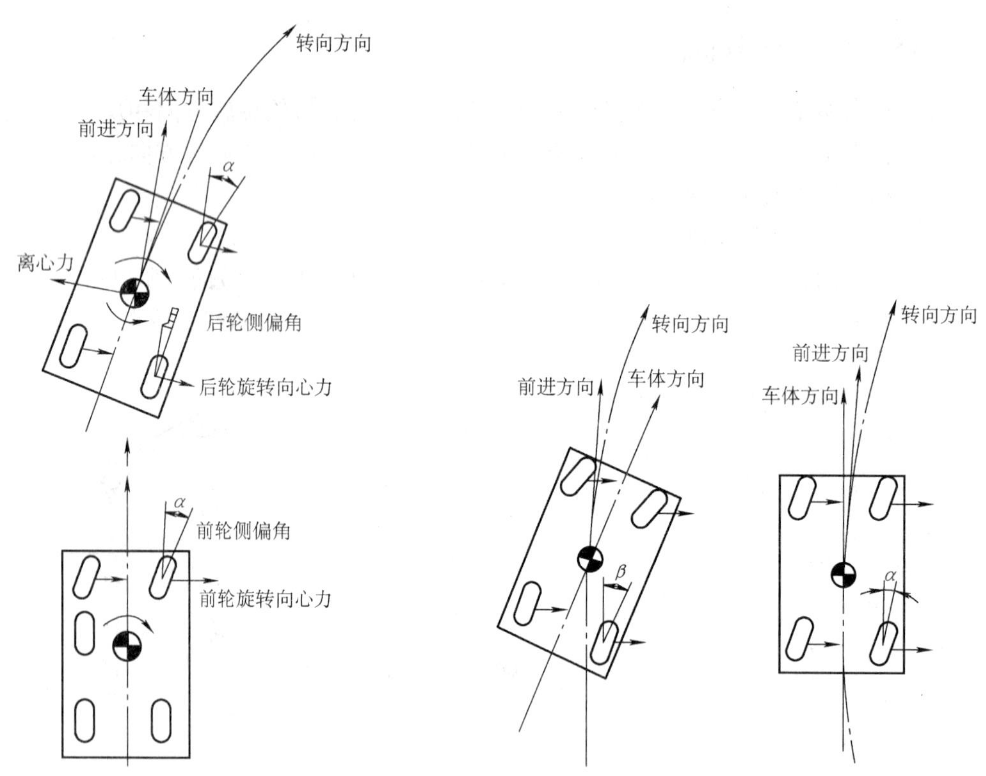

图 7-26　2WS 车高速转向的车辆轨迹　　　图 7-27　中高速转向时 2WS 和 4WS 同向转向操纵比较

四轮转向系统的控制方式主要有转向角比例控制、横摆角速度比例控制和车速前馈控制等。本章重点介绍转向角比例控制的 4WS 系统和横摆角速度比例控制的 4WS 系统。

7.5.2　转向角比例控制

转向角比例控制的四轮转向系统是指后轮转角与前轮转角成比例，在低速区前、后轮逆相，而中高速区同相的转向操纵控制，使车体的前进方向与车体朝向一致，得到稳定的转向

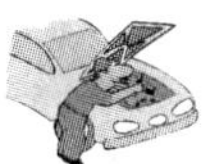

性能。

1. 系统组成

图 7-28 所示为转向角比例控制的 4WS 系统的组成，系统主要由车速传感器、转向角比传感器、转向控制单元、4WS 转换器、转向枢轴、前后转向齿轮箱等组成。

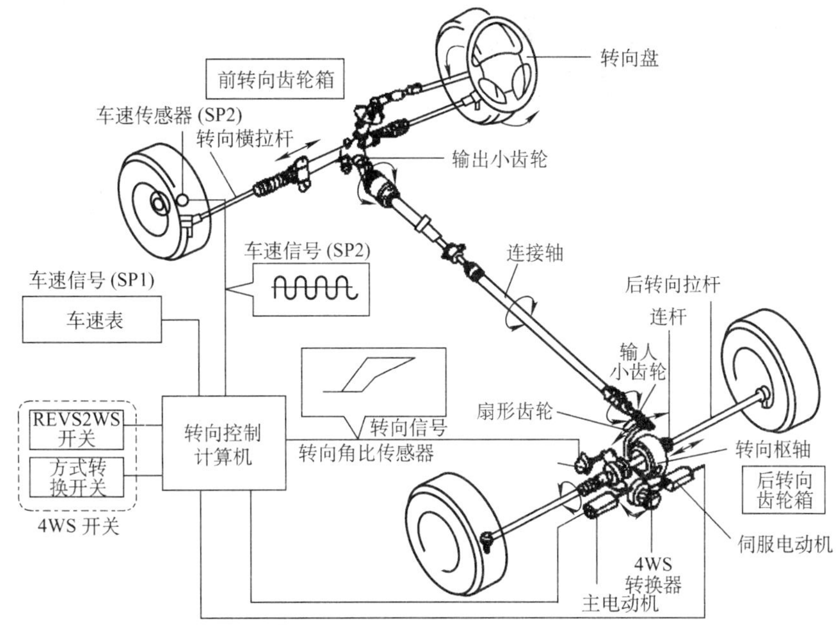

图 7-28　转向角比例控制 4WS 系统图

前后轮的转向机构机械连接，转向盘的转动传到前轮转向齿轮箱（齿轮齿条式），齿条带动前转向横拉杆左右运动，以控制前轮转向。同时，输出小齿轮旋转，通过连接轴传递到后轮转向齿轮箱，后轮的转角与转向盘的转角成比例变化，使其低速转向时，后轮与前轮反相转动，中高速行驶时，后轮与前轮同相转动。

图 7-29a 所示为转向枢轴的结构，转向枢轴位于后转向齿轮箱内，是一个大的轴承，其外圈与扇形齿轮成为一体，围绕枢轴可左右旋转；内圈与连杆突出的偏心轴相连，连杆通过 4WS 转换器的电动机以连杆旋转中心做正反旋转。偏心轴在转向枢轴机构内可上下回转约 55°。

通过连接轴的输入使输入小齿轮向左或向右旋转时，带动扇形齿轮转动，再由转向枢轴通过偏心轴使连杆向左右方向移动，连杆带动后转向横拉杆和后转向节臂实现后轮的转向。图 7-29b 所示为枢轴与偏心轴的运动，形成后轮的同相位和逆相位的转向原理图。

偏心轴的前端与枢轴左右旋转中心重合时，即使转向枢轴左右转动，连杆也完全不动，后轮就在中立状态；随着偏心轴前端位置与枢轴的旋转中心上下方向的偏离，枢轴左右转动时连杆的移动量就会变大，偏心轴与后轮转向之间的动态关系是：偏心轴前端位置在转向枢轴的上侧时为逆相位，而下侧时为同相位，如图 7-29c 所示。

图 7-30 所示为 4WS 转换器的结构，转换器由主电动机和副电动机的驱动部分、行星轮的减速部分以及旋转连杆的蜗杆组成。副电动机的输出轴与行星齿轮机构的太阳轮相连，主电动机与行星架相连，齿圈与 4WS 转换器的输出轴相连。

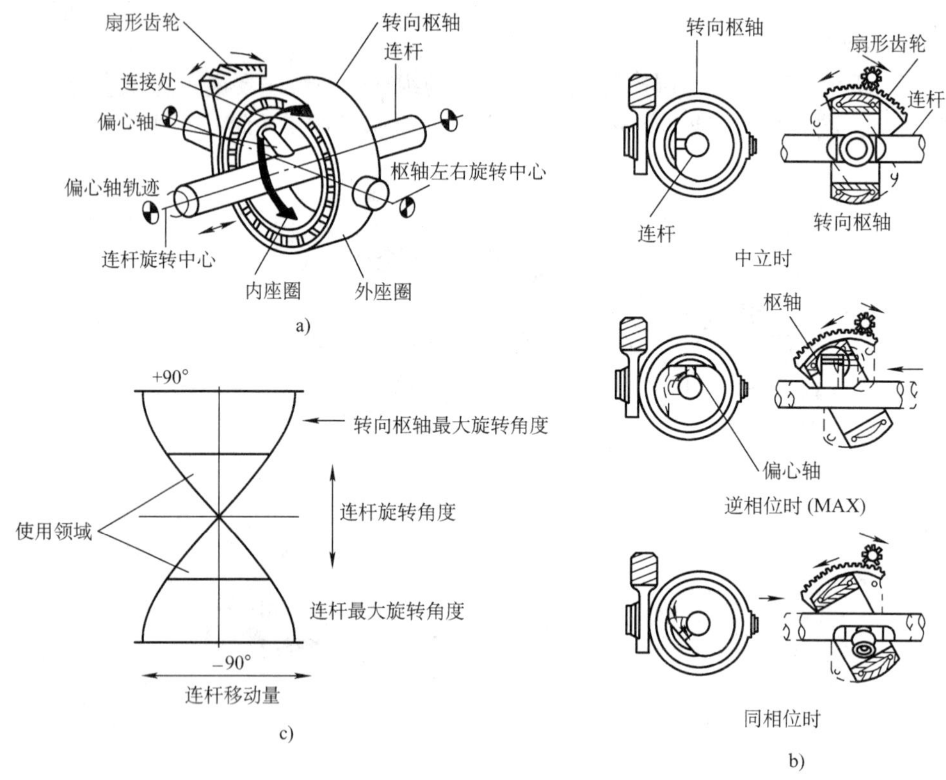

图 7-29 转向枢轴

a）结构 b）偏心轴和枢轴的运动 c）枢轴的旋转角与连杆移动量之间的关系

车辆低速转向时，主电动机转动，而副电动机就处于停止状态。行星齿轮机构中的太阳轮固定不动，主电动机带动行星架旋转，行星轮围绕着太阳轮进行公转和自转，带动齿圈旋转，以此带动 4WS 转换器的输出轴旋转，使连杆逆相位方向旋转。

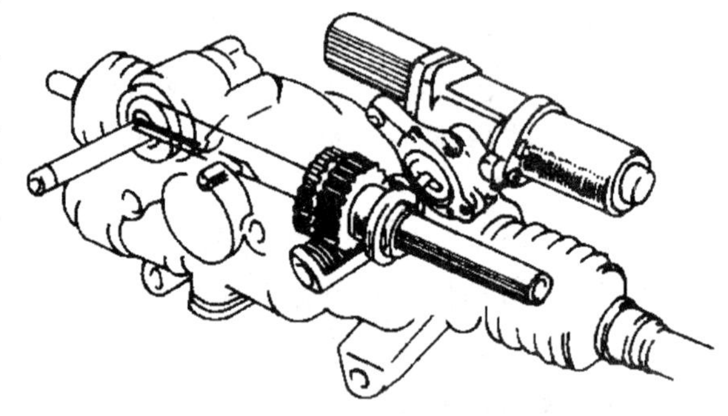

图 7-30 4WS 转换器的结构

车辆高速转向时，主电动机不工作，行星架固定不动，副电动机驱动太阳轮旋转，通过行星轮带动齿圈旋转，带动 4WS 转换器的输出轴旋转，使连杆同相位方向旋转。

2. 控制原理

图 7-31 所示为该系统 ECU 控制流程图。通过转向角传感器、车速传感器等输入信号，进行以下控制：

（1）转向角比控制 按照图 7-32 所示的转向角比控制图，由主电动机进行控制。驾驶员通过 4WS 方式转换开关，可选择常规模式（NORMAL）和运动模式（SPORT），对车轮转角的同相、逆相进行不同的领域控制。

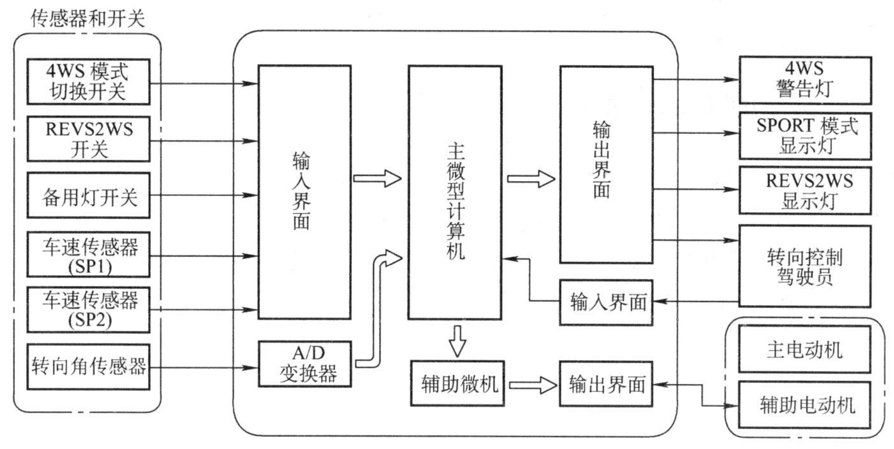

图 7-31　4WS 系统 ECU 控制流程图

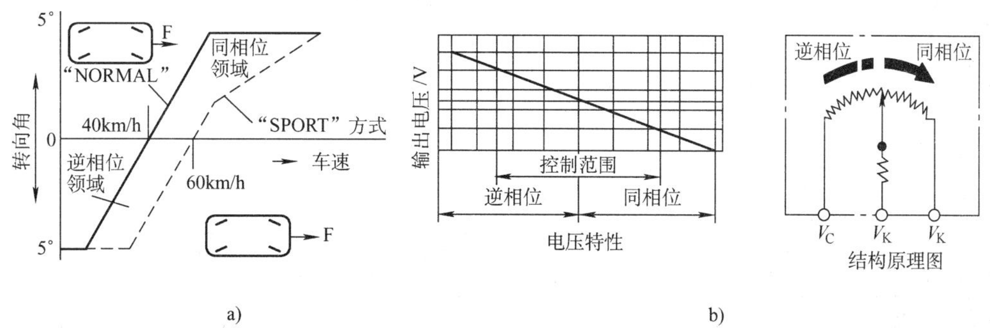

图 7-32　转向角比控制

a）转向角控制　b）转向角比传感器的特性

车速主要由车速表的传感器提供(SP1)，用 ABS 车速传感器中的前轮的一个传感器输入信号作为辅助信号(SP2)。转向角比传感器是检测后转向齿轮箱内的连杆的旋转角度，其工作原理与电位计式节气门位置传感器类似，根据旋转角度的变化，传感器内的滑动电阻值发生变化，进而使得电路中的电压发生变化，将不同的电压信号输入到 ECU 即可得出对应的角度。

（2）2WS 选择功能　2WS 开关为 ON 且变速器为倒档状态时，因车速较低，故将后轮的转向操纵量设定为零。对 2WS 车倒退转向操纵已习惯的人，若对 4WS 车倒退转向操纵有失调感时，可使用此开关。

（3）安全性控制　系统出现故障时，在进行下列工作的同时点亮“4WS 警告灯”通知驾驶员，而且 ECU 记忆故障信息。

1）主电动机异常时，驱动副电动机只在同相方向上，以常规模式(NORMAL)按照车速进行转向角比控制。

2）车速传感器异常时，在 SPl 和 SP2 的任何一个输出中，用车速高的值通过主电动机只对同相方向进行转向角控制。

3）转向角比传感器异常时，通过副电动机驱动到同相方向最大值时停止控制。此时，若是副电动机异常，则用主电动机进行同样的控制。

4）ECU 异常时，通过副电动机驱动到相同方向最大值为止，然后停止控制。此时，能避免出现逆相位状态。

7.5.3 横摆角速度比例控制

横摆角速度比例控制是通过检测横摆角速度以控制后轮转向操纵量的，通过横摆角速度能够直接检测自转运动的增减，从而控制后轮的转向角，从转向初期起就能使得车体朝向与前进方向之间的偏离很小。另外，由于直接监测车辆的自转运动，所以即使是转向操纵以外产生的力，例如在有侧向风的情况下，以瞬时的感觉也能向抑制自转的方向操纵后轮的转向。

1. 系统组成

图 7-33 所示为 4WS 的横摆角速度比例控制系统的组成。使后轮产生转向角的工作原理就是转换后转向机构的控制阀油路，使阀芯左右移动。在前轮有转向运动时控制阀将后轮的最大转向角控制到 5°(大转向角控制)，而与前轮转向无关时将后轮的转向角最大控制到 1°(小转向角控制)。前者属于依靠传动绳索的机械式转向，而后者是依靠转向电动机的电子式转向，后轮的转向角是由上述两者合成的。

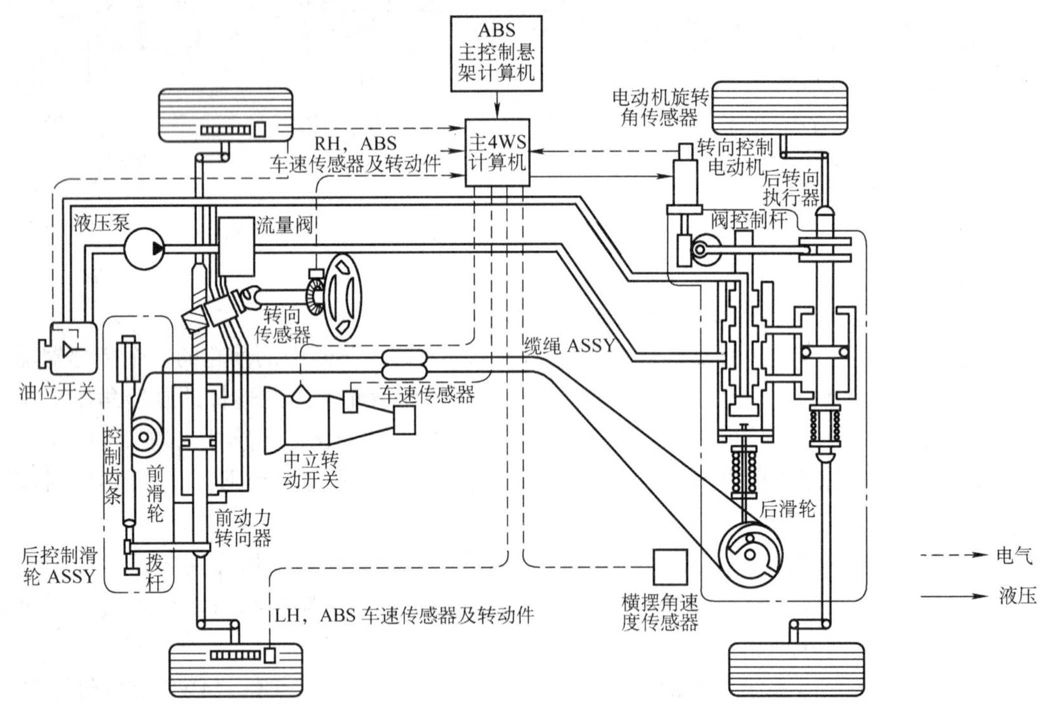

图 7-33　4WS 横摆角速度比例控制系统的组成

（1）前轮转向操纵机构　图 7-34a 所示为前轮转向操纵机构的结构。转向盘的旋转运动传递到转向齿轮和转向齿条，随着转向齿条的左右移动，拨杆带动控制齿条左右移动，进而带动控制齿轮旋转。此时与控制齿轮一体的前滑轮就做正、反向旋转。前滑轮的旋转通过缆绳传递到后轮转向操纵机构的后滑轮上。

控制齿条上有长为 l 的自由行程(盲区,即拨杆在这段行程上移动时控制齿条不动)，而

相应的转向盘的转动范围大约为250°，所以保证在转向盘小转角内不进行与前轮转向角连动的后轮转向操纵。高速行驶时，后轮不能进行这样大的转向角的转向操纵，因此高速行驶时，后轮只是通过转向电动机进行电子式转向控制。

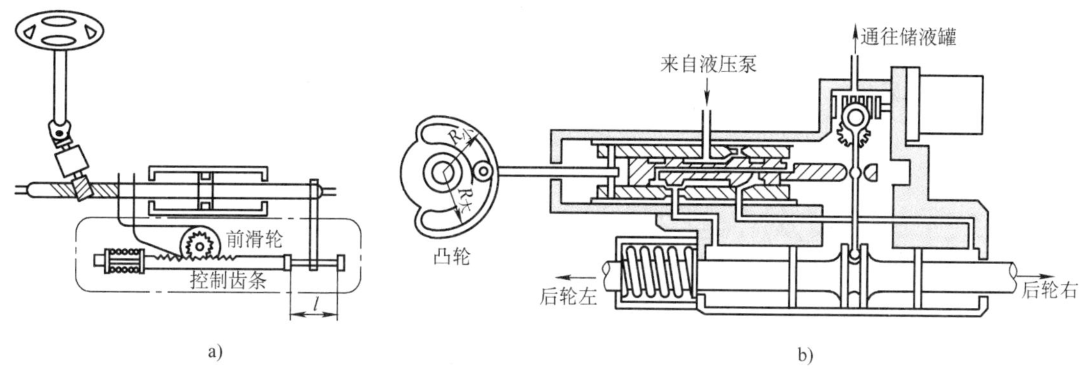

图7-34　转向操纵机构
a）前轮转向操纵机构　b）后轮转向操纵机构

（2）后轮转向操纵机构　图7-34b所示为后轮转向操纵机构的结构。机械式转向操纵机构的情况是通过缆绳将转动传递到后滑轮并带动与后滑轮一体的控制凸轮旋转，而凸轮带动推杆左、右移动，进而带动阀套筒左、右移动。

转向盘向左转动时，后滑轮带动凸轮顺时针旋转，凸轮曲率半径变小，推杆被向左拉出，阀套筒就向左移动。转向盘右转时，则相反，随着凸轮曲率半径变大，凸轮推杆被向右推进，阀套筒就向右移动。由于阀套筒和阀芯的相对位移，使来自液压泵的工作压力油路被切换。转向盘向左转时，阀套筒就向左移，使油液进入液压缸的右室，动力活塞向左移动。此时与活塞一体的转向拉杆向左移动，将后轮向右转。相反，当前轮向右转时，动力活塞向右移动，后轮就向左转。无论何种情况，总是逆相位转向操纵。

2. 控制状态

按照前轮的转向量，后轮的转向控制状态有大转向角控制和小转向角控制两种状态。

（1）大转向角控制（机械式控制）　当前轮转向角处在与后轮转向无关的控制齿条自由行程范围（盲区）内时，阀芯与阀套筒之间的相对位置处于中立状态。因而，来自液压泵的工作油液被排出，且返回到副油箱。动力油缸的左、右室都成为中立的低油压，活塞杆在复位弹簧的作用下停止在中立位置。

当前轮转向角较大时，超出转向齿条自由行程范围，如果向左转向时，阀套筒向左方向移动，并与阀芯之间产生相对位移，图7-35中的阀套筒与阀芯在a部位接触密封，高压作用于动力油缸的右室，推动活塞杆向左移动，而后轮就向右转向。当活塞杆向左移动时，因为转向电动机不工作，阀控制杆就以支点A为中心回转，并将阀芯从B点移到左方的B'点（A、B、B'点的位置见图7-36a），因此阀套筒与阀芯在a部位脱开接触形成节流作用，降低动力油缸右室的压力，结果是当活塞杆移动到规定位置时，节流压力与来自车轮的外力相平衡，后轮就不能进行更多的转向。

外力产生变化时，活塞杆将有微小的变化，但阀控制杆立即将变化反馈给阀芯并改变节流量。这个过程直到动力活塞的压力与外力相平衡为止，从而保持稳定。

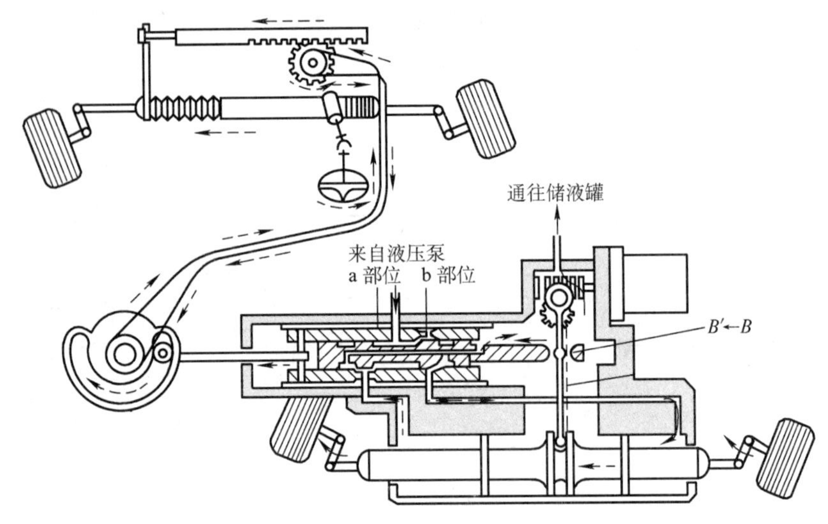

图 7-35　大转向角控制

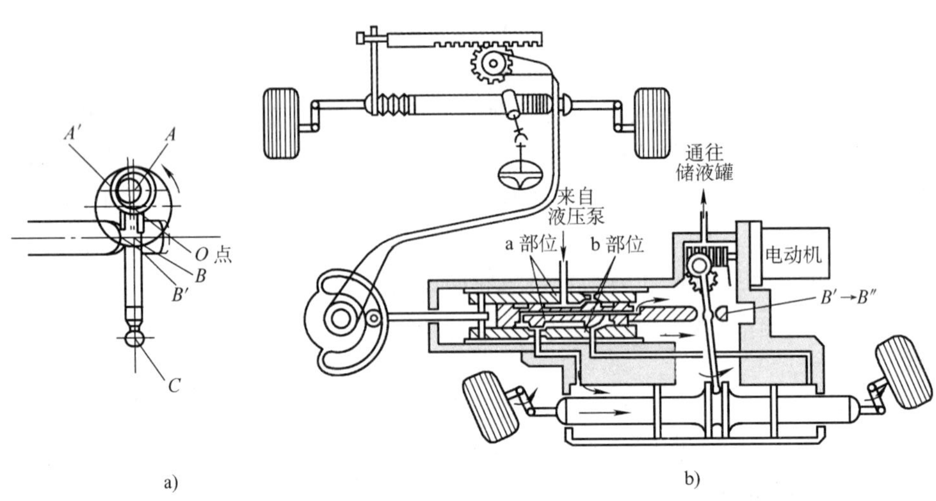

图 7-36　小转向角控制

a）阀控制杆的工作原理　b）小转向角控制整体原理

（2）小转向角控制（电子式控制）　为了将转向电动机的旋转运动变为阀芯的直线运动，采用螺旋齿轮和曲柄组合机构。转向电动机的旋转通过蜗轮机构传递到从动齿轮，借助曲柄使阀控制杆移动，如图 7-36a 所示。当从动齿轮逆时针旋转时，阀控制杆的上端支点 A 就以从动齿轮中心 O 点为回转中心移动到 A' 点。转向电动机刚起动的瞬间，后转向轴还没有运动，所以阀控制杆就以 C 点为回转中心向左运动，杆中央的 B 点向左移动，使阀芯向左移动。缆绳不动时，阀套筒固定不动，阀芯与阀套筒产生相对位移，图 7-36b 中阀的 b 部分被节流，高压油进入油缸左室。

当活塞杆向右移动时，如图 7-36b 所示，阀控制杆以支点 A 为中心回转，使阀芯向右移动到 B″点为止。结果打开 b 部分，减少节流使压力下降。而后以与机械式转向操纵相同的

方法保持平衡。

3. 控制逻辑

图 7-37 所示为前轮转向角与后轮转向角之间的关系，后轮转向角是机械式转向与电子式转向特性的合成。当转向盘的转向角约为 250°以上的逆相区时，实际上是在低速大转角情况下或停车时所表现出来的状态。中高速时是不能进行机械转向的，只能是在电子转向范围内的后轮转向控制。*ECU* 中存储车速、转向角和横摆角速度等各传感器输入信号，并进行相应运算，从而确定与车辆状态所规定相应的后轮转向角，以及根据其结果驱动转向电动机。

（1）车体侧滑角的零控制　车体侧滑角零控制是在转向初期的过渡过程中，4*WS* 以特有的抑制转向时车体向转向内侧滞后的转向角比例现象，使转向时车体的方向与前进方向相一致，从而确保稳定转向的一种控制。根据式(7-1)所示的控制规则，它通过逆相位转向角比例控制与横摆角速度反馈控制的组合来实现，如图 7-38 所示。

$$\theta_r = K_S(v)\theta_f + K_Y(v)\omega_Y \tag{7-1}$$

式中，θ_r 是后轮转向角；θ_f 是前轮转向角；ω_Y 是横摆角速度；v 是车速；K_S 是转向角比例系数；K_Y 是横摆角速度比例系数。

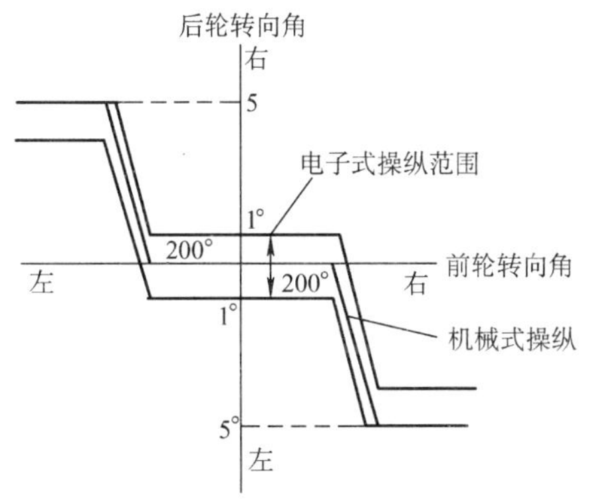

图 7-37　前轮转向角与后轮转向角之间的关系

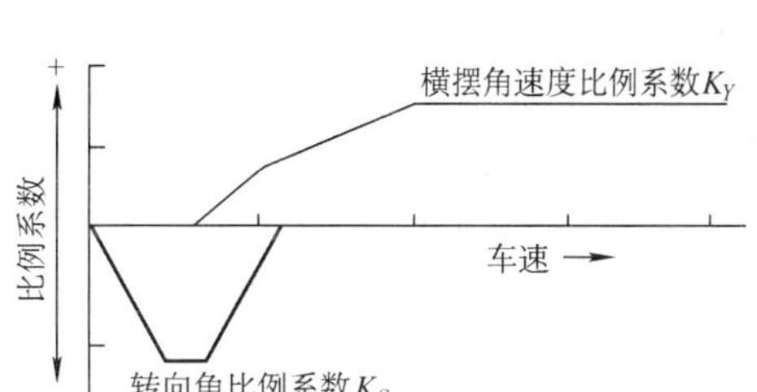

图 7-38　控制比例系数

在转向初期的瞬间，对后轮进行逆相控制使它产生自转并抑制公转，从而能防止车体朝转向外侧倾斜。与此同时，横摆角速度传感器能检测自转运动的增大状态并进行反馈控制，同时附加同相位成分以取得自转与公转运动的平衡。从转向开始至转向结束，一直进行使车体侧滑角成为零的控制。

（2）受侧向风干扰时的控制　由于突然的侧向风力的作用，车辆会偏向行驶。横摆角速度传感器能立即检测出它的偏向，并对后轮进行转向控制以消除产生的偏向行驶。由于后轮产生的力矩，侧向风引起的车辆自转运动会减小，并能使汽车的行驶方向偏差最小。

（3）ABS 工作时的控制　通常为了提高中低速范围的转向操纵的响应性，正如横摆角速度比例系数 K_Y 特性中见到的那样，角速度增益低于高速区域。但是 ABS 工作时，与转向操纵响应性相比将更加重视车辆的稳定性，而且将 ABS 开始工作的瞬间的横摆角速度增益（K_Y 值）一直保持到 ABS 的工作结束。

本 章 小 结

- 汽车转向系是按照驾驶员的意愿控制汽车，使之改变或保持行驶方向的一套专设机构。

• 理想的动力转向系统是在低速时使转向轻便，减轻驾驶员劳动强度；高速时则具有一定的转向力，防止转向发飘。

• 汽车动力转向系统的作用是在驾驶员的控制下，借助于汽车发动机产生的液体压力或电动机的驱动力来对车轮转向实现助力。

• 按照动力源不同，电控动力转向系统可以分为液压式和电动式两种。

• 液压式电控动力转向系统是在普通动力转向系统中增设了控制液体流量的电控系统，包括电磁阀、车速传感器以及电控单元。根据控制方式不同，液压式电控动力转向系统分为流量控制式、反力控制式和阀灵敏度控制式三种形式。

• 电动式电控动力转向系统是采用电动机作为动力源，电控单元依据转向参数和车速传感器信号控制电动机转矩的大小和方向，加在转向机构上，使之得到一个相应的转向助力。根据电动机对转向系统产生助力的部位不同，电控动力转向系统有三种类型：转向轴助力式、转向器小齿轮助力式、齿条助力式。

• 电控转向系统装配完毕后，应进行基本检查，主要包括针对液压系统的油量和油压试验、系统排气、转向油泵传动带松紧度调整以及电控部分及其相关部件的工作状态检查等，保证转向系统良好的工作性能。

• 动力转向控制系统具有自我诊断功能，当发生系统故障时，能自动停止助力，同时计算机可以记忆故障内容，并使故障指示灯点亮，提醒驾驶员，维修时可以读取故障码，找出故障原因。

• 动力转向系统常见的故障有转向沉重或助力不足，动力转向液产生乳状泡沫、液面低以及压力低，向左或向右急转转向盘时转向力瞬时增大等。

• 四轮转向（4WS 即 4 Wheel Steering）汽车是指四个车轮都是转向车轮的汽车，或 4 个车轮都能起转向作用的汽车。通过控制汽车前轮和后轮向相反的方向偏转可以减小汽车转向半径，而通过控制汽车前轮和后轮向相同的方向偏转可以保持车辆的行驶方向不变。

• 四轮转向系统的控制方式主要有转向角比例控制、横摆角速度比例控制和车速前馈控制等。

复习思考题

一、填空题

1. 理想的转向系统应该使得汽车高速行驶时，转向________，以具有良好的路感；低速行驶时转向________。

2. 汽车动力转向系统的作用是在驾驶员的控制下，借助于________或________来对车轮转向实现助力。

3. 按照动力源不同，电控动力转向系统可以分为________式和________式两种。

4. 根据控制方式不同，液压式电控动力转向系统分为________式、________式和________式三种形式。

5. 流量控制式动力转向系统是在一般液压动力转向系统上增加了________、车速传感器、________、电子控制单元和控制开关等元件。

6. 反力控制式动力转向系统是根据________大小，控制________油压，从而改变输入、

输出增益幅度，改变转向________的扭转刚度，从而控制转向助力的大小。

7. 电动式动力转向系统是一种直接依靠________提供辅助转矩的助力式转向系统，系统用________取代了液压能。

8. 根据电动机对转向系统产生助力的部位不同，电控动力转向系统有________式、________式和________式。

9. 四轮转向（缩写________）汽车是指四个车轮都是转向车轮的汽车，在低速行驶时前、后轮旋转方向________；中高速时前、后轮旋转方向________。能够提高高速时的稳定性和可控性，以及低速时的________。

10. 四轮转向系统的控制方式主要有________、________和车速前馈控制等。

二、判断题

1. 转向力在汽车停止时应较大，随汽车行驶速度的增加而逐渐减少。（　）

2. 电控动力转向系统既可在低速时使转向轻便，又能在高速时保证稳定的手感，在轿车上得到了广泛的应用。（　）

3. 在动力转向系统失效时，应能保证机械转向系统的有效工作。（　）

4. 电动助力转向系统中用的电动机是交流电动机，但一般采用永磁磁场。（　）

5. 四轮转向系统的电子控制系统出现故障时，应使后轮处于中间位置，汽车转向系统自动进入前轮转向（两轮转向）状态。（　）

6. 动力转向系统在更换液压油后和检查转向液罐中油位时发现有气泡冒出，说明系统油液不足，这将引起转向沉重、前轮摆动、转向噪声等故障。（　）

7. 动力转向控制系统具有自我诊断功能，当发生故障时，能自动停止转向。（　）

8. 汽车在低速转向时，可以认为车辆的前进方向与车体的朝向是一致的，所以在各车轮上几乎不会产生旋转向心力。（　）

9. 车辆高速转向时，若前轮转向角相同，4WS车的转弯半径可以更小，内轮差也更小，所以转向性能更好。（　）

10. 理想的高速转向运动应该是尽可能使车体朝向与前进方向一致，防止多余的自转运动，使前后轮产生足够的旋转向心力。（　）

三、问答题

1. 汽车动力转向系统应该满足哪些要求？
2. 动力转向系在设计时存在什么问题？如何解决？
3. 简述流量控制式电控液压动力转向系的工作原理。
4. 简述反力控制式电控液压动力转向系的工作原理。
5. 简述阀灵敏度控制式电控液压动力转向系的工作原理。
6. 以转向轴助力式为例说明电动动力转向系的工作原理。
7. 在电动动力转向系统中，电磁离合器起什么作用？如何实现？
8. 在何种情况下需要对动力转向系统进行排气？如何操作？
9. 四轮转向系统在高、低速转向时，如何保证车辆的最佳转向性能？
10. 分析4WS车辆的低速转向特性。

实训项目12　电控动力转向系统的基本检查

车 辆 型 号	车辆识别代码	检 测 系 统

一、实训目标

1. 掌握电控动力转向系统基本检查的主要项目。

2. 掌握电控动力转向系统各项基本检查的方法和标准。

3. 掌握电控动力转向系统排气的方法。

二、知识准备

1. 在进行系统检查之前，应初步地检查一下________、________、悬架与转向连接杆之间的润滑情况、转向系统接头及悬架臂球头等处是否正常，转向柱管是否弯曲，转向盘的________是否正常等。

2. 动力转向系统在更换液压油后，或检查转向液罐中油位时发现有气泡冒出，说明系统内________，这将引起________、________、________等故障，必须对系统进行________。

三、实训步骤

1. 准备工作

将车辆停放在水平地面，检查胎压是否符合要求。

标准值：前轮________；后轮________。

测量值：前轮________；后轮________。

2. 检查传动带

1）传动带松紧度的检查，可利用丰田专用工具，在95N·m的作用力下，检测传动带的挠度。

运转5min以下时：标准值为________ mm，测量值为________ mm。

运转5min以上时：标准值为________ mm，测量值为________ mm。

2）目视检查传动带与带轮配合的位置是否正常。

3. 检查储液罐液面高度

检查油面高度时，保持车身水平位置，油温________℃时进行。

在发动机维持怠速运转（约850r/min）的条件下，反复将转向盘从左侧转到右侧再返回，使得油温达到正常要求。

打开储液箱，检查液压油________（有/无）泡沫或乳化现象，观察量油尺液面在________位置上。

通过检查，判断系统的油面情况，给出维修意见________。

4. 系统排气

检查转向液罐，判断系统是否需要排气？________。

5. 检查油泵压力

将油压表的一端接在转向泵的输出端，另一端接在转向助力器的输入端，维持发动机怠速运转，油温达到80℃。

检查阀关闭时的压力：________。

检查阀全开时的压力差（1000r/min和3000r/min时）：________。

检查转向盘在锁定位置时的压力：________。

6. 检查转向盘转向力矩

使汽车停放在平坦地面上，两转向轮位于直线行驶位置，发动机怠速运转，测量转向盘从中间位置向左、右转动所需的力矩。

（续）

车 辆 型 号	车辆识别代码	检 测 系 统

通过上述操作，得出的结论是：____

____。

四、实训小结

____

____

____。

实训项目 13　电控动力转向系统电路故障检修

车辆型号	车辆识别代码	检测系统

一、实训目标

1. 了解雷克萨斯 LS400 轿车电控动力转向系统控制电路的组成及原理。

2. 掌握雷克萨斯 LS400 轿车电控动力转向系统主要的传感器及执行器的工作原理。

3. 掌握测量电控系统元件的方法及标准参数。

二、知识准备

1. 雷克萨斯 LS400 轿车电控动力转向系统的传感器主要包括________、________，执行器是________。

2. 请画出雷克萨斯 LS400 轿车动力转向系统的电控系统电路图，并说明其中各个端子的含义。

含义：____。

三、实训步骤

1. 电源测量

测量蓄电池电压是否正常，打开点火开关，测量 ECU 连接器上的 +B 端子与搭铁之间的电压，判断 ECU 电源熔断器是否正常。

蓄电池电压________；+B 端子与搭铁之间的电压________。

2. 车速传感器检修

检测车速传感器及其连接线路是否正常，顶起汽车，旋转后轮。用万用表测量接线柱 SPD 与 GND 之间的电压，标准值为________，实测结果为________。

3. 电磁阀的检修

用万用表检测 SOL+ 与搭铁端之间的电阻，标准阻值为________，实测值为________。

检测 SOL− 与搭铁端之间的电阻，标准阻值为________，实测值为________。

检测 SOL+ 与 SOL− 之间(电磁阀线圈)阻值，标准阻值为________，实测值为________。

进行通电试验，用 12V 的电源通入电磁阀，电磁阀应该________。

通过上述操作，得出的结论是：____。

四、实训小结

____

____

____。

第8章 中央门锁与防盗系统

学习目标：

- 了解中央门锁系统的组成。
- 掌握中央门锁系统的工作原理。
- 掌握典型中央门锁系统的故障诊断方法。
- 了解防盗系统的分类。
- 了解防盗系统的组成。
- 掌握防盗系统的工作原理。
- 掌握典型汽车防盗系统的故障诊断方法。

8.1 中央门锁系统

由电动机或电磁铁操纵的车门锁称为电动门锁。车门锁正在由机械锁向电动门锁方向发展。随着对汽车安全性、可靠性和方便性要求的不断提高，大多数轿车配置了中央控制门锁，甚至采用了密码锁。

中央控制门锁(简称中央门锁或中控门锁)实现了门锁的驾驶员集中控制。装有中央控制门锁系统的汽车，在锁上(或打开)驾驶员车门锁时，其他所有车门锁(还可能包括行李箱门锁)均被锁上(或开锁)。例如，在丰田皇冠轿车上，当将钥匙插入驾驶员车门锁并向左转一下，所有车门将与驾驶员车门一起被锁上；当将钥匙插入驾驶员车门锁并向右连续转两下，所有车门的门锁将与驾驶员车门门锁一起被打开。在现代 i30 轿车上，当将钥匙插入驾驶员车门锁并向左转动一下(或在车内将装在左前车门扶手上的门锁控制开关的前端按一下)，所有车门(含行李箱门)将全部被锁上；当向右转动一下(或将门锁控制开关后端按一下)，所有车门(含行李箱门)的门锁全部被打开。

8.1.1 中央门锁系统的组成与功用

现代汽车的中央门锁系统采用了 ECU。用 ECU 控制的中央控制门锁系统包括三个部分：信号输入装置、控制电脑(ECU)、执行机构。

1. 信号输入装置

(1) 门锁控制开关　门锁控制开关安装在驾驶员车门(或者还包括前乘员侧车门)内侧的扶手上，如图 8-1 所示。门锁控制开关的作用是将驾驶员或前排乘员的锁上门锁或打开门锁的要求告诉 ECU。按下此开关的前端为“上锁”(LOCK)，按下后端为“开锁”(UN-

LOCK)。

(2) 钥匙控制开关　钥匙控制开关(也叫钥匙操纵开关、钥匙上锁与开锁开关)安装在门锁锁芯的内端(图8-2),其作用是探测是否有用钥匙锁车门锁或打开门锁的要求,并将此要求告诉ECU。

(3) 门控开关　门控开关(也叫门控灯开关、车门微开开关)安装在门框上,其作用是探测车门的开、闭状态,并将车门开、闭状态信号送给ECU。当车门开启时,此开关接通;当车门关闭时,此开关断开。

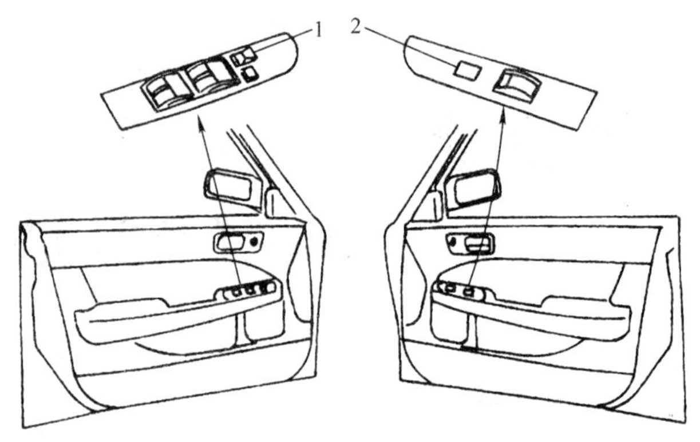

图8-1　门锁控制开关

1—驾驶员侧车门扶手上的门锁控制开关

2—前乘员侧车门扶手上的门锁控制开关

(4) 门锁开关　门锁开关(也称车门开启探测开关)安装在门锁总成内,其作用是检测车门的开、闭状态。当车门开启时,此开关接通;当车门关闭时,此开关断开。

(5) 行李箱门锁开关　行李箱门锁也叫行李箱开启器。行李箱门锁执行器(电磁线圈)由两个串联的开关进行控制,一个是主开关,另一个是行李箱门锁开关,如图8-3所示。

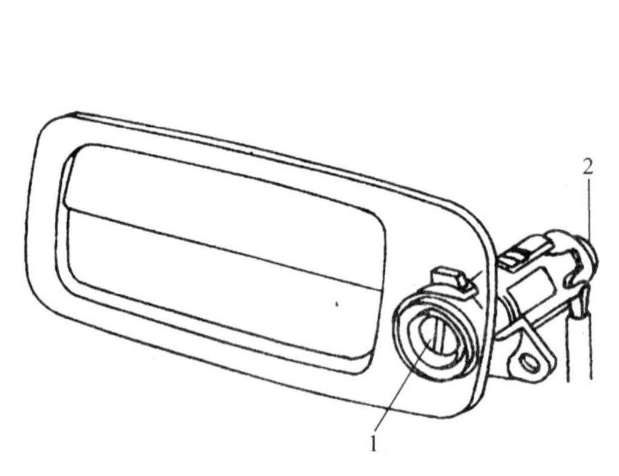

图8-2　钥匙控制开关

1—门锁锁芯　2—钥匙控制开关

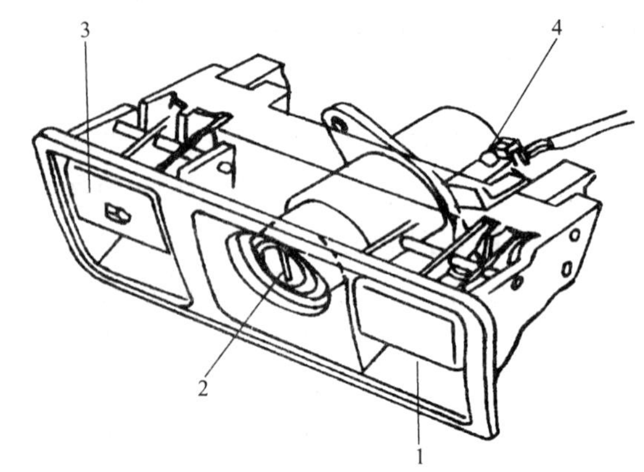

图8-3　行李箱门锁开关

1—行李箱门锁开关　2—锁芯

3—燃油加注口盖开关　4—行李箱门锁主开关

(6) 位置开关　位置开关(也称车门开锁探测开关)装在门锁总成内(图8-4),其作用是探测门锁的状态。当锁杆处于锁止位置时,位置开关断开;当锁杆处于开锁位置时,位置开关接通。

(7) 钥匙开锁警告开关　此开关安装在点火开关内,用于探测点火钥匙是否插在点火开关锁芯内,并将此信号送给ECU,以便实现点火钥匙防遗忘功能(在钥匙没有从点火开关里拔出的情况下,能防止点火钥匙被锁在车内)。如果钥匙插在点火开关的锁芯内,钥匙开锁警告开关接通;如果拔出钥匙,此开关断开。

2. ECU

控制电脑(ECU)的作用是接收信号输入装置送来的信号,并对这些信号进行处理,然

后发出控制指令，控制执行机构，实现锁门或开锁。

ECU 的组成包括输入电路、存储器、鉴别器、编码器、驱动装置、抗干扰电路、显示装置、保险装置和电源等。

3. 执行器

执行器有电动机和电磁铁两种形式。电动机操作的车门锁体积小、耗电少，工作时噪声小，而电磁铁操作的车门锁结构简单，动作敏捷，但体积大、质量大，工作时有撞击声。

图 8-4 所示为电动机式电动车门锁的结构，其工作情况如下：

当门锁电动机转动时，蜗杆带动蜗轮转动，继而推动锁杆摆动，使车门上锁或开锁。然后，在回位弹簧的作用下，蜗轮返回原位，以便防止操纵门锁按钮时电动机工作。说明：有些电动门锁不用蜗杆蜗轮传动，而采用齿轮齿条或螺杆螺母传动机构。

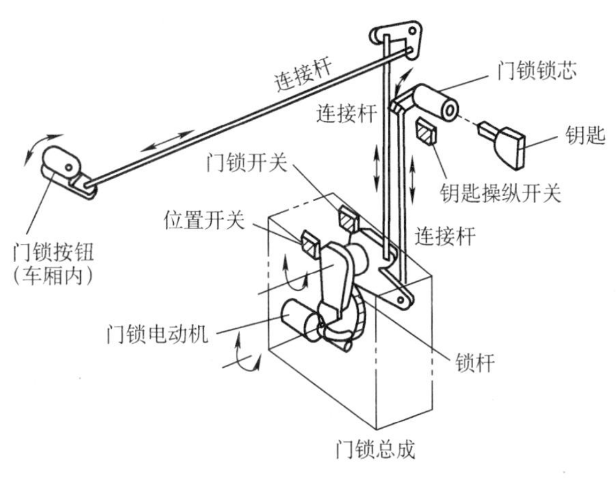

图 8-4　门锁传动机构

图 8-5 所示为电磁铁式行李箱门锁，其工作原理如下：

当电磁线圈 2 中有电流通过时，所产生的电磁吸力使插棒式铁心 5 及轴销 6 向左移动，从而打开行李箱门锁。电磁线圈 2 中无电流，插棒式铁心 5 及轴销 6 处于右端位置，关闭行李箱门之后，行李箱便被上锁。电磁线圈 2 中是否有电流由行李箱门锁开关来控制。

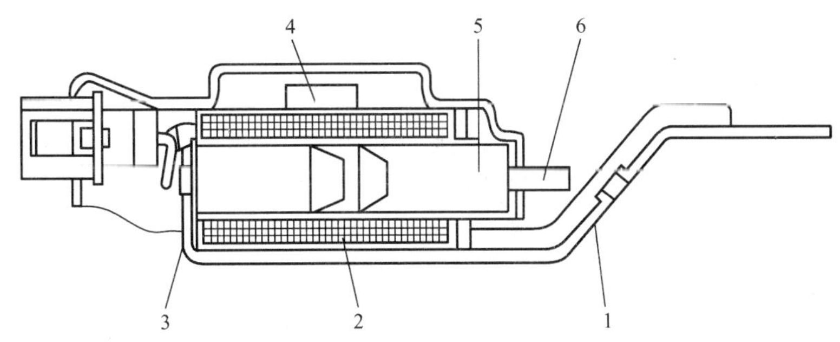

图 8-5　行李箱门锁

1—支架　2—电磁线圈　3—轭铁　4—断路器　5—插棒式铁心　6—轴销

在有些车型上，采用了门锁控制继电器，其电路原理如图 8-6 所示。当用钥匙转动锁芯时，使门锁开关 5 的开锁触点接通时，电流从蓄电池流经熔断器、左边继电器（开锁继电器）的线圈，再经开关 5 搭铁，因此开锁继电器触点闭合，从而使 4 个门锁电磁铁通电，打开所有车门锁；当用钥匙转动锁芯时，使门锁开关 5 的锁止触点接通时，右侧的锁止继电器触点闭合，从而使门锁电磁铁动作，锁上 4 个车门锁。开关 3 受车速的控制，从而可以实现自动闭锁控制。

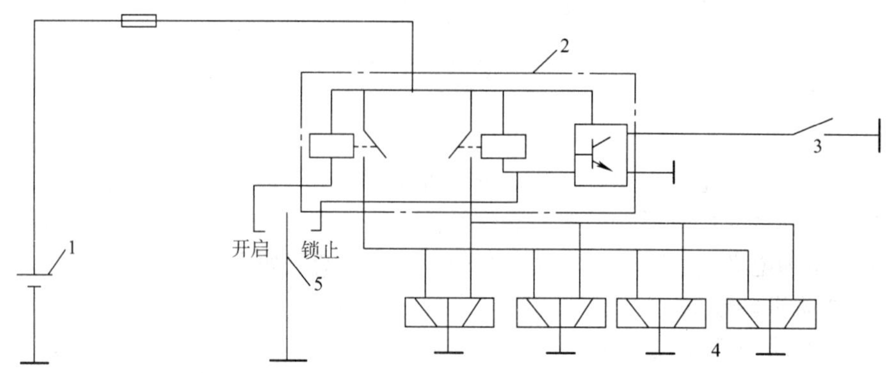

图 8-6 门锁继电器控制的中央门锁系统电路

1—蓄电池 2—门锁控制继电器 3—开关 4—门锁电磁铁 5—门锁开关

8.1.2 中央门锁系统工作原理

1. 用门锁控制开关锁门和开锁

（1）锁门 如图 8-7 所示，当将驾驶员侧或前乘员侧门锁控制开关 15 推向锁门(LOCK)位置时，防盗和门锁 ECU 20 的 16 号端子与搭铁之间接通，即开关 15 向 ECU 输入一个锁门请求信号，此信号经过反相器 A、或门 A、锁门定时器，使晶体管 VT_1(起开关作用)导通，从而使继电器 No. 1 通电，电流通过继电器线圈的电路为：蓄电池 1→易熔线 3→熔断器 6→ECU 的 24 号端子→继电器 No. 1 电磁线圈→晶体管 VT_1→搭铁。

继电器 No. 1 通电使其触点闭合，接通了门锁电动机电路。电路为：蓄电池 1→易熔线 2、4→断路器 5→ECU 的 8 号端子→继电器 No. 1 接通的触点→ECU 的 4 号端子→门锁电动机 21、22、23 和 24→ECU 的 3 号端子→继电器 No. 2 搭铁触点→搭铁→蓄电池负极。门锁电动机转动，将四个门锁全部锁上。

（2）开锁 当将驾驶员侧或前乘员侧门锁控制开关 15 推向开锁(UNLOCK)位置时，防盗和门锁 ECU 20 的 17 号端子与搭铁之间接通，即开关 15 向 ECU 输入一个开锁请求信号，此信号经过反相器 B、或门 B、开锁定时器，使晶体管 VT_2(起开关作用)导通，从而使继电器 No. 2 通电，电流通过继电器线圈的电路为：蓄电池 1→易熔线 3→熔断器 6→ECU 的 24 号端子→继电器 No. 2→晶体管 VT_2→搭铁。

继电器 No. 2 通电使其触点闭合，接通了门锁电动机电路。电路为：蓄电池 1→易熔线 2、4→断路器 5→ECU 的 8 号端子→继电器 No. 2 接通的触点→ECU 的 3 号端子→门锁电动机 21、22、23 和 24→ECU 的 4 号端子→继电器 No. 1 搭铁触点→搭铁→蓄电池负极。门锁电动机反向转动，将四个门锁全部开锁。

2. 用钥匙锁门和开锁

（1）锁门 如图 8-7 所示，当将钥匙插入驾驶员侧或前乘员侧门锁锁芯内并向锁门方向转动时，钥匙控制开关 16 向锁门(LOCK)侧接通，防盗和门锁 ECU 20 的 13 号端子与搭铁之间接通，即开关 16 向 ECU 输入一个锁门请求信号，此信号经过反相器 C、或门 A、锁门定时器，使晶体管 VT_1(起开关作用)导通，从而使继电器 No. 1 通电，电流通过继电器线圈的电路为：蓄电池 1→易熔线 3→熔断器 6→ECU 的 24 号端子→继电器 No. 1 的电磁线圈→晶体管 VT_1→搭铁。

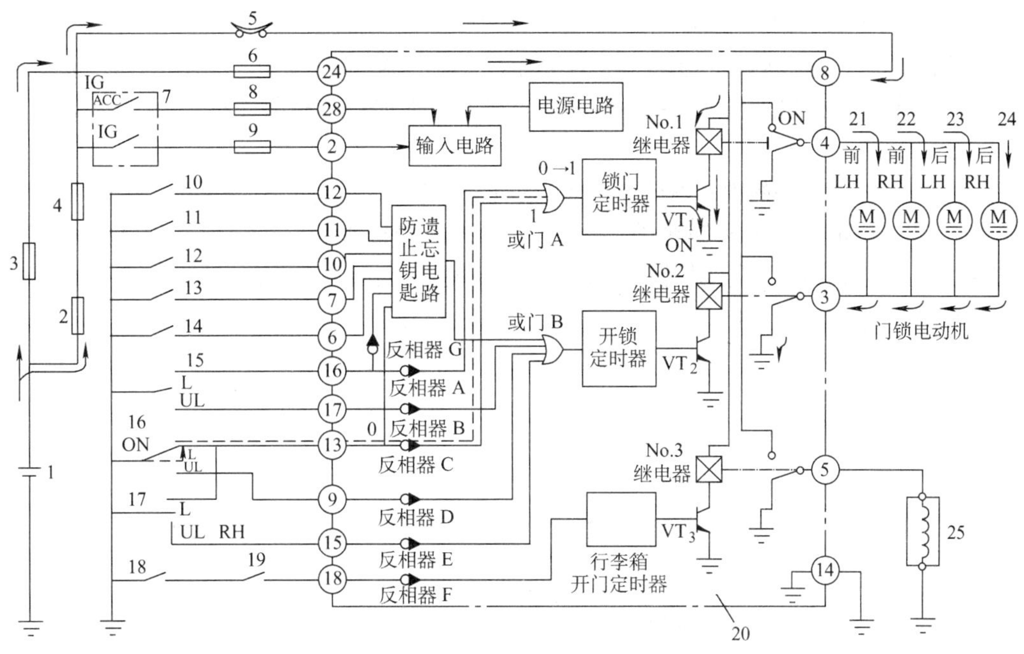

图 8-7　门锁控制电路

1—蓄电池　2—易熔线 ALT　3—易熔线 MAIN　4—易熔线 AM1　5—断路器　6—顶灯(DOME)熔断器　7—点火开关　8—点烟器(CIG)熔断器　9—ECU 熔断器　10—左前门锁开关　11—右前门锁开关　12—左前位置开关　13—右前位置开关　14—钥匙开锁警告开关　15—门锁控制开关　16—左前钥匙控制开关　17—右前钥匙控制开关　18—行李箱门锁开关　19—行李箱门锁主开关　20—防盗和门锁 ECU　21—左前门锁电动机　22—右前门锁电动机　23—左后门锁电动机　24—右后门锁电动机　25—行李箱门锁电磁线圈

继电器 No. 1 通电使其触点闭合，接通了门锁电动机电路。电路为：蓄电池 1→易熔线 2、4→断路器 5→ECU 的 8 号端子→继电器 No. 1 接通的触点→ECU 的 4 号端子→门锁电动机 21、22、23 和 24→ECU 的 3 号端子→继电器 No. 2 搭铁触点→搭铁→蓄电池负极。门锁电动机转动，将四个门锁全部锁上。

(2) 开锁　当将钥匙插入驾驶员侧或前乘员侧门锁锁芯内并向开锁方向转动时，钥匙控制开关 16 向开门(UNLOCK)侧接通，防盗和门锁 ECU 20 的 9 号端子与搭铁之间接通，即开关 16 向 ECU 输入一个开锁请求信号，此信号经过反相器 D、或门 B、开锁定时器，使晶体管 VT_2(起开关作用)导通，从而使继电器 No. 2 通电，电流通过继电器线圈的电路为：蓄电池 1→易熔线 3→熔断器 6→ECU 的 24 号端子→继电器 No. 2 的电磁线圈→晶体管 VT_2→搭铁。

继电器 No. 2 通电使其触点闭合，接通了门锁电动机电路。电路为：蓄电池 1→易熔线 2、4→断路器 5→ECU 的 8 号端子→继电器 No. 2 接通的触点→ECU 的 3 号端子→门锁电动机 21、22、23 和 24→ECU 的 4 号端子→继电器 No. 1 搭铁触点→搭铁→蓄电池负极。门锁电动机反向转动，将四个门锁全部开锁。

3. 行李箱门锁的控制

当主开关 19 和行李箱门锁开关 18 接通时，防盗和门锁 ECU 20 的 18 号端子与搭铁之间接通，即向 ECU 输入一个开锁请求信号，此信号经过反相器 F 和行李箱开锁定时器，使晶体管 VT_3(起开关作用)导通，从而使继电器 No. 3 电磁线圈通电，电流通过继电器线圈的电路为：蓄电池 1→易熔线 3→熔断器 6→ECU 的 24 号端子→继电器 No. 3 的电磁线圈→晶体管 VT_3→搭铁。

继电器 No. 3 通电使其触点闭合，接通了行李箱门锁电磁铁线圈的电路。电路为：蓄电池 1→易熔线 2、4→断路器 5→ECU 的 8 号端子→继电器 No. 3 接通的触点→ECU 的 5 号端子→行李箱门锁电磁线圈 25→搭铁→蓄电池负极，从而使行李箱门锁打开。

4. 防止钥匙锁入车内

若钥匙插在点火开关的锁芯内没有拔出，便打开前车门，准备离开，则由于前车门打开和点火钥匙未拔出，门锁开关 10 和钥匙开锁警告开关 14 均保持接通状态并将信号送给 ECU 的防止钥匙遗忘电路。此时，当按下门锁按钮(或门锁控制开关)锁门时，门立刻被锁上。但位置开关 12(或门锁控制开关)经 ECU 的 10 号(或 16 号)端子将一信号送给防止钥匙遗忘电路，再经或门 B、开锁定时器到晶体管 VT_2，使 VT_2 导通，继电器 No. 2 电磁线圈通电，因而使所有门锁开锁。

8.1.3 中央门锁系统元件位置

根据生产厂家、生产年代和车型的不同，中央门锁控制系统的组成和部件名称也有所不同。雷克萨斯 LS400 轿车的中央门锁系统各元件在车上的位置如图 8-8 所示。

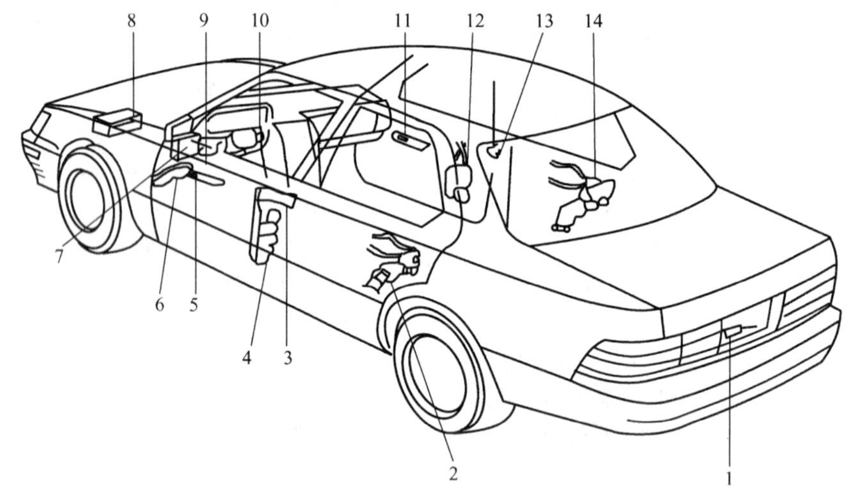

图 8-8 中央门锁系统部件安装位置

1—行李箱门锁电磁铁 2—左后门锁电动机和位置开关 3—左前车门钥匙控制开关 4—左前门锁电动机、位置开关和门锁开关 5—左前门锁控制开关 6—1 号接线盒(断路器) 7—防盗和门锁控制 ECU、门锁继电器 8—2 号接线盒(顶灯熔断器) 9—行李箱门锁开关 10—点火开关 11—右前门锁控制开关 12—右前门锁电动机、位置开关和门锁开关 13—右前车门钥匙控制开关 14—右后门锁电动机和位置开关

8.1.4 中央门锁系统故障检修

下面以雷克萨斯 LS400 轿车为例，介绍中控门锁系统的检修。

1. 中控门锁系统的组成、布置和电路

雷克萨斯 LS400 轿车的中央门锁控制系统具有钥匙联动锁门和开锁功能以及钥匙防遗忘功能。通过左前或右前车门上的钥匙操纵开关或门锁控制开关，可使所有的车门同时上锁或开锁。如果钥匙忘记在点火开关内没有拔出，但已进行了锁门操作，当一侧前门打开时，所有车门锁会自动打开，以防忘记将钥匙从点火开关里拔出而被锁在车内。

雷克萨斯 LS400 轿车的中央门锁控制系统的组成及布置如图 8-8 所示。中央门锁控制系

统电路如图 8-9 所示。

2. 中控门锁系统的检修

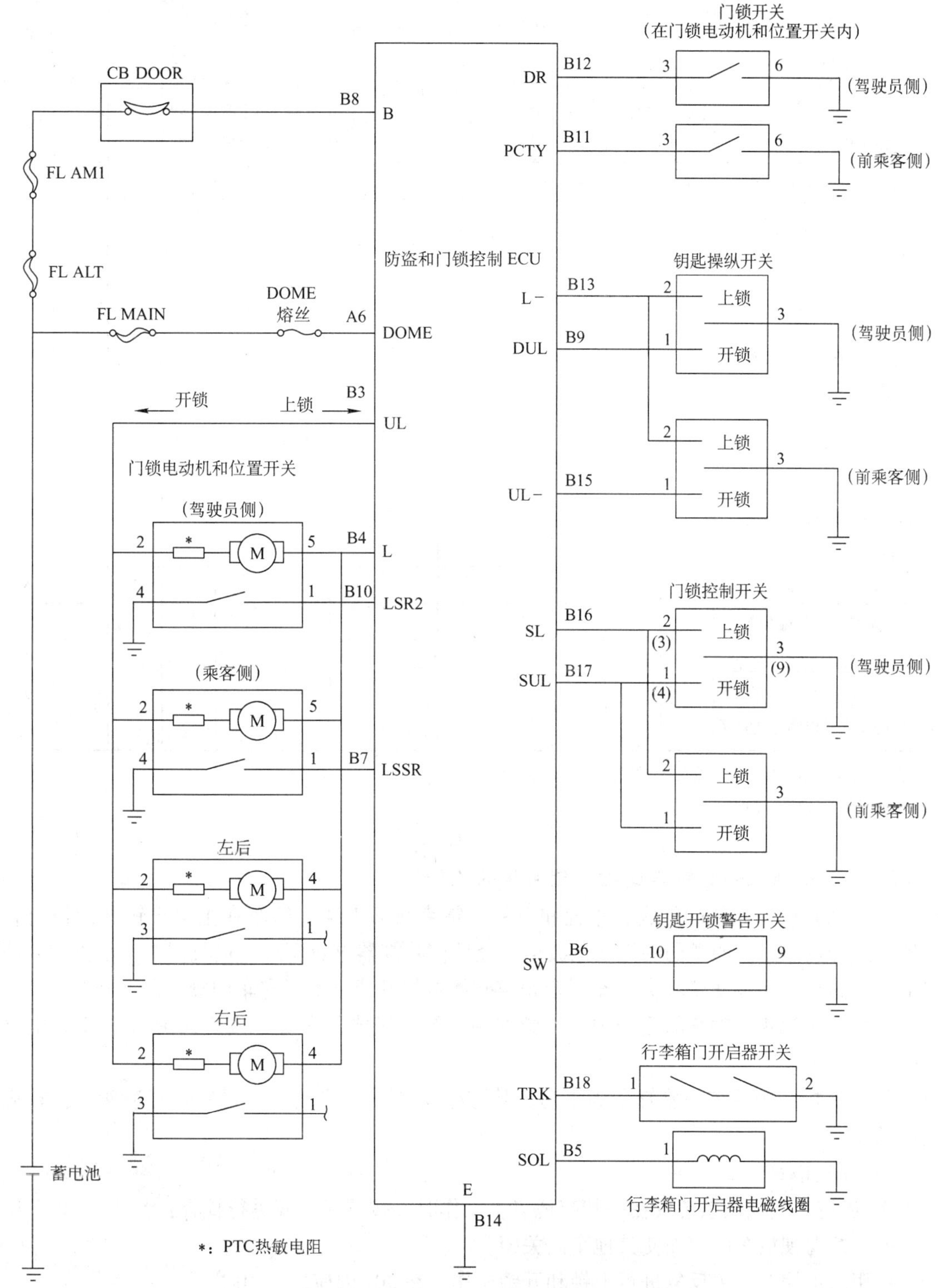

CB DOOR
B8
B
FL AM1
FL ALT
FL MAIN
DOME
熔丝
A6
DOME
开锁
上锁
B3
UL
门锁电动机和位置开关
(驾驶员侧)
2 * M 5 B4 L
4 1 B10 LSR2
(乘客侧)
2 * M 5
4 1 B7 LSSR
左后
2 * M 4
3 1
右后
2 * M 4
3 1
蓄电池
*：PTC热敏电阻
防盗和门锁控制 ECU
E
B14
门锁开关
(在门锁电动机和位置开关内)
DR B12 3 6 (驾驶员侧)
PCTY B11 3 6 (前乘客侧)
钥匙操纵开关
L－ B13 2 上锁 3
DUL B9 1 开锁 (驾驶员侧)
2 上锁 3
UL－ B15 1 开锁 (前乘客侧)
门锁控制开关
SL B16 2 (3) 上锁 3 (9)
SUL B17 1 (4) 开锁 (驾驶员侧)
2 上锁 3
1 开锁 (前乘客侧)
钥匙开锁警告开关
SW B6 10 9
行李箱门开启器开关
TRK B18 1 2
SOL B5 1
行李箱门开启器电磁线圈

图 8-9　雷克萨斯 LS400 轿车中控门锁系统电路(带防盗系统)

对不同的故障症状，可按表 8-1 给出的顺序检查有关部件和电路。

表 8-1　雷克萨斯 LS400 轿车中控门锁系统故障诊断表

可能有故障的部件或电路 / 故障症状	ECU电源电路①	执行器电源电路	门锁电动机电路	行李箱开启器电磁线圈电路	门锁控制开关电路	钥匙操纵开关电路	钥匙开锁警告开关电路	位置开关电路	行李箱门开启器开关和主开关电路	门锁开关电路①	门控灯开关电路②	点火开关电路②	防盗和门锁控制ECU
门锁控制系统无动作	1	2	4	3									5
不能用门锁控制开关和钥匙操纵开关锁上或打开所有或部分车门的门锁			1										2
不能用门锁控制开关锁上或打开所有车门的门锁（钥匙操纵开关锁上或打开所有车门正常）					1								2
不能用钥匙操纵开关锁上或打开所有车门的门锁（门锁操纵开关锁上或打开所有车门正常）						1							2
防钥匙遗忘功能失效							1	2		3	3		4
行李箱开启器功能失效				2					1				3
即使将钥匙插入点火开关锁芯内并转至 ACC 位置，门锁控制系统的安全功能也不能解除												1	2

① 指除 G. C. C（海湾合作委员会）外的其他国家使用。

② 指仅 G. C. C 国家使用。

3. 雷克萨斯 LS400 轿车遥控门锁系统的检修

（1）遥控门锁系统的组成、布置和电路　雷克萨斯 LS400 轿车在主点火钥匙内设有转发器。此转发器发出的微弱的无线电波信号经后窗除雾器电热丝进入接收器，然后再进入防盗 ECU。这样，可使车主在离汽车一定距离时便可打开或锁上所有车门锁。

雷克萨斯 LS400 轿车的遥控中央门锁控制系统的组成及布置如图 8-10 所示，系统电路如图 8-11 所示。

（2）遥控门锁系统的检修　为了防止检修中走弯路，造成不必要的时间浪费，应首先进行预先检查。

1）预先检查。

① 遥控门锁控制系统仅在一特定地点不工作时，按下述步骤进行检查：

- 打开驾驶员车门，而使其他车门关闭。
- 用门锁控制开关反复进行上锁和开锁操作，在 30s 内应操作 10 次。
- 检查在 10s 内有几次上锁和开锁动作。

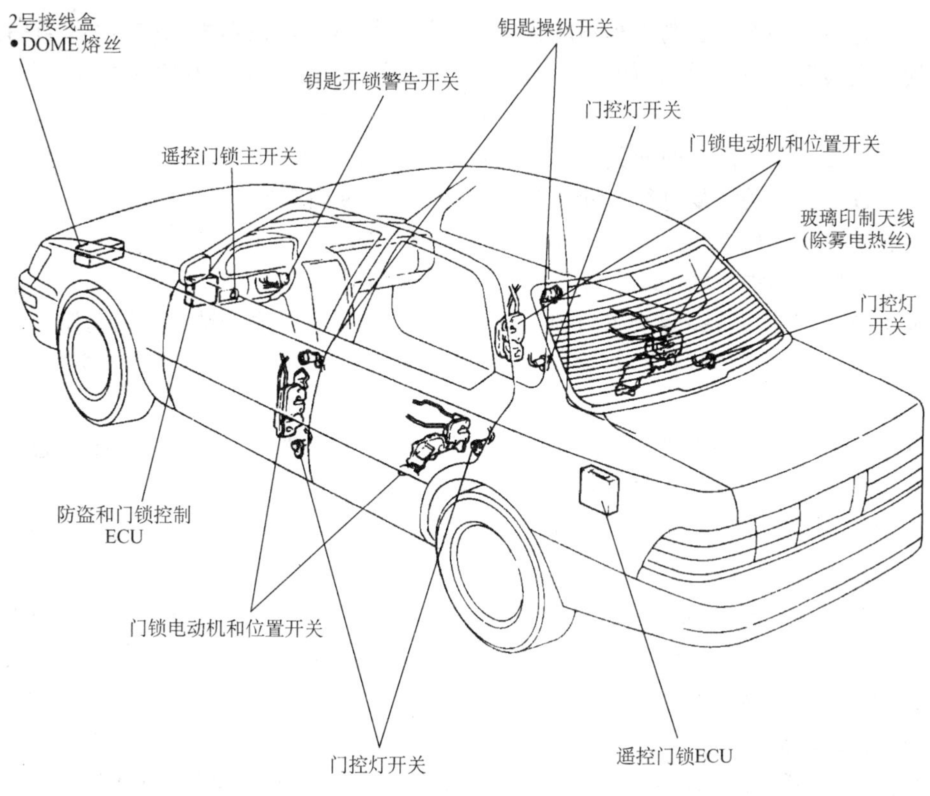

图 8-10　雷克萨斯 LS400 轿车遥控中央门锁控制系统部件位置

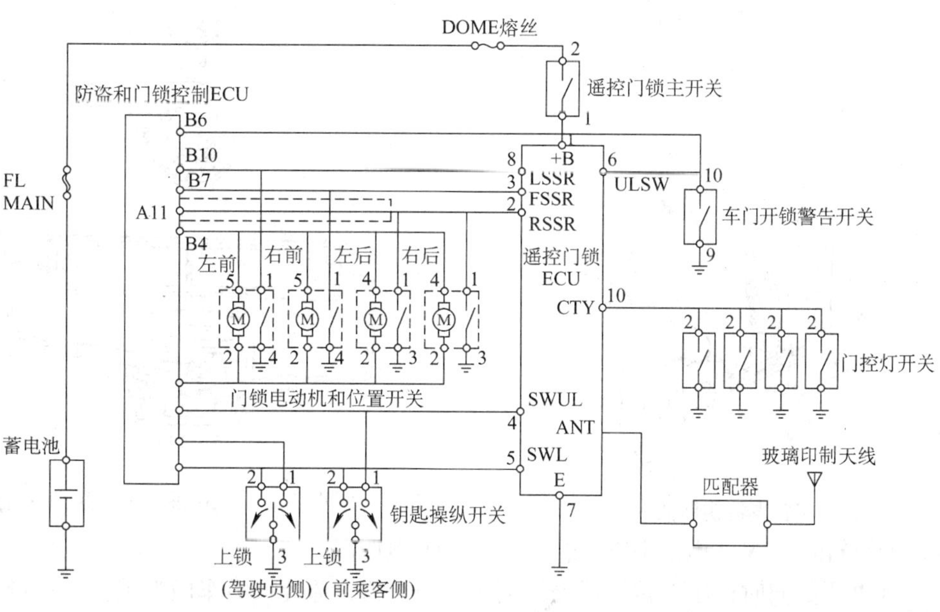

图 8-11　雷克萨斯 LS400 轿车遥控门锁控制系统电路

• 如果门锁不动作，表明汽车门锁系统有故障；如果有一次上锁和开锁动作，表明系统正常；如果有两次动作，表明汽车不能收到从另外一辆汽车转发器发出的信号(当用另外一辆汽车的转发器发送信号时)；如果有三次动作，表明在该地点有干扰噪声存在。

② 当遥控门锁控制系统在任何地点都不工作时，按下述步骤进行检查：

• 打开驾驶员侧车门，而使其他车门关闭。

• 用门锁控制开关反复进行上锁和开锁操作，在30s内应操作10次。

• 完成上述操作后2s内，应再按住转发器开关10s。

• 检查在转发器操作的10s内有几次上锁和开锁动作。

• 如果门锁不动作，表明汽车门锁系统有故障；如果有一次上锁和开锁动作，应关闭所有车门，并进入下一步检查程序；如果有两次动作，表明转发器有故障，应更换ECU的转发器和ROM；如果有三次动作，表明转发器失灵。

• 如图8-12所示，脱开ECU上的天线电缆，直接插入转发器钥匙的带槽部分，并按住转发器开关。注意，不要使转发器与ECU的外壳接触。

• 检查所有车门锁是否锁住和打开。如果有锁住和打开动作，表明天线有故障。否则，进行下一步检查。

• 将收音机FM调至108.0MHz(欧洲车型)、94.0 MHz(G.C.C车型)、94.9MHz(其他国家和地区车型)。检查按住转发器开关时，收音机是否发出噪声。如果有噪声，汽车存在故障；否则，应检查转发器。

③ 检查转发器。

• 如图8-13所示，拆下转发器螺钉，拆下转发器盖，取下电池和O形圈。

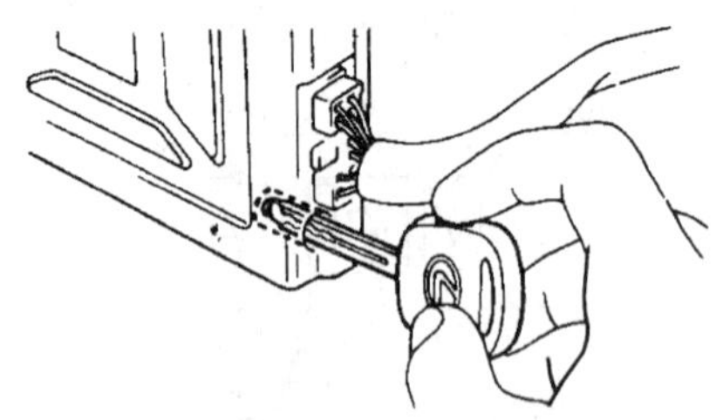

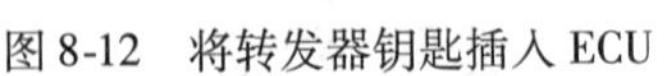

图8-12 将转发器钥匙插入ECU

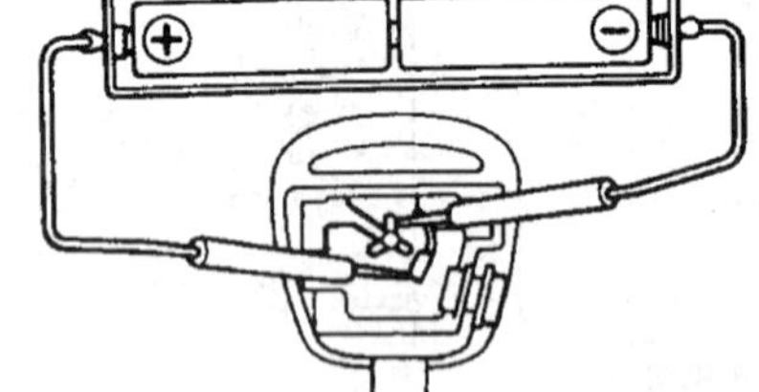

图8-13 雷克萨斯LS400轿车转发器(遥控器)钥匙

• 将两只新的1.5V干电池串连，给转发器加3V电压。

• 在加电压的同时，压下转发器壳体侧面上的开关，遥控操纵车门上锁。

• 如果车门上锁，表明转发器电池电量不足，应更换电池；如果仍不正常，应更换转发器和防盗ECU上的ROM。

2）故障征兆检查。对不同的故障症状，应按表8-2给出的顺序检查有关部件和电路。

表 8-2　雷克萨斯 LS400 轿车遥控门锁控制系统故障症状检查

可能的故障部位 / 故障症状	ECU 电源电路	位置开关电路	钥匙操纵开关电路(开锁侧)	钥匙操纵开关电路(上锁侧)	车门开锁警告开关电路	门控灯开关电路	遥控门锁控制 ECU
遥控门锁控制系统全部功能失效	1		3	4	5	2	6
仅开锁功能失效(上锁功能正常)		2	1				3
仅上锁功能失效(开锁功能正常)				1			2
仅防钥匙遗忘功能失效					1		2
遥控开锁后的 30s 内，在打开某一车门后，门锁仍会重新自动上锁						1	2
遥控门锁功能不正确(打开某一车门后，按压转发器锁门按钮，所有车门却开锁)		1					2

8.2　防盗系统

8.2.1　防盗系统的分类

汽车防盗器可分为机械式和电子式两种。机械式防盗器是用机械的方法对油路、变速杆、转向盘、制动器等进行控制，如变速杆锁(锁住变速杆使其不能移动)、转向盘锁(也叫拐杖锁,挂在转向盘与离合器踏板之间)、轮胎锁(固定住轮胎)等。这种方法虽然费用低，但使用不便，安全性差，正在逐渐被淘汰。

目前流行的是电子式防盗锁。当电子式防盗系统启动(激活)之后，如有非法移动汽车、划破玻璃、破坏点火开关锁芯、拆卸轮胎和音响、打开车门、打开燃油箱加注口盖、打开行李箱门、接通点火开关等，防盗器立即报警。报警的方式有灯光闪烁、警笛长鸣、发射电波报警，有些车型在报警的同时再切断起动机电路，切断燃油供给，切断点火系统，切断喷油控制电路，切断发动机 ECU 搭铁电路，甚至切断变速器控制电路，从而使汽车发动机不能起动和运转，变速器不能换档，使汽车处于完全瘫痪的状态。

电子式防盗器按功能可分为 3 类：

1. 防止非法进入汽车的防盗系统

计算机控制的中央门锁系统即属于这种防盗系统。红外监视系统也属于这种系统，在红外监视系统中，布置在车辆内部周围的一组红外传感器构成了一道无形帘幕，在防盗系统启动后，监视是否有移动物体进入车内。安全性高，可靠性强，但由于需要布置多个红外发射接收装置，成本较高。

2. 防止破坏或非法搬运汽车的防盗系统

主要通过布置在车内的超声波传感器、振动传感器或倾斜传感器等监测是否有人企图破坏或非法搬运汽车。该系统需增加相应的遥控系统和报警系统，因此成本高，使用不便；而且由于传感器灵敏度难于准确设定，易误报警和漏报警，安全性差，报警信号对环境也构成污染。

3. 防止汽车被非法开走的防盗系统

此类防盗系统多数采用带密码锁的遥控系统，通过确定是否允许接通起动机、点火电路等，来防止汽车被非法开走。其安全性较差、成本高、使用不便。新型的防盗点火锁系统(上海桑塔纳2000轿车采用)采用电子应答的方法来判断使用的钥匙是否合法，并以此确定是否允许发动机ECU工作，这是目前高级轿车普遍采用的电子防盗技术。

8.2.2 防盗系统的工作原理

汽车防盗系统的组成包括三个部分：开关和传感器(探测是否发生非法进入汽车或非法搬运汽车的情况)、防盗ECU和执行机构(报警装置和使汽车失去运动能力的系统)。

1. 防盗系统的基本原理

简单的防盗系统如图8-14所示。当用钥匙锁好所有车门(开关4向上接通)时，系统进行30s自检，防盗指示灯点亮。30s过后，防盗指示灯(通常为LED)便开始闪烁，表明系统启动而进入警戒状态。

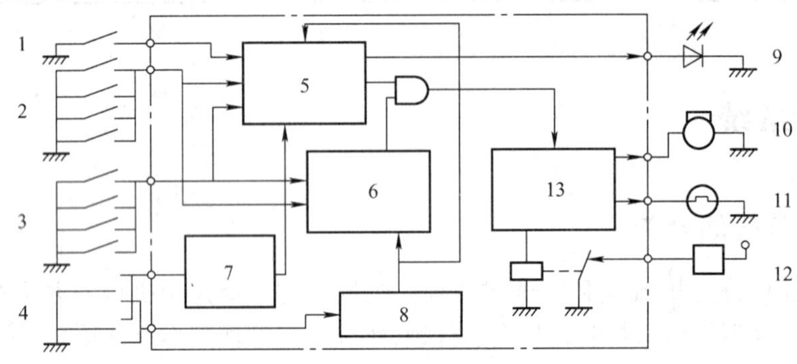

图8-14 防盗系统的基本组成

1—钥匙开锁警告开关 2—开门开关(门锁开关,车门微开开关) 3—锁门开关(位置开关) 4—钥匙操纵开关 5—报警状态设置电路 6—检测是否被盗的电路 7—30s定时器 8—解除警报电路 9—指示灯 10—报警器 11—报警灯 12—起动继电器 13—报警控制电路

如果非法开启车门，即车门锁在处于上锁状态(开关3断开)的情况下，而车门被打开，开关2由断开变为接通，电路6则判定为非法进入，通过报警控制电路13进行报警，报警喇叭响起，报警灯闪烁，起动电路被切断。

当用钥匙开门，开关4向下接通，解除报警。

这种防盗系统的功能较简单，它只能报警和震慑窃车贼，或再简单地切断启动继电器电路，难以阻止汽车被开走或被搬走。所以汽车制造商又设法增强防盗系统的功能，并从两个方面入手：一是加强中央门锁的安全功能，二是加强汽车的锁止功能。

2. 加强中央门锁的安全功能

(1) 测量门锁钥匙电阻 如图8-15所示，车辆的每一把钥匙均有一设定电阻，并存储在防盗ECU中。当启动防盗系统后，所有车门被锁住，此时若用齿形相同但阻值不同的钥匙开启车门或起动发动机，防盗ECU则将此判定为非法进入，并进行防盗报警，同时切断起动继电器控制线圈的搭铁电路，使起动机不能工作；或与发动机电脑进行通信，使喷油器不喷油。该方法防盗效果很好，但当拆过蓄电池后，需向防盗电脑重新输入钥匙中设定的电阻值，因此需要维修人员了解重新设定技术，也给防盗系统留下了一个漏洞。

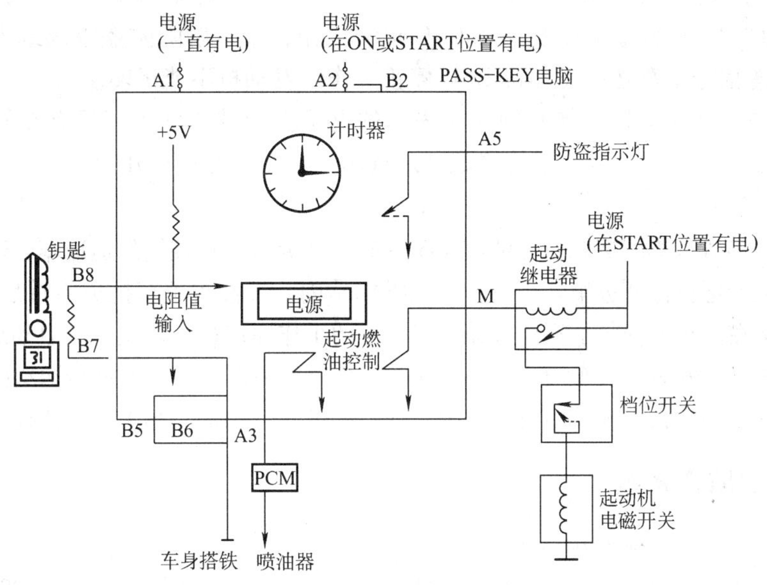

图 8-15 增强功能的防盗系统

（2）加装密码锁 加装密码锁后，就不用担心钥匙丢失而造成车辆失窃的问题。车用密码锁与普通按键式电子密码锁相同，密码锁的键盘上有 10 个数字的按键，而密码则一般采用 5 位数，也就是说，密码共有 10 万种组合。已设定的密码也可以由车主任意改变，因此，车主也不必担心被别人窃去密码。

（3）遥控器(转发器)增加保险功能 无论何种开门锁方法，与遥控器都处于同一级别，也就是说，即使别人复制不了钥匙，破译不了密码，只要复制了遥控器，同样可以轻松打开车门锁。普通遥控器的复制对于专业人员来说并不是难事，只要用一台示波器测出遥控器发出的无线电讯号的频率即可。

为防止遥控器被复制，宝马(BMW)公司自 1995 年起采用了新型遥控器，该遥控器与防盗电脑配合，由固化程序设定频率，即每次车主重新锁门后，遥控器与接收器均按事先设定的程序同时改变为另一频率，以达到阻止他人复制遥控器的目的。

以上就是目前世界上流行的几种中央控制门锁的增强方式。当然，仅靠增强门锁还不够，还要使窃贼即使强行打开车门也无法将车开走，这就需要加强汽车锁止功能。

3. 加强汽车锁止功能

（1）使起动机无法工作 通过防盗电脑来控制起动继电器电路是否搭铁，从而控制继电器触点是否闭合，这样就达到控制起动机能否正常工作的目的。若通过正常途径解除防盗警戒，则起动机与喇叭、灯光等都处于正常工作状态；若未解除防盗警戒而发动汽车，即使短接点火钥匙锁芯后面的起动导线，也无法将发动机起动，从而起到防盗功能。

（2）使发动机无法工作 防盗电脑不仅控制着起动机线路，同时亦可切断汽油泵断电器控制线路，使发动机处于无油供给的状态，同时亦控制自动变速器电磁阀继电器控制线路，使自动变速器液压油路控制阀体总成中的电磁阀无法打开，以达到即使能发动发动机，亦无法使自动变速器运转的目的。亦有某些车型同时可以切断发动机电脑板中的某些搭铁线路，使点火系统不工作，喷油器电磁线圈处于切断状态，从而使发动机无法工作。

(3) 使发动机电脑处于非工作状态　防盗警戒解除后，防盗 ECU 将某一特定频率的信号送至发动机 ECU，这样才能使发动机 ECU 正常工作；若未解除防盗警戒或直接切断防盗 ECU 电源，则该信号不存在，发动机 ECU 停止工作，发动机不能运转。

(4) 采用电子式转向锁　如奔驰轿车采用的电子控制转向柱锁，只有在使用合法钥匙时，转向柱锁方可打开。这样，即使窃贼进入汽车，也无法将汽车开走。

4. 振动报警装置

目前国外许多盗车集团拥有自己的汽车维修站，并拥有带集装箱的运输车，若他们发现合适的猎物，就直接把目标塞进集装箱中，运到维修站内，慢慢将整车拆成零件后销售。于是，汽车制造商们又在汽车上安装了振动报警装置。它的工作原理是：防盗系统启动后，若汽车受到意外移动、碰撞，安装在汽车内部的一个振动传感器便将车辆振动的信号送给防盗 ECU，如果振动传感器输出信号大于标准值时，有阻吓功能的灯光、喇叭一起工作，并提醒车主注意。

8.2.3　典型的防盗系统

1. 雷克萨斯 LS400 轿车防盗系统

(1) 雷克萨斯 LS400 轿车防盗系统的组成、布置和电路　雷克萨斯 LS400 轿车的防盗系统部件在车上的位置如图 8-16 所示，防盗系统电路如图 8-17 所示。

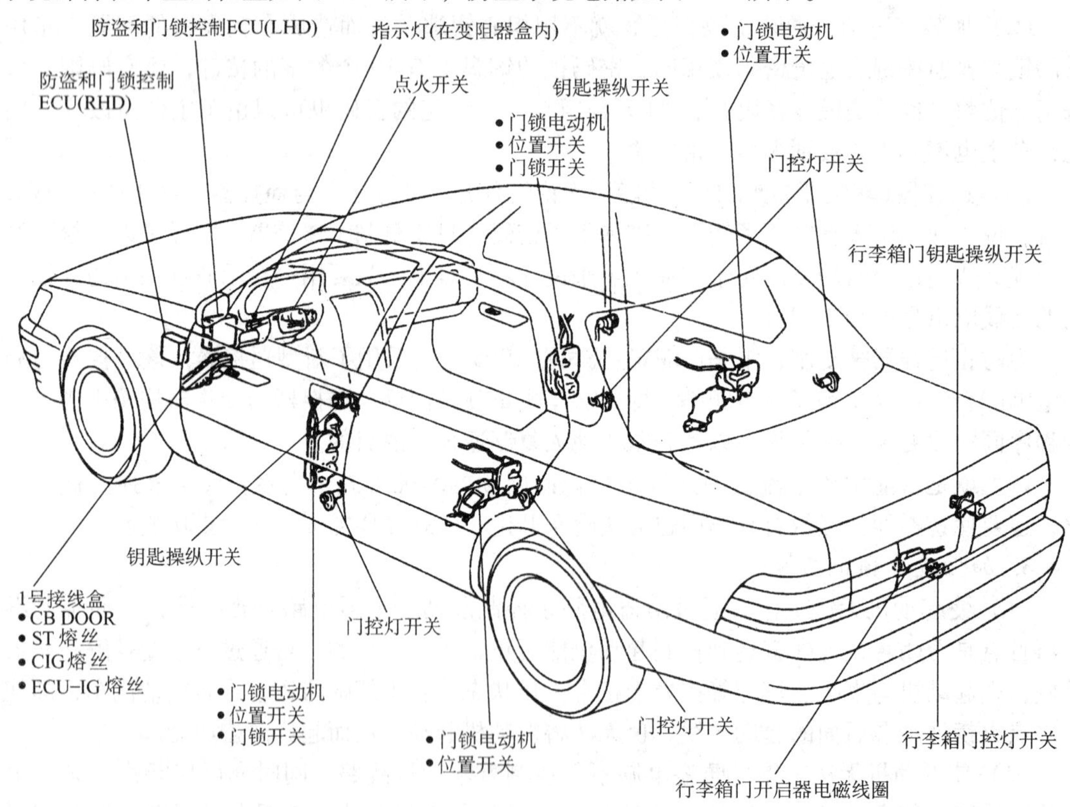

图 8-16　雷克萨斯 LS400 轿车的防盗系统部件位置

注：防盗喇叭位于发动机室右后角处；2 号接线盒(顶灯熔断器、喇叭继电器、前灯控制继电器、起动继电器)位于发动机室左侧中部；发动机室罩控制开关、喇叭位于发动机前端中部

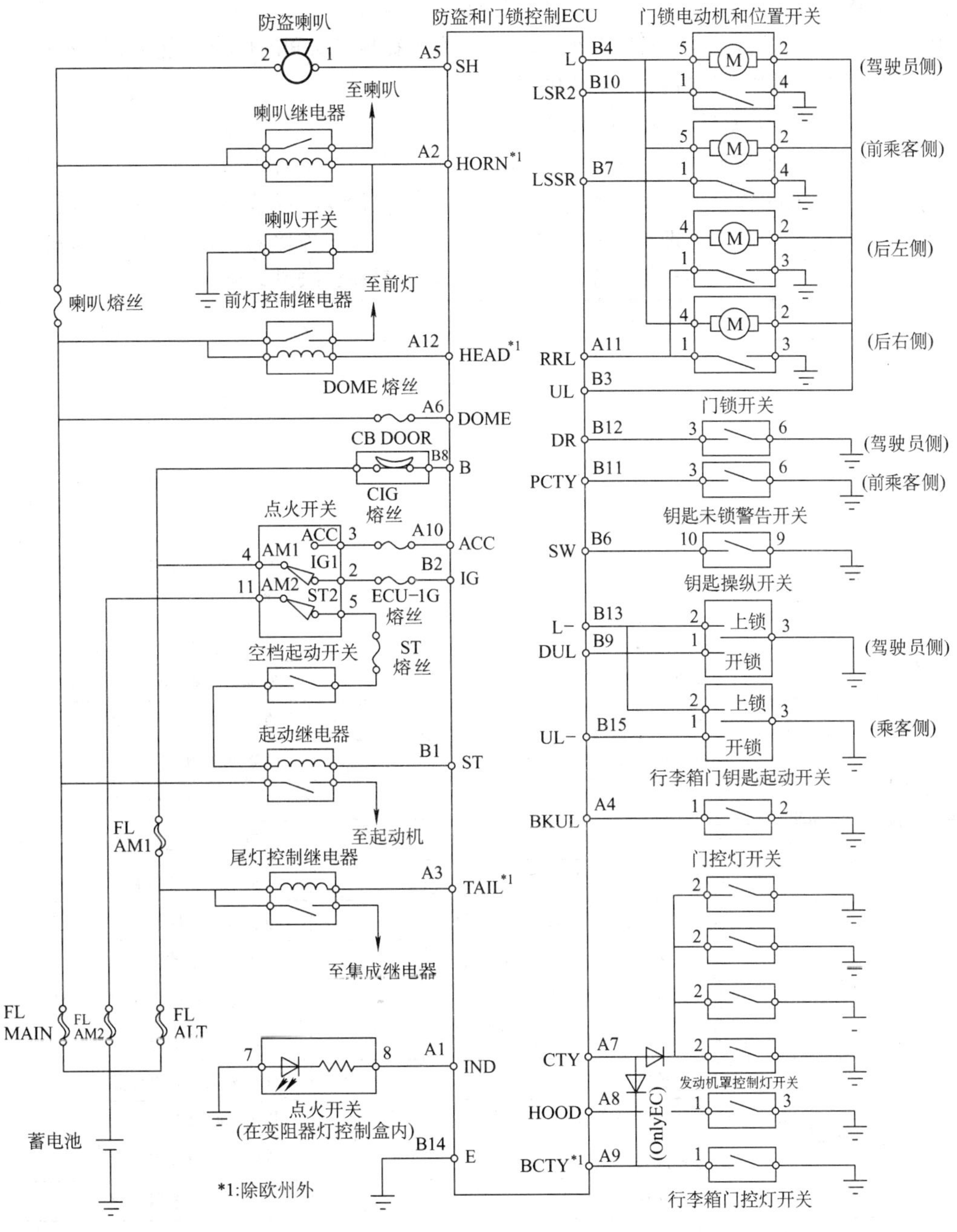

图 8-17　雷克萨斯 LS400 轿车防盗系统电路

当有人不用钥匙非法进入汽车，或打开发动机室盖、行李箱盖，或拆下蓄电池电缆线又重新连接上，防盗系统均通过喇叭发声以及前灯和尾灯闪烁 1min 进行报警，同时，系统锁上所有门锁，并断开起动机电源。

（2）雷克萨斯 LS400 轿车防盗系统的检查　防盗系统工作状况的检查方法如下：

1）设定防盗系统，使其进入警戒状态。检查防盗指示灯是否闪烁。

2）当下列两项操作中执行了其中任何一项操作时，系统使汽车喇叭和防盗喇叭发声并闪烁前灯和尾灯约30s或1min作为报警（工作状况根据国家不同有所区别）。与此同时，系统断开起动机电路，并锁住所有车门(若所有车门未锁住,系统在报警时间内每隔2s重复锁门动作)。

① 用发动机罩开启器杆打开发动机罩。

② 不用钥匙操纵使任一扇前门或后门打开。

（3）雷克萨斯LS400轿车防盗系统的诊断　表8-3列出了各种故障现象的检查电路和检查顺序。表中所列的各个电路均可用丰田诊断检测仪(TDS)进行检查。使用该诊断仪，或再结合数字式万用表的使用，即可检查出故障是发生在线束、连接器，还是发生在部件上。

表8-3　雷克萨斯LS400轿车防盗系统故障征兆诊断

<table>
<tr><th colspan="3">故障细节</th><th>待检查电路①</th></tr>
<tr><td colspan="3" rowspan="6">防盗系统不能设定</td><td>1. 指示灯电路</td></tr>
<tr><td>2. 行李箱门钥匙操纵开关电路</td></tr>
<tr><td>3. 行李箱门控灯开关电路</td></tr>
<tr><td>4. 门控灯开关电路</td></tr>
<tr><td>5. 位置开关电路(后)</td></tr>
<tr><td>6. 发动机罩控制灯开关电路</td></tr>
<tr><td colspan="3">系统设定后指示灯不闪烁</td><td>指示灯电路</td></tr>
<tr><td rowspan="2">系统设定后</td><td>后门打开时</td><td rowspan="2">系统不工作</td><td>位置开关电路(后)</td></tr>
<tr><td>发动机罩打开时</td><td>发动机罩控制灯开关电路</td></tr>
<tr><td rowspan="6">在系统发出报警期间</td><td colspan="2">汽车喇叭不发声②</td><td>汽车喇叭继电器电路</td></tr>
<tr><td colspan="2">防盗喇叭不发声</td><td>防盗喇叭电路</td></tr>
<tr><td colspan="2">前灯不闪②</td><td>前灯控制继电器电路</td></tr>
<tr><td colspan="2">尾灯不闪②</td><td>尾灯控制继电器电路</td></tr>
<tr><td colspan="2">起动机电路未能切断</td><td>起动机继电器电路</td></tr>
<tr><td colspan="2">后门锁处于打开状态，不能清除</td><td>位置开关电路(后)</td></tr>
<tr><td rowspan="2">系统已设定</td><td colspan="2">点火钥匙转至ACC或ON时不能消除</td><td>点火开关电路</td></tr>
<tr><td colspan="2">用钥匙打开行李箱门仍能工作</td><td>行李箱门钥匙操纵开关电路</td></tr>
<tr><td colspan="3">即使后门打开系统仍维持设定状态</td><td>门控灯开关电路</td></tr>
<tr><td rowspan="4">即使系统未设定</td><td colspan="2">汽车喇叭发声②</td><td>汽车喇叭继电器电路</td></tr>
<tr><td colspan="2">防盗喇叭发声</td><td>防盗喇叭电路</td></tr>
<tr><td colspan="2">前灯一直亮②</td><td>前灯控制继电器电路</td></tr>
<tr><td colspan="2">尾灯一直亮②</td><td>尾灯控制继电器电路</td></tr>
</table>

① 如果电路已经编号，应按编号顺序来排除故障。

② 指除欧洲车型外的其他车型。

（4）雷克萨斯LS400轿车防盗系统电路检查

1）指示灯电路的检查。在进行防盗系统设定时，该电路使指示灯亮。系统设定完成后，电路不断地让指示灯闪烁(1s接通,1s关断)。指示灯电路如图8-18所示。

检查步骤：

① 拆下组合仪表，脱开指示灯连接器。

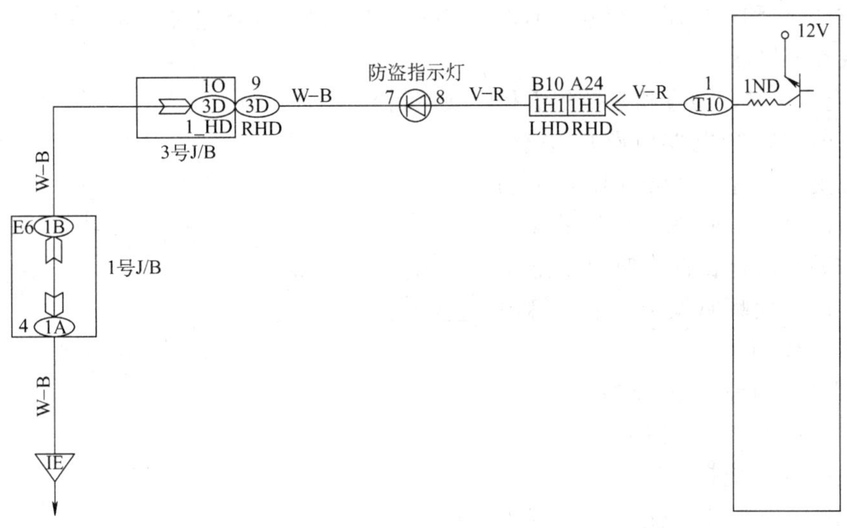

图 8-18　指示灯电路

J/B—接线盒

② 将蓄电池正极连接到指示灯连接器的端子 8 上，蓄电池负极连接到端子 7 上，如图 8-19 所示。

③ 正常情况下指示灯应亮；若不正常，更换指示灯。

④ 检查防盗和门锁控制 ECU 与指示灯之间、指示灯与车身接地之间的配线和连接器。若不正常，修理或更换配线或连接器。

⑤ 检查和更换防盗与门锁控制 ECU。

2）起动继电器电路的检查。当防盗系统触发时，ECU 上的触点脱开，在端子 ST 的电路中形成断路，使起动机不运转（起动机电路被切断）。此时，若用钥匙打开前左侧或右侧车门，或用遥控门锁系统打开所有车门，ECU 的触点便接地，使起动机切断电路恢复正常。该电路如图 8-20 所示。

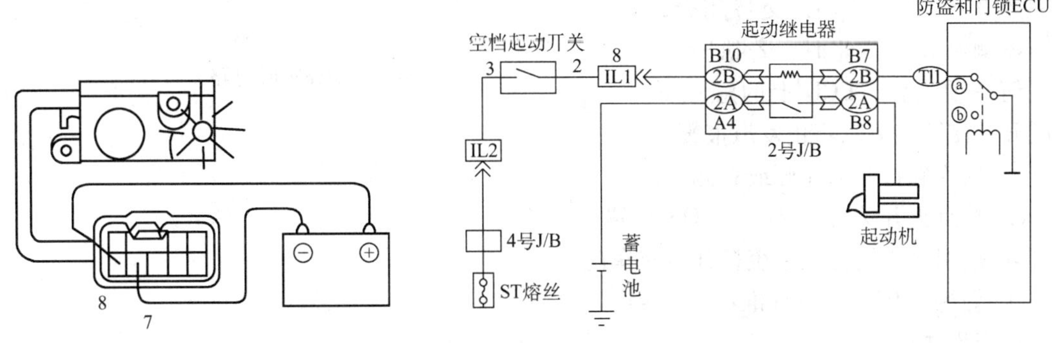

图 8-19　检查指示灯　　　　图 8-20　起动继电器电路

检查步骤：

① 检查防盗和门锁控制 ECU 连接器端子 ST 与车身接地之间的电压。检查前，脱开防盗和门锁控制 ECU 连接器，并将变速器置于空档位置。将点火开关转到 ST 位置时，测量防盗和门锁控制 ECU 连接器端子 ST 与车身接地之间的电压，正常电压为蓄电池电压。

② 检查配线和连接器。若电压不正常，检查和修理起动继电器与防盗和门锁控制 ECU 之间的配线和连接器。

③ 若电压正常，检查和更换防盗和门锁控制 ECU。

3）汽车喇叭继电器电路的检查。当防盗系统受激励时，电路使 ECU 上的晶体管(Tr)以大约 0.4s 为一循环的速度反复导通和截止。这促使喇叭继电器不断接通和关断，使喇叭发声。喇叭继电器电路如图 8-21 所示。

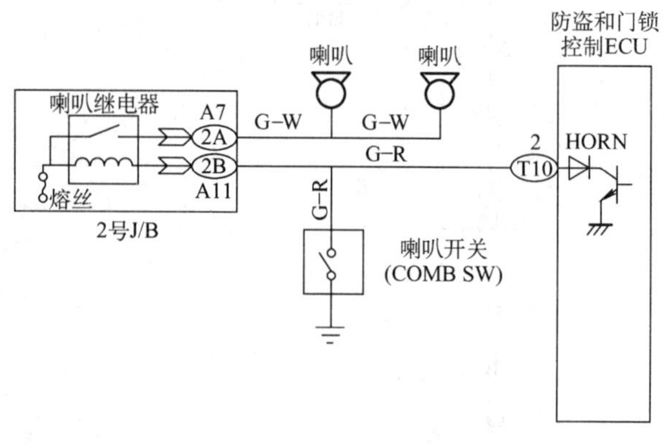

图 8-21 喇叭继电器电路

若用钥匙打开前左侧或右侧车门，或将点火开关转至 ACC 或 ON 位置，或用遥控门锁控制系统打开所有车门，或等待 60s，ECU 的晶体管便截止，喇叭继电器关断，喇叭停止发声。

检查步骤：

下面的检查以喇叭开关接通时能正常工作为前提。如果开关接通后喇叭工作不正常，应先排除喇叭的故障。

① 脱开防盗和门锁控制 ECU 连接器，检查防盗和门锁控制 ECU 连接器的端子 HORN 与车身接地之间的电压。正常电压为蓄电池电压。

② 若电压不正常，检查和修理防盗和门锁控制 ECU 与喇叭继电器之间的配线和连接器。

③ 若线路正常，应检查和更换防盗和门锁控制 ECU。

4）防盗喇叭电路的检查。防盗喇叭电路如图 8-22 所示。当防盗系统受到激励时，ECU 的触点 a 和 b 以大约 0.4s 为一循环，交替闭合，使防盗喇叭发声。此时，若执行下列任何一项操作，ECU 上的触点 a 即脱开，使防盗喇叭停止发声报警：

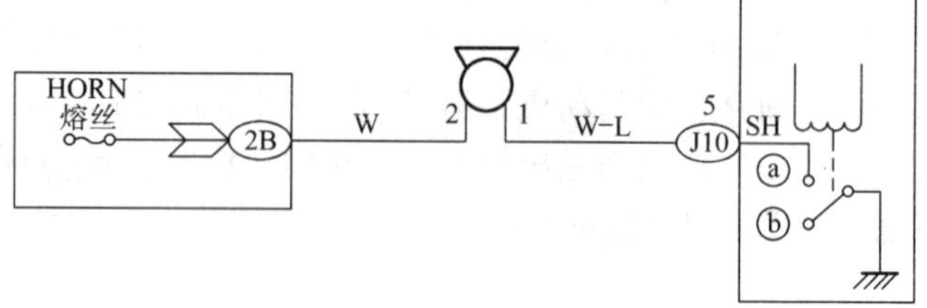

图 8-22 防盗喇叭电路

① 用钥匙打开前左侧或右侧车门。

② 将点火开关转至 ACC 或 ON 位置。

③ 用门锁无线控制系统打开所有车门。

④ 等待约 60s(欧洲标准仅为 30s)。

检查步骤：

① 脱开防盗喇叭连接器，检查防盗喇叭连接器端子 2 与车身接地之间的电压。正常电压为蓄电池电压。

② 若电压值不正常，检查和修理 HORN 熔丝与防盗喇叭之间的配线和连接器。

③ 若电压正常，则应检查防盗喇叭。将蓄电池正极连接到防盗喇叭连接器的端子 2 上，蓄电池负极连接到另一个端子上。正常情况下，防盗喇叭应发出响声。若不正常，需更换防

盗喇叭。

④ 检查防盗和门锁控制 ECU 与防盗喇叭之间的配线和连线器。若不正常，检查和修理配线或连接器；若正常，则检查和更换防盗和门锁控制 ECU。

5）前灯控制继电器电路和尾灯控制继电器电路的检查。当防盗系统触发时，电路使 ECU 上的晶体管以大约 0.4s 的间隔导通和截止，使前灯控制继电器和尾灯控制继电器反复接通和断开，从而使前灯和尾灯闪烁。前灯控制继电器电路与尾灯控制继电器电路如图 8-23 和如图 8-24 所示。

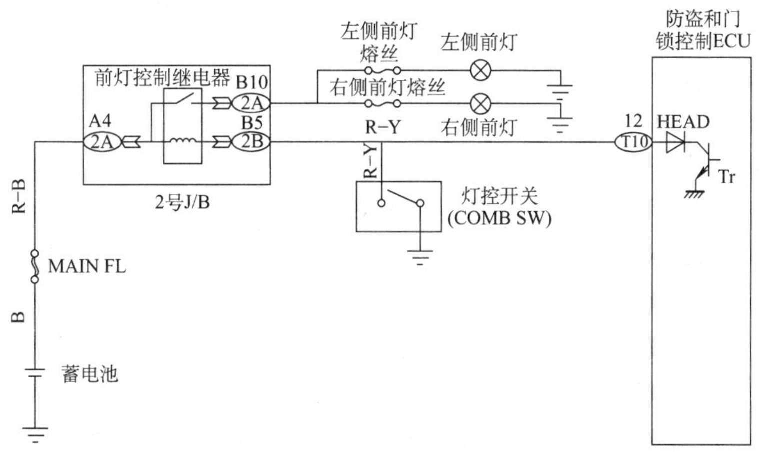

图 8-23　前灯控制继电器电路

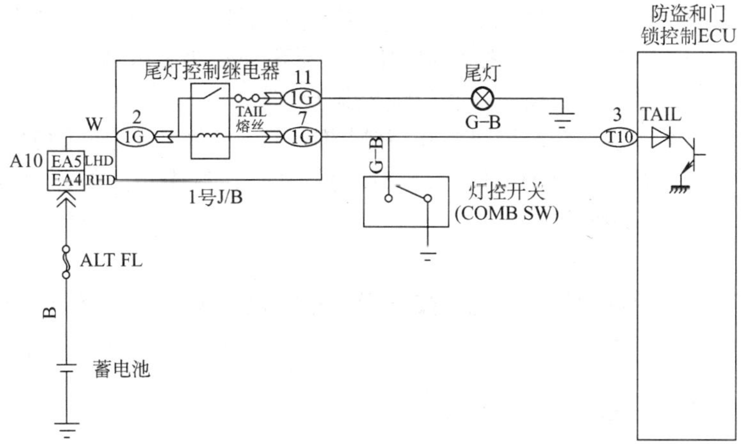

图 8-24　尾灯控制继电器电路

若灯光控制开关接通时，前灯和尾灯闪烁报警，否则应检修前灯和尾灯系统。如果前灯和(或)尾灯闪烁正常，应按照下面步骤检查前灯继电器电路和(或)尾灯继电器电路。

① 脱开防盗和门锁控制 ECU 连接器，检查此连接器的端子 HEAD(前照灯)或 TAIL(尾灯)与车身接地之间的电压。正常电压应为 12V。

② 若电压值正常，应检查和更换防盗和门锁控制 ECU。

③ 如果电压不正常，应检查 ECU 与继电器之间的配线和连接器。

6）点火开关电路。当点火开关转至 ACC 位置时，蓄电池电压加到 ECU 的端子 ACC 上。若点火开关转至 ON 位置时，蓄电池电压加到 ECU 的端子 ACC 和 IG 上。

在防盗系统触发时，若蓄电池电压加到 ECU 的端子 ACC 上，则报警停止。另外，来自 ECU 端子 ACC 和 IG 的电源用作门控灯开关和位置开关等的电源。电路图如图 8-25 所示。

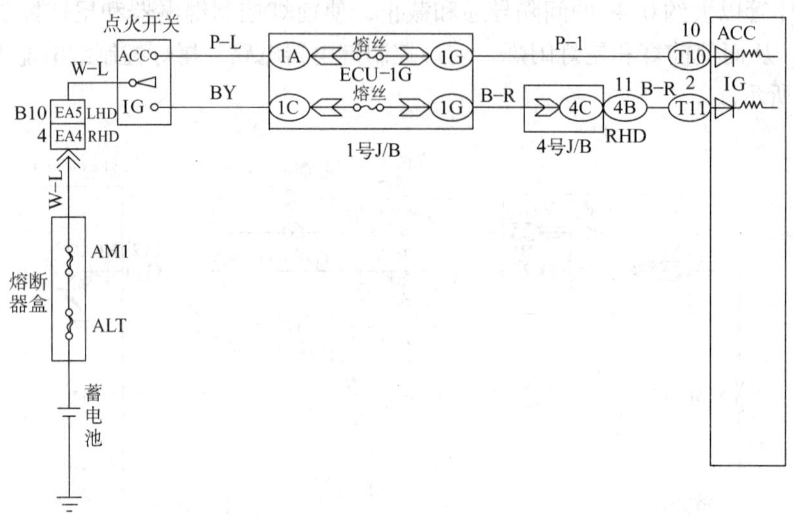

图 8-25　测量 ECU 连接器的端子 ACC 和 IG 与车身接地之间的电压

检查步骤：

① 检查 CIG 和 ECU-IG 熔丝。

② 脱开防盗和门锁控制 ECU 连接器，将点火开关转到 ON 位，检查防盗和门锁控制 ECU 的端子 ACC 和 IG 与车身接地之间的电压。正常电压值为蓄电池电压。

③ 若电压正常，检查和更换防盗和门锁控制 ECU。

④ 若电压不正常，检查和修理防盗和门锁控制 ECU 与蓄电池之间的配线和连接器。

7）行李箱门控灯开关电路的检修。行李箱门控开关在行李箱门打开时接通，行李箱门关闭时断开，电路如图 8-26 所示。

检查步骤：

① 检查行李箱门控灯的工作状况：按下行李箱门控开关时，行李箱门控灯应熄灭；开

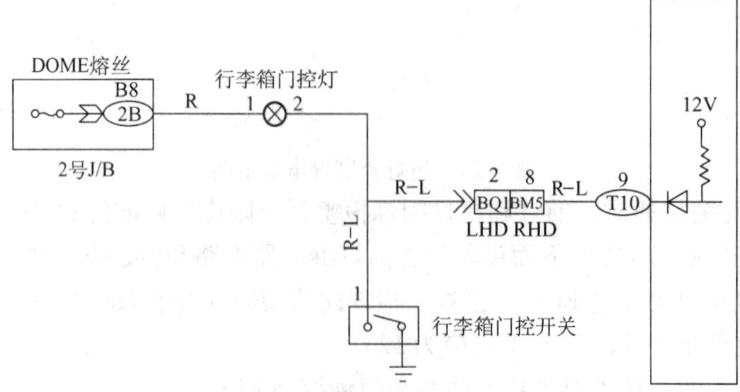

图 8-26　行李箱门控灯开关电路

关不按下，灯应点亮。

② 检查防盗和门锁控制 ECU 与钥匙操纵开关之间、钥匙操纵开关与车身接地之间的配线和连接器。

③ 若配线或连接器正常，应检查和更换防盗和门锁控制 ECU；若不正常，应修理或更换。

8）行李箱门钥匙操纵开关、发动机罩控制开关电路的检查。当用钥匙将行李箱门锁锁芯转至打开一侧时，行李箱门钥匙操纵开关接通。行李箱门钥匙操纵开关电路如图 8-27 所示。

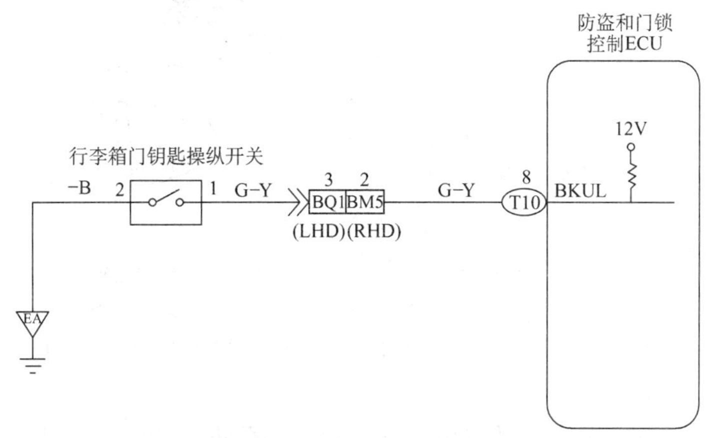

图 8-27　行李箱门钥匙操纵开关电路

当发动机罩打开时，发动机罩控制开关接通；当发动机罩关闭时，发动机罩控制开关断开。发动机罩控制开关电路如图 8-28 所示。

行李箱门钥匙操纵开关电路与发动机罩控制开关电路相同，因此检查步骤也相同。

检查步骤：

① 将点火开关转到 ON。测量钥匙转至打开侧（或掀起发动机罩）和钥匙不转（或放下发动机罩）时，开关连接器的端子 1 与车身接地之间的电压。正常情况：不转钥匙（或放下发动机罩）时为蓄电池电压，将钥匙转至打开侧（或掀起发动机罩）时电压为 0V。

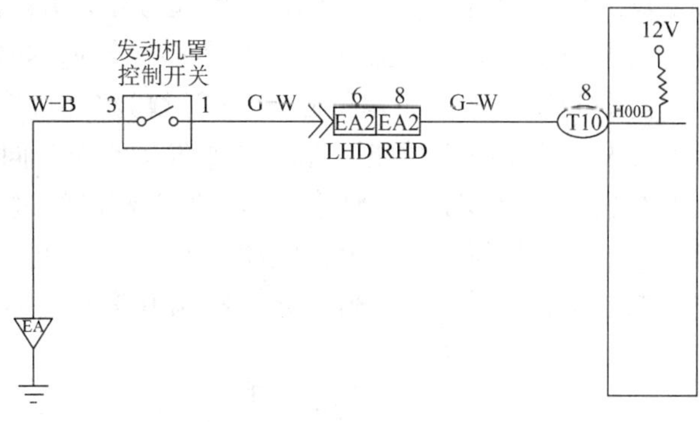

图 8-28　发动机罩控制开关电路

② 若电压不正常，则应检查开关。若电压正常，应检查和更换防盗和门锁控制 ECU。

2. 桑塔纳轿车防盗系统

（1）组成　上海大众桑塔纳 2000GSi 和桑塔纳 2000GSi-AT 轿车防盗系统的组成如图 8-29所示。该系统由脉冲转发器、识读线圈、防盗控制单元（ECU）等部分组成。

1）带转发器的钥匙。每把钥匙中都有一只棒状转发器，其长为 13.3mm、直径为 3.1mm，在其玻璃壳体内含有运算芯片和一个细小的电磁线圈。在系统工作期间，该电磁线圈与点火锁中的识读线圈以感应的方式进行通信，以便在转发器运算芯片与防盗 ECU 之间传递信号并传递能量。

当点火开关接通后，受防盗 ECU 的驱动，识读线圈在转发器电磁线圈周围建立起电磁声；受该电磁声的激励，转发器中的电磁线圈即可提供转发器中运算芯片工作所需的能量，还可提供时钟同步信号，并在运算芯片与防盗 ECU 之间传递各种信息。

2）识读线圈。识读线圈(也叫收发线圈)安装在点火锁芯上，通过导线与防盗 ECU 相连。作为防盗 ECU 的负载，担负防盗 ECU 与转发器之间信号及能量的传递任务。

3）防盗 ECU。防盗 ECU 是一个包含微处理器的电子控制器。在点火开关接通时，ECU 用于系统密码运算、比较，并控制整个系统的通信，包括与转发器、发动机 ECU 的通信，同时还可与诊断仪进行通信。

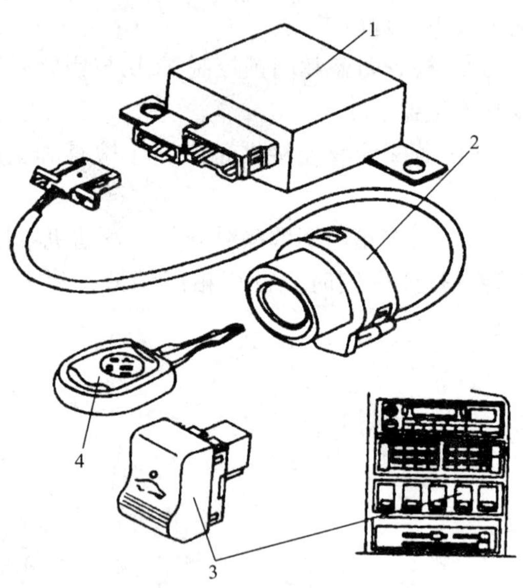

图 8-29　桑塔纳 2000 轿车防盗系统的组成

1—防盗控制单元(J362)　2—识读线圈(D2)　3—防盗警告灯(指示灯 K117)　4—带转发器的钥匙

（2）基本工作原理　汽车出厂匹配后，防盗 ECU 便存储了该车发动机 ECU 的识别密码以及 3 把钥匙中转发器的识别密码，同时每个转发器中也存储了相应的防盗 ECU 的有关信息。将钥匙插入点火锁芯并接通点火开关时，防盗 ECU 首先通过锁芯上的识读线圈将一随机数据传递给钥匙中的转发器，经过特定运算后，转发器将结果反馈回来，防盗 ECU 控制器将其与经过运算的结果相比较，若密码吻合，系统即认定该钥匙为合法钥匙。防盗 ECU 还要对发动机 ECU 进行识别。只有钥匙(转发器)、发动机 ECU 的密码都吻合时，防盗 ECU 才允许发动机 ECU 工作。

防盗 ECU 通过一根串行通信线(W 线)将经过编码的工作指令传到发动机 ECU，发动机 ECU 根据防盗 ECU 的数据来确定是否发动汽车。同时，诊断仪可通过串行通信接口(K 线)对系统进行故障诊断、编码等操作。识别密码的过程(大约 2s)中，防盗指示灯会保持点亮状态。如果有任何错误发生，发动机 ECU 将停止工作，同时指示灯也会以一定频率闪烁，防盗系统控制原理如图 8-30 所示，控制电路如图 8-31 所示。

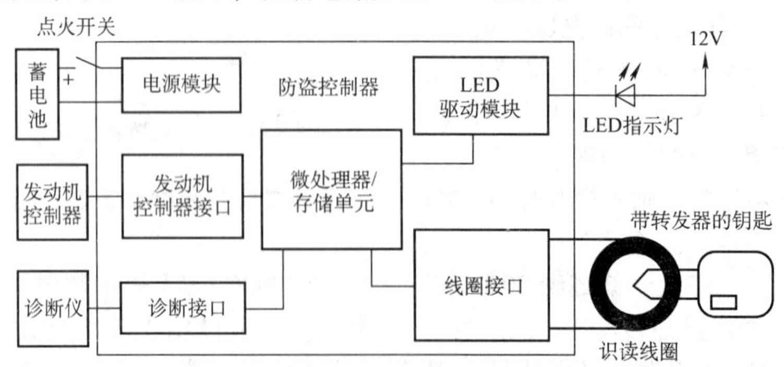

图 8-30　上海桑塔纳轿车防盗系统控制原理

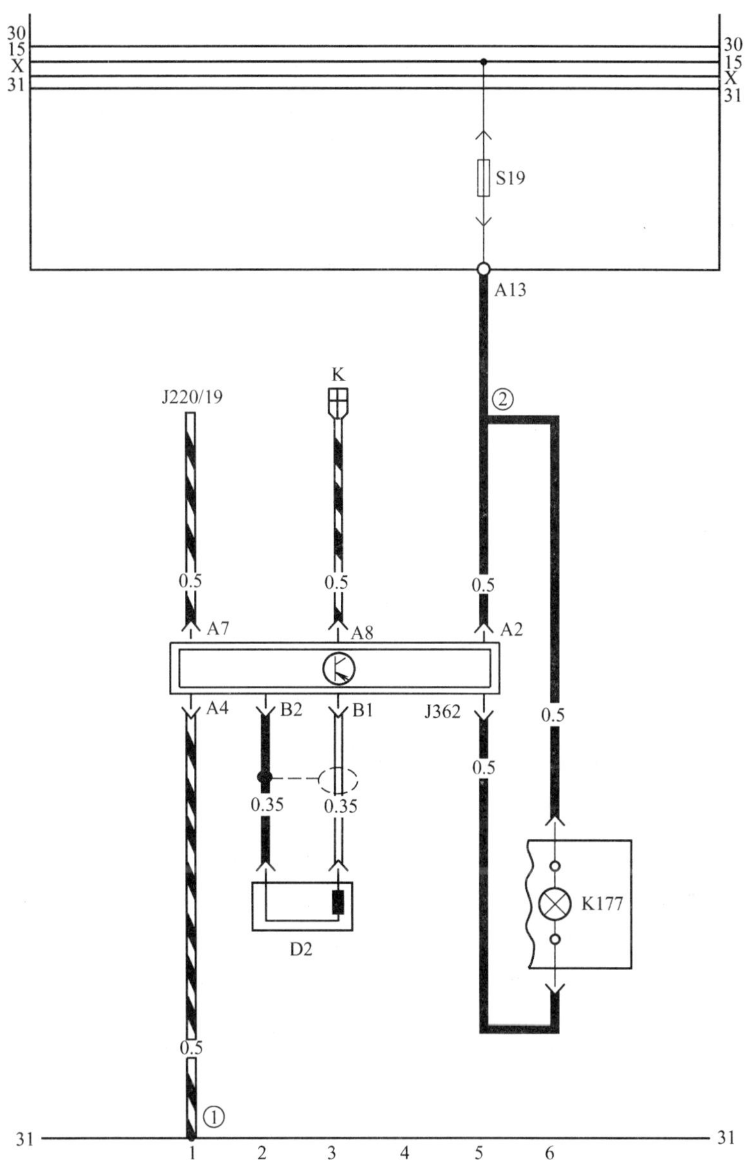

图 8-31　上海桑塔纳 2000 轿车防盗系统控制电路

(3) 桑塔纳 2000 轿车防盗系统的检修

1) 读取故障码。读取故障码的步骤如下:

① 连接诊断仪(以下以 V. A. G1552 为例)。关闭点火开关。拆下位于变速杆前边的诊断插座的盖板。将 V. A. G1552 连接到 16 端子诊断座上。

屏幕上显示:

(英文显示)	(中文含义)
Rapid data transfer　　　HELP	快速数据传递　　　帮助
Enter address word × ×	输入地址码 × ×

V. A. G1552 故障诊断仪的地址码及其含义见第 1 章中的表 1-1。

② 按“2”和“5”键，选择“防盗系统”。屏幕显示：

Rapid data transfer　　Q 25-Immobiliser	快速数据传递　　确认 25-防盗系统

③ 按“Q”键确认，5s 后屏幕显示：

330 953 253　IMMO　VWZ6Z0T0123456　V01→ Coding 00000　WSC　01205

④ 按“→”键，屏幕显示：

Rapid data transfer　　HELP Select function × ×	快速数据传递　　帮助 选择功能 × ×

V. A. G1552 故障诊断仪的功能代码见第 1 章中的表 1-2。

⑤ 按“0”和“2”键，选择“查询故障存储器”。按“Q”键确认，屏幕显示：

Rapid data transfer　　HELP 02-Interrogate fault memory	快速数据传递　　帮助 02-查询故障存储器

然后，屏幕显示：

× Fault recognized　　→	发现 × 个故障　　→

如果按“→”键，可使故障码和故障内容逐个显示，直至显示完毕。桑塔纳 2000GSi 和桑塔纳 2000GSi-AT 轿车防盗系统故障码从有关维修资料中可以查出。

如果没有故障，屏幕将会显示：

No faults recognized　　→	没有发现故障　　→

⑥ 按“→”键，返回初始位置。此时屏幕显示为与第④步相同的功能选择界面。

2）清除故障码。在排除故障后，想要清除故障码，应首先按本节“读取故障码”（查询故障存储器）部分的①～④步进行操作，进入功能选择界面。然后，按“0”和“5”键，选择“清除故障存储器”功能。再按“Q”键确认，屏幕显示：

Rapid data transfer　　→ Fault memory is erased	快速数据传递　　→ 故障存储器已被清除

8.2.4 防盗系统设定与解除

这里以 1998 年款雷克萨斯 LS400 轿车为例，介绍防盗系统的设定和解除程序。在防盗系统设定（进入警戒状态）后，如果出现下列情况之一，防盗系统将锁上所有车门，使前照灯和尾灯闪烁，警报发声：

① 不用钥匙和无钥匙进车系统打开任何车门和行李箱盖。

② 发动机罩被强制打开。

③ 蓄电池电缆被拆下，然后又重新接上。

1. 防盗系统的设定

（1）设定条件　满足下列条件，尚可设定防盗系统：

① 从点火开关上拔出点火钥匙。

② 关闭所有车门，关闭发动机罩和行李箱门。

（2）设定操作　用下述方法之一进行车辆上锁操作，防盗系统则进入警戒状态：

① 用钥匙锁上左侧或右侧前门(通过钥匙联锁操作使所有车门均被锁住)。

② 用遥控系统锁住所有车门。

③ 在所有后门锁住及一扇前门锁住的情况下，用门锁控制开关锁住另一扇前门。

当完成任何一项设定操作时，仪表板上防盗指示灯连续点亮约 30s；30s 后防盗指示灯以点亮 1s、熄灭 1s 的频率闪烁。防盗系统设定后，车门锁不能用门锁控制开关锁住或打开，行李箱门锁不能用行李箱门开启器开关打开。

2. 解除已设定的防盗系统

（1）防盗系统尚未触发报警　当系统被设定，但防盗系统尚未触发，警报尚未发声，应使用下述方法之一来解除系统的设定状态：

① 用钥匙打开左前或右前车门。

② 用遥控无钥匙进车系统打开所有车门锁。

③ 将钥匙插入点火开关，并转至 ON 位置(只有在防盗系统从未工作过时,该项操作才有效)。

④ 用钥匙或遥控无钥匙进车系统打开行李箱门锁。防盗系统仅在行李箱门打开时临时被解除。在行李箱门关闭约 2s 后，防盗系统重新被设定。

（2）防盗警报正在发声　当系统被设定，但防盗系统被触发，警报正在发声时，应使用下述方法之一来解除系统的设定状态：

① 用钥匙打开左前或右前车门。

② 用遥控无钥匙进车系统打开车门锁。

③ 将钥匙插入点火开关，并转至 ON 位置。

④ 在警报发声结束之后等待约 1min。如果所有车门都关闭，在 1min 后防盗系统将用 2s 时间自动进行重新设定。

本章小结

中央门锁系统的信号输入装置产生开锁或上锁请求信号，或提供状态信号(车门开、闭状态,门锁上锁、开锁状态,点火钥匙拔出或留在点火开关内)，这些信号可使门锁控制 ECU 操纵电动门锁动作。在装有防盗系统的汽车上，ECU 还可根据信号输入装置送来的信号触发报警装置进行报警。

中央门锁与报警装置的结合构成车身防盗系统。目前在汽车上流行的防盗系统还有发动机防盗系统，即所谓的芯片防盗系统，在大众车上叫做防盗点火锁。如果使用非法钥匙转动点火开关，发动机不会起动。

复习思考题

一、填空题

1. 中央控制门锁系统的组成包括________、________、________三个部分。

2. 中央控制门锁系统的信号输入装置有________、________、________、________、________、________和________等。

3. 钥匙控制开关(也叫钥匙操纵开关)安装在________的内端，其作用是探测是否有

________的要求，并将此要求告诉ECU。

4. 门控开关安装在________上，其作用是探测________的开、闭状态，并将此状态信号送给ECU。当车门开启时，此开关________；当车门关闭时，此开关________。

5. 位置开关安装在________内，其作用是探测________的状态，并将此信号送给ECU。

6. 对照图8-7。当用钥匙锁门时，将钥匙插入驾驶员侧门锁锁芯内并向锁门方向转动钥匙。钥匙控制开关16向锁门（LOCK）侧接通，防盗和门锁ECU 20的13号端子与搭铁之间接通，即开关16向ECU输入一个锁门请求信号，此信号经过反相器________、或门________、锁门定时器，使晶体管________（起开关作用）导通，从而使继电器________通电，电流通过继电器线圈的电路为：蓄电池1→易熔线3→熔断器6→ECU的________号端子→继电器________的电磁线圈→晶体管________→搭铁。

继电器________通电使其触点闭合，接通了门锁电动机电路。电路为：蓄电池1→易熔线2、4→断路器5→ECU的________号端子→继电器________接通的触点→ECU的________号端子→门锁电动机21、22、23和24→ECU的________号端子→继电器________搭铁触点→搭铁→蓄电池负极。门锁电动机反向转动，将四个门锁全部锁上。

7. 上海大众桑塔纳2000GSi轿车防盗系统由________、________、________等部分组成。

8. 防盗点火锁钥匙中的转发器内含________和电磁线圈。在系统工作期间，电磁线圈与点火锁中的________以感应的方式进行通信，以便在转发器________与防盗ECU之间传递信号并传递能量。

二、判断题

1. 中央门锁系统的门锁开关的作用是检测门锁的状态并将此信号送给ECU。（ ）
2. 装有中央门锁系统的汽车，用钥匙只能打开或锁上驾驶员侧车门锁。（ ）
3. 在防盗系统设定后，如果出现不用钥匙或遥控器锁车门的现象，就会报警。（ ）
4. 在防盗系统设定后，如果蓄电池电缆被拆下，然后又重新接上，就会报警。（ ）

三、问答题

1. 简述中央门锁系统的工作原理。
2. 电子式防盗系统分哪几类？
3. 简述防盗系统的工作原理。
4. 增强中央门锁的安全功能有几种方法？
5. 简述上海桑塔纳轿车防盗系统的组成及工作原理。
6. 怎样读取和清除上海桑塔纳轿车防盗系统的故障码？

实训项目 14　雷克萨斯 LS400 轿车中控门锁系统电源电路检修

车 辆 型 号	车辆识别代码	检 测 系 统

一、实训目标

掌握雷克萨斯 LS400 轿车中控门锁系统电源电路的检查方法。

二、知识准备

ECU 电源电路的作用是____。

三、操作步骤

ECU 电源电路的检查

1）用万用表检查顶灯（DOME）熔断器。如果烧断，应检查线路（图 8-32）是否存在短路故障。

2）检查遥控门锁 ECU 插接器的 + B 端子与 E 端子之间的电压。检查方法是：

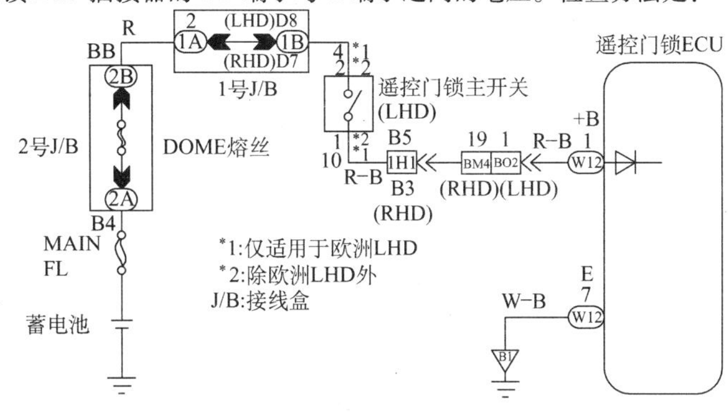

图 8-32　ECU 电源电路

关闭点火开关，从车上拆下遥控门锁 ECU。在插接器连接的情况下，用万用表测量 + B 端子与 E 端子之间的电压，如图 8-33 所示。在遥控门锁主开关接通的情况下，应为________电压；在主开关断开的情况下应为________ V。如果电压不正常，应进入第（3）步。

3）检查遥控门锁 ECU 搭铁电路。检查方法是：用欧姆表测量 ECU 的 E 端子与车身搭铁之间是否断路。如果断路，应更换导线或插接器。

4）检查遥控门锁主开关电路。拆下遥控门锁主开关，脱开插接器。用欧姆表测量主开关接通和断开时，4 号与 10 号端子之间的电阻，如图 8-34 所示。开关接通时，应________；开关关断时，应________。

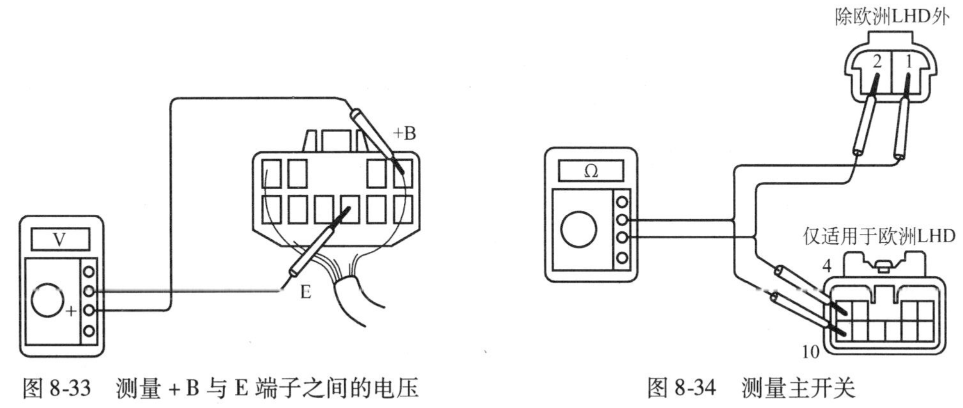

图 8-33　测量 + B 与 E 端子之间的电压　　　图 8-34　测量主开关

（续）

车 辆 型 号	车辆识别代码	检 测 系 统

如果正常，应检查和修理遥控门锁 ECU 与主开关之间、主开关与电池之间的线路和插接器。

通过上述操作，得出的结论是：________________________________。

四、实训小结

____

____

____

________________________________。

实训项目 15　雷克萨斯 LS400 轿车中控门锁系统各开关电路的检修

车 辆 型 号	车辆识别代码	检 测 系 统

一、实训目标

掌握雷克萨斯 LS400 轿车中控门锁系统各个开关电路的检查方法。

二、知识准备

熟悉各个开关的安装位置和作用：

门锁控制开关安装在________________，其作用是________________。

钥匙控制开关安装在________________，其作用是________________。

门控开关安装在________________，其作用是________________。

门锁开关安装在________________，其作用是________________。

行李箱门锁开关安装在________________，其作用是________________。

位置开关安装在________________，其作用是________________。

钥匙开锁警告开关安装在________________，其作用是________________。

三、操作步骤

1. 位置开关电路的检查

位置开关电路如图 8-35 所示。

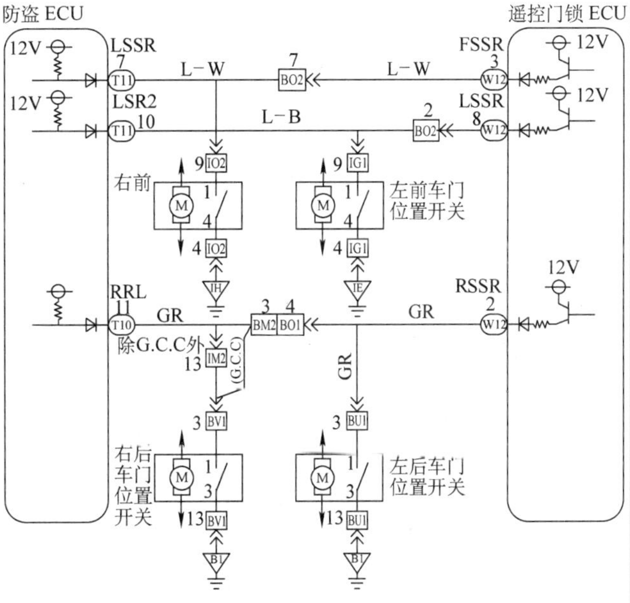

1）检查遥控门锁 ECU 插接器的 FSSR 和 LSSR 端子与车身搭铁之间的电压。拆下遥控门锁 ECU，将点火开关转至 ON 位。如图 8-36 所示，按下门锁按钮至上锁（LOCK）位置，在遥控门锁 ECU 连接的情况下，测量 FSSR 和 LSSR 端子与车身搭铁之间的电压。正常电压应为______ 电压。如果电压不正常，应检修遥控门锁 ECU 与位置开关之间的线路和插接器。

2）检查位置开关。拆下车门装饰板和维修孔盖板，拔开位置开关插接器。在将车门锁按钮移至锁门侧和开锁侧时，用欧姆表测量开关插接器的 1 号与 3 号端子之间的连通情况，如图 8-37 所示。在开锁位置时，欧姆表指示________；在锁门位置时，指示________。

图 8-35　位置开关电路

3）检查遥控门锁 ECU 插接器 RSSR 与车身搭铁之间的电压。拆下行李箱左侧盖板，拆下遥控门锁 ECU，将点火开关转至 ON 位置。将相应门锁按钮转至锁门侧，ECU 插接器保持连接。用电压表测量 ECU 插接器的 RSSR 端子与车身搭铁之间的电压，如图 8-38 所示。正常电压应为________电压。如果电压不正常，应检修遥控门锁 ECU 与位置开关之间的线路和插接器。

2. 检查钥匙操纵开关电路

钥匙操纵开关电路如图 8-39 所示。

1）拆下行李箱左侧盖板，拆下遥控门锁 ECU。

（续）

车辆型号	车辆识别代码	检测系统

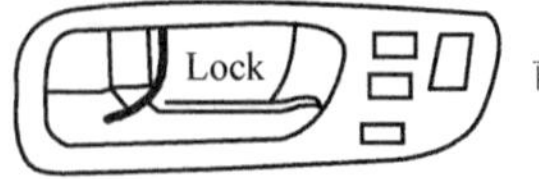

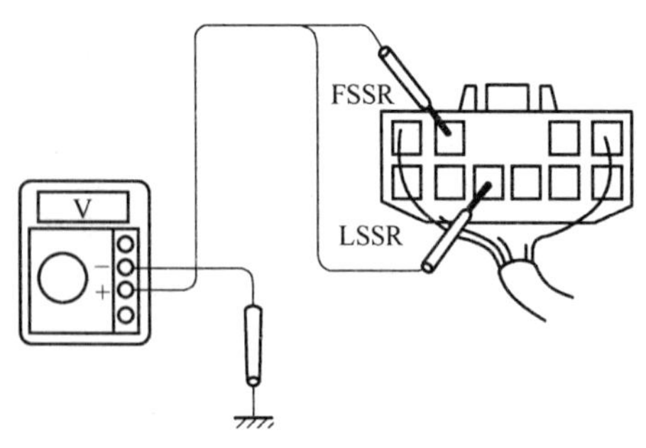

图 8-36　测量 FSSR 和 LSSR 端子与车身搭铁之间的电压

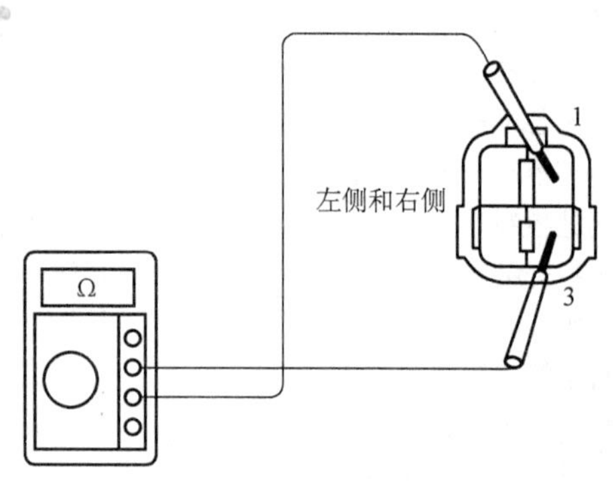

图 8-37　位置开关的检查

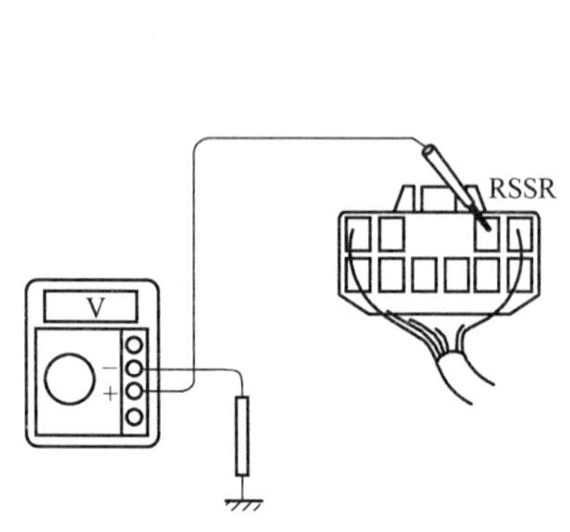

图 8-38　检查遥控门锁 ECU 插接器 RSSR 与车身搭铁之间的电压

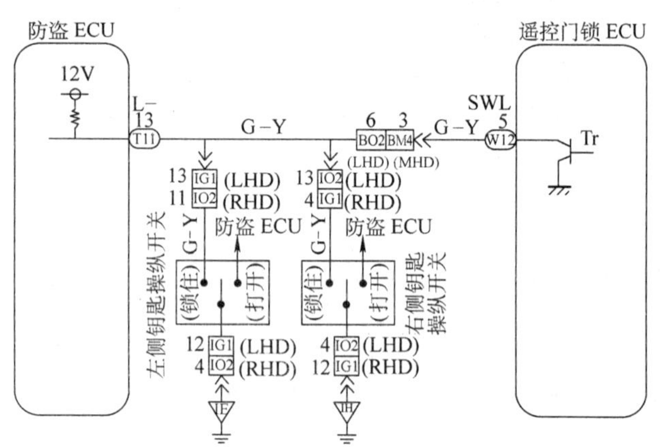

图 8-39　钥匙操纵开关电路

2）将点火开关转至 ON 位置，用电压表测量遥控门锁 ECU 插接器的 SWUL（检查开锁侧）或 SWL（检查锁门侧）端子与车身之间的电压，如图 8-40 所示。

正常电压为________电压。如果电压不正常，应检修遥控门锁 ECU 与操纵开关之间的电路和插接器。

3. 检查钥匙开锁警告开关电路

钥匙开锁警告开关电路如图 8-41 所示。

1）拆下遥控门锁 ECU，并脱开插接器。

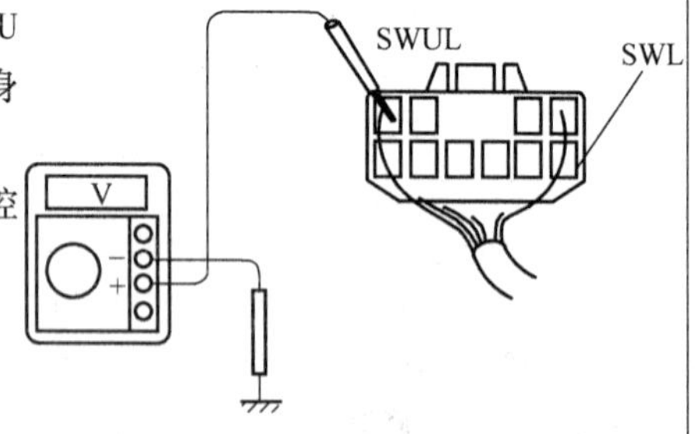

图 8-40　检查钥匙操纵开关电路

2）如图 8-42 所示，在将钥匙插入锁芯的情况下，测量遥控门锁 ECU 插接器的 ULSW 端子与车身搭铁之间的电压。正常电压应为________电压。

（续）

车 辆 型 号	车辆识别代码	检 测 系 统

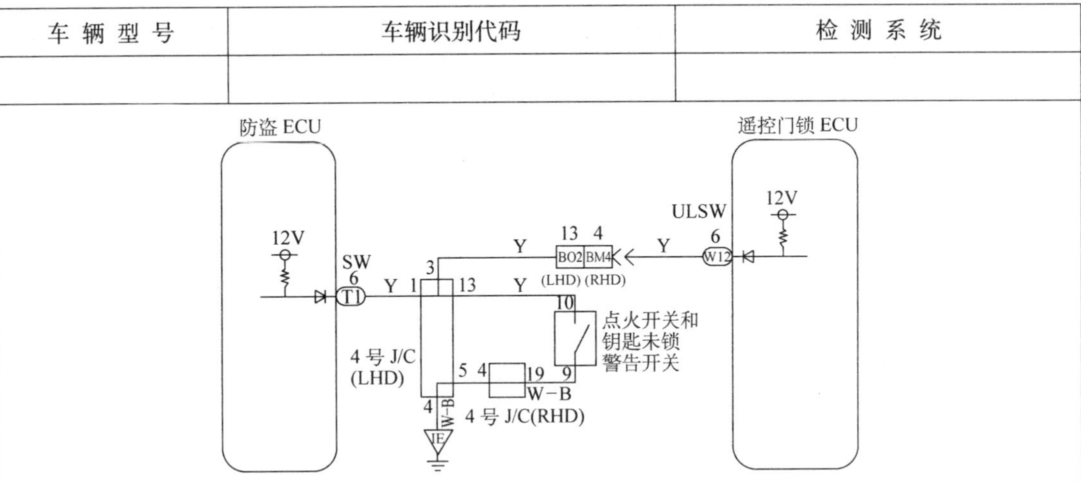

图 8-41　钥匙开锁警告开关电路

4. 检查门控灯开关电路

1）开启每扇车门时，车门未关严警告灯________，关闭所有车门时警告灯________。如果不正常，应参照图 8-43，检查车门未关严警告灯电路。

2）检查遥控门锁 ECU 插接器的 CTY 端子与车身搭铁之间的电压。拆下行李箱盖板，拆下遥控门锁 ECU。将点火开关转至 ON 位，测量所有车门均关闭时，遥控门锁 ECU 插接器的 CTY 端子与车身搭铁之间的电压，如图 8-44 所示。正常的电压应为________电压。如果电压不正常，应检修遥控门锁 ECU 与门控灯开关之间的线路和插接器。

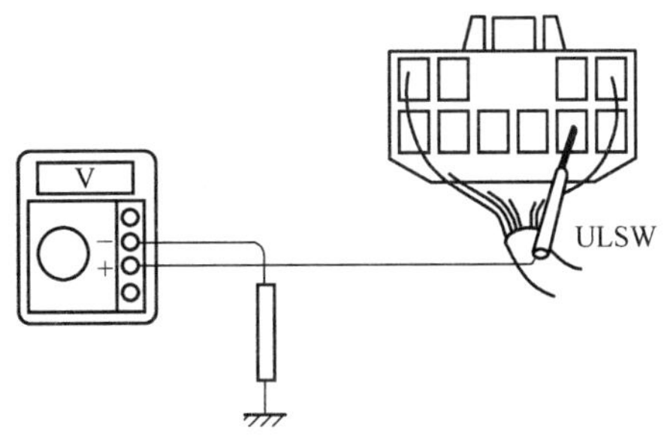

图 8-42　钥匙开锁警告开关电路

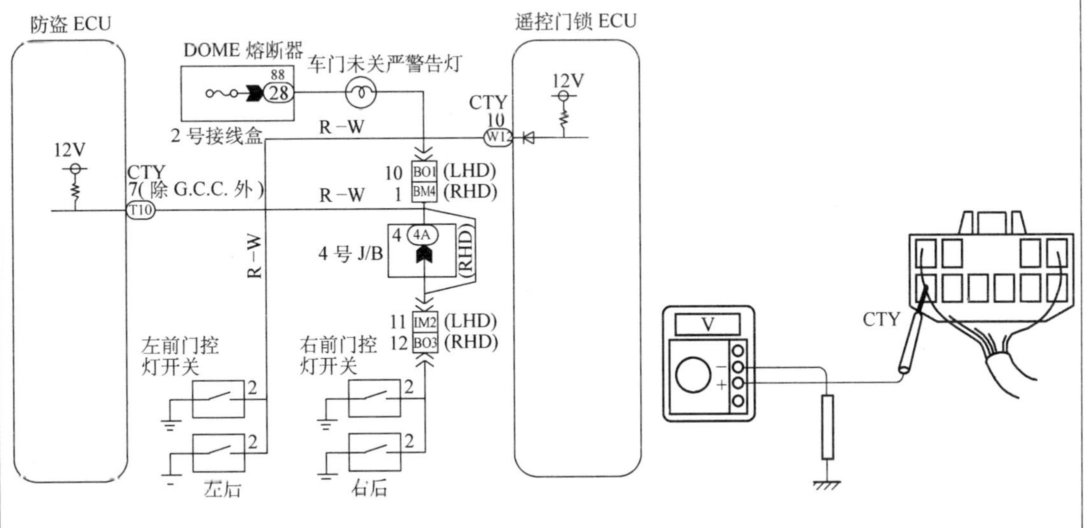

图 8-43　门控灯开关电路

图 8-44　测量 CTY 端子与车身搭铁之间的电压

（续）

车 辆 型 号	车辆识别代码	检 测 系 统

通过上述操作，得出的结论是：________________。

四、实训小结

____

____

____

________________。

第9章 汽车导航系统

学习目标：

- 了解汽车导航系统的基本功能。
- 了解汽车导航系统的基本组成及分类。
- 掌握地磁导航系统的主要传感器的结构和工作原理。
- 掌握惯性导航系统的主要传感器的结构和工作原理。
- 了解无线电导航系统的基本组成。
- 了解电子地图系统的基本组成。
- 了解 GPS 的基本组成及功能。
- 掌握汽车导航系统的故障诊断与维修方法。

9.1 概述

9.1.1 汽车导航系统的功能

当汽车在陌生区域行驶，特别是在难以看清道路标志和周围环境的夜间行驶时，驾驶员可能会迷失方向。不仅如此，即使白天在交通比较拥挤的城市中行驶时，在明确目的地及行车路线的情况下，也需要根据市内各区域、各街道的交通拥堵情况进行及时的航向指引，才能快捷地到达目的地。为此，世界各国先后开发了各式各样的导向行驶系统，即导航系统，来解决目前世界各大都市道路系统及高速公路常见的拥堵问题，同时提高了汽车行驶的安全性及效率，有利于缓解车流量、平衡交通调度及管制。

随着科学技术的发展，汽车导航系统发展很快。从功能上看，最早的是只具有简单的“示向”系统，它只能显示汽车航行的方向及到达目的地的距离，无任何“导向”功能。目前已发展到比较先进的具有汽车导航功能、防盗功能、调度功能、汽车主要工况的监测报警等功能的综合系统。从设备上看，原先只是仅由汽车行驶方向及距离传感器、处理器（CPU）、显示器（CRT）等组成的小设备，目前已发展成利用“3C 技术”，即计算机（Computer）、通信（Communication）及控制（Control）技术结合“DGPS——差分全球卫星定位系统”，建立了具有行车导航、控制等功能的综合大系统，而且民用精度已达到米级。

汽车导航系统具有以下功能：

1. 对目的地进行最佳路线检索

该系统可以直接输入地名、经纬度、电话号码等进行路线检索，并能快捷地提供一条到达目的地的最佳路线，还能实时获得汽车自身所在位置和目的地的坐标，以及行驶的直线距离、速度、时间及前进方向。

2. 瞬时再检索功能

由于道路堵塞、路段施工或走错了路等意外情况，系统所推荐的最佳路线将行不通，这时，要求系统具有瞬时自动再检索功能，重新提供出新的行车路线。因为该功能是在行驶中进行的，要求快速检索，所以 CPU 应具有高速运算能力。

3. 为检索方便提供丰富的菜单和记录功能

整个系统必须建立十分丰富的地名索引，大约应记录 1000 万件住所地名，30 万人口以上城市的电子地图应分 10 层表示，可以用街道、胡同、门牌号检索。电话号码可根据不同局号、类别记录 1100 万件以上，提供比例尺为 1∶2500 的街道增强型地图(还应留有用户自行设置电话号码的地址空间,供用户随时调用存取)。

4. 在适当时间内提供实时语音提示

为使驾驶员事先了解行驶中路面变化情况，该系统在适当时间内作出语音提示，例如一般道路在 300 ~ 700m 之前，高速公路在 2000m、1000m、500m 之前(按当前行驶速度)分别向驾驶员说明前方路面情况及可更改的方向、十字交叉路口名称、高速公路分支点、进出口、禁止左拐、禁止驶入的单行线等提示，同时应有中英文两种语音供选择。目前已有配备语音识别单元的系统，用语音来指导道路的检索。例如用会话形式呼出“××区××街道××胡同”，电子地图上立即显示出汽车位置、到达目的地的时间、前进方向等信息，不过这种语言须事先登录，还要增加语音识别单元的硬件。目前在美国已推出语音导航系统。

5. 扩大十字路口周围建筑物和交通标志功能

凡行驶在交叉十字路口前 300m 处，高速公路进出口前 300m 处，都要自动显示扩大了的十字路口附近全画面图，指出汽车位置、交叉点的名称、到交叉点的距离、拐弯后的道路名称及方向。这种通过开窗程序自动表示交叉路口全画面的扩大图是汽车导航中的一项最主要功能。

6. 导航系统和娱乐系统部件共用

汽车电子设备的迅速发展，许多复杂电路被集成到车辆结构中，自然许多导航部件可与娱乐设备集成为一体。导航系统中的导航信号接收机、控制系统、存储器、可视显示设备、声音设备可同时支持导航和娱乐。

集成收放机可设计成由 AM/FM 收音机、GPS 和蜂窝电话共用。为降低控制设备的复杂程度和方便使用，可开发声音激发控制、可变结构转向盘控制机、可变结构反馈显示器等控制方式。CD-ROM、硬盘或内存卡均可用来作为外部存储器。CD-ROM 播放器也可用来作为存储数字地图库和导航软件，还可用来播放音乐；内存卡既可作为导航系统的存储设备，也可用于其他的移动办公设备。显示监视器可用于导航地图显示和商业 TV 台。扬声器可用于聆听引导指令、普通 AM/FM 广播和免提蜂窝电话。

9.1.2 汽车导航系统的组成及分类

图 9-1 所示为汽车 GPS 导航系统的部件位置，该系统由 GPS 接收天线、GPS 接收机、计算机、液晶显示器、位置检测(绝对位置检测和相对位置检测)装置等组成。系统根据不同的位置进行分类检测，对位置的检测采用 GPS 全球定位系统，相对位置的检测采用方向

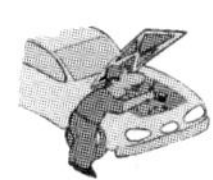

传感器(如地磁传感器、光纤陀螺仪)，并利用车轮转速传感器测量车辆行驶距离。

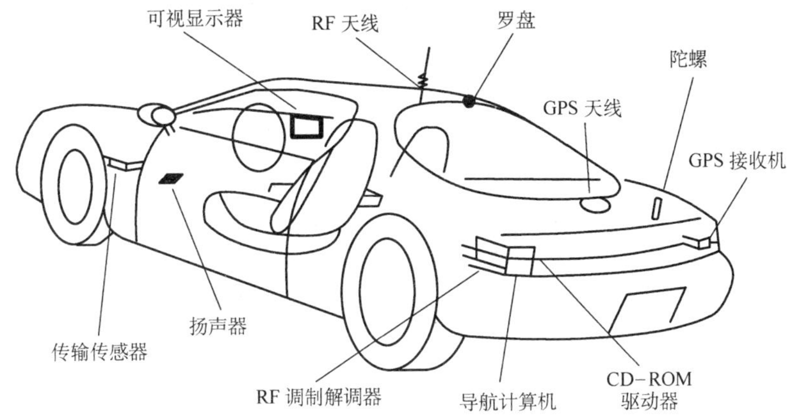

图 9-1　汽车 GPS 导航系统的部件位置

汽车电子导航系统的分类如下：

1. 按照功能分类

按照汽车导航系统的功能分类可分为单功能导航系统和导航行驶综合系统。汽车导航行驶综合系统为汽车导航行驶、监控、防盗、旅游信息、交通控制与调度等的综合系统。

2. 按照车辆的信息是否实时返回控制中心分类

汽车导航系统按车辆的信息是否实时返回控制中心，可分为汽车开环导航系统和汽车闭环导航系统。

汽车开环导航系统是从控制中心或电台、卫星传感器等得到定位、方位、方向等信息，根据这些信息和电子地图可以定出起点到终点最短行驶距离，但汽车的信息不能返回控制中心。如果某一道路上出现塞车、交通事故，桥梁出现断裂等天灾人祸时，驾驶员得不到来自控制中心或电台的信息，而汽车出现故障、被盗等问题时也无法和控制中心联系。

汽车闭环导航系统不但有开环的所有导向功能，而且驾驶员可以使行车实时信息不断向控制中心返回。根据中心掌握的交通及气候等综合信息及时通知汽车改道行驶，在最短时间到达目的地。在汽车出现大故障无法返回或遇到盗抢等也可以报告控制中心，一方面告诉中心出现的问题，另一方面可随时报告自己的方位，以便营救。

3. 按有无引导功能分类

汽车导航系统可分为有引导功能的导航系统和无引导功能的导航系统。

- 汽车导航系统
  - 无引导功能的导航系统—电子地图的简单应用
  - 有引导功能的导航系统
    - 内部信息导航系统
      - 地磁导航系统
      - 惯性导航系统
    - 无线电导航系统
      - GPS 导航系统
      - 固定电台导航系统
        - 中心电台导航系统
        - 路边电台导航系统

(1) 无引导功能的导航系统　该系统只是简单的电子地图，驾驶员可以从车上 CD-ROM 存储器中调出本国城镇的方位、主干道、高速公路、桥梁等交通信息，也可以通过键盘方便地找到要到达的目的地，以及要行驶路线的各种所需信息，帮助驾驶员选择行车路

线，但无引导功能。

（2）有引导功能的导航系统　有引导功能的导航系统又可以分为内部信息导航行驶系统和无线电导航行驶系统。

1）内部信息导航系统。这是一种装有电子陀螺或地磁等方向传感器（测出汽车行驶的方向）和距离传感器的汽车导航系统。它又可以分为地磁导航系统和惯性导航系统。

地磁导航系统（简称汽车导向行驶系统），利用地磁传感器可随时测出汽车行驶方向，距离传感器测出距离，可以用计算机计算出汽车的行驶轨迹，及到达目的地的方向、剩余距离等，并可以在显示器上一一显示出来，以达到导航的目的。

惯性导航系统的方向传感器是利用电子陀螺制成的，其他设备及功能和地磁导航系统相同。

2）无线电导航系统。该系统又分 GPS 导航系统和固定电台导航系统。

GPS 汽车导航行驶系统有一个较灵敏的 GPS 信息接收装置，可接收到卫星发射的导航信息，经过计算处理后，可以得到汽车行驶的方位、速度、到达目的地的直线距离和已经行驶的里程。如和电子地图结合起来导航功能更加完善。

固定电台导向行驶系统又分中心电台导航系统和路边电台导航系统。

中心电台导航行驶系统一般是一个集导向、车辆监控、防盗、差分 GPS 的应用等综合系统，并且具有闭环导航系统的所有功能。一般几十到几百公里为半径设一个中心站，除接收 GPS 信息外，还收发各个车辆的导航、防盗等综合信息。可以把任一车辆的实时轨迹显示在显示器上。较大的系统设一个中心站，下设若干个子站，每个子站带若干车辆，以扩大监控范围和导航的车辆数。

路边电台导航系统一般是交通控制和导航一体的综合系统。在高速公路的路边，每隔几百米到几公里设一个小功率电台，汽车上的小功率收发机通过经过的电台与交通控制中心交换信息，达到交通控制与导航的目的。

9.2　汽车内部信息导航系统

内部信息导航系统的组成因所用方向传感器不同，分为地磁导航系统和惯性导航系统。任何汽车导航装置基本的功能就是把汽车的实时位置（一般用 x 及 y 两个位置参数来决定方位，或者以目的地为基准，汽车即时位置与目的地夹角表示）实时告知驾驶员。汽车车速传感器主要检测距目的地的距离（运算时也要用到方向传感器），汽车要行驶的方向由方向传感器检测，这两个传感器的信号通过计算机的数据处理后显示在显示屏上。因此内部信息导航系统主要由计算机、车速传感器、方向传感器、显示屏等组成。

9.2.1　汽车地磁导航系统

地磁导航主要是利用地磁方向传感器随时测出汽车行驶方向，距离传感器测出距离，用计算机计算出汽车的行驶轨迹、到达目的地的方向、所余距离等，并可以在显示器上一一显示出来，以起到导航的作用。

地磁方向传感器是该系统中十分重要的器件，它是一种以地磁为基准检测车辆方向的装置，按原理分为发电式车辆方向传感器和霍尔元件式方向传感器。因为地磁场很弱，容易受

到外界磁场的干扰，此外车外的铁桥、大楼、其他车辆、隧道、高架桥也是干扰源，克服干扰带来的误差是该类传感器的关键。

1. 发电式车辆方向传感器

该传感器的结构如图 9-2 所示，它是一个双线圈发电机型地磁矢量传感器，由一个励磁线圈和两个垂直的线圈缠绕在具有高磁通率的圆环磁铁上组成。通过检测地球的磁场确定汽车的绝对行驶方向。

由于上、下线圈相位相反，故垂直方向的磁感应电动势互相抵消。若用电动机转动线圈和铁心，地磁的水平分量使铁心中的磁通密度产生变化，从而建立起磁场，如图 9-3 所示。在图 9-3a 位置，磁场方向朝内；在图 9-3b 位置，磁场强度为零；在图 9-3c 位置，磁场方向朝外。因此，在地磁检测线圈中，产生一个正弦交变电压，其相位由地磁场的方位决定。另一方面由光电断续器发出相位固定的脉冲信号，根据这两个输出信号的相位差，可以检测出地磁的方向。

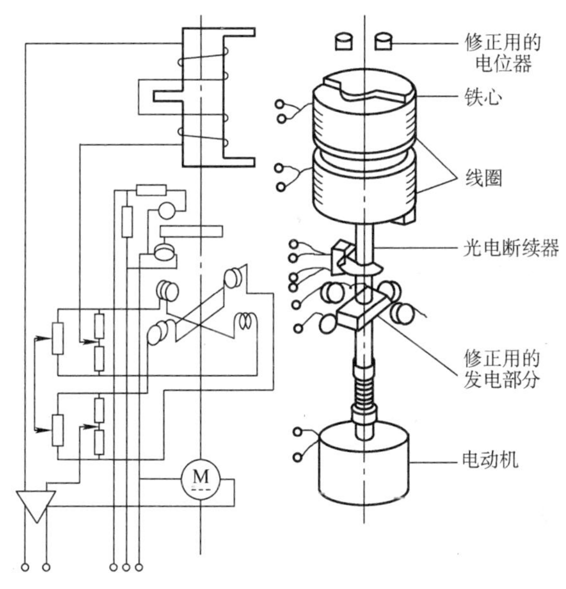

图 9-2　发电式车辆方向传感器的结构

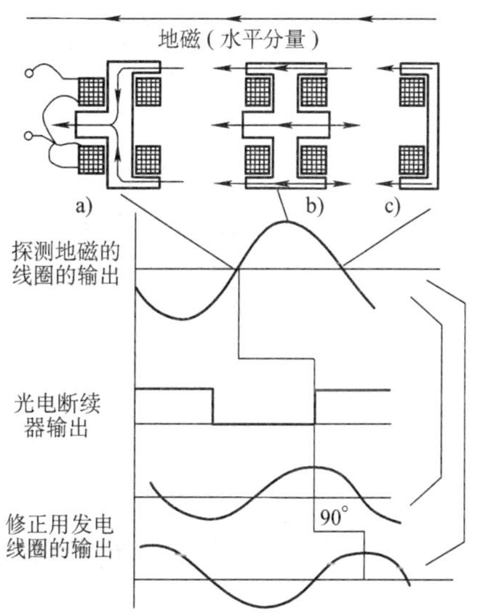

图 9-3　发电式方向传感器的工作原理

2. 霍尔元件式方向传感器

该传感器是利用地磁磁场作为霍尔元件的外加磁场。霍尔电压（即传感器输出电压）正比于控制电流和磁感应强度，当电流一定时，霍尔电压与磁场强度成正比。如果地磁的磁场和霍尔元件平面法线成一角度时，则作用在元件上的有效磁场是其法线方向的分量 $B\cos\theta$。B 是地磁的磁感应强度，θ 是地磁与霍尔元件法线的夹角。元件是固定在汽车上的，因此，这个角度可以转化为汽车与地磁的夹角，所以，霍尔电压与汽车和地磁的夹角有一定的数学关系，通过计算机的运算即可从霍尔电压的大小求出汽车的方向。

9.2.2　汽车惯性导航系统

惯性导航是依据牛顿惯性原理，利用惯性元件（即电子陀螺仪）来测量运载体本身的加速度，经过积分和运算得到速度和位置，从而达到对运载体导航定位的目的。惯性车辆方向传感器，实际上是一个电子陀螺，它比目前世界上现有的100多种陀螺有如下优点：可靠性与寿命比一般陀螺高1～2个数量级；价格为其他陀螺的⅓～½；响应时间短，约为50～80ms；过载能力强。同时它不像地磁方向传感器那样容易受外界磁场干扰，因此它越来越受到航天、汽车等领域的欢迎。

惯性车辆方向传感器的工作原理是利用氮气的惯性检测方向，而不是利用地磁。惯性车辆方向传感器的结构如图9-4a所示，密封在容器内的氮气在压电振子循环泵的作用下，在容器内循环。当汽车直线行驶时，氮气使两根热线均匀冷却，故两根热线温度相等。一旦汽车改变方向，氮气流由于本身的惯性而偏向一侧，使固定在汽车上的检测器的两热线冷却程度不同，结果产生温度差，并以电位差的形式表现。由于两热线构成电桥电路，如图9-4b所示，A、B两点间的电位差经放大后输出，该输出电压与汽车的偏转率成正比。

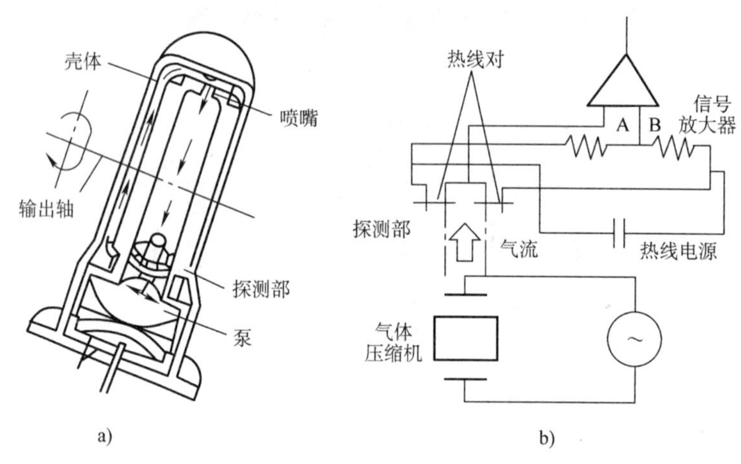

图9-4　惯性车辆方向传感器

a）结构原理　b）电路

9.2.3　汽车内部信息导航系统应用实例

1. 丰田汽车导航系统

该系统为地磁导航系统，由地磁方向传感器、舌簧式车速传感器、计算机及其操纵部件和显示部分等组成，其操纵部分结构原理如图9-5所示，工作原理及显示如图9-6所示。

该系统的主要功能有：①标准时间的显示；②车辆实时前进方向；③目的地的方向；④到达目的地的直线距离；⑤到达目的地的剩余距离；⑥估计到达目的地的时间等。从功能上看这是一个早期产品；从结构上看，输入部分是按钮开关式，显示部分是段码方式静态显示。

该系统的简单工作过程和原理：首先从地图上找出出发地到目的地的东西距离 a（有效数字0.1km）和南北距离 b，分别输入到计算机中去。在操纵面板上右边是东、西、南、北按钮及数字按钮，对应×100、×10、×1、×0.1分别是100km、10km、1.0km、0.1km，并在左下方显示出来，同时把起点到终点的大体方位也用按钮输到计算机中去（中间的圆形排列的按钮）。地磁方向传感器的线圈接成电桥形式并接入计算机。当车辆行驶后，无论车辆向哪个方向移动，地磁传感器都能检测出绝对方位 θ_1，并在仪表板上显示出来，而且距目的地距离 l 及方位 θ_2 由微机进行运算并显示出来，如图9-6所示。

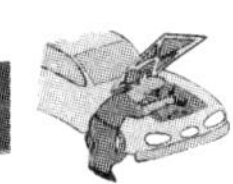

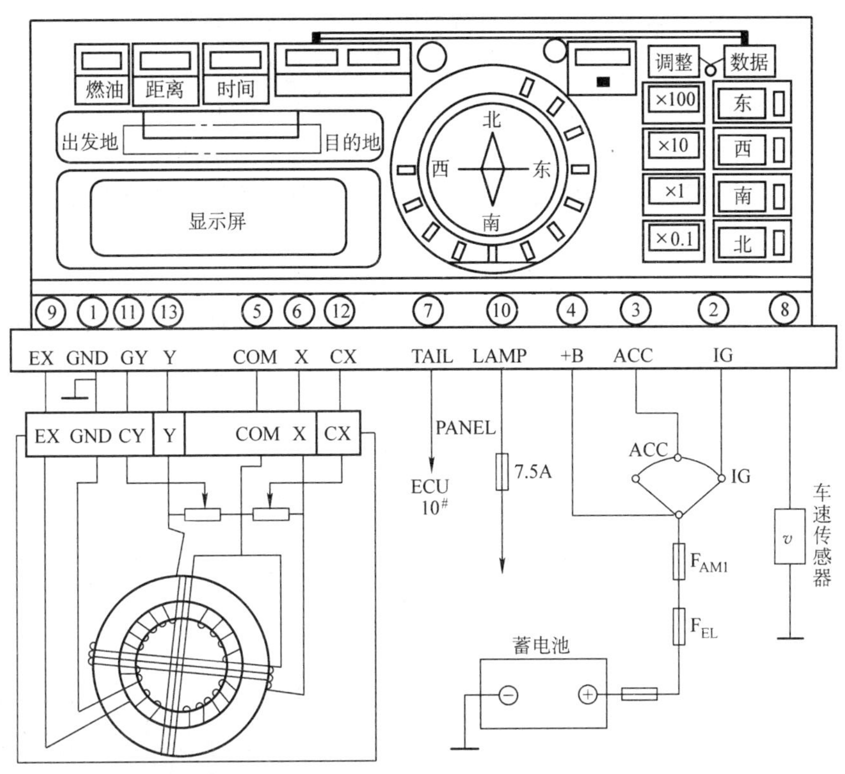

图 9-5　丰田汽车导航系统操纵部分结构原理

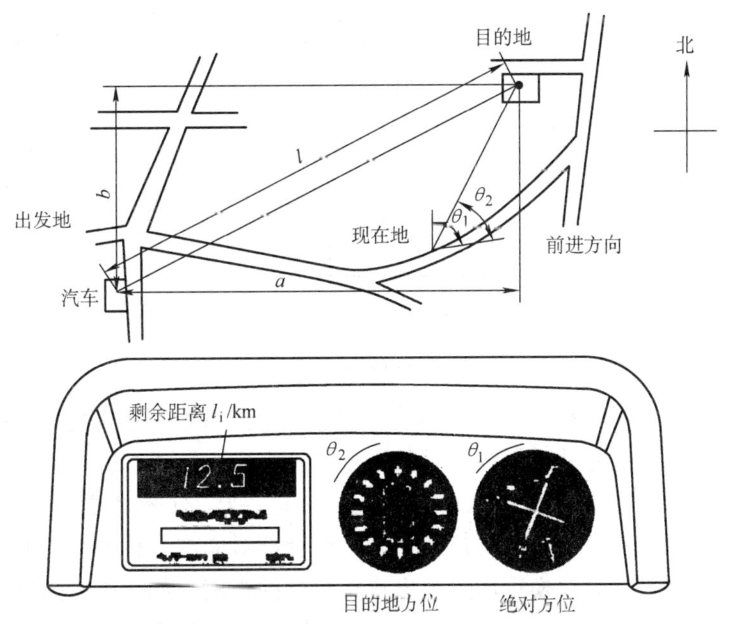

图 9-6　丰田汽车导航系统工作原理及显示

车辆行驶在各个位置时距目的地的剩余距离的计算方法：在任一直线道路段行驶时的距离Δl_i 可以由车速传感器检测出来，在此段路程中的东西方向距离由计算机算出，Δx_i =

$\Delta l_i\cos\theta_i$，南北距离 $\Delta y_i=\Delta l_i\sin\theta_i$，$\theta_i$ 由计算机算出，则剩余距离为

$$l_i=\sqrt{(a-\sum\Delta x_i)^2+(b-\sum\Delta y_i)^2} \tag{9-1}$$

剩余距离可在显示屏显示出来。到达目的地所需的大约时间，也可以从剩余距离和行驶平均速度算出来。油箱内剩余的油量可由油位传感器测出，并且油耗传感器可测出单位距离所用油量，则现存油量能否到达目的地也可算出，如果油量不够可提前报警，提示驾驶员及时加油等。

2. 本田惯性行驶系统(本田电子陀螺仪)

本田惯性行驶系统借助于早期飞机导航装置，因为采用惯性方向传感器，所以又称电子陀螺。该系统由封入氮气的气体速度陀螺、霍尔式汽车速度传感器、行驶用计算机以及显示器(CRT)组成，整个系统的硬件组成框图如图 9-7 所示。

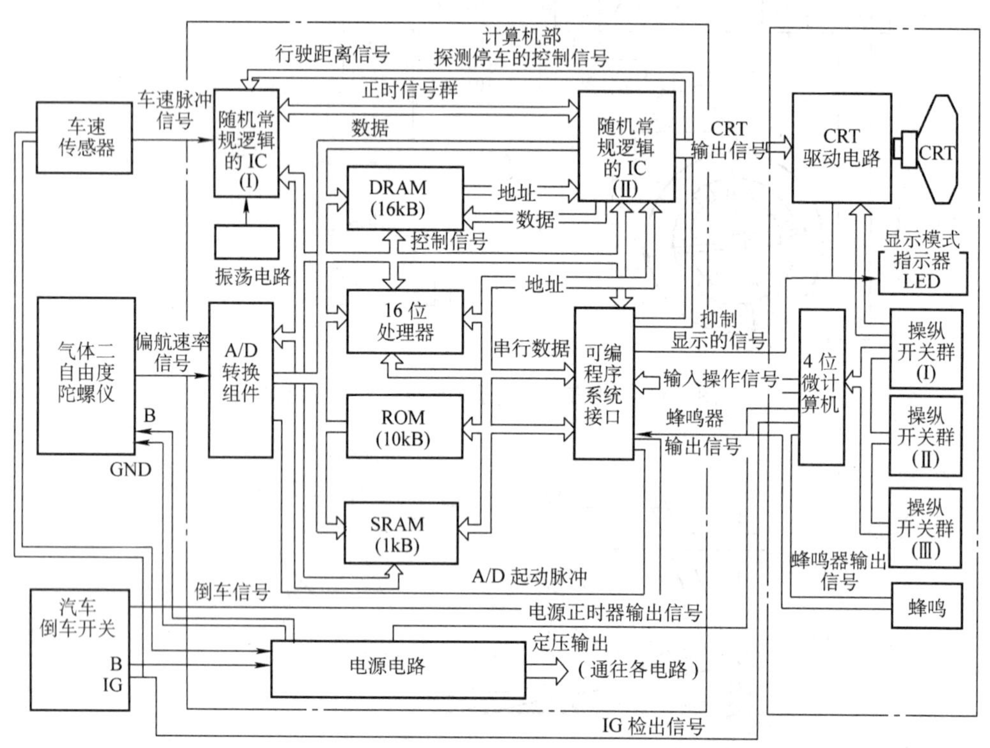

图 9-7　惯性行驶系统方框图

惯性方向传感器的结构和工作原理如前所述。车速传感器由插入变速器的汽车速度表软轴带动一个具有 8 对永久磁铁磁极的转子及霍尔元件组成。转子每转一转，霍尔元件中就产生 8 个脉冲信号的输出。由于汽车驱动轮的圆周长是一定的(不考虑轮胎的气压及磨损)，霍尔传感器转子和驱动轮有一定的转速比，即每个脉冲对应汽车移动一定的距离，只要测出传感器输出的脉冲信号总数经换算即可求出汽车行进的距离。如求汽车速度，需同时测出距离脉冲总数和总共经过的时间，经换算求出。系统的主计算机是由 16 位微处理器、10KB ROM、16KB DRAM(动态随机存储器)、1KB SRAM(静态随机存储器)、A/D 转换器、可编程的接口器件和其他的 IC 器件组成；显示部分由 6in 的 CRT、亮度及对比度调整电路、水平和垂直两个偏转线圈及其控制电路、人机对话用的输入开关群、CRT 输出及其驱动等电

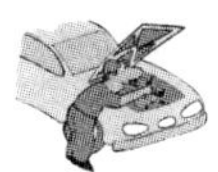

路组成。

该系统比丰田地磁导向行驶系统的功能要多一些。除上述功能外，它还可以动态显示汽车行驶轨迹。

该系统的基本工作原理与上述的丰田导航系统相似，首先通过操纵面板上的控制开关输入汽车起始点到目的地的水平及垂直距离和大体的方位。汽车行驶过程中实时地把方向及距离传感器等信息采集到计算机中，然后进行下列累加计算。

$$X = \int V(t)\cos[\theta(t)]\mathrm{d}t \tag{9-2}$$

$$Y = \int V(t)\sin[\theta(t)]\mathrm{d}t \tag{9-3}$$

式中　X——汽车行进过程中的距离水平分量之和；

Y——汽车行进过程中的距离垂直分量之和；

$V(t)$——汽车行进过程中的瞬时速度；

$\theta(t)$——汽车行进过程中实时的汽车前进方向与 x 轴的夹角。这个角度可以由方向传感器输入的信号经计算机处理后获得。

行驶的总距离 $L=\sqrt{X^2+Y^2}$，距目的地剩余距离、所需时间、油量等，由计算机很容易算出。该系统虽没有电子地图，但它可以显示汽车行驶的轨迹。在汽车从原始点出发前就要把目的地垂直和水平距离、大体方向都输给计算机，计算机可以根据以上参数决定显示屏幕的比例尺及显示的起始与终点位置。计算机根据此比例尺，就可以把汽车在行进过程中 x 及 y 两分量在显示屏上显示出来。每运算一次就得出一组 x、y 值，就可在屏幕上显示出来一个点，这些点连接起来就是汽车行进轨迹。在实际显示过程中，只要显示一个点，该点就一直保存下去，在显示以后的点时，它仍然不消除，直到汽车到终点后，人工消除整个轨迹时，才消除整个汽车轨迹。

9.3　无线电导航系统

9.3.1　无线电导航系统的组成

无线电导航是指通过测定无线电波从发射台到接收机的传播时间，或相位、相角来进行导航定位的方法。

汽车无线电导航系统由高精度的 GPS、自律导航系统、地图匹配器、LCD 显示器等组成，如图 9-8 所示。

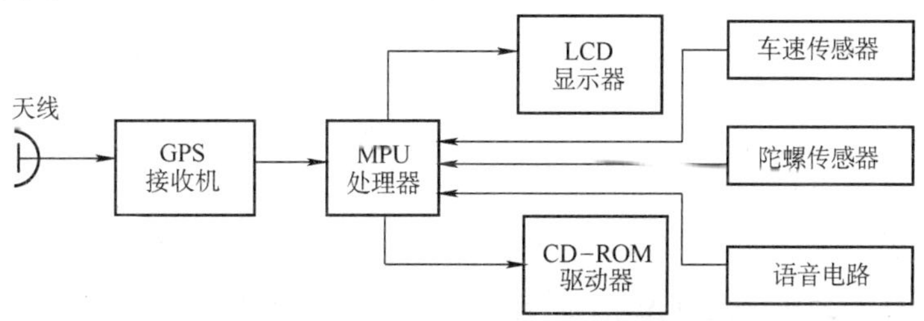

图 9-8　汽车无线电导航系统框图

9.3.2 电子地图

电子地图是现代汽车导航系统中的最基本的也是最重要的组成部分，在早期只是单一的作为地图使用并无引导作用。随着科技的发展，电子地图结合 GPS 技术、“3C”技术、传感器技术等的发展，在各式各样先进的导航技术中已经广泛应用，绝大部分汽车导航系统中都包括有电子地图。

以导航和监控为目的的数据地图系统是建立在计算机基础上的一种新型地图，它通过计算机进行信息管理和图形操作，在计算机屏幕上以地理表面物体为背景，显示车辆实时位置(轨迹)，为驾驶员提供导航和决策服务。各种比例尺的地图显示和车辆定位是电子地图的关键技术。

模拟地图(纸质地图)是在纸上用图形及文字的方法表示地理、地形、环境、人文等信息的一种工具，它很早就被广泛应用于导航、旅游、航海、勘探等领域。在人们生活中，地图发挥着重要作用。与模拟地图相比，导航电子地图(因为以数字形式存在计算机中,所以又叫数字地图)具有查找和携带方便、容易和其他先进技术结合等优点。随着计算机技术的发展和普及，导航电子地图在人类活动中将具有深远的意义和广泛的前景。

早在 20 世纪 80 年代，由于计算机的软、硬件技术的飞速发展，尤其是大容量的存储设备、图形图像技术的发展，美国等先进国家就开始了应用于车辆导航、管理和安全保卫等领域的数字化地图的研制，目前已发展成应用比较成熟、多学科结合的数字化地图应用系统，比较有代表性、先进性的有以下两种：

1. Etak 导航电子地图

美国 Etak 公司先后研制了各个国家、地区的高精度的电子地图，包括美国、法国、德国等国家和我国香港地区的导航电子地图，其中美国 3.0 和 3.4 版本的电子地图覆盖了美国 100 多个主要城市，其使用的地图比例为 1∶24000；版本 4.0 导航电子地图具有最佳路线寻找、地名匹配等功能。

2. 日本导航电子地图

日本导航电子地图联盟由 82 个日本公司组成，这些公司生产经营包括电子地图、车辆导航设备等。1988 年，联盟研制出第一版本的电子地图，地图比例为 1∶50000 和 1∶25000。到 1993 年，日本的城镇及农村公路网的电子地图数据量已达 2GB，并且有 50 多万辆汽车安装了电子地图及导航系统。最近松下电子公司开始销售 CN-DV007D 型 DVD-ROM 车载导航系统。过去他们用 6 张 CD-ROM 光盘容纳日本 630 个大、小城市详细的交通。现在只用一张 DVD-ROM 光盘即代替 6 张 CD-ROM 光盘。装在汽车上的 DVD-ROM 机和 LCD 显示器，能从光盘中迅速检索出汽车行经的交通路线图，给驾驶员实时导航。光盘上录有上万个电话号码，有的还储有全日本的停车场、交通线上的旅馆、饭店地址等上百项内容，大大方便了车主的出行。

9.3.3 GPS

1. 概述

卫星定位、导航系统目前已在美国、欧洲及俄罗斯等国家、地区先后建成使用，如美国的 GPS、俄罗斯的 GLONASS(格洛纳斯)、欧洲的 GALILEO(伽利略)系统。我国也正在建造

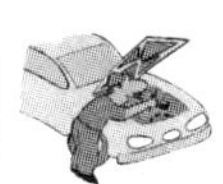

北斗系统。现以美国GPS为例予以简单介绍。

GPS全球卫星定位系统(全称为:导航卫星授时和测距全球卫星定位系统,英文缩写为NAVSTAR GPS,简称GPS)。GPS由空间部分、地面监控部分和用户部分组成，GPS能提供全球范围从地面到9000km高空之间任一载体高精度的三维位置、三维速度和系统时间信息。

空间部分使用24颗高度约20000km的卫星(其中21颗工作卫星,3颗备用卫星)组成卫星座，可保证全球任何地区、任何时刻有不少于4颗卫星以供观测。

卫星发射2个载波无线信号，$L_1=1575.42$MHz，$L_2=1227.60$MHz，在L_1载波上调制1.023MHz的伪随机噪声码(称为粗码或C/A码)、10.23MHz的伪随机码(称为精码或P码)及50bit/s的导航电文，在L_2载波只调制有精码和导航电文，C/A码可用于低精度测距并过渡到捕获精码，精码用于精密测距。由于美国政府对精码加密，所以一般用户只能用C/A码。

地面控制部分由1个主控站、3个注入站和5个监测站组成。GPS的地面控制部分主要用来测量和计算每颗卫星的星历，编辑成电文发送给卫星，即卫星所提供的广播星历。

用户部分主要是GPS接收机，它接收卫星发射的信号(导航电文)，根据导航电文提供卫星位置和钟差改正信息计算用户的位置。用户接收机按使用环境可分为低动态接收机和高动态接收机，按所要求的精度可分为C/A接收机和双频精码(P码)接收机。

2. GPS典型应用

GPS系统应用非常广泛，在空间技术方面，可以用于弹道导弹的导航和定位；空间飞行器的导航和定位；对飞机而言，它可在飞机进场、着陆、中途导航、航速测定、飞机会合和空中加油、武器准确投掷及空中交通管制等方面进行服务。在陆地上，GPS可用于各种车辆、坦克、陆军部队、炮兵、空降兵和步兵等的定位，还可以用于大地精密测量、摄影测量、野外调查和勘探的定位，甚至可用于民用如建筑、汽车、旅行、狩猎等方面。对舰船而言，GPS能在海上协同作战、海洋交通管制、海洋测量、石油勘探、海洋捕鱼、浮标建立、管道铺设、浅滩测量、暗礁定位、海港领航等方面作出贡献。由于GPS系统具有高精度和全天候的特点，可作为军用的首选定位系统，同时也是一些科研不可缺少的工具。

GPS技术在汽车导航应用已经有多年的历史。从简单地把GPS接收机安装在汽车上使用，至现在已发展到GPS技术和“3C”技术、电子地图相结合，成为汽车闭环导向行驶系统，发展为具有导航、监控、防盗、交通控制、旅游等综合的大系统。

3. GPS定位基本原理

GPS定位原理是由陆地无线电二维定位原理发展并逐渐完善起来的。无线电二维导航定位的基本原理与测量学中的交汇法十分相似。现以圆定位系统为例加以说明，如图9-9所示。

图中的A和B分别为位于某地的无线电发射台，它们的坐标均为已知值。待定点P即为需要确定的车辆位置。用户用专用的无线电接收机按被动式测距方式测定了至A点的距离r_a和至B点的距离r_b。于是我们就能根据以A为圆心以r_a为半径的定位圆和以B为圆心以r_b为半径的定位圆，确定两圆的交点为待定点P的位置。当然两圆相交一般有两个交点，但根据待定点的概略位置通常是不难加以判断和取舍的。而且为了提高精度和可靠性，实际上使用的已知信号发射台也往往不止两个。也就是说实际上我们往往是从三个或三个以上已

知点来交汇 P 点的，在这种情况下便不再存在多值性问题。从图 9-9 圆定位系统的直角三角形 APC 可列出方程：

$$(X_p - X_a)^2 + (Y_p - Y_a)^2 = r_a^2 \tag{9-4}$$

同理可列出：

$$(X_p - X_b)^2 + (Y_p - Y_b)^2 = r_b^2 \tag{9-5}$$

在这两个方程中 r_a 及 r_b(可用无线电装置测出)、X_a、Y_a、X_b、Y_b 分别为 A 和 B 两个电台的坐标，都是已知的，则可联立两个方程式求出汽车的坐标 X_p 及 Y_p。

上面讨论的是二维定位的情况，即只需要确定待定点的平面位置时的情况。早期导航一般属于这种情况。在某些情况下需要进行三维定位，即需要同时确定点的平面位置和高程，为飞机导航或借助这些系统来确定地面点的位置时就属于这种情况。三维定位的原理和二维定位相同，只是因为增加了一个自由度因而需要增加一个约束条件而已。在三维定位中至某点的距离为定值的点的轨迹为一个球面，所以至少需测定三个已知点的距离后，才能以这三个已知点为球心，以这三个距离为半径作出三个定位球，从而交汇出待定点在空间的三维位置。

卫星导航系统是随着空间技术的发展而出现的一种空间基准的无线电导航系统。其基本原理是从若干地面跟踪站上不断对卫星进行观测。跟踪站的坐标是已知的，通过观测即可求出卫星的运动轨迹——卫星轨道。因而在任何一个瞬间，卫星在空间的精确位置是已知的。将无线电信号发射机装到这些卫星上，于是这些卫星便成了已知其坐标的空间无线电发射台，用户只需用专用无线电信号接收机测定至这些卫星的距离后即可求出自己的位置。由此可见，空间基准的无线电导航系统和陆地基准的无线电导航系统在导航定位的原理上是相同的。其差别仅在于：在陆地基准的无线电导航系统中，无线电发射台是固连在地球上的，其坐标一经测定即可长期使用下去；而在空间基准中，无线电发射台的位置将随着卫星的运动而不断变动。其运动速度一般为每秒钟若干公里，取决于卫星的高度。因而必须在一个地面卫星跟踪网中不断对卫星进行跟踪观测，以便确定卫星在空中的精确位置。图 9-10 所示为 GPS 定位原理示意图。

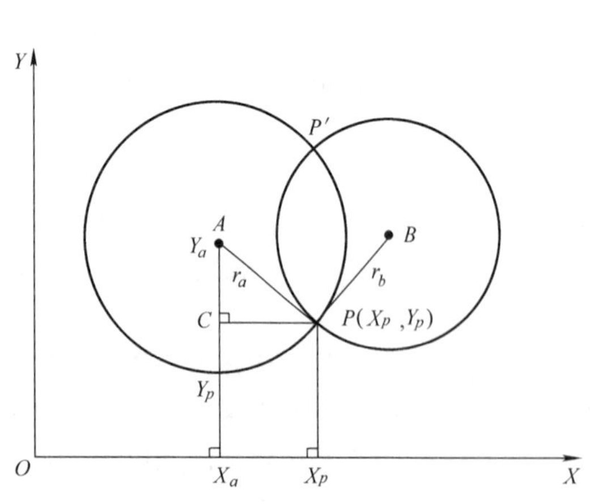

图 9-9　圆定位系统

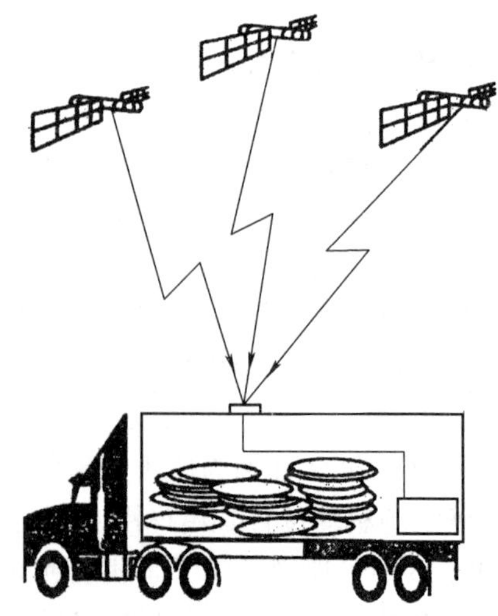

图 9-10　GPS 定位原理示意图

如果卫星和GPS接收机(放在汽车内)的时钟完全同步，即不考虑误差，那么用无线电波测出的距离R_c就等于测定的几何距离R_J。而几何距离R_J与卫星坐标(X_s,Y_s,Z_s)与接收机坐标(指接收机天线相位中心坐标)(X,Y,Z)之间有下式关系：

$$R_J = \sqrt{(X_s - X)^2 + (Y_s - Y)^2 + (Z_s - Z)^2} = R_c \tag{9-6}$$

式中$R_c = C\Delta t$，其中C是无线电波的传播速度，等于光速(设光速是定值)，Δt是标准时钟测定的信号的实际传播时间。卫星坐标可根据接收机收到的卫星导航电文求得，所以式(9-6)中只包含(汽车)三个坐标未知数。若用户同时(多通道接收机)对三颗卫星进行了距离测量则可联立方程式，用计算机很容易解出接收机的位置(X,Y,Z)。

$$\begin{cases} R_{c1} = \sqrt{(X_{s1} - X)^2 + (Y_{s1} - Y)^2 + (Z_{s1} - Z)^2} \\ R_{c2} = \sqrt{(X_{s2} - X)^2 + (Y_{s2} - Y)^2 + (Z_{s2} - Z)^2} \\ R_{c3} = \sqrt{(X_{s3} - X)^2 + (Y_{s3} - Y)^2 + (Z_{s3} - Z)^2} \end{cases} \tag{9-7}$$

上述假设的卫星及接收机的时钟完全同步(没有误差)是不可能的。在数量有限的卫星上配高精度的原子钟是能办到的，但在数以万计的接收机上都要安装原子钟却是不现实的，因为这将大大增加成本，增加接收机的体积和质量，从而严重影响全球定位系统的用户数量。实际解决这个问题的办法是把接收机的时钟误差用一个修正系数V_{Tb}来处理，这样式(9-7)变成式(9-8)的方程，它比式(9-7)多了一个未知数CV_{Tb}。要解四个未知数的联立方程，则需同时检测四颗卫星的信号，以便列出四个方程式组，才能解出四个未知数(X,Y,Z,V_{Tb})，就是一般常说的四星三维导航法。如果已知汽车处的垂直高程或已知时钟误差，这样未知数少了一个，则用三颗卫星的参数即可，这就是常说的三星三维或二维导航法；同样如已知高程和时间则变成二星二维导航法。另外GPS接收机从收到卫星的信号中提出多普勒频移，该频移和汽车的速度有一定的数学关系，则可求出汽车在X和Y两维速度分量。

$$R_c = \sqrt{(X_s - X)^2 + (Y_s - Y)^2 + (Z_s - Z)^2} - CV_{Tb} \tag{9-8}$$

4. 差分式全球卫星定位系统(DGPS)

目前GPS卫星发射的信号有P码和C/A码，P码的精度高，但只供美国军方使用。供民用的都是C/A码，精度较低。

为了提高GPS的定位精度，人们发明了可以把GPS精度提高一个数量级的方法(DGPS)。在标准的经纬度及高度的地方设置一个差分GPS接收装置，它把从卫星接收到的信息经计算机处理后得到的经、纬度及高度和该处的标准值比较，得出DGPS三维校正值，把这些校正信号通过无线电台发射到空间，对装有DGPS接收机的汽车导航装置进行修正，从而提高了导航精度与可靠性。

5. GPS信号接收机

GPS卫星发送的导航定位信号，是一种可供无数用户共享的信息资源。这需要一种能够接收、跟踪、变换和测量GPS信号的卫星接收设备，称为GPS信号接收机。由于使用目的不同，用户要求的GPS信号接收机也各有差异。根据定位过程中接收机天线是处于固定位置还是运动状态，定位方法可分为静态定位和动态定位，两者的主要区别如下：

静态定位是指用户天线在跟踪GPS卫星的过程中位置固定不变，接收机高精度地测量GPS信号的传播时间和GPS卫星在轨道的已知位置，从而算得固定不动的用户天线三维坐

标；后者可以是一个固定点，也可以是若干点位构成的 GPS 网。静态定位的特点是多余观测量大、可靠性强、定位精度高。

动态定位是用 GPS 信号接收机测定一个物体的运动轨迹。GPS 信号接收机所在的运动物体叫做载体，它包括陆地车辆、河海舰船、空中飞机、空中飞行器等。按照这些载体的运行速度的快慢，又将动态定位分成秒速为几米至几十米的低动态，秒速为一百米至几百米的中等动态和秒速为几千米的高动态等三种形式。所谓“动态定位”，就是载体上的用户天线跟踪 GPS 卫星的过程中相对地球而运动，接收机用 GPS 信号实时地测得运动载体的状态参数。动态定位的特点是逐点测定运动载体的状态参数，多余观测量少，精度较低。从目前动态定位的精度来看，可以分为 20m 左右的低精度、5m 左右的中等精度、0.5m 左右的高精度。导航和动态定位虽难以严格区分，但导航侧重于“引导”，一般它要求测定运动载体的七维状态数(三维位置、三维速度和时间)；因此，导航是一种广义的动态定位。

按照 GPS 信号的不同用途，GPS 信号接收机可分成三大类：导航型、测地型和守时型。

按照 GPS 信号的应用场合不同，可以分为袖珍式、背负式、车载式、船用式、机载式、弹载式和星载式等七种类型的 GPS 信号接收机。

GPS 信号接收机的种类虽然较多，但从仪器结构来分析，则可概括为天线单元和接收单元两大部分，如图 9-11 所示。

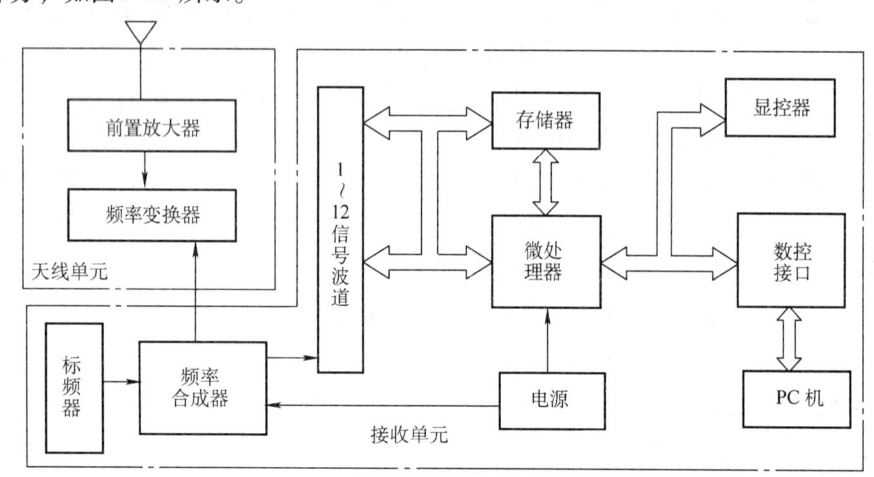

图 9-11　GPS 信号接收机的基本结构

(1) 天线单元　天线单元由接收天线和前置放大器两个部件组成，也有将天线单元称为接收前端的。GPS 信号接收机一般采用全向振子天线、小型螺旋天线和微带天线。

(2) 接收单元　图 9-11 绘出了接收单元的主要部件，现简要予以介绍。

1) 信号波道。信号波道是接收单元的核心部分，它不是一种简单的信号通道，而是一种软硬件相结合的有机体，故以“波道”称之，予以区别。随着接收机的类型不同，它所具有的波道数目从 1~12 个不等。

2) 存储器。为了差分导航和相对定位的检测后数据，许多接收机能够将定位现场所采集的伪距、载波相位测量和人工测量的数据，以及所解译的 GPS 卫星星历，都储存在机内存储器里面。

3) 计算与显控。图 9-11 中的显控器，通常包括一个视屏显示窗和一个控制键盘，它们

均安装在接收单元的面板上。在工作过程中，使用者通过键盘按键的控制，可以从视屏显示窗上读取所要求的数据和信息。这些数据和信息是由微处理器及其相应软件提供的。接收机内的处理软件是实现 GPS 定位数据采集和波道自校检测自动化的重要组成部分，它主要用作信号捕获、环路跟踪和点位计算。在机内软件的协同下，微处理机主要完成下述计算和处理：当接收机接通电源后，立即指令各个波道进行自检，适时地在视屏显示窗内展示各自的自检结果，并测定、校正和储存各个波道的时延值。

根据跟踪环路所输出的数据码，解译出 GPS 卫星星历，联同所测得的 GPS 信号到达接收天线的传播时间，计算出测试站的三维位置，并按照预置的位置数据更新率，不断更新（计算）点位坐标。

4）电源。GPS 信号接收一般用蓄电池作电源，通常采用机内和机外两种直流电源。采用 12V 机内镉镍电池，或者 12V 外接蓄电池。设置机内电池的目的是，使在更换外接电池时不中断连续观测。当机外电池下降到 11V 时，便自动接通机内电池，后者的容量为 6.7A · h，可供 3 ~ 4h 的观测之用；当机内电池低于 10V 时，若没有连接上新的机外电池，接收机便自动关机，停止工作，以免缩短使用寿命。在用机外电池的工作过程中，机内电池能够自动地被充电。

综上所述，接收机的主要任务是：当 GPS 卫星在用户视界升起时，接收机能够捕获到按一定卫星高度截止角所选择的待测卫星，并能够跟踪这些卫星的运行；对所接收到的 GPS 信号，具有变换、放大和处理的功能，以便测量出 GPS 信号从卫星到接收天线的传播时间，解译出 GPS 卫星所发送的导航电文，实时地计算出测站的三维位置，甚至三维速度和时间。

9.3.4　自律导航及地图匹配器

当汽车行驶在地下隧道、高层楼群、高架桥下、高山群间、密集森林等地段与 GPS 卫星失去联系、中断信号的瞬间，机内可自动导入自律导航系统。此时车速传感器从汽车前进的速度中检测出车速脉冲，通过汽车导航计算机（ECU）的数据处理，从速度和时间中直接求出前进距离。陀螺传感器直接检测出前进方向的变化和行驶状态（即汽车前进的角速度变化值）。例如，汽车行驶在发夹式弯路、环状盘形桥、轮渡过河等地段时，所有这些曲线距离与卫星导航的经纬度坐标产生了误差，通过陀螺传感器的检测和微处理器的运算才能得到汽车正确的位置。

由 GPS 卫星导航与自律导航（包括车速传感器、陀螺传感器）所测到的汽车坐标位置数据及前进的方向与实际行驶的路线轨迹在电子地图上都存在一定误差。为修正这二者的误差，确保二者在电子地图上路线坐标相统一，必须采用地图匹配技术，即在导航系统控制电路中要增加一个地图匹配电路，对汽车行驶路线（各处传感器检测到的轨迹）与电子地图上道路的误差进行实时数字相关匹配，做出自动修正。经过导航计算机（ECU）的整理程序进行实时快速处理，得到汽车在电子地图上指示出的正确位置路线，如图 9-12 所示。

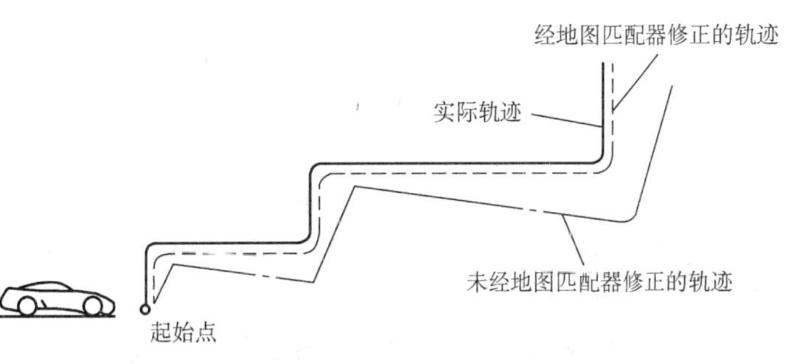

图 9-12　地图匹配器修正路线

由于有了汽车行驶中接收到的 GPS 信息、陀螺传感器检测到的正确前进方向、车速传感器检测出的前进距离这三组数据经过地图匹配器得到自动修正，从而完成了高精度导航。

9.3.5 汽车无线电导航系统应用实例

将 GPS 与电子地图结合起来，采用较好的地图匹配算法，充分利用 GPS 的高精度定位能力以及电子地图的直观性和新型的计算机技术，确保能够实时有效地确定车辆所在的方位，进而实现导航功能。

1. 公交车辆实时定位跟踪系统

该系统分为车载台和基地台两部分，由三个系统组成，如图 9-13 所示。

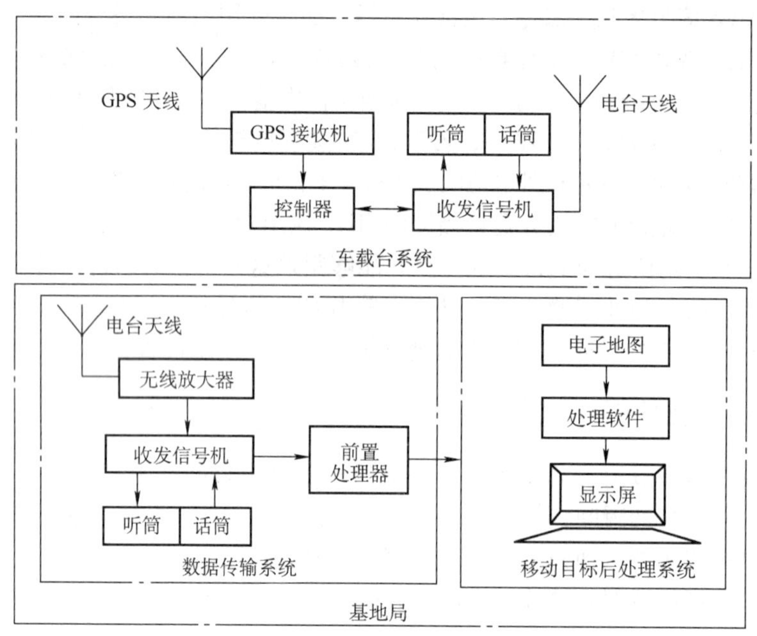

图 9-13 公交车辆实时定位跟踪系统

（1）车载台系统 在公交车上安装 GPS 接收机，接收 GPS 卫星信号后，通过 GPS 控制器解算，然后将 GPS 数据传送到电台的收发信号机。收发信号机将语音信号和 GPS 信号调制解调后，通过天线发射出去。

（2）数据传输系统 这是一个典型的多点对单点的数据传输系统。每个车载台都将接收到的 GPS 卫星定位信号经过处理以后，调制到无线电发射机上，经由发射天线发射出来，再由基地站的接收机将接收到的数字信号进行解调处理。由于本系统采取特殊的技术措施，使之可利用最少的频率资源，同时传输最多的信息。

（3）移动目标后处理系统 该系统使用的 GPS Trace 软件是专为支持 GPS 移动目标定位跟踪而开发的基于地理信息技术的 GPS 电子地图专用系统，其功能可概括为 GPS 数据接收预处理及电子地图背景中的移动目标表征和信息查询。该软件主要由两个模块组成，模块 1 包括以下两个通信软件：

① 电台通信控制软件。它将 GPS 数据调制送到电台发出，并具有数据初级纠错功能。

② 控制中心底层数据接收通信软件。采集从基地台传来的数据，并输送给高级定位跟

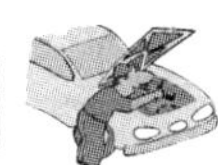

踪软件。

模块 2 为控制中心定位跟踪软件，其功能为：

① 设置定位跟踪参数。

② 分解 GPS 数据串。

③ 计算移动目标位置。

④ 在电子地图上显示移动目标。

⑤ 锁定报警的移动目标。

⑥ 向报警目标发出响应指令。

⑦ 图形显示操作工具。

⑧ 目标数据库查询和维护。

⑨ GPS 数据记录回放和跟踪轨迹的统计与计算。

2. 车辆混合导航系统

车辆混合导航系统由可视显示器、导航电子控制单元、GPS 天线和遥控器、VICS(车辆信息和通信系统)和音频单元等装置组成，一个典型的实际组成如图 9-14 所示，图 9-15 所示为典型可视 GPS 显示器。

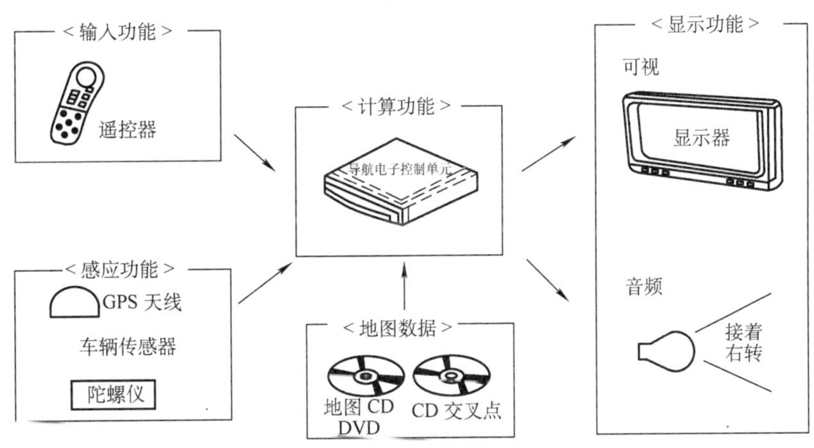

图 9-14　车辆混合导航系统组成

图 9-15　典型可视 GPS 显示器

这些装置通过导航专用网或车载局域网交换信息。显示器包括导航电子控制单元、操作开关和屏幕，它们构成汽车导航系统中心。汽车导航电子控制单元由电路主板、DVD(或CD)驱动器和GPS接收器组成。电路主板包含一个微机和一个陀螺传感器，即惯性车辆方向传感器。DVD(或CD)驱动器用来读取地图光盘上的数据。GPS接收器接收来自GPS卫星的信号，并与GPS天线一起使用。GPS天线由微波传输带天线、前置放大器等组成。

进入导航行驶时，输入目的地，电子导航系统迅速检索，根据地图光盘上的地图数据显示出行车路线。导航电子控制单元根据陀螺传感器的方向变化信号和车速传感器的行驶距离信号，计算车辆位置，并制成轨迹，与地图数据进行比较，将车辆位置与最近路线相连，同时与接收到的GPS测定的位置进行比较，出现重大偏差时修正测定位置，如图9-16所示。另外，导航电子控制单元还能对车速传感器的行驶距离信号中，由于轮胎与地面之间的滑移、轮胎磨损等造成的与地图数据之间的误差进行自动校正。从起点到终点的操作流程如图9-17所示。

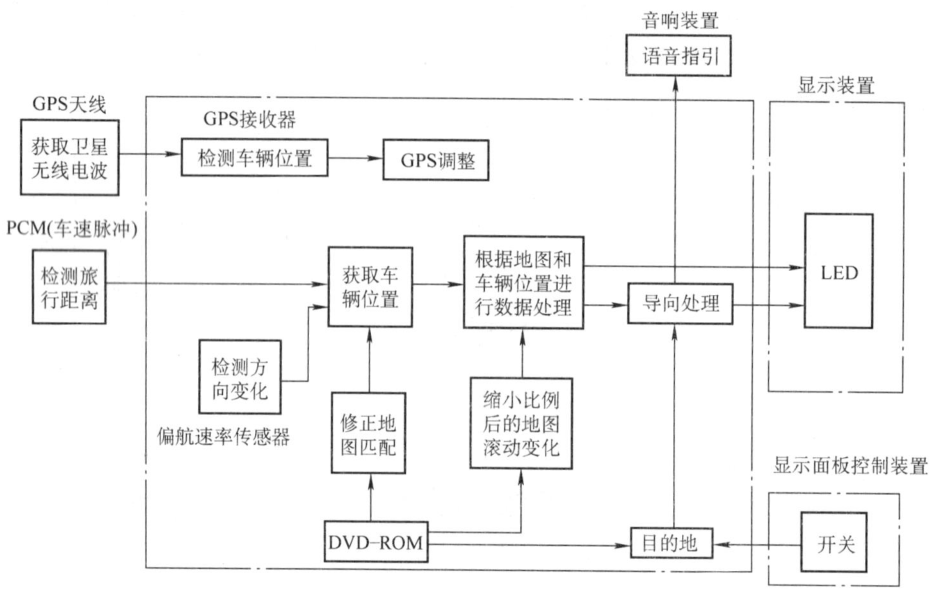

图9-16　混合导航系统运行简图

汽车导航显示器上显示的地图以地图数据库形式存储在光盘里。早期使用CD-ROM，但由于CD数据容量比较小，因此，目前采用DVD-ROM比较多。有些导航系统已经改用闪存。

车辆运行过程中以下状况会影响到GPS信号的接收，可能导致车辆位置标志从路线上偏离。

① 车辆位置标记可能出现在与正确的公路平行的不正确公路上。

② 当公路分成狭窄的Y形时，车辆位置标记可能出现在Y形路口的另一条岔道上。

③ 当车辆右转弯或左转弯时，车辆位置标记可能出现在转弯处前面或后面一条公路上。

④ 当车辆采用自身动力之外的其他方法运输时，如在渡船上，车辆位置标记将停留在运输前的位置直到GPS测定出实际位置。

⑤ 当车辆行驶在陡峭的斜坡上时，车辆位置标记可能偏离实际位置。

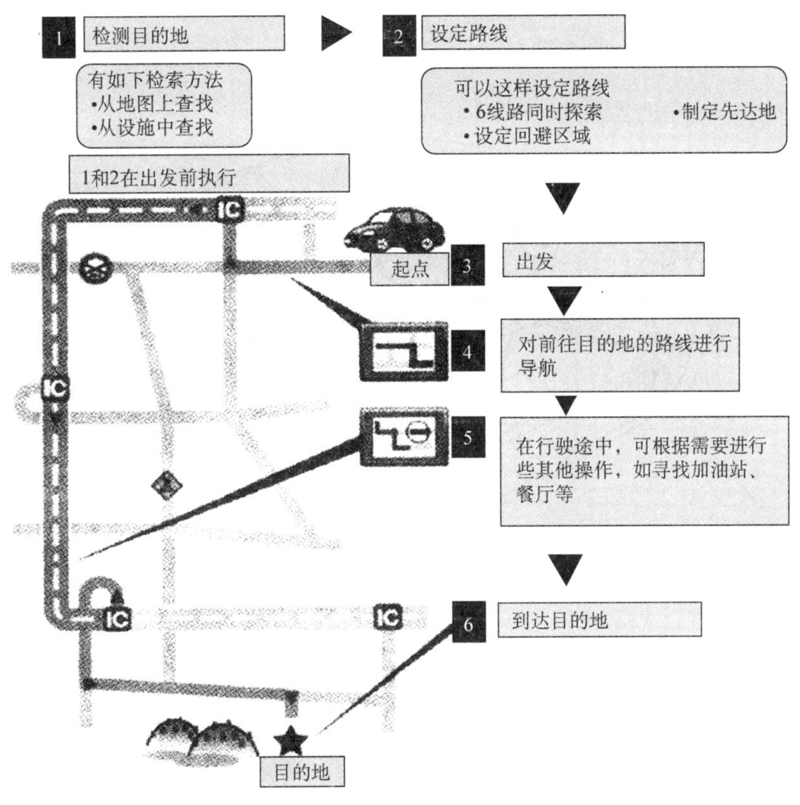

图 9-17　从起点到终点的操作流程

⑥ 如果在相同方向上有连续弯道，车辆位置标记可能偏离实际位置。

⑦ 如果车辆以蜿蜒曲折的模式行驶，如频繁地变换车道，车辆位置标记可能偏离实际位置。

⑧ 如果车辆停放在转台上，如停车区域，并在点火开关关闭的情况下转动，车辆位置标记的走向可能偏离实际走向。即使车辆驶出停车区域之后，这种现象可能继续存在。

⑨ 如果车辆用防滑链或备胎行驶在冰雪覆盖的公路上或山路上，车辆位置标记可能偏离实际位置。

⑩ 更换轮胎之后，车辆位置标记可能偏离实际位置。

如果不是在上述情况下导致车辆位置标志从路线上偏离，则应进行检查和维修。

9.4　一汽威驰轿车导航系统

9.4.1　导航系统的组成与部件的安装位置

1. 导航系统的组成

一汽威驰轿车的导航系统主要由导航系统 ECU、多功能显示器总成、光盘播放器、GPS 天线与扬声器等组成。

2. 导航系统部件的安装位置

一汽威驰轿车导航系统部件的安装位置如图 9-18 所示。

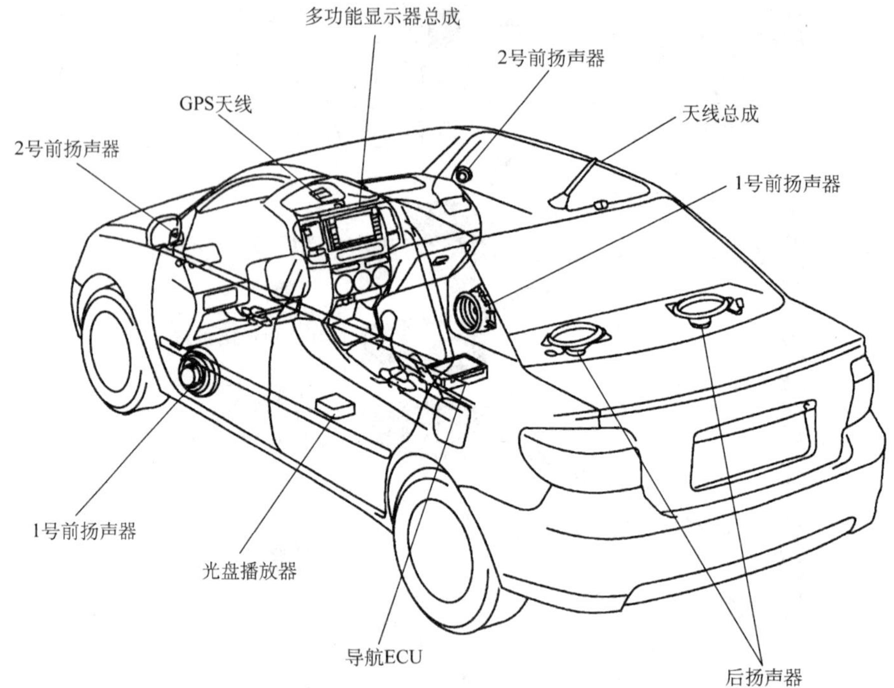

图 9-18　导航系统部件的安装位置

9.4.2　导航系统的故障诊断步骤

一汽威驰轿车导航系统的故障诊断步骤如下：

1）对车主所述故障的症状进行分析。

2）确认故障症状，若症状出现，则进行第5)步，否则进行下一步。

3）症状模拟。

4）检查故障码。若为正常码，则进行第6)步，否则进行下一步。

5）参阅故障码表，然后进行第7)步。

6）按故障症状进行检查。

7）ECU 端子检查。

8）确认试验。

9）进行修理或更换部件和/或线束。

10）确认试验。

11）结束。

9.4.3　预检查

1. 导航系统正常情况下可能出现的问题

1）威驰轿车导航系统即使处于正常情况，但若存在以下情况，也不会执行语音导航：

① 未设定行驶目的地。

② 轿车未按指定路线行驶(指示轿车当前位置所剩余距离并显示在地图屏幕左下角)。

③ 未在其他模式中设置导航功能(在这种情况下只有地图屏幕,但无语音提示)。

2）即使导航系统处于正常状态，而轿车图像在屏幕上是随意转动。若点火开关处于 ACC 或 ON 位置，当轿车正在转弯时，导航系统把此时记录的角速度作为标准图像。为了解决此问题，则应在轿车停车时，断开点火开关后再将其置于 ACC 或 ON 位置，并观察此故障是否再次出现。

2. 检查故障发生时的位置

检查轿车图像显示错误是否发生在相同或不同地点。注意，当轿车在高速公路上行驶或在环形路中与另外一条路平行的路面行驶，或轿车刚驶出停车场时，此时轿车图像可能偏离其实际所处位置。

3. 诊断系统模式

威驰轿车导航系统的诊断系统模式见图 9-19。

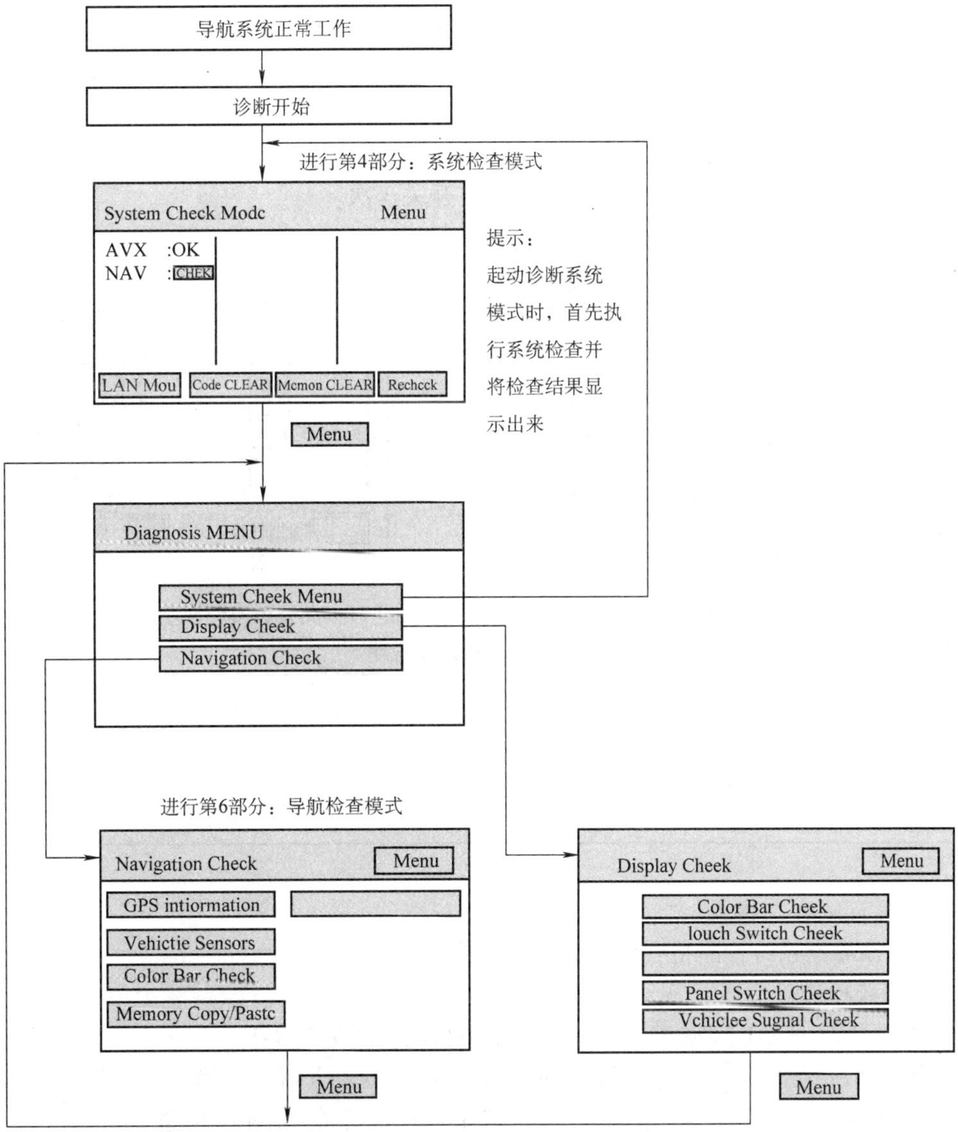

导航系统正常工作
诊断开始
进行第4部分：系统检查模式
System Check Modc　Menu
AVX :OK
NAV :CHEK
LAN Mou　Code CLEAR　Mcmon CLEAR　Recheck
Menu
提示：起动诊断系统模式时，首先执行系统检查并将检查结果显示出来
Diagnosis MENU
System Cheek Menu
Display Cheek
Navigation Check
进行第6部分：导航检查模式
Navigation Check　Menu
GPS intiormation
Vehictie Sensors
Color Bar Check
Memory Copy/Pastc
Menu
Display Cheek　Menu
Color Bar Cheek
louch Switch Cheek
Panel Switch Cheek
Vchiclee Sugnal Cheek
Menu

图 9-19　导航系统的诊断系统模式

（1）起动与诊断完成　注意在起动导航系统前，应检查并确认接通点火开关后地图出现在屏幕上。

（2）用灯控开关起动诊断

① 车辆处于静止状态。

② 用驻车制动器制动车辆。

③ 把点火开关置于 ACC 或 ON 位置。

④ 按下图 9-20 所示多功能显示屏上的 INFO 键，并按以下顺序操作灯控制开关：OFF→TAIL→OFF→TAIL→OFF→TAIL→OFF，此时的屏幕显示说明见表 9-1。

注意，诊断系统起动时，显示系统检查菜单屏幕，并且维修检查开始。选择 MENU 显示诊断检查菜单。

（3）用触摸开关起动诊断

① 车辆处于静止状态。

② 用驻车制动器制动车辆。

③ 把点火开关置于 ACC 或 ON 位置。

④ 起动显示屏调节屏幕。

⑤ 交替地触摸图 9-21 所示屏幕左侧上、下开关 3 次。

⑥ 完成诊断模式，断开点火开关。

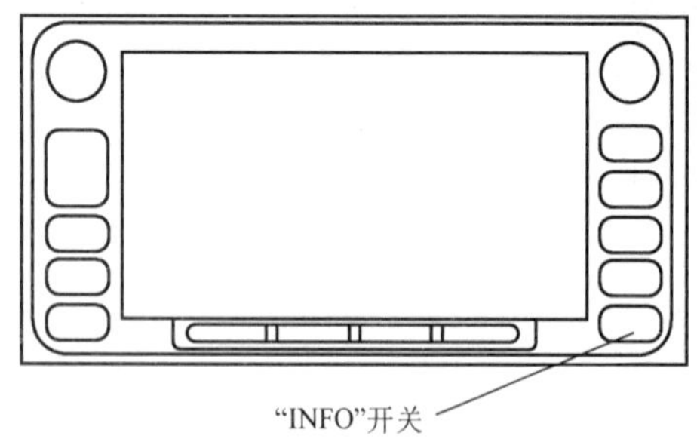

图 9-20　按下 INFO 开关

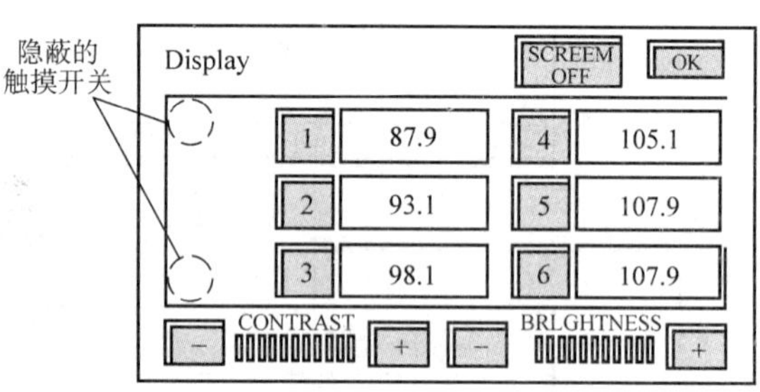

图 9-21　交替触摸屏幕左侧上、下开关

表 9-1　屏幕显示说明

显　示	描　述	显　示	描　述
系统检查菜单	通过执行诊断系统的检查和收集诊断存储的数据，该模式检查每个连接设备目前和过去的工作情况	显示检查	在屏幕上显示“Display Check”
		导航检查	在屏幕上显示“Navigation ECU Check”

4. 导航系统检查模式

威驰轿车导航系统诊断检查模式如图 9-22 所示。

（1）系统检查

① 按图 9-23 所示起动诊断系统，其显示项目的功能见表 9-2。

注意，系统检查是根据每个设备对“系统检查执行”和“诊断存储要求”以及来自“当前故障码通知”的信息显示检查结果（单元检查和网络检查信息则在下一屏幕显示）。

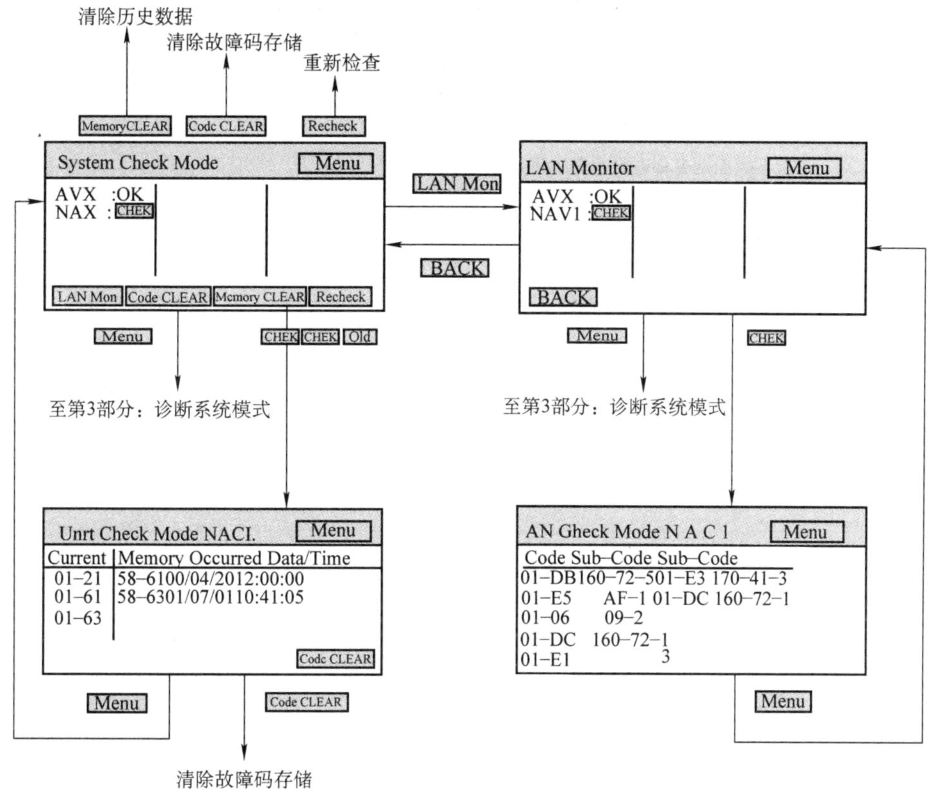

图 9-22 导航系统的诊断检查模式

② 读取检查结果。检查显示结果说明见表9-2。

注意，在检查并修理故障后，应按 Code CLR 键3s以上，以删除诊断存储。然后，按 Recheck 键并确认屏幕显示出“OK”。

③ 可按 EXCH、CHECK 和 Old 键起动图9-24所示“单元检查模式”详细信息开关，其显示项目说明见表9-3。

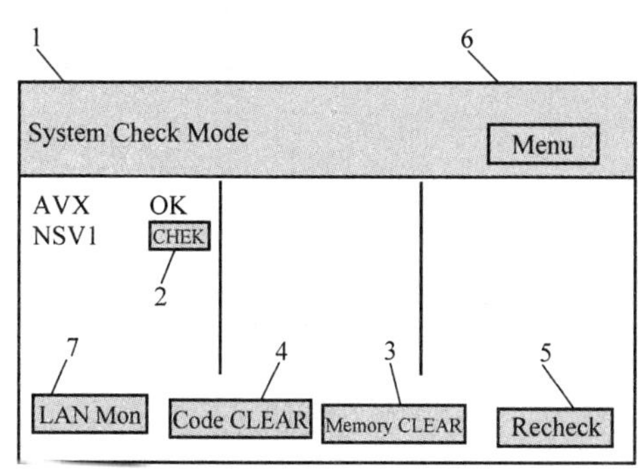

图 9-23 起动诊断系统

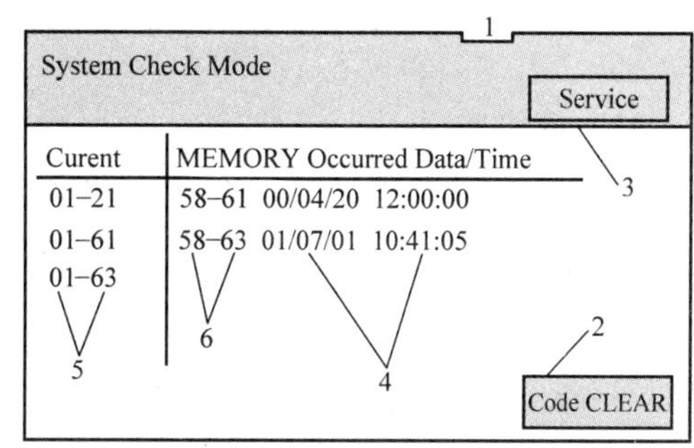

图 9-24 详细信息开关

注意，检测单元故障码激活屏幕上的单元检查模式，而单元检查模式在维修检查中，作为“EXCH”所检测的故障码，按当前或历史故障码分类进行显示。

表 9-2　系统检查显示项目的功能及检查结果显示说明

显示项目	功能	检查结果	含义
1—设备名	设备名称列表，显示一系列组件，包括运行的设备(最多 15 个设备)，当不能识别名称时显示其物理地址	OK	没有检测出故障码
2—CHEK	显示检查结果	EXCH	检测到一个或多个故障码的交换请求
3—Memory CLEAR	按下这个开关 3s，删除主机登记的所有信息	CHEK	检测到一个或多个故障码的检查请求
4—Code CLEAR	按下这个开关 3s，删除所有设备诊断存储 删除设备检查结果和检查结果的屏幕显示	NCON	当打开电源开关时(点火开关在 ACC 位置)，对 AVCLAN 有连接响应，而对诊断系统起动响应没有连接
5—Recheck	按下这个开关再次执行维修检查	Old	因为旧版本，检测到一个或多个故障码
6—Menu	按下这个开关起动诊断菜单屏幕	NRES	对诊断系统的信息没有响应，但对诊断系统起动有响应
7—LAN Mon	按下这个开关起动网络监视屏幕	NO Err	没有检测出故障码

表 9-3　显示项目说明

显示项目	功能
1—设备名	显示检测出的组件名称
2—CodeCLR	按下这个开关 3s，删除所选择诊断设备的故障码存储
3—Service	按下这个开关返回到设备检查模式屏幕
4—Date/Time	显示故障码的时间顺序按年—月—日—时—分—秒(如果时间和日期无效,显示空白)
5—Current	当显示系统检查时，可以检测多达 6 个故障码
6—Memory	存储故障码并显示当前的故障码表

(2) 网络监视

① 起动诊断系统。起动诊断系统显示屏幕见图 9-25，其显示项功能见表 9-4。

表 9-4　起动诊断系统显示项目的功能

显示项目	功能
1—设备名	设备名称列表，包括选装设备(最大 15 个设备)，当不能识别名称时显示其物理地址
2—CHEK	显示检查结果
3—Menu	按下这个开关激活诊断菜单屏幕
4—BACK	按下这个开关激活系统检查屏幕

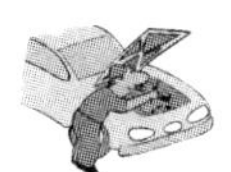

注意，系统检查显示的检查结果是基于每个设备对“系统检查执行”、“诊断模式请求”以及来自“当前故障码通知”的信息(网络监视将在下一屏幕显示)。

② 读取检查结果。读取检查结果的显示说明见表 9-5。

③ 用 CHECK 键激活网络监视，以获得图 9-26 所示项目及表 9-6 所列详细信息的功能。

表 9-5 读取检查结果的显示说明

检查结果	含义	检查结果	含义
OK	没有检测出故障码	Old	因为旧版本，检测到一个或多个故障码
EXCH	检测到一个或多个故障码的交换请求		
CHEK	检测到一个或多个故障码的检查请求	NRES	对诊断系统的信息没有响应，但对诊断系统起动有响应
NCON	当打开电源开关时(点火开关在 Acc 位置)，对 AVCLAN 有连接响应，而对诊断系统起动响应没有连接	NO Err	没有检测出故障码

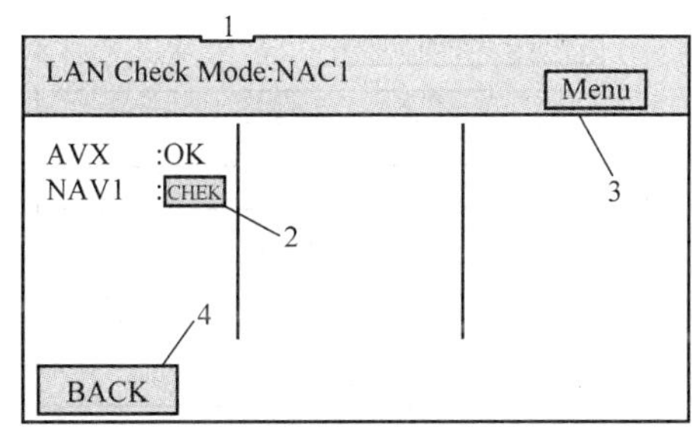

图 9-25 网络监视起动诊断系统显示屏幕

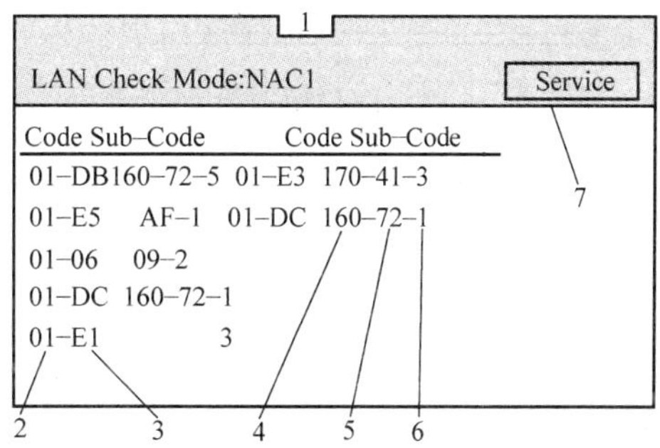

图 9-26 网络监视显示项目

注意，经检查并修理故障后，按 Code CLR 键 3s 以上，以删除诊断存储，然后再按 Re-check 键并确认在屏幕上显示出“OK”。

表 9-6 网络监视的显示项目及其功能

显示项目	功能
1—设备名	显示检查设备的名称
2—程序段	显示与故障码对应的逻辑地址码
3—DTC	显示故障码
4—Sub-code(相关设备的地址码)	与所显示的故障码一起存储的物理地址码
5—Sub-code(连接确认码)	与所显示的故障码一起存储的连接确认码
6—Sub-code(事件码)	与所显示故障码相同的事件码
7—维修检查模式屏幕开关	按下它返回系统检查模式屏幕

注意，检测没有 LAN DTC 激活屏幕上的 LAN Check Mode。

5. 显示检查模式

威驰轿车导航系统显示检查模式如图 9-27 所示。

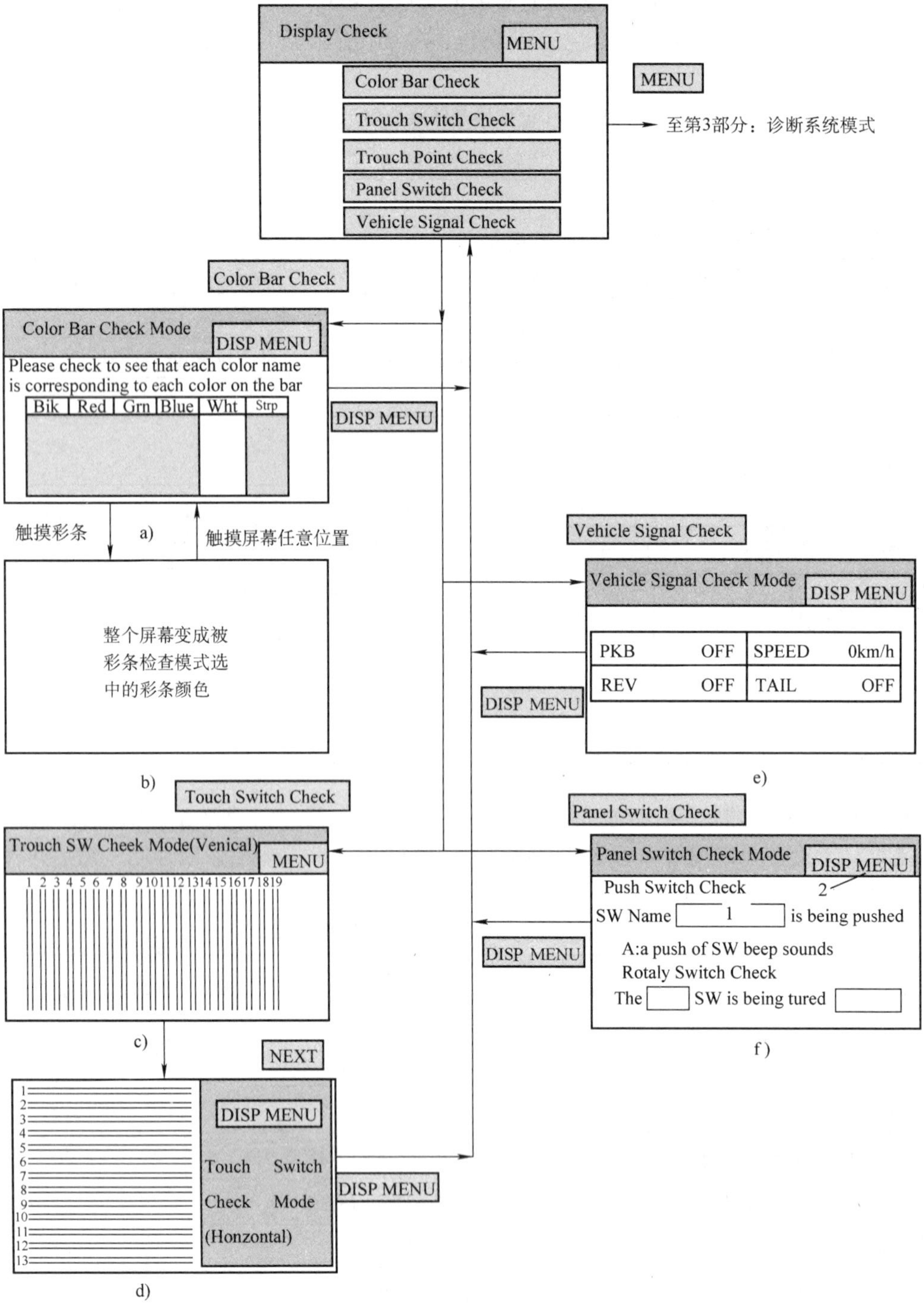

图 9-27 显示检查模式

（1）显示检查模式 显示检查模式的屏幕显示见图 9-28，其内容说明见表 9-7。注意，按下屏幕上的 MENU 键激活“诊断菜单”。

表 9-7　显示检查模式屏幕显示内容说明

显　示	内　容	显　示	内　容
1—Color Bar Check	检查显示颜色	4—Panel Switch Check	检查显示屏两侧开关的操作情况
2—Touch Switch Check	检查触摸开关的操作情况	5—Vehicle Signal Check	检查进入显示屏的车辆信号的状态
3—Touch Point Check	检查触摸点的操作情况		

（2）显示彩条检查

① 起动诊断系统。

② 选择“MENU”。

③ 选择“Display Check”。

④ 选择“Color Bar Check”。

⑤ 如图 9-27a、b 所示，确信彩条颜色与颜色名称一致。注意，选择黑、红、绿、蓝、白和条纹，可使整个屏幕显示所选中的条纹颜色。

⑥ 比较彩条检查与导航检查，并确信两者相同。

注意，按下 Disp MENU 键，激活“显示检查”。

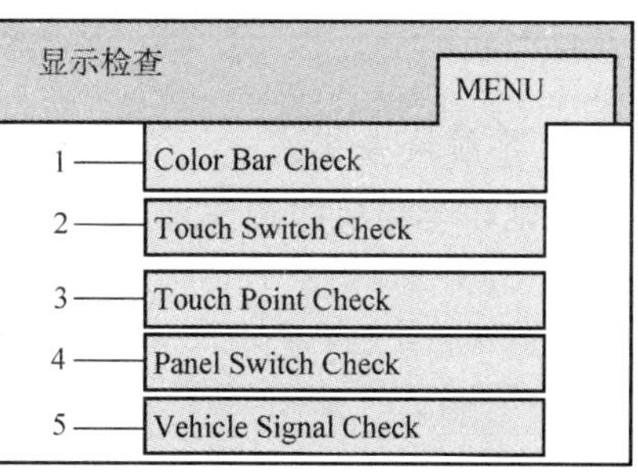

图 9-28　显示检查模式屏幕

（3）显示触摸开关　检查显示触摸开关检查，如图 9-27c、d 所示。

① 起动诊断系统。

② 选择“MENU”。

③ 选择“Display Check”。

④ 选择“Touch Switch Check”。

⑤ 触摸屏幕确认每条线条均对触摸做出响应。注意，对垂直线条检查后，按 NEXT 键检查水平线条。

注意，按屏幕上的 Disp MENU 键激活“显示检查”。

（4）显示面板开关检查　显示面板开关检查，如图 9-27f 所示。

① 起动诊断系统。

② 选择“MENU”。

③ 选择“Display Check”。

④ 选择“Panel Switch Check”。

⑤ 如表 9-8 所示，按每个按钮确认屏幕有相应的显示。

表 9-8　屏幕的相应显示与功能

显示项目	功　能
1—按钮的名称	按下的按钮名称被显示 按下两个或两个以上按钮时，显示“MULTIPLE”，然后如果被按下的按钮变为 1 个，则显示被按下的按钮名称。
2　Disp MENU	按下这个按钮激活“显示检查”

（5）显示轿车信号检查　显示轿车信号检查见图 9-27e。

① 起动诊断系统。

② 选择“MENU”。

③ 选择“Display Check”。

④ 选择“Vehicle Signal Check”。

⑤ 如表9-9所示，检查显示屏显示的轿车信号状态。注意，轿车信号数据每隔1s更新一次。

表9-9 轿车信号检查显示项目与含义

显示项目	含 义	显示项目	含 义
PKB	IG(信号状态)被显示为ON/OFF(点火开关打开)	TAIL	TAIL(信号状态)被显示为ON/OFF(点火开关打开)
SPEED	通过脉冲信号计算车速显示SPD		
REV	REV(信号状态)被显示为ON/OFF(点火开关打开)	DISP MENU	按这个按钮激活显示检查菜单

6. 导航检查模式

威驰轿车导航检查模式如图9-29所示。

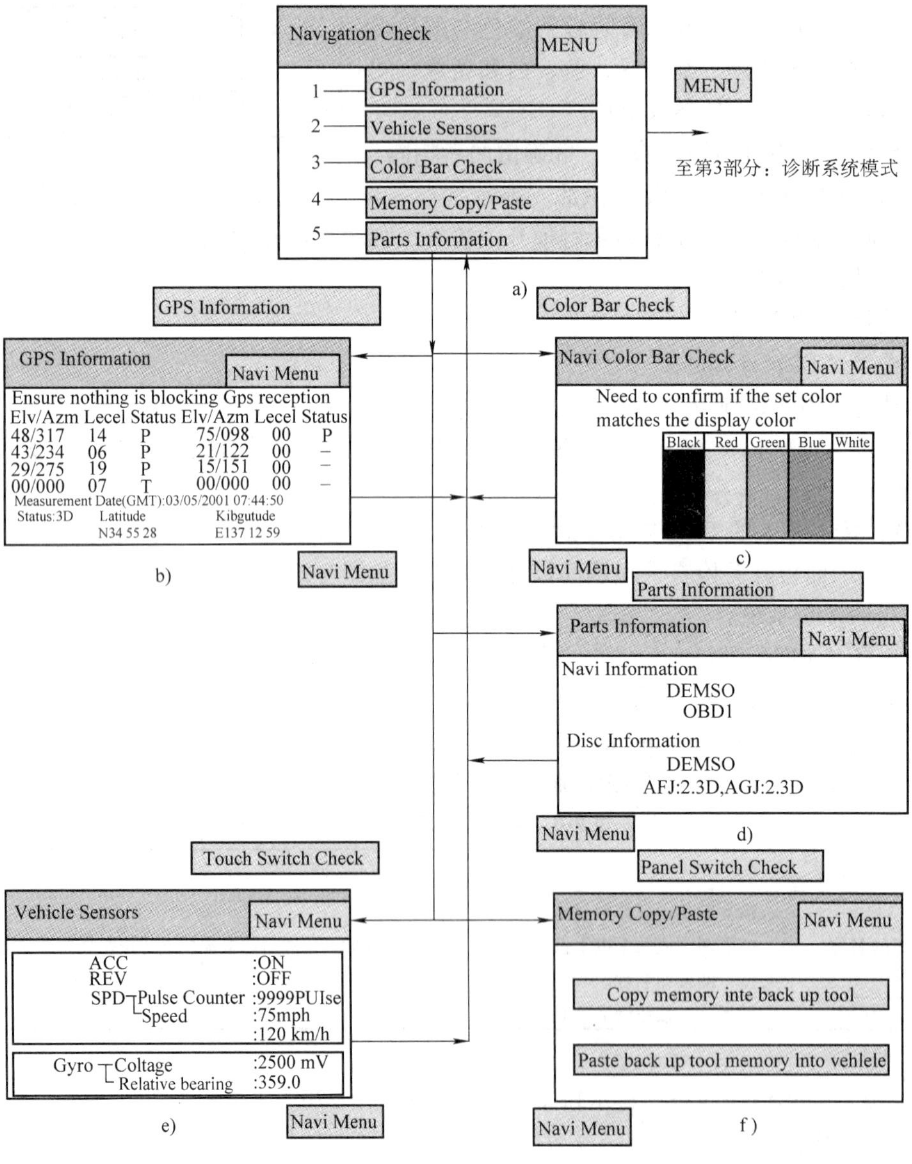

Navigation Check MENU
1 GPS Information
2 Vehicle Sensors
3 Color Bar Check
4 Memory Copy/Paste
5 Parts Information
MENU
至第3部分：诊断系统模式
a)

GPS Information
GPS Information Navi Menu
Ensure nothing is blocking Gps reception
Elv/Azm Lecel Status Elv/Azm Lecel Status
48/317 14 P 75/098 00 P
43/234 06 P 21/122 00 –
29/275 19 P 15/151 00 –
00/000 07 T 00/000 00 –
Measurement Date(GMT):03/05/2001 07:44:50
Status:3D Latitude N34 55 28 Kibgutude E137 12 59
Navi Menu
b)

Color Bar Check
Navi Color Bar Check Navi Menu
Need to confirm if the set color matches the display color
Black Red Green Blue White
Navi Menu
c)

Parts Information
Parts Information Navi Menu
Navi Information
DEMSO
OBD1
Disc Information
DEMSO
AFJ:2.3D,AGJ:2.3D
Navi Menu
d)

Touch Switch Check
Vehicle Sensors Navi Menu
ACC :ON
REV :OFF
SPD Pulse Counter :9999PUIse
Speed :75mph
:120 km/h
Gyro Coltage :2500 mV
Relative bearing :359.0
Navi Menu
e)

Panel Switch Check
Memory Copy/Paste Navi Menu
Copy memory inte back up tool
Paste back up tool memory Into vehlele
Navi Menu
f)

图9-29 导航检查模式

（1）导航检查模式 导航检查模式显示屏幕见图 9-29a，其显示项目与说明见表 9-10。

注意，在导航检查模式（Navigation Check）进行以上所提到的检查，导航系统 ECU 操作每个导航检查屏幕。按屏幕显示项目 MENU 键激活“诊断菜单”。

（2）GPS 信息 GPS 信息显示如图 9-30所示。

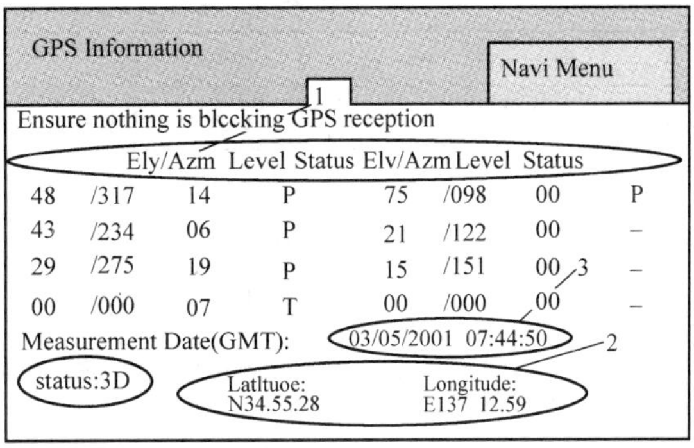

图 9-30 GPS 信息显示屏幕

① 起动诊断系统。

② 选择“MENU”。

③ 选择“Navigation Check”。

表 9-10 导航检查模式显示的项目及其说明

显 示 项 目	描 述
1—GPS Information	显示 GPS 相关信息（每秒更新）
2—Vehicle Sensors	显示传递到导航 ECU 的车辆信号信息（每秒更新）
3—Color Bar Check	检查导航 ECU 的彩色显示（“Display Check”状态与“Color Bar Check”比较）
4—Memory Copy/Paste	使用手持式测试仪读写已经存储的诸如商店、饭店的位置等用户数据
5—Parts Information	显示导航程序版本和光盘版本

④ 按表 9-11 所列检查 GPS 相关信息，其测量状态见表 9-11。

表 9-11 检查 GPS 相关信息的显示数据及其测量状态

显 示 数 据	描 述	显示	条 件
1—卫星信息	显示天线捕获卫星的“仰角”、“方位”、“信号电平”和“电波接收状态”（最多 8 个卫星）	2D	2 维测量
		3D	3 维测量
2—位置数据	用度、分、秒显示当前位置的经度和纬度	NG	GPS 信息不能利用
3—时间数据	显示从 GPS 接收器获得的日期和时间	Error	接收错误
Navi Menu	按这个键激活“导航检查”	—	其他

（3）轿车传感器 威驰轿车导航系统陀螺仪传感器显示如图 9-29e 所示。

① 起动诊断系统。

② 选择“MENU”。

③ 选择“Navigation Check”。

④ 选择“Vehicle Sensors”。

⑤ 检查轿车 ACC、REV、SPD 信号和进入表 9-12 所列导航 ECU 的陀螺仪传感器输出信号。

（4）导航彩条检查 导航彩条检查显示如图 9-29c 所示。

表 9-12　陀螺仪传感器输出信号状态及显示方法

项　目	显示方法
ACC 信号状态	显示为 ON/OFF
REV 信号状态	显示为 ON/OFF
SPD 信号状态	累计输入脉冲值，显示车速(km/h)(当屏幕显示时,脉冲计数被清零,继续计数和显示)
陀螺仪传感器的输出信号	显示电压(V)和相对方位角(°)(当屏幕显示时,方位角被清零,在此基础上继续测量和显示方位角)
Navi Menu	按此键激活“导航检查”(当屏幕显示该内容时,车辆位置的方位角被置于0°,在此基础上,继续测量和显示相关的方位角)

① 起动诊断系统。
② 选择“MENU”。
③ 选择“Navigation Check”。
④ 选择“Color Bar Check”。
⑤ 确认设定颜色与显示颜色相对应。
⑥ 与显示检查的彩条进行比较，并确认两者相同。
注意，按下屏幕显示项目 Navi Menu 键激活“导航检查”。
(5) 零件信息
① 起动诊断系统。
② 选择“MENU”。
③ 选择“Navigation Check”。
④ 选择“Parts Information”。
⑤ 如图 9-29d 所示，检查程序和光盘版本。
⑥ 如图 9-29f 所示的存储复制/粘贴功能目前不能使用。
按下屏幕显示项目 Navi Menu 键激活“导航检查”。

9.4.4　故障码表

威驰轿车导航系统的地址及其含义见表 9-13。

表 9-13　地址及其含义

地　址	含　义
物理地址	为 AVC-LAN 中的每个设备定义三位码(十六进制)，各符号与其功能相对应
逻辑地址	在 AVC-LAN 系统内部给每项功能定义两位码(十六进制)

1. 带显示的接收机总成(物理地址:120)

带显示的接收机总成故障码见表 9-14。

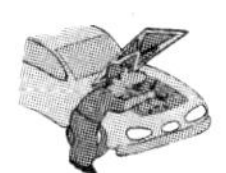

表 9-14　接收机总成故障码

逻辑地址	故障码	诊断项目	描　述	操　作
01(通信控制)	21	ROM 故障	检测到 ROM 工作不正常	更换多功能显示屏(LCD)
	22	RAM 故障	检测到 RAM 工作不正常	更换多功能显示屏(LCD)
	D5①	登记设备未连接	点火开关在 ACC 或 ON，子码所代表的设备与系统连接断开或曾经拆开，发动机起动后，与子码所代表的设备的通信没有被确认	(1) 检查子码所代表的设备的供电系统线束 (2) 检查子码所代表的设备的通信系统线束
	D8②	连接检查没响应	发动机起动后，子码所代表的设备与系统断开	(1) 检查子码所代表的设备的供电系统线束 (2) 检查子码所代表的设备的通信系统线束
	D9①	前一个模式错误	点火开关在 ACC 或 ON，发动机熄火前的设备操作(提供声音或图像)未连接	(1) 检查子码所代表的设备的供电系统线束 (2) 检查子码所代表的设备的通信系统线束
	DA	对于开/关没有响应	当改变模式时没有响应(音响或显示模式)，检测到按钮操作不能改变声音和图像	(1) 检查子码所代表的设备的供电系统线束 (2) 检查子码所代表的设备的通信系统线束 (3) 如果再次发生故障，更换子码所代表的设备
	DB①	模式状态错误	检测到双警报	(1) 检查子码所代表的设备的供电系统线束 (2) 检查子码所代表的设备的通信系统线束
	DC④	传输错误	子码所代表的设备信号传输失效(检测到这个故障码并不意味着实际故障)	如果相同的子码在其他设备中被记录，检查子码代表的所有设备的电源和通信系统线束
	DE③	分机复位(瞬间中断)	发动机起动后，分机已经断开	(1) 检查子码所代表的设备的供电系统线束 (2) 检查子码所代表的设备的通信系统线束
	E2	ON/OFF 说明参数错误	多功能显示屏的 ON/OFF 控制命令错误被检测到	更换多功能显示(LCD)显示器
	E3①	登记请求传输	(1) 从属设备发出登记请求命令 (2) 接收设备检查说明，子-主设备 (3) 输出登记请求命令	由于这个故障码用于工程的需要，实际不存在故障也可能检测到故障码

（续）

逻辑地址	故障码	诊断项目	描　　述	操　　作
21（开关）	10	面板开关故障	检测到面板开关输入零件故障（检测到开关控制零件故障或内部通信故障）	（1）检查面板上所有开关、显示检查模式测试开关。如果它们失效，更换A/C控制总成 （2）如果所有开关功能没有问题，再观察一会儿
	11	触摸开关故障	检测到触摸开关传感器故障（检测到LED的亮度低于固定值）	（1）检查面板上所有触摸开关，显示检查模式测试触摸开关。如果任何线条没有响应，更换多功能显示(LCD)显示器 （2）如果所有垂直线和水平线响应正常，再观察一会儿
34（前排乘员监视器）	10	图像电路故障	检测到图像电路电源系统故障（电压不正常）	更换多功能显示(LCD)显示器
	11	背光灯故障（无电流）	背光灯电源转换电路输出电压降低	更换多功能显示(LCD)显示器
	12	背光灯故障（电流过大）	背光灯电源转换电路输出电压过高	更换多功能显示(LCD)显示器
60（收音机）	43	AM调谐错误	AM调谐器故障	更换收音机总成
	11	FM调谐错误	FM调谐器故障	更换收音机总成
61（磁带播放器）	40	音响机械故障	检测到由于机械原因造成的故障或磁带断开或绞带	（1）检查盒带 （2）更换接收机总成
62（CD播放器）	42	找不到盘	不能读盘	检查CD
	44	CD播放器故障	检测到CD播放器故障	更换接收机和播放器
	45	弹出故障	光盘不能弹出	更换接收机和播放器
	47	CD高温	检测到CD播放器高温	更换接收机和播放器
	48	CD电流过大	提供给CD播放器电流过大	更换接收机和播放器

① 即使无故障，故障码也可能被存储，这取决于蓄电池状况和发动机起动电压。

② 发动机起动后，拔下电源线束插接器180s后，则存储此故障码。

③ 发动机起动后，当转动了点火钥匙时，则存储此故障码。

④ 发动机起动1min后，当转动了点火钥匙时，则存储此故障码。

2. 导航系统ECU（物理地址:178）

导航系统ECU故障码见表9-15。

表9-15　导航系统ECU故障码

逻辑地址	故障码	诊断项目	描　　述	操　　作
01（通信控制）	D6①	主机不存在	点火开关在ACC或ON，存储这个故障码的设备已经与系统断开 当存储这个故障码时多功能显示(LCD)显示器未连接	（1）检查多功能显示(LCD)显示器的供电系统线束 （2）检查多功能显示(LCD)显示器的通信系统线束 （3）检查导航ECU供电系统线束 （4）检查导航ECU通信系统线束

（续）

逻辑地址	故障码	诊断项目	描　述	操　作
01 （通信控制）	D7②	连接检查故障	发动机起动后，存储这个故障码的设备已经与系统断开或者多功能显示（LCD）显示器未连接	（1）检查多功能显示（LCD）显示器的供电系统线束 （2）检查多功能显示（LCD）显示器的通信系统线束 （3）检查导航 ECU 供电系统线束
	DC③	传输错误	子码所代表的设备信号传输失效（检测到这个故障码并不意味着实际故障）	如果相同的子码在其他设备中被记录，检查子码代表的所有设备的电源和通信系统线束
	DD④	主机复位（瞬间中断）	发动机起动后，主机已经断开	（1）检查多功能显示（LCD）显示器的供电系统线束 （2）检查多功能显示（LCD）显示器的通信系统线束 （3）如果错误频繁出现，更换多功能显示（LCD）显示器
	E0①	登记完成说明错误	来自主机的“登记完成说明”命令不能被接收	由于这个故障码用于工程的需要，实际上不存在故障也可能检测到故障码
	E2	ON/OFF 说明参数错误	来自主机的 ON/OFF 命令发生错误	更换多功能显示（LCD）显示器
	E3①	登记请求传输	（1）显示故障码的设备输出登记请求命令 （2）接收设备检查说明，子-主设备输出登记请求命令	由于这个故障码用于工程的需要，实际不存在故障也可能检测到故障码
	DF④	主机错误	由于带有显示的设备故障，主机的功能被切换到语音设备，在子-主机（语音）和主机设备之间通信发生错误	（1）检查多功能显示（LCD）显示器的供电系统线束 （2）检查多功能显示（LCD）显示器的通信系统线束 （3）检查多功能显示（LCD）显示器和收音机总成之间的通信系统线束
	E4①	多路传输异常中断	多路传输失效	由于这个故障码用于工程需要，实际不存在故障也可能检测到故障码
58 （导航系统 ECU）	10	陀螺仪故障	检测到陀螺仪传感器故障（检测到传感器的输出电压不正常的时间超出特定时间）	更换导航 ECU

（续）

逻辑地址	故障码	诊断项目	描述	操作
58 （导航系统 ECU）	11	GPS 接收机故障	检测到 GPS 接收机工作故障	在户外空旷场地，操作显示 GPS 数据，如果 15min 后仍不能显示 GPS 标记，更换导航 ECU
	40	GPS 天线故障	检测到 GPS 天线开路情况（开路、插接器连接失效等）	检查天线必要时更换
	41	GPS 天线供电故障	检测到 GPS 天线电缆电压不正常或短路	（1）检查 GPS 天线必要时更换（检测到芯线与屏蔽之间不通，则 GPS 天线是正常的） （2）如果 GPS 天线正常，更换导航 ECU
	42	地图光盘错误	在某个时间，由于光盘表面划伤、脏污或插入错误光盘，不能读取数据	（1）检查光盘，必要时更换（只检查盘表面并用软布擦拭） （2）即使更换光盘也不能显示地图，更换导航 ECU
	43	车辆信号错误	检测到车辆信号输入错误（某个时间没有输入的车辆信号）	（1）检查线束 （2）如果线束正常，更换导航 ECU

①～④同表 9-14 的表注。

本 章 小 结

• 汽车导航系统的功能有：对目的地进行最佳路线检索；瞬时再检索功能；为检索方便提供丰富的菜单和记录功能；在适当时间内提供实时语音提示；扩大十字路口周围建筑物和交通标志功能；导航系统和娱乐系统部件共用。

• 汽车 GPS 导航系统由 GPS 接收天线、GPS 接收机、计算机、液晶显示器、位置检测装置（绝对位置检测和相对位置检测）等组成。

• 地磁导航系统利用地磁方向传感器可以以地磁为基准检测车辆方向；汽车惯性导航系统可以利用氮气的惯性检测行驶方向。

• 无线电导航可以通过测定无线电波从发射台到接收机的传播时间，或相位、相角来进行导航定位。

• 当汽车与卫星中断联系的瞬间，可自动导入自律导航系统。汽车计算机直接对车速传感器检测到的车速脉冲数进行数据处理，通过速度和时间算出汽车前进的距离。陀螺仪可以测出汽车前进中的微小误差并进行自动修正。

• 由 GPS 和自律导航系统测得汽车的坐标数据与实际行驶道路的数据存在一定误差，为了修正误差，必须加一个地图匹配器对汽车位置与地图上道路的误差进行自动修正，使得汽车行驶路线与地图上的道路相匹配，从而指示出正确的前进路线。

• 车辆混合导航系统由可视显示器、导航电子控制单元、GPS 天线和遥控器、VICS（车辆信息和通信系统）和音频单元等装置组成。进入导航行驶时，输入目的地，电子导航系统

即可根据地图光盘上的地图数据显示出行车路线，指引车辆行驶。

复习思考题

一、填空题

1. 汽车 GPS 导航系统由________、________、________、________、________等组成。

2. 内部信息导航系统主要由________、________、________、________等组成。

3. 地磁方向传感器是一种以________为基准检测车辆方向的装置，按原理分为______和________。

4. 发电式车辆方向传感器是一个________传感器。

5. 惯性车辆方向传感器，实际上是一个________。

6. 丰田汽车的地磁导航系统由________、________、________和显示部分等组成。

7. 本田惯性行驶系统由________、________、________以及 CRT 的显示部分组成。

8. 无线电导航是指通过测定无线电波从发射台到接收机的________，或________来进行导航定位的方法。

9. 汽车无线电导航系统由________、________、________、LCD 显示器等组成。

10. GPS 信号接收机从仪器结构可概括为________和________两大部分。天线单元由________和________两个部件组成。接收单元由________、________、________、________四个部件组成。

二、判断题

1. 装有 GPS 的导航系统是一种具有引导功能的导航系统。 (　　)

2. 本田的惯性行驶系统不具有引导功能。 (　　)

3. 车载 GPS 的导航系统中，GPS 信号接收机同时接收三颗卫星的信号即可正常工作。 (　　)

4. 车载 GPS 导航系统在选择 GPS 接收机时，应尽可能选择高精度的接收机。 (　　)

5. 拥有 GPS 车载导航系统，完全不再需要地磁方向传感器或惯性车辆方向传感器。 (　　)

6. 车载导航系统工作时都离不开电子地图的数据。 (　　)

三、问答题

1. 汽车导航系统的功能有哪些？

2. 汽车电子导航系统按不同分类方式可分成哪些类型？

3. GPS 定位的基本原理是什么？

4. 汽车导航系统是如何进行自律导航的？

实训项目16　威驰轿车导航系统的自诊断测试

车 辆 型 号	车辆识别代码	检 测 系 统

一、实训目标

1. 掌握导航系统的基本结构。

2. 掌握威驰轿车导航系统的诊断方法。

二、知识准备

威驰轿车导航系统的组成和部件安装位置。

三、实训步骤

1. 把点火开关置于ON位置，用灯控开关或触摸开关启动威驰轿车导航系统的诊断系统模式，如图9-19所示。

2. 按MENU→System Check Menu键进入导航系统的诊断检查模式，如图9-22所示。

3. 按Check键显示检查结果，记录读取的故障码____。

4. 按Back键返回导航系统诊断检查模式。

5. 按LAN Monday键进入网络监视检查，按Check键显示检查结果，记录读取的故障________________________________。

6. 按Menu返回诊断系统模式。

7. 按MENU→Display Check键进入显示检查模式，如图9-27所示。

8. 按Color Bar Check进入显示彩条检查模式，如图9-27a所示，任意触摸彩条，看是否整个屏幕全显示彩条的颜色________(是/否)。

9. 任意触摸屏幕某位置，返回彩条检查模式，按Disp MENU键返回显示检查模式。

10. 按Touch Switch Check键进入触摸开关检查模式，如图9-27c所示，触摸屏幕任意线条，看是否对触摸做出响应________________(是/否)。

11. 按Disp MENU键返回显示检查模式。

12. 按Panel Switch Check键进入面板开关检查模式，如图9-27f所示，分别按下面板上的开关，看屏幕是否会按9-27f显示出相应开关的名称____________________(是/否)，记录不能正常显示的开关名称________________________________。

13. 按Disp MENU键返回显示检查模式。

14. 按Vehicle Signal Check键进入轿车信号检查模式，如图9-27e所示，记录显示的结果________________________________。

15. 按Disp MENU键返回显示检查模式，按Menu键返回诊断系统模式。

16. 按MENU→Navigation Check键进入导航检查模式，如图9-29所示。

17. 按GPS Information键显示GPS信息，如图9-29b所示，记录位置数据________________________________。

18. 按Navi Menu键返回导航检查模式。

19. 按Vehicle Sensors键显示陀螺仪传感器信息，如图9-29b所示，记录陀螺仪传感器输出信息________________________，车速传感器输出信息________________________________。

20. 按Navi Menu键返回导航检查模式。

（续）

车 辆 型 号	车辆识别代码	检 测 系 统

21. 按 Parts Information 键显示零件信息，记录显示结果____。

22. 按 Navi Menu 键返回导航检查模式，按 Menu 键返回诊断系统模式。

23. 完成检查，断开点火开关。

四、实训小结

____。

第10章 车载网络技术

学习目标：

- 了解车载网络技术的基础知识。
- 了解车载网络技术的分类。
- 掌握 CAN 总线的结构和工作原理。
- 掌握 CAN 总线的应用系统的工作原理。
- 掌握 LIN 总线的应用系统的工作原理。
- 了解东风雪铁龙毕加索汽车的 VAN 网络结构和工作原理。
- 掌握车载网络技术故障诊断与维修方法。

10.1 概述

车载网络是指汽车上多个处理器之间相互连接、协调工作并共享信息所构成的汽车车载计算机网络系统。

10.1.1 车载网络技术简介

1. 车载网络技术的发展背景

自 20 世纪 50 年代汽车技术与电子技术开始融合以来，电子技术在汽车上的应用范围越来越大，特别是随着集成电路、大规模集成电路和超大规模集成电路的发展，为汽车提供功能大、速度快、性能可靠的汽车电控系统成为现实。电控系统提高了汽车的动力性、燃油经济性、安全性和舒适性。但随着电子技术的应用，汽车控制单元的数量不断增多，造成相应的传感器、执行器的数目不断增加，使汽车电路越来越复杂。汽车电路数量的增加，会造成汽车的布线十分复杂，一方面占用汽车空间，使得在有限的汽车空间内布线越来越困难，另一方面也限制了功能的扩展。复杂电路也降低了汽车的可靠性，一旦汽车线束中出了问题，查找故障也很麻烦，增加了维修的难度。据统计，导线质量在汽车上可占整车质量的 4%，导线质量每增加 50kg，汽车油耗每 100km 会增加 0.2L。

为解决上述问题，现代汽车广泛采用车载网络技术，将过去一线一用的专线制改为一线多用制。车载网络技术在一条数据线上传递的信号，可以被多个系统共享，从而最大限度地提高系统的整体效率，充分利用有限的资源，减少汽车上电线的数目，缩小线束的直径，车载网络技术将计算机技术融入整个汽车系统之中，加速汽车智能化的发展。

汽车传统的信息传递方式是每项信息需独立的数据线完成，有几个信号就要有几条信号

传输线。例如宝来汽车发动机电控单元 J220 与自动变速器电控单元 J217 之间就需要 5 条信号传输线，如图 10-1 所示。

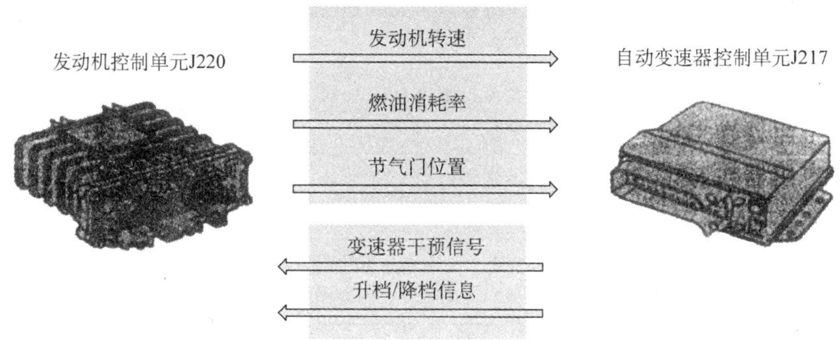

图 10-1　传统信号传递方式

如果需要传递的信号多，就需要更多的信号传输线，而采用车载网络技术，只需要 1 根或 2 根传输线即可，如图 10-2 所示。

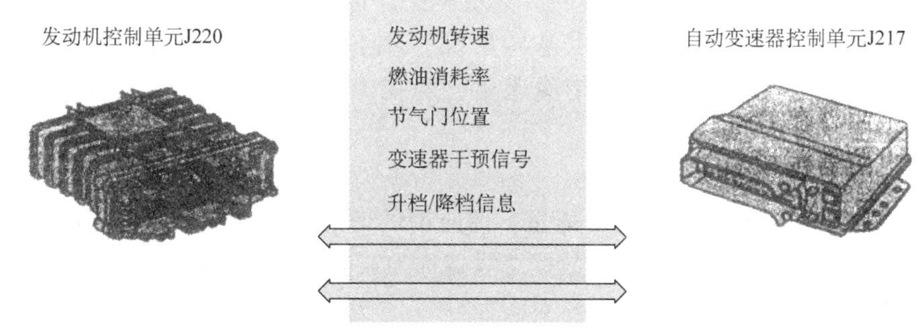

图 10-2　数字总线信号传递方式

2. 国内外车载网络技术的发展简史

20 世纪 80 年代末，Bosch(博世)公司和英特尔公司研制了专门用于汽车电气系统的总线——控制器局域网(Controller Area Network)规范，简称 CAN。

20 世纪 90 年代，由于集成电路技术和电子器件制造技术的迅速发展，用单片机作为总线的接口端，采用总线技术的价格逐步降低，总线技术进入了实用化阶段。

随着汽车电子技术的发展，欧洲提出了控制系统的新协议 TTP(Time Triggered Protocol)。

随着汽车信息系统对网络传输信息量要求的不断提高，多媒体系统总线协议标准(如 D2B 协议和 MOST 协议)应运而生。

车载网络技术已运用到奔驰、宝马、大众、通用、丰田、本田等公司生产的汽车上，同时相关单位也对车载网络技术传输制订了如表 10-1 所示的标准。

表 10-1　主要车载网络的基本情况

车载网络	内　容	速度/(b/s)	研发组织
CAN(Controller Area Network)	车身/动力传动系统控制用 LAN 协议，可能成为世界标准	1M	Robert Bosch 公司、ISO

（续）

车载网络	内容	速度/(b/s)	研发组织
VAN(Vehicle Area Network)	车身系统控制用 LAN 协议，以法国为中心	1M	ISO
J1850	车身系统控制用 LAN 协议，以美国为中心	41.6K	Ford Motor 公司
LIN(Local Interconnect Network)	车身系统控制用 LAN 协议，低端子系统专用	20K	LIN 协会
TTP/C(Time Triggered Protocol by CAN)	重视安全，按用途分类的控制用 LAN 协议，通用时分多路复用	2～25M	TIT 公司

10.1.2　车载网络基础知识

1. 局域网

局域网是在一个有限区域内连接的计算机网络，通过该网络实现系统内的资源共享和信息通信。连接到网络上的节点可以是计算机、基于微处理器的应用系统或控制装置。车载网络作为一种局域网，其数据传输速度一般在 105kbit/s 范围内，传输距离在 250m 范围内。

2. 数据总线

数据总线是指模块间运行数据的通道，即所谓的信息高速公路，如图 10-3 所示。如果模块可以发送和接收数据，则这样的数据总线就称为双向数据总线，汽车上的信息高速公路实际上是一条或两条导线。

为了对抗电子干扰，双线制数据总线的两条线是绞在一起的，如图 10-4 所示。各汽车制造商一直在设计各自的数据总线，如果不兼容，就称为专用数据总线；如果是按照某种国际标准设计的，就是非专用的，但基本上都是专用的数据总线。

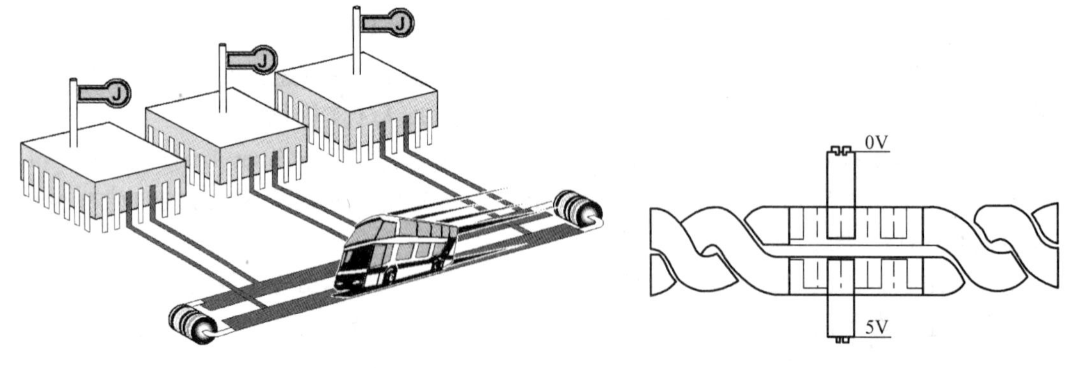

图 10-3　数据总线　　　　图 10-4　双绞线

3. 模块/节点

模块/节点是一种电子装置，如温度、压力传感器。传感器是一个模块装置，根据温度和压力的不同将产生不同的电压信号，这些电压信号在数字装置的输入接口被转变成数字信

号，在计算机多路传输系统中的控制单元模块被称为节点。

4. 局域网的拓扑结构

所谓拓扑结构，就是网络的物理连接方式。局域网的常用拓扑结构有三种：星型、环型、总线型。局域网多用总线型方式，总线型网络即所有入网计算机通过分接头接入到一条载波传输线上，信道利用率较高，但同一时刻只能有两处网络节点在相互通信，网络延伸距离有限，网络容纳节点数有限，适用于传输距离较短、地域有限的组网环境，如图 10-5 所示。

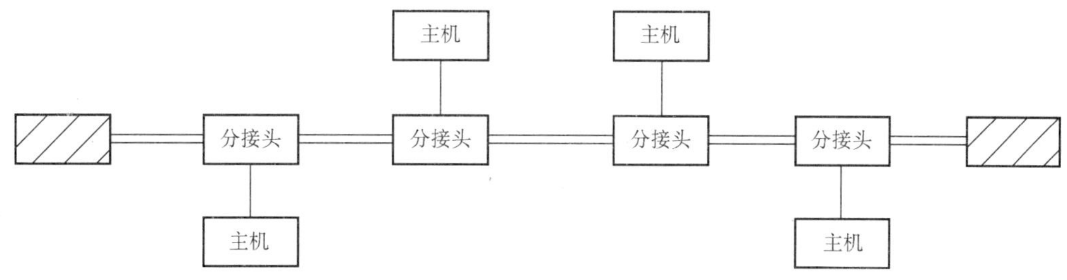

图 10-5　总线型网络拓扑结构

5. 链路

链路指网络信息传输的媒体，分为有线和无线两种类型，目前汽车上使用的大多数链路都是有线网络。通常用于局域网的传输媒体有：双绞线、同轴电缆和光纤。

双绞线是局域网中最普通的传输媒体，一般用于低速传输，最大传输速率可达几 Mbit/s；双绞线成本较低，传输距离较近，是汽车网络使用最多的传输媒体。

同轴电缆可以满足较高性能的传输要求，连接的网络节点较多，跨越的距离较大。

光纤在电磁兼容性等方面有独特的优点，数据传输速度高，传输距离远。在车载网络上，特别在一些要求传输速度高的车载网络(如车上信息与多媒体网络)上，光纤都有很好的应用前景。

6. 数据帧

为了可靠地传输数据，通常将原始数据分割成一定长度的数据单元，数据单元称为数据帧。一帧数据内应包括同步信号、错误控制、流量控制、控制信息、数据信息、寻址信息等。

7. 传输协议

(1) 协议的三要素

① 通信信息帧的格式。

② 通信信息帧的数据和控制信息。

③ 确定事件传输的顺序以及速度匹配。

(2) 协议的功能

① 差错监测和纠正。面向通信传输的协议常使用“应答—重发”和通信校验进行差错的检测和纠正工作，一般来说，协议中对异常情况的处理说明要占很大的比重。

② 分块和重装。为符合协议的格式要求，需要对数据进行加工处理。分块是将大的数据划分成若干小块，如将报文划分成几个子报文组。重装是将划分的小块数据重新组合复

原，如将几个子报文组还原成报文。

③ 排序。对发送的数据进行编号以标识它们的顺序，通过排序，可以达到按序传递、信息流控制和差错控制等目的。

④ 流量控制。通过限制发送的数据量或速率，以防止在信道中出现堵塞现象。

8. 传输仲裁

当出现数个使用者同时申请利用总线发送信息时，传输仲裁是用于避免发生数据冲突的机构。仲裁可保证信息按其重要程度来发送。

9. 车载网络分类和协议标准

(1) A类总线协议标准　A类的网络通信大部分采用UART(Universal Asynchronous Receiver/Transmitter)标准，A类目前首选的标准是LIN。LIN是用于汽车分布式电控系统的一种新型低成本串行通信系统，它是一种基于UART的数据格式、主从结构的单线12V的总线通信系统，主要用于智能传感器和执行器的串行通信，LIN采用低成本的单线连接，传输速度最高可达20Kb/s。

(2) B类总线协议标准　B类中的国际标准是CAN总线，它是一种多主总线，通信介质可以是双绞线、同轴电缆或光导纤维，通信速率可达1Mbit/s。CAN总线通信接口中集成了CAN协议的物理层和数据链路层功能，可完成对通信数据的成帧处理，CAN协议采用CRC检验并可提供相应的错误处理功能，保证了数据通信的可靠性。

(3) 高速总线系统协议标准

① C类总线协议标准。在C类标准中，欧洲的汽车制造商采用的基本上都是高速通信的CAN总线标准ISO 11898。而标准J1939在货车及其拖车、大客车、建筑设备以及农业设备上的使用，是用来支持分布在车辆各个不同位置的电控单元之间实现实时闭环控制功能的高速通信标准，其数据传输速率为250kbit/s。通用公司已开始在所有的车型上使用其专属的GM LAN总线标准，它是一种基于CAN的传输速率为500kbit/s的通信标准。

② 安全总线和标准。安全总线主要用于安全气囊系统，以连接加速度计、安全传感器等装置，为被动安全提供保障。如Delphi公司的Safety Bus和BMW公司的Byteflight。

③ X-by-Wire总线协议标准。X-by-Wire称为电传控制，在飞机控制中得到广泛应用。由于目前提高汽车容错能力和通信系统的高可靠性的需求日益增长，X-by-Wire开始应用于汽车电子控制领域。这一类总线标准主要有TTP、Byte flight和FlexRay。

(4) 诊断系统总线标准、协议　故障诊断是为了满足OBDⅡ(On Board Diagnose)、OBDⅢ或E-OBD(European-On Board Diagnose)标准。目前，许多汽车生产厂商都采用ISO14230(Keyword Protocol 2000)作为诊断系统的通信标准，它满足OBD Ⅱ和OBD Ⅲ的要求。

(5) 多媒体系统总线协议标准　汽车多媒体网络和协议分为三种类型，分别是低速、高速和无线。对应SAE的分类相应为：IDB-C(Intelligent Data BUS-CAN)、IDB-M(Multimedia)和IDB-Wireless，其传输速率为250kbit/s～100Mb/s。低速用于远程通信、诊断及通用信息传送，IDB-C按CAN总线的格式以250kbit/s的位速率进行信息传送。高速主要用于实时的音频和视频通信，如MP3、DVD和CD等的播放，所使用的传输媒体是光纤，这一类主要有D2B、MOST和IEEE 1394。D2B是用于汽车多媒体和通信的分布式网络，通常使用光纤作为传输媒体，可连接CD播放器、语音控制单元、电话和因特网。在无线通信方面采用Bluetooth™规范，主要面向汽车的声音系统、信息通信等应用系统。

10. 车载网络传输的基本原理

（1）数据传输的基本原理　车载网络中的数据传输总线的数据传递像一个电话会议，一个电话用户（控制单元）将数据“讲”入网络中，其他用户通过网络“接听”这个数据，对这个数据感兴趣的用户就会利用数据，而其他用户则选择忽略，如图 10-6 所示。

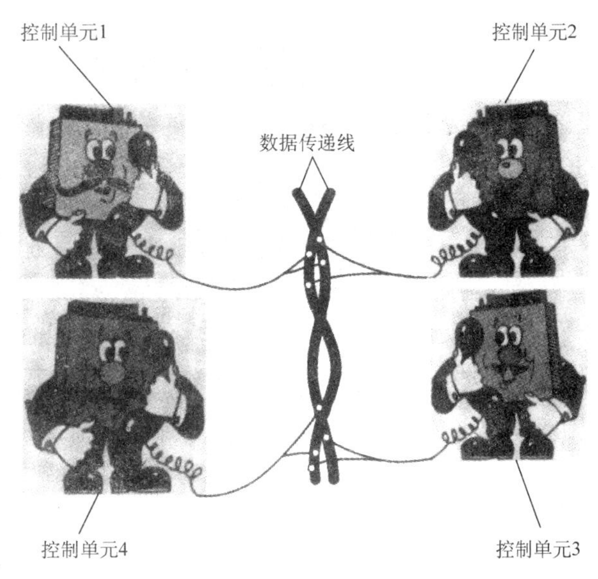

图 10-6　数据传输的基本原理图

数据传输总线是车内电子装置中的一个独立系统，用于在连接的控制单元之间进行信息交换。如果数据传输总线系统出现故障，故障就会存入相应的控制单元故障存储器内，可以用诊断仪读出这些故障记录。控制单元拥有自诊断功能，通过自诊断功能，还可识别出与数据传输总线相关的故障。用诊断仪读出数据传输总线故障记录后，可按这些信息准确地查寻故障。控制单元内的故障记录用于初步确定故障，还可用于读出排除故障后的无故障说明。

车载网络系统由多个控制单元组成，这些控制单元通过所谓的收发器（发射/接收放大器）并联在总线导线上，所有控制单元的地位均相同，没有哪个控制单元有特权，因此也被称为多主机结构，如图 10-7 所示。信息交换是按顺序连续完成的。

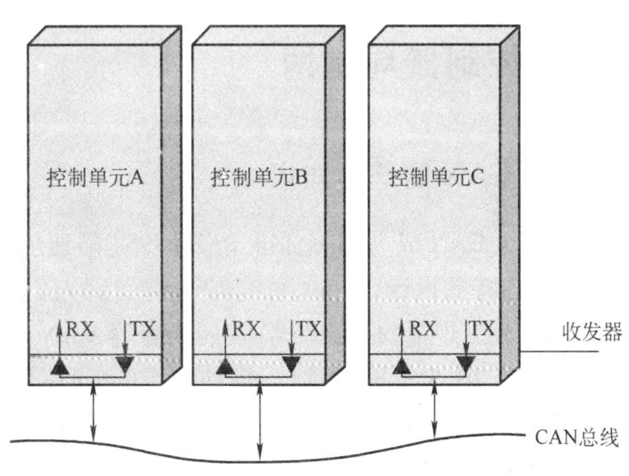

图 10-7　基本车载网络系统的总线连接示意图

数据传输总线原则上用一条导线就足以满足功能要求了，但通常总线系统上还是配备了第二条导线，信号在第二条导线上按相反顺序传送，可有效抑制外部干扰。

（2）网关的基本原理　车载网络的网关具备从一个网络协议到另一个网络协议转换信息的能力，由于电压电平和电阻配置不同，因此在不同类型的数据总线之间无法进行直接耦合连接。另外，各种数据总线的传输速率是不同的，决定了它们无法使用相同的信号。这时需要在这两个系统之间完成一个转换，这个转换过程是通过所谓的网关来实现的。可以用火车站作为例子来清楚地说明网关的原理，如图 10-8 所示。

在站台 A（站台即网关）到达一列快车（CAN 驱动数据总线，500kbit/s），车上有数百名旅客。在站台 B 已经有一辆火车（CAN 舒适/信息数据总线，100kbit/s）在等待，有一些乘客就换到这辆火车上，还有一些乘客要换乘快车继续旅行。车站/站台的这种功能，即让旅客换车以便通过不同速度的交通工具到达各自目的地的功能，与 CAN 驱动数据总线和 CAN 舒

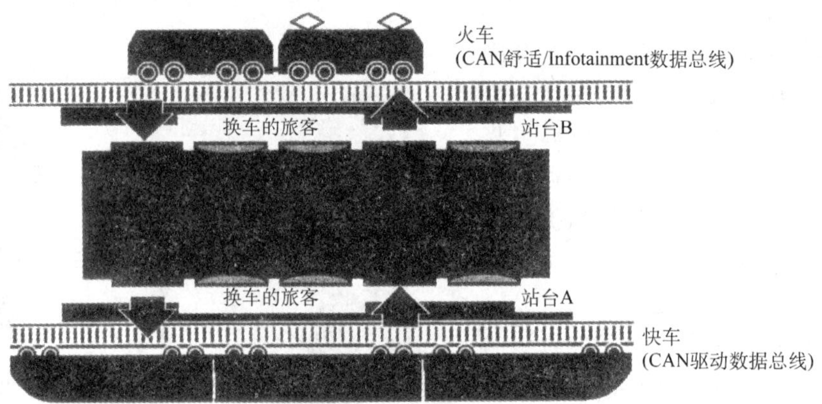

图 10-8　网关的原理示意图

适/信息数据总线两个系统网络的网关功能是相同的。网关的主要任务是使两个速度不同的系统之间能进行信息交换。

根据车辆的不同，网关可能安装在组合仪表内、车上供电控制单元内或在自己的网关控制单元内。由于通过各种数据传输总线的所有信息都供网关使用，因此网关也用作诊断接口。过去，通过 K 线来查询诊断信息；现在，很多车型是通过数据传输总线和诊断线来完成诊断查询工作的。

10.2　控制器局域网

10.2.1　CAN 的基本知识

1993 年 CAN 成为国际标准 ISO11898(高速应用)和 ISO11519(低速应用)，由于其良好的性能及独特的设计，CAN 总线越来越受到人们的重视。随着应用领域的增多，CAN 的规范从 CAN 1.2 规范(标准格式)发展为兼容 CAN 1.2 规范的 CAN2.0 规范(CAN2.0A 为标准格式,CAN2.0B 为扩展格式)，目前应用的 CAN 器件大多符合 CAN2.0 规范。CAN 的应用范围很广，从高速的网络到低价位的多路接线都可以使用 CAN。在汽车电子行业里，使用 CAN 连接发动机控制单元、传感器、防抱死系统等，其传输速度可达 1Mbit/s。同时，可以将 CAN 安装在汽车的电子控制系统里，如车灯组、电动车窗等，用以代替接线配线装置。

1. CAN 工作原理

当 CAN 总线上的一个节点(站)发送数据时，它以报文形式广播给网络中所有节点。对每个节点来说，无论数据是否是发给自己的，都对其进行接收。每组报文开头的 11 位字符为标识符(CAN2.0A)，定义了报文的优先级，这种报文格式称为面向内容的编址方案。在同一系统中标识符是唯一的，不可能有两个节点发送具有相同标识符的报文。当一个节点要向其他节点发送数据时，该节点的 CPU 将要发送的数据和自己的标识符传送给本节点的 CAN 芯片，并处于准备状态；当它收到总线分配时，转为发送报文状态。

CAN 芯片根据协议将数据组织成一定的报文格式发出，这时网上的其他节点处于接收状态。每个处于接收状态的节点对接收到的报文进行检测，判断这些报文是否是发给自己

的，以确定是否接收它。

由于 CAN 总线是一种面向内容的编址方案，因此很容易建立高水准的控制系统并灵活地进行配置，可以很容易地在 CAN 总线中加进一些新节点而无需在硬件或软件上进行修改。当所提供的新节点是纯数据接收设备时，数据传输协议不要求独立的部分有物理目的地址。它允许分布过程同步化，即总线上控制器需要测量数据时，可由网上获得，而无需每个控制器都有自己独立的传感器。

2. CAN 总线特点

CAN 总线是一种串行数据通信协议，最大通信距离可达 10km，最大通信速率可达 1Mbit/s。CAN 总线通信接口中集成了 CAN 协议的物理层和数据链路层功能，可完成对通信数据的成帧处理，包括位填充、数据块编码、循环冗余检验、优先级判别等项工作。

CAN 控制器工作于多主方式，网络中的各节点都可根据总线访问优先权(取决于报文标识符)采用无损结构的逐位仲裁的方式竞争向总线发送数据，且 CAN 协议废除了节点地址编码，而代之以对通信数据进行编码，这可使不同的节点同时接收到相同的数据，这些特点使得 CAN 总线构成的网络各节点之间的数据通信实时性强，并且容易构成冗余结构，提高系统的可靠性和系统的灵活性。

10.2.2　CAN 协议与标准

1. CAN 协议规范

CAN 规范中的对应 ISO/OSI 参考模型的网络层。CAN 为串行通信协议，能有效地支持具有很高安全等级的分布实时控制。为了达到设计透明度以及实现灵活性，根据 ISO/OSI 参考模型，CAN 2.0 规范细分为数据链路层和物理层。

数据链路层的 LLC 子层和 MAC 子层的服务及功能分别被解释为“对象层”和“传输层”，逻辑链路控制子层(LLC)的作用主要为远程数据请求以及数据传输提供服务，确定由实际要使用的 LLC 子层接收哪一个报文，为恢复管理和过载通知提供手段。

MAC 子层的作用主要是传送规则，也就是控制帧结构、执行仲裁、错误检测、出错标定、故障界定。总线上什么时候开始发送新报文及什么时候开始接收报文，均在 MAC 子层里确定。位定时的一些普通功能也可以看做是 MAC 子层的一部分。MAC 子层的修改是受到限制的。

物理层的作用是在不同节点之间根据所有的电气属性进行位的实际传输，同一网络的物理层对于所有的节点当然是相同的。

2. CAN 基本概念

CAN 总线一处于空闲，就自动将破坏的报文重新传输，将节点的暂时性错误和永久性错误区分开来，并且可以自动关闭错误节点。

3. CAN 标准

(1) 报文　总线上的报文以不同的固定报文格式发送，但长度受限。当总线空闲时任何连接的单元都可以开始发送新的报文。

(2) 信息路由　在 CAN 系统里，CAN 的节点不使用任何关于系统配置的报文(如节点地址)。这样不用依赖应用层以及任何节点软件和硬件的改变，就可以在 CAN 网络中直接添加节点，提高系统灵活性。报文的内容由识别符命名。识别符不指出报文的目的地，但解释数据的含义。因此，网络上所有的节点可以通过报文滤波确定是否应对该数据做出反应。由于引入了报文滤波的概念，任何节点都可以接收报文，并与此同时对此报文做出反应。为确保报文在 CAN 网络里同时被所有的节点接收(或同时不被接收)。因此，系统的数据连贯性是通过多播和错误处理的原理实现的。

(3) 位速率　不同的系统，CAN 的速度不同。在一个给定的系统里，位速率是唯一的，并且是固定的。

(4) 优先权　在总线访问期间，识别符定义一个静态的报文优先权。

(5) 远程数据请求　通过发送远程帧，需要数据的节点可以请求另一节点发送相应的数据帧。数据帧和相应的远程帧是由相同的识别符命名的。

(6) 仲裁　只要总线空闲，任何单元都可以开始发送报文。具有较高优先权报文的单元可以获得总线访问权。如果 2 个或 2 个以上的单元同时开始传送报文，那么就会有总线访问冲突。仲裁的机制确保了报文和时间均不损失。当具有相同识别符的数据帧和远程帧同时初始化时，数据帧优先于远程帧。仲裁期间，每一个发送器都对发送位的电平与被监控的总线电平进行比较。如果电平相同，则这个单元可以继续发送。如果发送的是一“隐性”电平而监视的是一“显性”电平，那么单元就失去了仲裁，必须退出发送状态。

(7) 错误检测　为了获得最安全的数据发送，CAN 的每一个节点均采取了强有力的措施以便于错误检测、错误标定及错误自检。要进行检测错误，必须采取监视(发送器对发送位的电平与被监控的总线电平进行比较)、循环冗余检查、位填充、报文格式检查、错误检测的执行等措施。错误检测的机制要具有检测到所有的全局错误、检测到发送器所有的局部错误、可以检测到报文里多达 5 个任意分布的错误、检测到报文里长度低于 15(位)的突发性错误、检测到报文里任一奇数个的错误等属性。任何检测到错误的节点会标出损坏的报文。此报文会失效并将自动地开始重新传送。如果不再出现错误的话，从检测到错误的节点会标出损坏的报文。此报文会失效并将自动地开始重新传送。如果不再出现错误的话，从检测到错误到下一报文的传送开始为止，恢复时间最多为 31 个位的时间。

(8) 故障界定　CAN 节点能够把永久故障和短暂扰动区别开来，故障的节点会被关闭。

(9) 总线值　总线有两个互补的逻辑值：“显性”或“隐性”。“显性”位和“隐性”位同时传送时，总线的结果值为“显性”。比如，在总线的“写与”执行时，逻辑 0 代表“显性”等级，逻辑 1 代表“隐性”等级。

(10) 应答　所有的接收器检查报文的连贯性。对于连贯的报文，接收器应答，对于不连贯的报文，接收器做出标志。

4. CAN 的报文及结构

在总线上的任意节点均可以作为发送器或接收器，那么我们就将发出报文的节点叫发送器，该节点在总线空闲或丢失仲裁前始终为发送器。如果一个节点不是发送器，且总线不是处于空闲状态，则该节点就叫接收器。报文由一个发送器发出，再由一个或多个接收器接收。报文传输由 4 个不同类型的帧表示和控制，分别为数据帧、远程帧、错误帧、过载帧。

(1) 数据帧　数据帧携带数据从发送器至接收器。数据帧由 7 个不同的位场组成：帧起始(Start of Frame)、仲裁场(Arbitration Frame)、控制场(Control Frame)、数据场(Data Frame)、CRC 场(CRC Frame)、应答场(ACK Frame)、帧结尾(End of Frame)。数据场的长度可以为 0。CAN2.0A 数据帧的组成如图 10-9 所示。

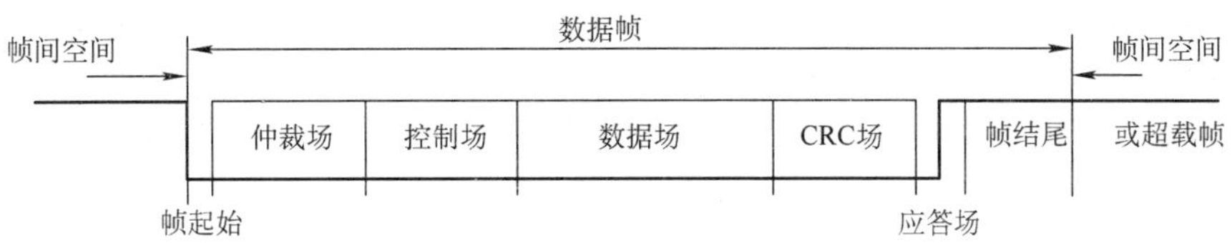

图 10-9　数据帧的组成

① 帧起始。帧起始(SOF)标志数据帧和远程帧的起始，仅由一个“显性”位组成。只在总线空闲时才允许站开始发送。所有站必须同步于首先开始发送报文的站的帧起始前沿。

② 仲裁场。仲裁场包括识别符和远程发送请求位(RTR 位)。图 10-10 所示为仲裁场结构。

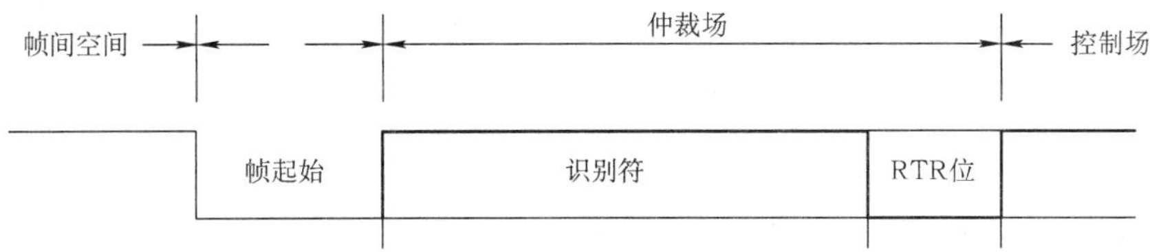

图 10-10　仲裁场结构示意图

标准格式识别符的长度为 11 位，相当于扩展格式的基本 ID(Base ID)。这些位按 ID-28 到 ID-18 的顺序发送，最低位是 ID-18，7 个最高位(ID-28 ~ ID-22)必须不能全是“隐性”。

扩展格式识别符和标准格式形成对比。图 10-11 所示为标准格式数据帧与扩展格式数据帧的仲裁场比较，扩展格式由 29 位组成。其格式包含两个部分：11 位基本 ID、18 位扩展 ID。基本 ID 包括 11 位，它按 ID-28 到 ID-18 的顺序发送，相当于标准识别符的格式。基本 ID 定义扩展帧的基本优先权。扩展 ID 包括 18 位，按 ID-17 到 ID-0 顺序发送。

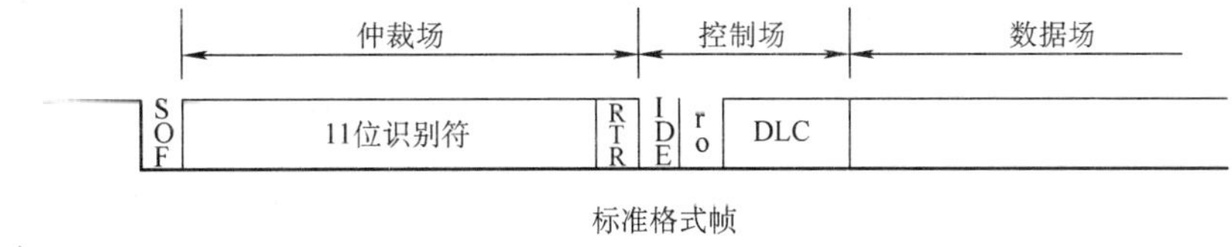

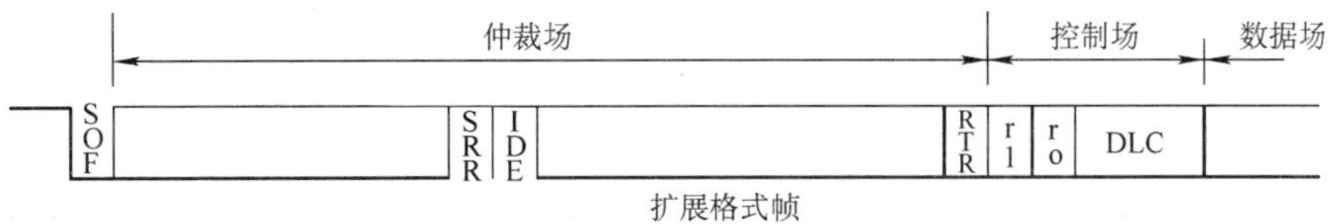

图 10-11　标准格式数据帧与扩展格式数据帧的仲裁场

标准帧里，识别符之后是 RTR 位。RTR 的全称为“远程发送请求位(Remote Transmission Request Bit)”。SRR 是一隐性位。它在扩展格式的标准帧 RTR 位位置，因此代替标准帧的 RTR 位。

标准帧与扩展帧的冲突是通过标准帧优先于扩展帧这一途径得以解决的，扩展帧的基本 ID 如同标准帧的识别符。

IDE 的全称是“识别符扩展位(Identifier Extension Bit)”标准格式里的 IDE 位为“显性”，而扩展格式里的 IDE 位为“隐性”。

③ 控制场。控制场由 6 个位组成，如图 10-12 所示。

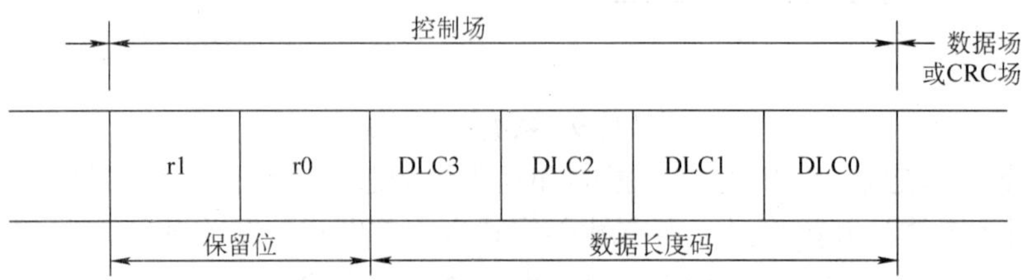

图 10-12　控制场示意图

标准格式里的帧包括数据长度代码、IDE 位(为显性位)及保留位 r 0。扩展格式里的帧包括数据长度代码和两个保留位：r1 和 r 0。

保留位：必须发送为显性，但是接收器认可“显性”和“隐性”位的组合。

数据长度代码：数据长度代码指示了数据场里的字节数量。数据长度代码为 4 个位，它在控制场里发送。数据长度代码中数据字节数的编码：d 为“显性”，r 为“隐性”。

④ 数据场。数据场由数据帧里的发送数据组成。它可以为 0 ~ 8 个字节，每字节包含了 8 个位，首先发送 MSB。

⑤ CRC 场。CRC 场包括 CRC 序列和 CRC 界定符，如图 10-13 所示。CRC 序列是由循环冗余码求得的帧检查序列组成，最适用于位数低于 127 位〈BCH 码〉的帧。为进行 CRC 计算，被除的多项式系数由无填充位流给定，组成这些位流的成分是：帧起始、仲裁场、控制场、数据场(假如有)，而 15 个最低位的系数是 0。CRC 序列之后是 CRC 界定符，它包含一个单独的“隐性”位。

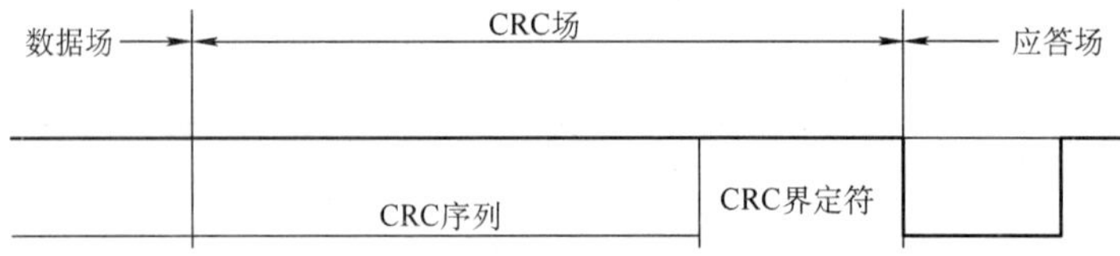

图 10-13　CRC 场示意图

⑥ 应答场。应答场长度为 2 个位，包含应答间隙和应答界定符，如图 10-14 所示。

在应答场里，发送站发送两个“隐性”位。当接收器正确地接收到有效的报文，接收器就会在应答间隙期间(发送应答信号)向发送器发送一“显性”位以示应答。

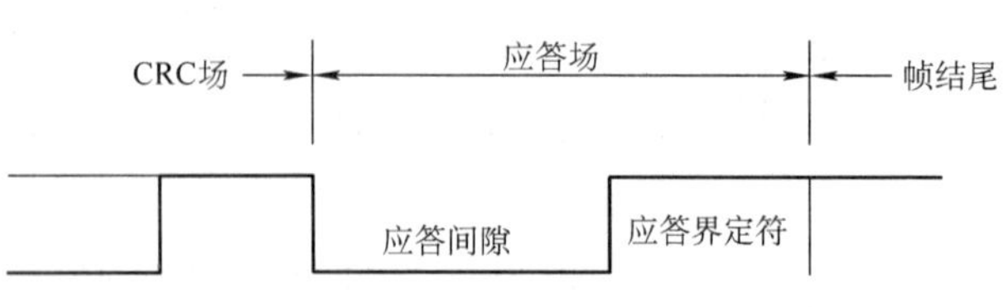

图 10-14　应答场示意图

所有接收到匹配 CRC 序列的站会在应答间隙期间用一“显性”的位写入发送器的“隐性”位来作出回答。

应答界定符是应答场的第二个位，并且是一个必须为“隐性”的位。因此，应答间隙被两个“隐性”的位所包围，也就是 CRC 界定符和应答界定符。

⑦ 帧结尾。每一个数据帧和远程帧均由一标志序列定界，这个标志序列由 7 个“隐

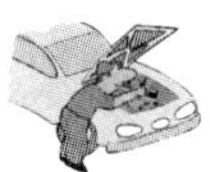

性”的位组成。

(2) 远程帧　由总线单元发出，请求发送具有同一识别符的数据帧，数据帧(或远程帧)通过帧间空间与其他各帧分开。通过发送远程帧，作为某数据接收器的站可以初始化，通过其资源节点传送不同的数据。

远程帧也有标准格式和扩展格式，而且都由帧起始、仲裁场、控制场、CRC 场、应答场、帧结尾等 6 个不同的位场组成，如图 10-15 所示。

图 10-15　远程帧的组成

与数据帧相反，远程帧的 RTR 位是“隐性”的。它没有数据场，数据长度代码的数值是不受制约的(可以标注为容许范围里 0 ~ 8 的任何数值)。此数值是相应于数据帧的数据长度代码。RTR 位的极性表示了所发送的帧是一数据帧(RTR 位“显性”)还是一远程帧(RTR“隐性”)。

(3) 错误帧　任何单元一旦检测到总线错误就发出错误帧。错误帧由两个不同的场组成，如图 10-16 所示。第一个场是不同站提供的错误标志的叠加，第二个场是错误界定符。为了能正确地终止错误帧，“错误被动”的节点要求总线至少有长度为 3 个位时间的总线空闲(如果“错误被动”的接收器有局部错误的话)，总线的载荷不应为 100%。

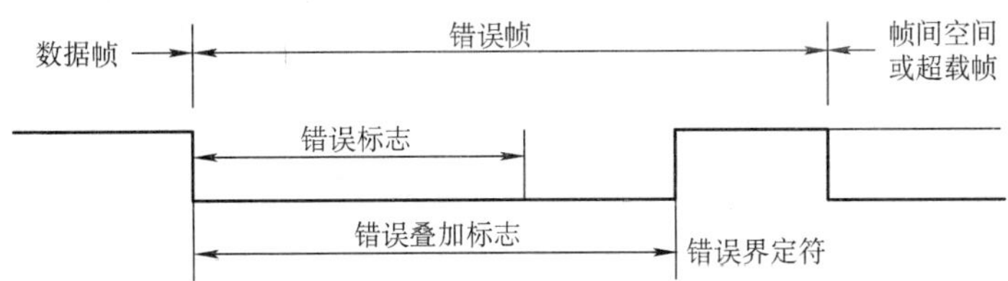

图 10-16　错误帧的组成

有两种形式的错误标志：主动的错误标志和被动的错误标志。

① 主动的错误标志由 6 个连续的“显性”位组成。

② 被动的错误标志由 6 个连续的“隐性”的位组成，除非其他节点的“显性”位重写。

检测到错误条件的“错误激活”的站通过发送主动错误标志指示错误。错误标志的形式破坏了从帧起始到 CRC 界定符的位填充的规则，或者破坏了应答场或帧结尾场的固定形式。所有其他的站由此检测到错误条件并与此同时开始发送错误标志。因此，“显性”位(此“显性”位可以在总线上监视)的序列导致一个结果，这个结果就是把个别站发送的不同的错误标志叠加在一起。这个序列的总长度最小为 6 个位，最大为 12 个位。

检测到错误条件的“错误被动”的站试图通过发送被动错误标志指示错误。“错误被动”的站等待 6 个相同极性的连续位(这 6 个位处于被动错误标志的开始)。当这 6 个相同的位被检测到时，被动错误标志的发送就完成了。

错误界定符包括8个“隐性”的位。

（4）过载帧　过载帧用以在先行的和后续的数据帧(或远程帧)之间提供一附加的延时。过载帧包括两个位场：过载标志和过载界定符，如图10-17所示。

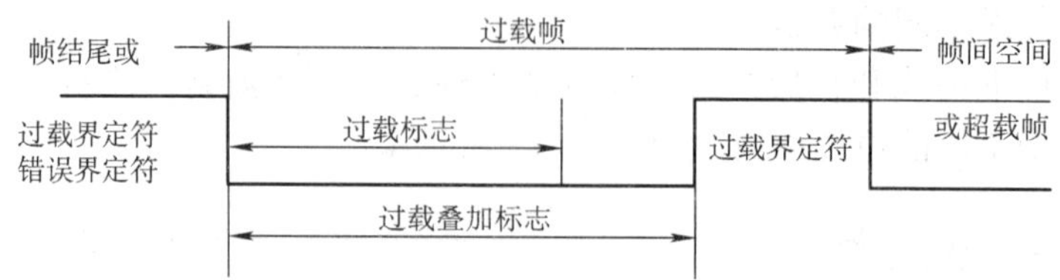

图10-17　过载帧的组成

有三种过载的情况，这三种情况都会引发过载标志的传送：

① 接收器的内部情况(此接收器对于下一数据帧或远程帧需要有一延时)。

② 在间歇的第一和第二字节检测到一个“显性”位。

③ 如果CAN节点在错误界定符或过载界定符的第8位(最后一位)采样到一个显性位，节点会发送一个过载帧(不是错误帧)。错误计数器不会增加。

根据过载情况①而引发的过载帧只允许起始于所期望的间歇的第一个位时间，而根据情况②和情况③引发的过载帧应起始于所检测到“显性”位之后的位。通常为了延时下一个数据帧或远程帧，两种过载帧均可产生。

过载标志：过载标志由6个“显性”的位组成。过载标志的所有形式和主动错误标志的形式一样。过载标志的形式破坏了间歇场的固定形式。因此，所有其他的站都检测到过载条件并与此同时发出过载标志。如果有的节点在间歇的第3个位期间检测到“显性”位，则这个位将解释为帧的起始。

过载界定符：过载界定符包括8个“隐性”的位。过载界定符的形式和错误界定符的形式一样。过载标志被传送后，站就一直监视总线直到检测到一个从“显性”位到“隐性”位的跳变。此时，总线上的每一个站完成了过载标志的发送，并开始同时发送其余7个“隐性”位。

帧间空间：帧间空间是用于隔离数据帧(或远程帧)与先行帧(数据帧、远程帧、错误帧、过载帧)的。而过载帧与错误帧之前没有帧间空间，多个过载帧之间也不用帧间空间隔离。帧间空间包括间歇场、总线空闲的位场。如果“错误被动”的站已作为前一报文的发送器时，则其帧空间除了间歇、总线空闲外，还包括称作挂起传送的位场。

10.2.3　CAN应用系统

宝来(Bora)轿车在动力传动系统和舒适系统中就装用了两套CAN数据传输系统，其中CAN数据传输舒适系统如图10-18所示。

图10-18中粗线代表CAN总线，它连接了传动装置控制中央单元、灯控单元、门控单元、座椅控制单元、空调单元以及仪表板控制单元等。细线代表LIN总线，由LIN总线构成的LIN网络作为CAN网络的辅助网络，连接了车窗控制单元、刷水器控制单元、天窗控制单元等低速设备。CAN数据传输舒适系统网络与动力传动系统网络通过网桥相互通信。

LIN网络(Local Interconnect Network)由汽车厂商为汽车开发，作为CAN网络的辅助网

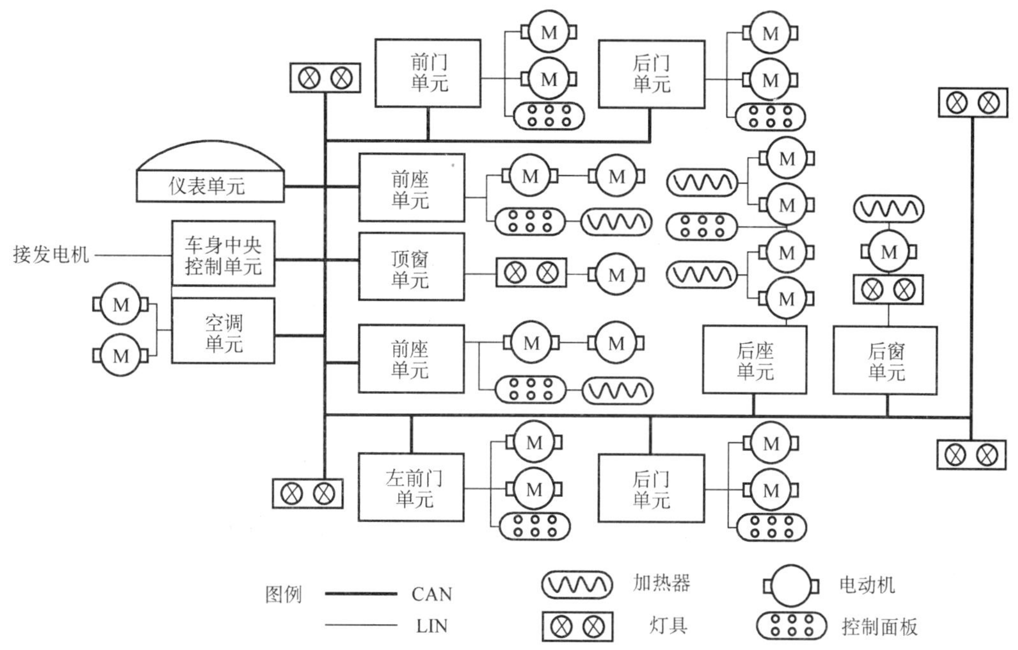

图 10-18 CAN 数据传输舒适系统

络，目标应用在低端系统，不需要 CAN 的性能、带宽以及复杂性。LIN 的工作方式是一主多从，单线双向低速传送数据(最高 20kbit/s)，与 CAN 相比具有更低的成本，且基于 UART 接口，无需硬件协议控制器，使系统成本更低。

1. 典型 CAN 总线器件及应用

(1) SJA1000 CAN 控制器 SJA1000 是一个独立的 CAN 控制器，SJA1000 在软件和引脚上都是与它的前一款 PCA82C200 独立控制器兼容的。在此基础上，它增加了很多新的功能，为了实现软件兼容，SJA1000 独立的 CAN 控制器有 BasicCAN 模式和 PeliCAN 模式。

BasicCAN 模式：和 PCA82C200 兼容，BasicCAN 模式是上电后默认的操作模式，因此用 PCA82C200 开发的已有硬件和软件，可以直接在 SJA1000 上使用而不用作任何修改。

PeliCAN 模式：新的操作模式，它能够处理所有 CAN2.0B 规范的帧类型，而且它还提供一些增强功能，使 SJA1000 能应用于更宽的领域。

工作模式通过时钟分频寄存器中的 CAN 模式位来选择，复位时默认模式是 BasicCAN 模式。

SJA1000 控制器可以分为 CAN 核心模块、接口管理逻辑、发送缓冲器、验收滤波器、接收 FIFO 等五个功能模块，SJA1000 控制器的结构图如图 10-19 所示。由主控制器进行管理控制，将欲收发的信息(报文)转换为 CAN 规范的 CAN 帧，通过 CAN 收发器，在 CANBUS 上交换信息。

(2) PCA82C250 CAN 收发器 PCA82C250 是 CAN 协议控制器和物理总线的接口。此器件对总线提供差动发送能力，对 CAN 控制器提供差动接收能力，又称为总线驱动器。主要特性有：完全符合 ISO 11898 标准；高速率(最高达 1Mbit/s)；具有抗汽车环境中的瞬间干扰，保护总线能力；斜率控制，降低射频干扰(RFI)；差分接收器，抗宽范围的共模干

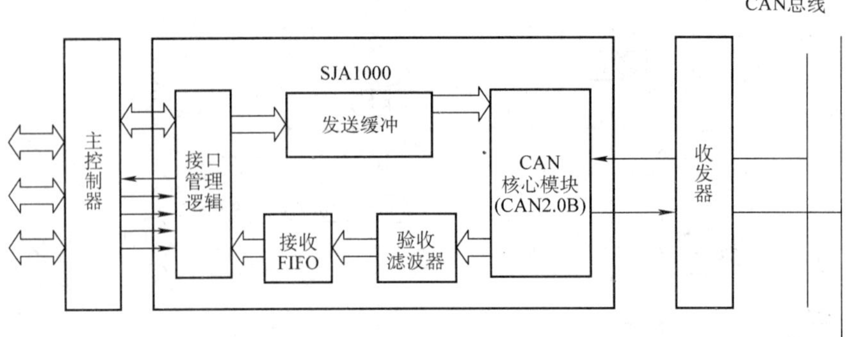

图 10-19　SJA1000 控制器结构图

扰，抗电磁干扰(EMI)；热保护；防止电池和地之间发生短路；低电流待机模式；未上电的节点对总线无影响；可连接 110 个节点。

(3) SJA1000 和 PCA82C250 的基本应用　SJA1000 和 PCA82C250 收发器的典型应用如图10-20所示。CAN 控制器通过串行数据输出线(TX)和串行数据输入线(RX)连接到 PCA82C250T 收发器。

收发器通过有差动发送和接收功能的两个总线终端 CANH 和 CANL 连接到总线电缆，输入 R_s 用于模式控制，参考电压输出 VREF 的输出电压是额定 V_{CC}的 0.5 倍，其中收发器的额定电源电压是 5V。

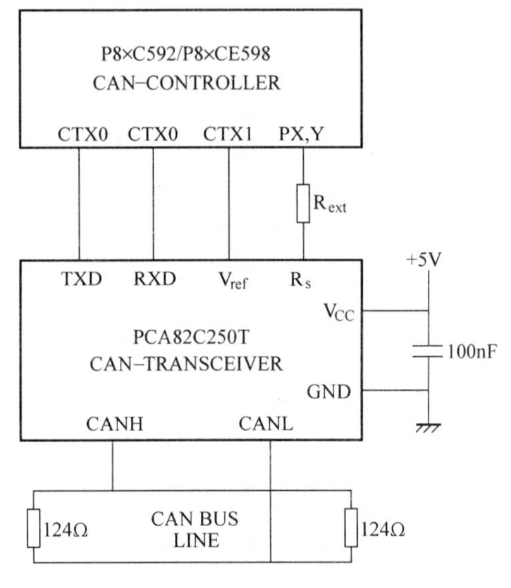

图 10-20　CAN 收发器的应用

CAN 协议控制器输出一个串行的发送数据流到收发器的 TxD 引脚，内部的上拉功能将 TxD 输入设置成逻辑高电平，也就是说总线输出驱动器默认是被动的，在隐性状态中，CANH 和 CANL 输入通过典型内部阻抗是 17kΩ 的接收器输入网络，偏置到 2.5V 的额定电压。另外，如果 TxD 是逻辑低电平，总线的输出级将被激活，在总线电缆上产生一个显性的信号电平，输出驱动器由一个源输出级和一个下拉输出级组成，CANH 连接到源输出级，CANL 连接到下拉输出级，在显性状态中 CANH 的额定电压是 3.5V，CANL 是 1.5V。

如果没有一个总线节点传输一个显性位，总线处于隐性状态，即网络中所有 TXD 输入是逻辑高电平。而如果一个或更多的总线节点传输一个显性位，即至少一个 TXD 输入是逻辑低电平，则总线从隐性状态进入显性状态(线与功能)。

接收器的比较器将差动的总线信号转换成逻辑信号电平，并在 RXD 输出，接收到的串行数据流传送到总线协议控制器译码。接收器的比较器总是活动的，也就是说当总线节点传输一个报文时，它同时也监控总线，这就要求有诸如安全性和支持非破坏性逐位竞争等 CAN 策略，一些控制器提供一个模拟的接收接口。

（RX0，RX1），RX0 一般需要连接到 RxD 输出，RX1 需要偏置到一个相应的电压电平，这可以通过 VREF 输出或一个电阻电压分配器实现。

2. CAN BUS 节点设计举例

（1）网络拓扑　CAN BUS 采用总线网络拓扑结构，在一个网络上至少需要有 2 个 CAN BUS 节点存在。在总线的 2 个终端，各需要安装 1 个 120Ω 的终端电阻；如果节点数目大于 2 个，中间节点就不要求安装 120Ω 终端电阻，网络拓扑示意图如图 10-21 所示。

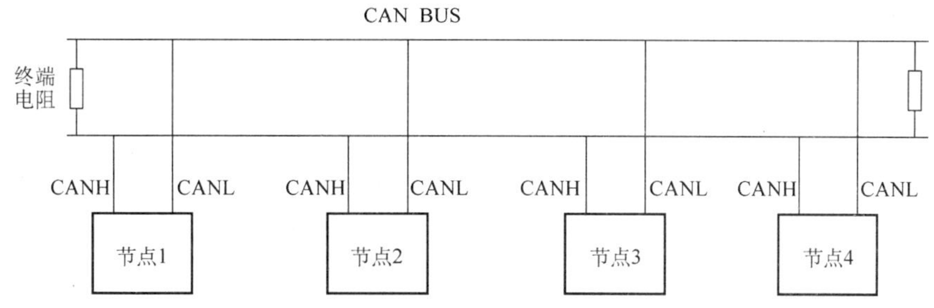

图 10-21　网络拓扑示意图

虽然每一个节点根据应用系统的任务有各自的控制功能，但完成 CAN BUS 信息交换的功能是相同的。CAN BUS 节点一般由微处理器、CAN 控制器、CAN 收发器三部分组成，CAN BUS 节点示意图如图 10-22 所示。

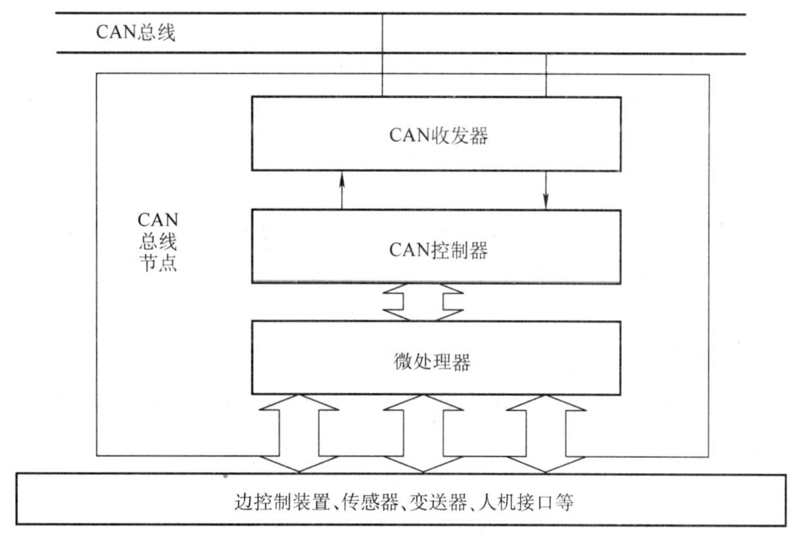

图 10-22　CAN 总线节点示意图

（2）硬件设计　图 10-23 所示为 CAN 总线系统节点硬件电路原理图。从图中可以看出，电路主要由三部分所构成，单片机 89C51、独立 CAN 通信控制器 SJA1000、CAN 总线收发器 82C250。单片机 89C51 负责 SJA1000 的初始化，通过控制 SJA1000 实现数据的接收和发送等通信任务。

SJA1000 的 AD0 ~ AD7 连接到 89C51 的 P0 口，/CS 连接到 89C51 的 P2.7，P2.7 为 0 的 CPU 片外存储器地址可选中 SJA1000，CPU 通过这些地址可对 SJA1000 执行相应的读写操作，SJA1000 的/RD、/WR、ALE 分别与 89C51 的对应引脚相连，/INT 接 89C51 的 0INT，

80C51 也可通过中断方式访问 SJA1000。SJA1000 的 CLK OUT 信号作为 89C51 的时钟源，复位信号由外部复位电路产生。

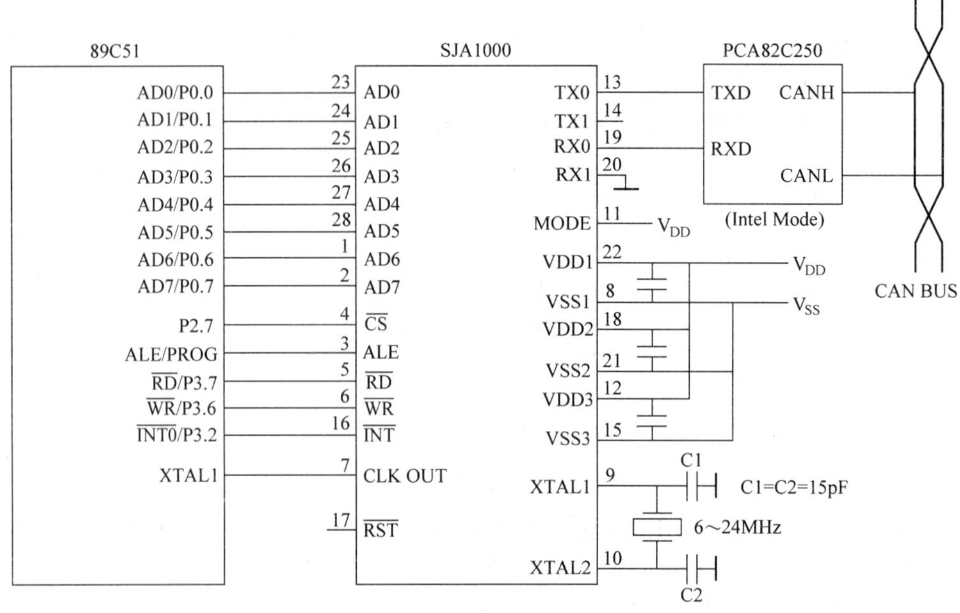

图 10-23　CAN 总线系统节点硬件电路原理图

① 电源。SJA1000 有三对电源引脚，用于 CAN 控制器内部不同的数字和模拟模块。

VDD1/VSS1：内部逻辑(数字)；VDD2/VSS2：输入比较器(模拟)；VDD3/VSS3：输出驱动器(模拟)。为了有更好的 EME 性能，电源应该分隔开来，例如为了抑制比较器的噪声，VDD2 可以用一个 RC 滤波器来抑制噪声。

② 复位。为了使 SJA1000 正确复位，CAN 控制器的 XTAL1 管脚必须连接一个稳定的振荡器时钟，引脚 17 的外部复位信号要同步并被内部延长到 15 个 XTAL。这保证了 SJA1000 所有寄存器能够正确复位。应注意必须考虑上电后振荡器的起振时间。

③ 振荡器和时钟方案。SJA1000 能用片内振荡器或片外时钟源工作。另外 CLK OUT 管脚可被使能，向主控制器输出时钟频率。如果不需要 CLK OUT 信号，可以通过置位时钟分频寄存器(ClockOff = 1)关断。CLK OUT 信号的频率可以通过时钟分频寄存器改变。上电或硬件复位后，时钟分频因子的默认值由所选的接口模式(引脚 11)决定。如果使用 16MHz 的晶振，Intel 模式下 CLK OUT 的频率是 8MHz，Motorola 模式中复位后的时钟分频因子是 12，这种情况 CLK OUT 会产生 1.33MHz 的频率。

④ 睡眠和唤醒。置位命令寄存器的进入睡眠位(BasicCAN 模式)或模式寄存器(PeliCAN 模式)的睡眠模式位后，如果没有总线活动和中断等待，SJA1000 就会进入睡眠模式，振荡器在 15 个 CAN 位时间内保持运行状态。此时，微型控制器用 CLK OUT 频率来计时，进入自己的低功耗模式，如果出现三个唤醒条件之中的一个，振荡器会再次起动并产生一个唤醒中断，振荡器稳定后，CLK OUT 频率被激活。

⑤ CPU 接口。SJA1000 支持直接连接到单片机 89C51，通过 SJA1000 的 MODE 引脚可选择接口模式：Intel 模式：MODE = 高；Motorola 模式：MODE = 低。

（3）通信软件设计　CAN 总线节点的通信软件设计主要包括三大部分：CAN 节点初始化程序、报文发送程序、报文接收程序。熟悉这三部分程序的设计，就能编写出利用 CAN 总线进行通信的一般应用程序。

如果通信任务比较复杂，还需要详细了解有关 CAN 总线错误处理、总线脱离处理、接收滤波处理、波特率参数设置和自动检测以及 CAN 总线通信距离和节点数的计算等方面的内容。

① 初始化子程序。SJA1000 的初始化只有在复位模式下才可以进行。初始化主要包括：工作方式的设置、接收滤波方式的设置、接收屏蔽寄存器 AMR 和接收代码寄存器 ACR 的设置、波特率参数设置和中断允许寄存器 IER 的设置等，在完成 SJA1000 的初始化设置以后，JA1000 就可以回到工作状态进行正常的通信任务。

② 发送子程序。发送子程序负责节点报文的发送。发送时用户只需将待发送的数据按特定格式组合成一帧报文，送入 SJA1000 发送缓存区中，然后起动 SJA1000 发送即可。在向 SJA1000 发送缓存区送报文之前，必须先作一些判断。

10.2.4　LIN 总线系统

LIN 是 Local Interconnect Network 的缩写，中文为局域互联网，表示所有的控制单元都装在一个有限的空间内(如车顶)，它也被称为“局域子系统”，LIN 总线系统由 Audi、BMW、Daimler Chrysler、Motorola volcano communications technologies(VCT)、Volkswagen、Volvo 等公司和部门(LIN 联合体)提出的一个汽车低层网络协议，目的是在汽车网络层次结构中作为低端网络的通用协议，并取代目前各种各样的低端总线系统。LIN 总线的标准与其相应的开发、测试以及维护平台的应用，会降低车上电子系统的开发、生产、使用和维护的费用。从某种意义上讲，LIN 总线可认为是 CAN 的通信网络，其示意图如图 10-24 所示。

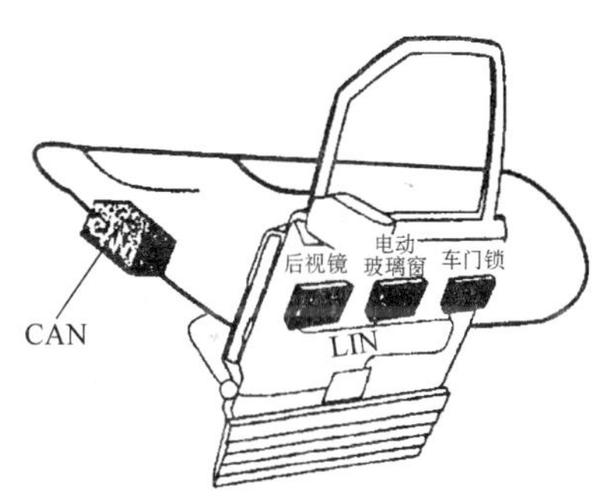

图 10-24　LIN 总线系统示意图

1. LIN 总线的应用

现代汽车电子系统已经实现了多路传输，使汽车大量线路和内部连接被取消，在这种条件下，CAN 网络的电控单元间的连接虽然已是最优结构，但是一个电控单元与其传感器和执行器之间的连接还不一定是多路传输的，如图 10-25 所示。

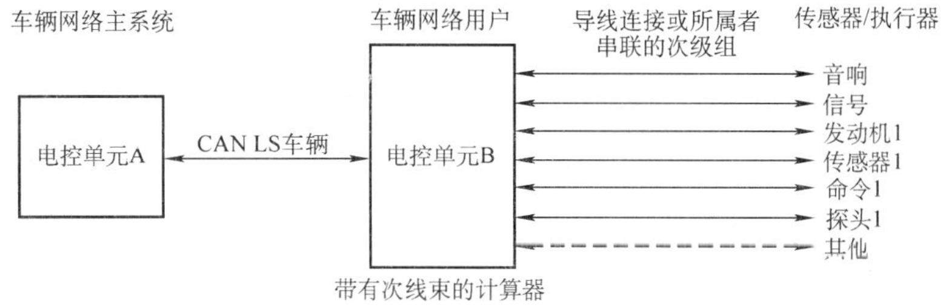

图 10-25　没有配备 LIN 总线的 CAN 网络结构图

引入 LIN 总线，几乎所有的电控单元和其传感器、执行器之间的连接，都已经实现多路传输，车上各个 LIN 总线系统之间的数据交换是由控制单元通过 CAN 数据总线实现的，如图 10-26 所示。

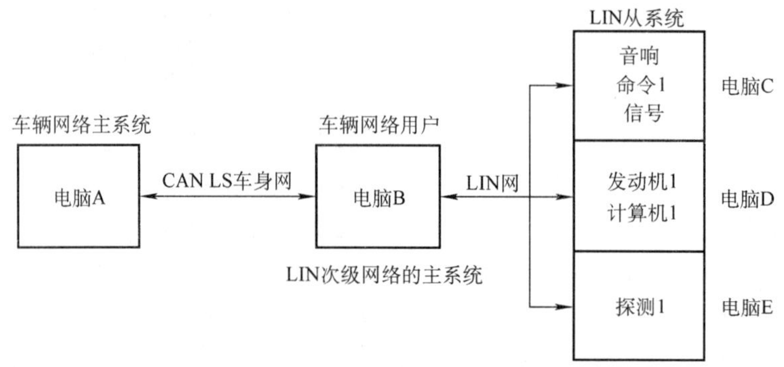

图 10-26 配备 LIN 总线的 CAN 网络结构图

2. LIN 总线的结构

LIN 总线是主/从结构的网络，主要用于控制车身附属系统，如图 10-27 所示。

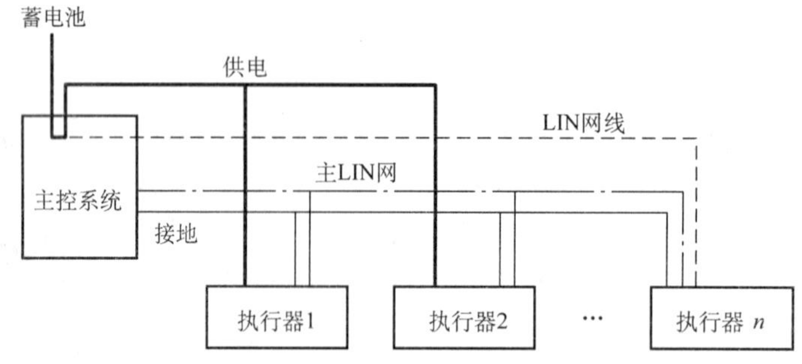

图 10-27 LIN 总线的结构图

（1）LIN 主控单元 LIN 主控单元连接在 CAN 数据总线上，如图 10-28 所示，LIN 主控单元主要监控数据传递和数据传递的速率，发送信息标题，主控单元的软件内已经设定了决

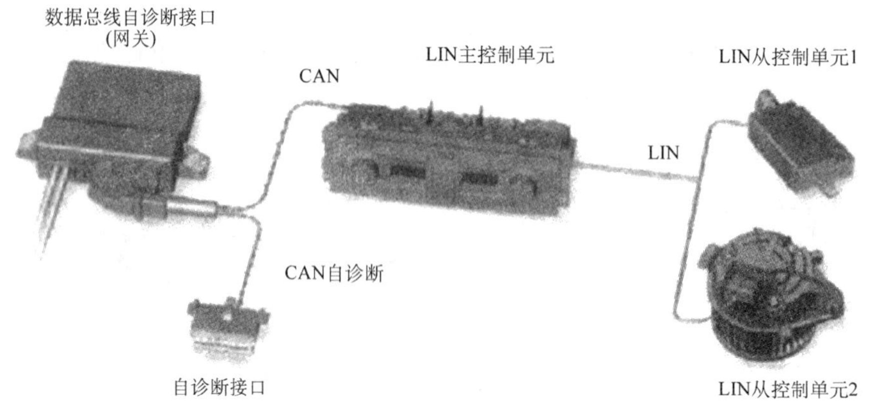

图 10-28 LIN 主控制单元

定何时将哪些信息发送到LIN数据总线上多少次的一个周期，主控单元在LIN数据总线与CAN总线之间起“翻译”作用，它是LIN总线系统中唯一与CAN数据总线相连的控制单元，通过LIN主控单元进行LIN系统自诊断。

（2）LIN从控单元　LIN主控单元通过集成的传感器来获知执行元件的实际状态，然后就可以进行规定状态和实际状态的对比，如图10-29所示。在LIN数据总线系统内，单个的控制单元或传感器及执行元件都可看作LIN从控单元。传感器内集成有一个电子装置，该装置对测量值进行分析。测量值是作为数字信号通过LIN总线传递的。有些传感器和执行元件只使用LIN主控制单元插口上的一个针脚。LIN执行元件都是智能型的电子或机电部件，这些部件通过LIN主控单元的LIN数字信号接受任务。

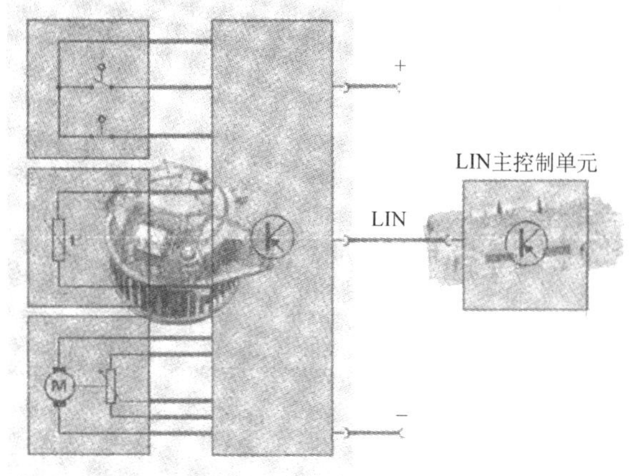

图10-29　LIN从控制单元

3. LIN的协议

（1）传输媒体　LIN网络一般使用一根单独的铜线作为介质。

（2）节点　一个LIN电控单元拥有一个统一的接口，以便于与其他LIN电控单元处理数据，LIN节点的结构如图10-30所示，节点主要由两部分组成：协议控制器和线路接口，协议控制器集成在微控制器中的一个标准单位(URAT)上实现，微控制器主要实现发送/接收8位字节、构成请求、接收和发送；线路接口主要负责将LIN总线的信号翻译成无干扰的信号进入LIN协议控制器，以及相反地将协议控制器的信号进行翻译传入LIN总线。

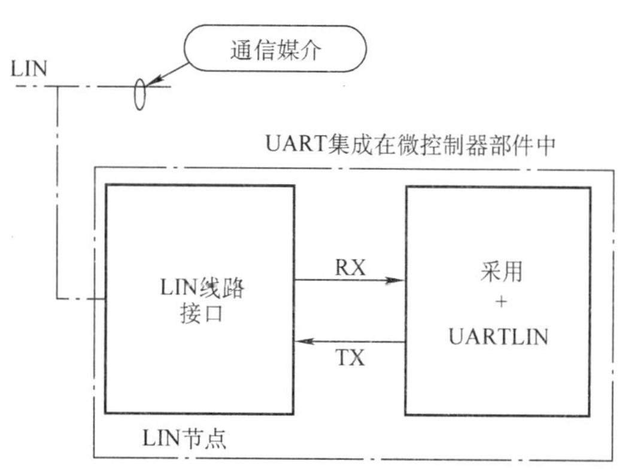

图10-30　LIN总线的节点结构

（3）传输速率　数据传递速率为1～20kbit/s，在LIN控制单元的软件内已经设定完毕，该速率最大能达到舒适CAN数据传递速率的1/5。

（4）信号　隐性电平：如果无信息发送到LIN数据总线上或者发送到LIN数据总线上的是一个隐性位，那么数据总线导线上的电压就是蓄电池电压。显性电平：为了将显性位传到LIN数据总线上，发送控制单元内的收发报机将数据总线导线接地。注意：由于控制单元内的收发报机有不同的型号，因此表现出的显性电平是不一样的。

（5）传递安全性　在收发隐性电平和显性电平时，通过预先设定公差值来保证数据传输的稳定性。为了在有干扰辐射的情况下仍能收到有效的信号，接收信号的允许电压值要稍高一些。

（6）LIN 帧结构　一个 LIN 帧结构由字节分隔开的一系列字节组成，LIN 帧结构如图 10-31 所示。LIN 帧的开始是异步中断域，它通过 LIN 网的主节点发出，并且支持所有的 LIN 节点自动适应总线速度；异步域使得所有总线上的节点异步；标识域可表示 64 个节点，它指明数据的目的地或者所询问的节点地址；数据域由 1 ~8 个 8 位字节构成，包含了有用的命令或回应信息；检查域由一个 8 位字节构成，以保证 LIN 帧内容的完整性。

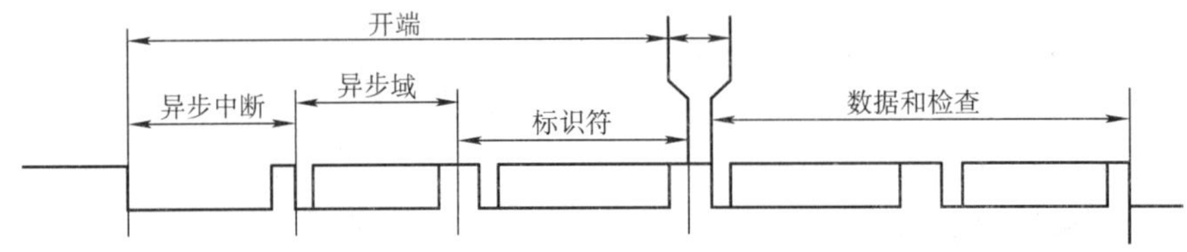

图 10-31　LIN 帧结构

（7）信息的顺序和回应信息内容　LIN 主控单元已经设定工作顺序，LIN 主控单元按顺序将信息发送至 LIN 总线上(若是主信息,则发送的是回应)。为了减少 LIN 主控单元部件的种类，主控单元将全部装备控制单元的信息标题发送到 LIN 总线上。

对于带有从控制单元回应的信息，LIN 从控制单元会根据识别码给这个回应提供信息，对于主控制单元带有数据请求的信息，根据识别码的情况，相应的 LIN 从控制单元会根据这些数据去执行各种功能。

10.3　汽车网络应用实例

10.3.1　宝来汽车的舒适/信息 CAN 网络

1. 宝来汽车 CAN 数据总线简介

宝来轿车的数据总线系统如图 10-32 所示，宝来汽车上使用多种 CAN 数据总线，第一种 CAN 数据总线是舒适 CAN 数据总线，传输速率为 100kbit/s，用于将舒适系统中的控制单元联网，用于将收音机、电话和导航系统联网；第二种是动力 CAN 数据总线，传输速率是 500kbit/s，用于将驱动线束上的控制单元联网。通过带网关的组合仪表，舒适 CAN 数据总线和信息 CAN 数据总线也可以与动力 CAN 数据总线进行数据交换。

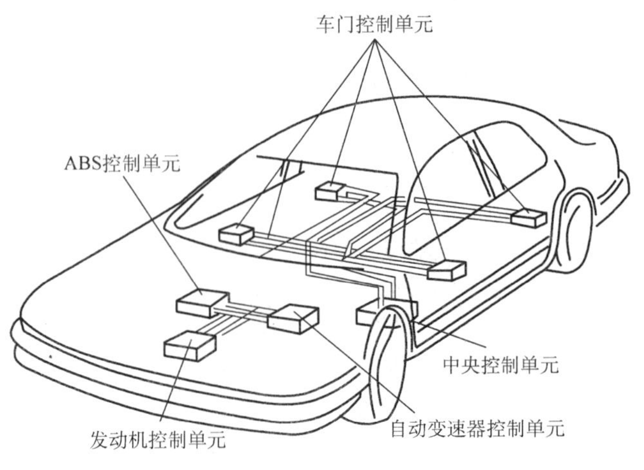

图 10-32　宝来轿车的数据总线系统

各系统在数据高速公路上采用同样的交通规则，即“传输协议”。为了保证有很高的抗干扰性，所有的 CAN 数据总线都采用双线式系

统。将要发送的信号在发送控制单元的收发器内转换成不同的信号电平，并输送到两条CAN导线上，只有在接收控制单元的差动信号放大器内才能建立两个信号电平的差值，并将其作为唯一经过校正的信号继续传至控制单元的CAN接收区。

舒适/信息CAN数据总线在一条数据线短路或一条CAN线断路时，可以用另一条线继续工作，这时会自动切换到“单线工作模式”。为了尽可能降低对供电网产生的负荷，在15号接线柱关闭后，如果总系统不再需要舒适数据总线，那么舒适数据总线就进入所谓的“休眠模式”。

2. 宝来汽车CAN的导线

舒适/信息CAN数据总线也叫低速总线，动力CAN数据总线也叫高速总线。宝来汽车CAN数据总线是一种双线式数据总线，脉冲频率为100kbit/s(舒适/信息数据总线)或500kbit/s(驱动数据总线)。

各个CAN系统的所有控制单元都并联在CAN数据总线上。宝来汽车的双绞线如图10-33所示。

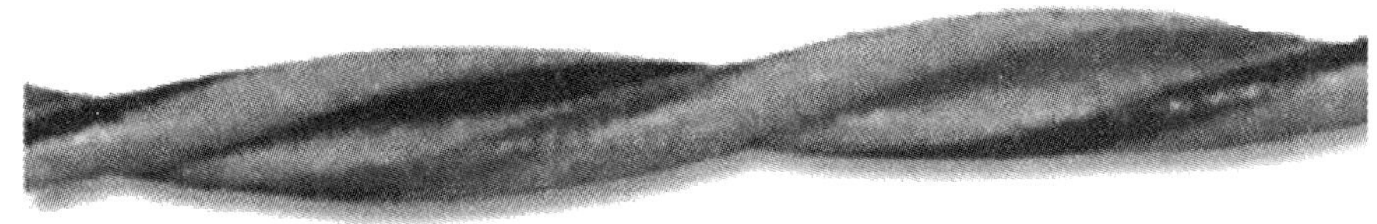

图10-33　宝来汽车的双绞线

控制单元之间的数据交换就是通过这两条导线来完成的，这些数据可能是发动机转速、油箱油面高度及车速等。

CAN导线的基色为橙色。对于舒适CAN数据总线来说，CAN-High线上的标志色为绿色；对于信息CAN数据总线来说，CAN-High线上的标志色为紫色；对于动力CAN数据总线来说，CAN-High线上还多加了黑色作为标志色。CAN-Low线的标志色都是棕色。

3. CAN导线的布线图

宝来汽车的CAN数据总线有一个特点：控制单元之间呈树形连接，车上CAN导线的实际布置状态称为拓扑结构图，不同的车，拓扑结构也不同。

4. 舒适/信息CAN数据总线的联网单元

舒适/信息CAN数据总线的速率为100kbit/s，用于将舒适CAN总线和信息CAN总线方面的控制单元联成网络。舒适/信息CAN数据总线的控制单元包括全自动空调/空调控制单元；车门控制单元；舒适控制单元；收音机和导航显示控制单元。

与所有的CAN导线一样，舒适/信息CAN数据总线也是双线式数据总线，其脉冲频率为100kbit/s，因而也称为低速CAN总线。

控制单元通过舒适/信息CAN数据总线的CAN-High线和CAN-Low线来进行数据交换，如车门开/关、车内灯开/关、车辆位置(GPS)等。

由于使用同样的脉冲频率，因此舒适CAN数据总线和信息CAN总线可以共同使用一对导线，当然前提条件是相应的车上有这两种数据总线。

5. 舒适/信息CAN数据总线上的信号电压变化

为了增强抗干扰性且降低电流消耗，宝来汽车舒适/信息CAN数据总线使用了单独的驱动器(功率放大器)，两个 CAN 信号就不再有彼此依赖的关系。舒适/信息 CAN 数据总线的 CAN-High 线和 CAN-Low 线不是通过电阻相连的，CAN-High 线和 CAN-Low 线不再彼此相互影响，而是彼此独立作为电压源来工作。

共同的中压也发生了变化，在隐性状态(静电平)时，CAN-High 信号为 0V，在显性状态时不小于 3.6V；对于 CAN-Low 信号来说，隐性电平为 5V，显性电平不大于 1.4V，如图 10-34所示。

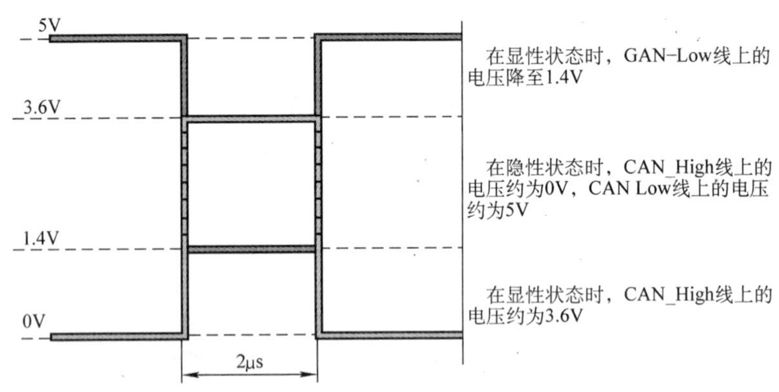

图 10-34　舒适/信息总线的信号变化

于是，这两个信号在差频信号放大器内相减后，隐性电平为 -5V，显性电平为 2.2V，那么隐性电平和显性电平之间的电压变化(电压提升)就达到 7.2V 以上了。CAN-High 信号和 CAN-Low 信号的静电平是不同的，电压提升增大了(7.2V)；显性电平和隐性电平交替转换；在显性状态时 CAN-High 信号为 3.6V，CAN-Low 信号为 1.4V。

6. 舒适/信息 CAN 数据总线的 CAN 收发器

舒适/信息 CAN 数据总线的收发器如图 10-35 所示，其工作原理与动力 CAN 数据总线收发器基本是一样的，只是输出的电压电平和出现故障时切换到 CAN-High 线或 CAN-Low 线(单线工作模式)的方法不同。另外 CAN-High 线和 CAN-Low 线之间的短路会被识别出来，并且在出现故障时会关闭 CAN-Low 驱动器，在这种情况下，CAN-High 和 CAN-Low 信号是

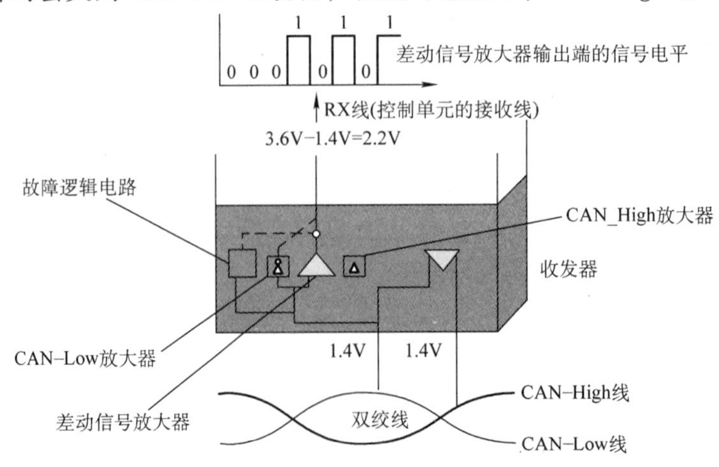

图 10-35　舒适/信息 CAN 数据总线收发器的结构

相同的。

CAN-High 线和 CAN-Low 线上的数据传递由安装在收发器内的故障逻辑电路来监控，故障逻辑电路检验两条 CAN 导线上的信号，如果出现故障(如某条 CAN 导线断路)，那么故障逻辑电路会识别出该故障，从而使用完好的那一条导线(单线工作模式)。

在正常的工作模式下，使用的是 CAN-High“减去”CAN-Low 所得的信号(差动数据传递)，这样就可将故障对舒适/信息 CAN 数据总线的两条导线的影响降至最低(与动力 CAN 数据总线一样)。

7. 单线工作模式下的舒适/信息 CAN 数据总线

如果因断路、短路或与蓄电池电压相连而导致两条 CAN 导线中的一条不工作了，那么就会切换到单线工作模式。在单线工作模式下，只使用完好的 CAN 导线中的信号，这样就使得舒适/信息 CAN 数据总线仍可工作。同时，控制单元记录一个故障信息：系统工作在单线模式。

8. CAN 数据总线上的阻抗匹配

控制单元信号在收发器内进行放大。收发器发送一侧的任务是将控制单元内 CAN 控制器的较弱信号进行放大，使之达到 CAN 导线上的信号电平和控制单元输入端的信号电平。

连接在 CAN 数据总线上的控制单元的作用就像是 CAN 导线上的一个负载电阻(因为装有电子元件)。这个负载电阻取决于连接的控制单元数量及其电阻值。如发动机控制单元会在动力 CAN 数据总线的 CAN-High 线和 CAN-Low 线之间形成 66Ω 的电阻，所有其他控制单元均可在数据总线上产生 2.6kΩ 的电阻，如图 10-36 所示。

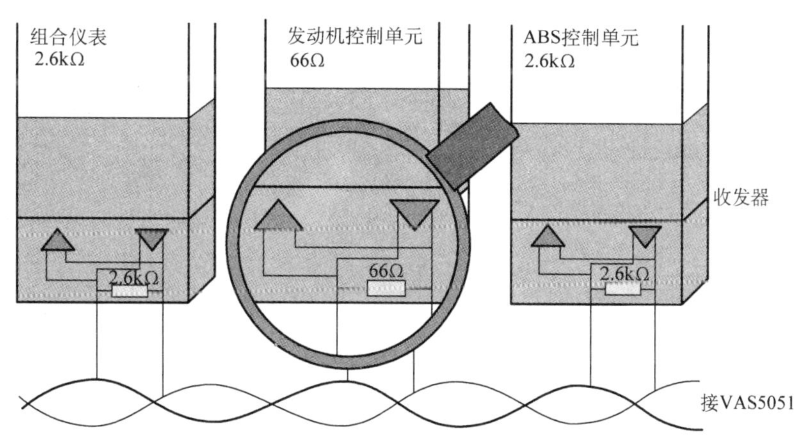

图 10-36　数据总线的 CAN-High 线和 CAN-Low 线上的负载电阻

根据连接的控制单元数量，所有控制单元形成的总电阻为 53 ~ 66Ω。如果 15 号接线柱(点火开关)已切断，就可以用欧姆表测量 CAN-High 线和 CAN-Low 线之间的电阻了。

收发器将 CAN 信号输送到 CAN 数据总线的两条导线上，相应地，CAN-High 线上的电压会升高，而 CAN-Low 线上的电压会降低一个同样大小的值。对于驱动 CAN 数据总线来说，一条导线上的电压改变值不低于 1V；对于舒适/信息 CAN 数据总线来说，这个值不低于 3.6V。

舒适/信息 CAN 数据总线的特点是：控制单元内的负载电阻不是作用于 CAN-High 线和 CAN-Low 线之间，而是体现在每根导线对地或对 5V 之间。如果蓄电池电压被切断，那么电阻也就没有了，这时用欧姆表无法测出电阻。

10.3.2 东风雪铁龙毕加索汽车的VAN网络

VAN(车辆局域网)由标致-雪铁龙-雷诺公司联合开发研制，主要用于车身电气设备的控制。

1. VAN总线

(1) 毕加索汽车VAN总线的结构　如图10-37和图10-38所示，毕加索汽车的VAN总线共连接7个控制单元。

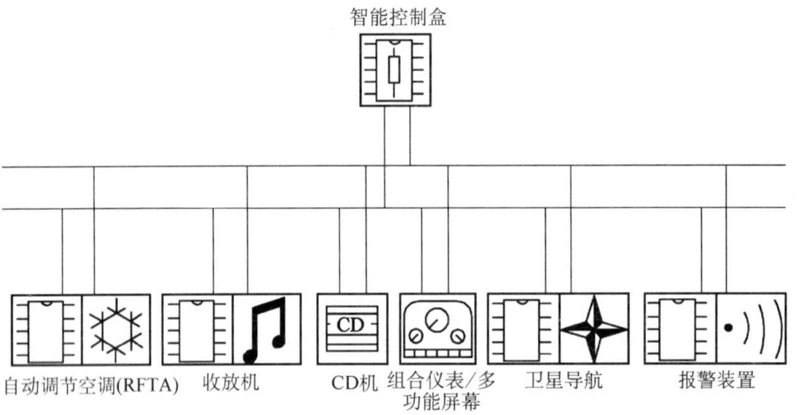

图10-37　VAN总线结构

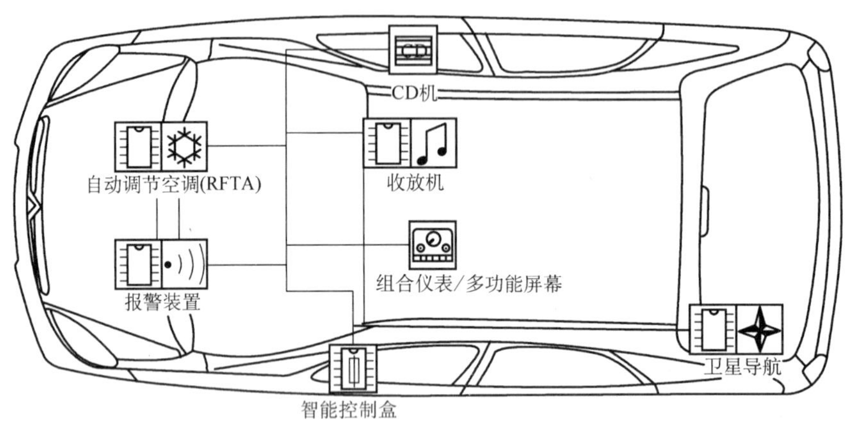

图10-38　毕加索汽车的VAN总线结构中控制单元的分布

(2) VAN总线的特点　毕加索汽车VAN总线结构中，电控单元之间的通信方式、规则由协议来确定，总线通信网络由DATA、DATAB两根信号线组成，DATA线上的电压信号逻辑状态始终与DATAB线上的电压信号相反，如图10-39所示。两种电压值定义两种不同的逻辑状态，从而可以限制发射幅值，并具备良好的抗干扰性。当某根信号线信号传输中断时，智能控制盒将信号电压值与参考电压值进行比较，提示数据线发生故障。只有DATA线的电压信号逻辑状态确定后，DATAB线才取相反值。当总线连接设备中的信号无歧义时，接收件及命令执行状态才可能无误。

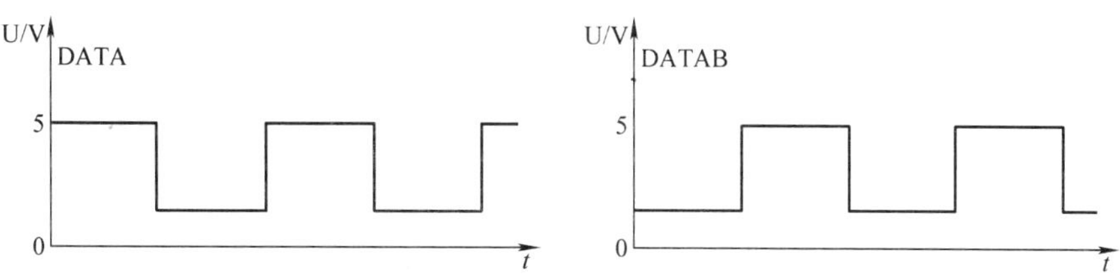

图 10-39　DATA 和 DATAB 的信号

（3）VAN 总线的通信信息格式　VAN 总线传递的 1 帧(即 1 条)数据，其格式由 9 个区段组成，如图 10-40 所示，段 1 表示信息起始识别区，用以标记信息的起始；段 2 表示判断识别区，用以指明信息的接收器件；段 3 表示判断格式化区，该区可在申请信息或传送信息时确认接收方的获取申请是否格式化；段 4 表示信息数据区，传递数据信息；段 5 表示信息有效性检测区，以审核抵达的数据是否完整；段 6 表示数据结束指示区，用数据结束指示以指示信息已传递完毕；段 7 表示获取区，用以接收对方确认信息接收良好；段 8 表示帧结束区，表明一个帧已经结束；段 9 表示帧分离区，后续帧同样按 9 分格出现。

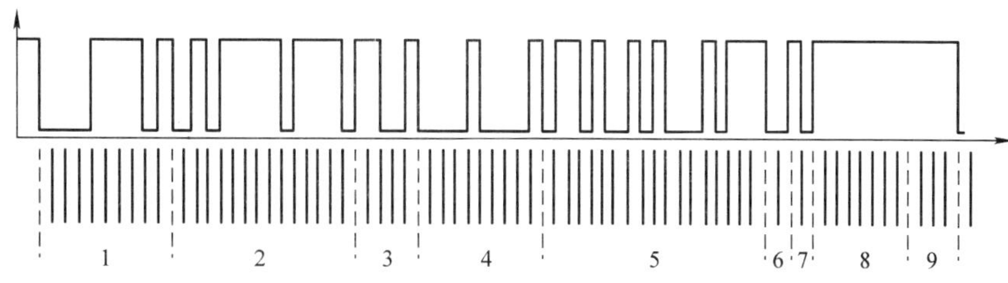

图 10-40　VAN 总线的通信信息格式

2. 智能控制盒

（1）安装位置　如图 10-41 所示，智能控制盒安装于仪表板的左下方。

（2）智能控制盒的功用　智能控制盒是一个电子控制单元，主要用作继电器、熔断器、诊断接口、高频信号接收器等电子元件接口。智能控制盒是 VAN 网络的一个主控元件，管理所有电控单元之间的通信；智能控制盒还能自主控制着开启件的锁定、指示信号、视野改善、内部照明、防盗启动等基本功能，完成车辆上的防盗保护信息。另外，智能控制盒具有整体测试、系统诊断及电控单元编码等功能。

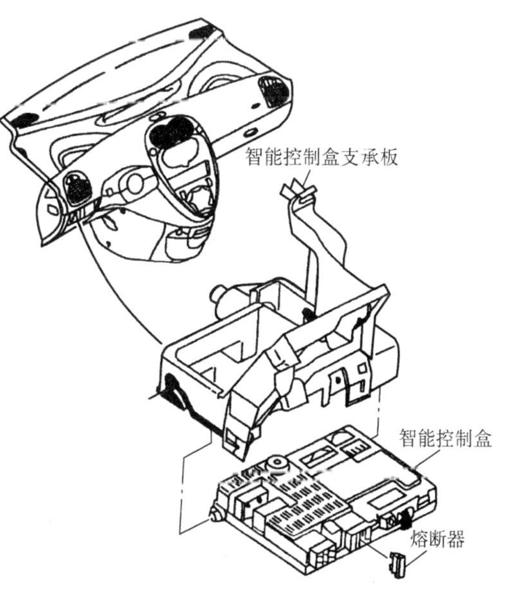

图 10-41　智能控制盒的安装位置

（3）智能控制盒的管理内容　智能控制盒在网络中的管理内容包括指示信号、锁定、车辆停驶、内部照明、开启、视野管理、驾驶员信息、空调控制等。

（4）智能控制盒的输入/输出信号　智能控制盒与其他电器控制单元之间的输入和输

出关系如图 10-42 所示。

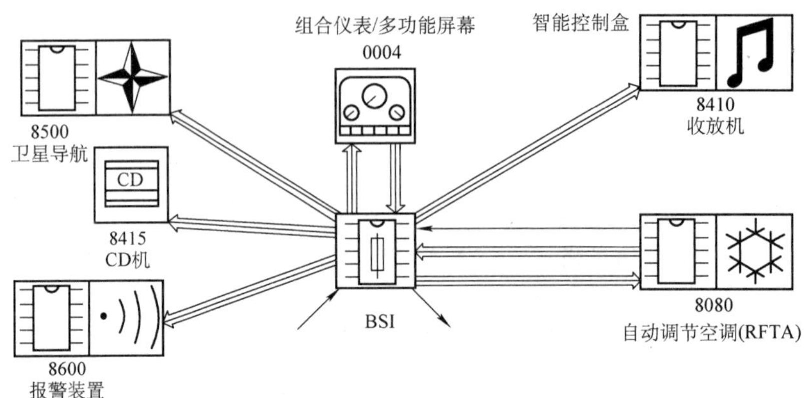

图 10-42　智能控制盒与其他控制单元的输入和输出关系

（5）智能控制盒的工作模式　智能控制盒具有额定、睡眠和经济三个工作模式。

① 额定模式。车辆使用设计的工作模式，该模式下的所有功能均可运行。

② 睡眠模式。睡眠模式下 VAN 网络无通信，电控单元能耗最低。在此模式下，智能控制盒会不断捕捉复苏信号，每个多路连接器均可唤醒网络。网络唤醒后所有电控单元即可得到 + VAN 电源。

③ 经济模式。经济模式是指当网络持续无通信时，智能控制盒将切断电控单元的供电（ + VAN 信号），电能消耗因此大大降低。

（6）智能控制盒的诊断功能　智能控制盒作为 VAN 网络及诊断仪之间的桥梁，可用来识别某些系统部件的故障。故障源可能来自：接地或 + 12V 短路、断路（电线断开）、功能失效（传感器或探头传送值无效）、电控单元无法连上网络（网络中断或电控单元失效）。智能控制盒可向诊断仪传送故障信息。

3. 东风雪铁龙毕加索汽车 VAN 控制功能应用

（1）收放机与 VAN 总线

① 组成。毕加索汽车上装备两种收放机：RB2 型收音机加磁带播放功能；RD2 型收音机加 CD 播放功能。收放机的显示屏分别位于仪表中，转向盘上的收放机控制命令通过多功能屏幕传至收放机，所有的显示信息通过网络传送并由屏幕控制。收放机可设置“随车速调节音量功能”（需由服务站通过诊断仪来设置），新车交付时，该功能为开状态。收放机与 VAN 总线的连接关系如图 10-43 所示。

② 运行原理。收放机的开关方法有：按动收放机面板上的“ON/VOL”键；断开或接通电源（如果断开电源前，收放机处于工作状态，当 + ACC 出现时收放机开始工作）；当屏幕上出现 + ACC 时装入 CD 盘（RD2 型），收放机各元件的信号类型如表 10-2 所示。

收放机的电源管理由多功能屏幕来实现， + VAN 协议存在时，收放机向 EMF（多功能屏幕）发出开关申请，由 EMF 根据收放机开关状态来决定； + VAN 协议消失时，收放机能够唤醒 VAN 网络以发送开启申请，收放机延时 30min 后关闭。

为了实现防盗保护，该收放机内存有识别码（车辆 VIN 号）。从备件部门销售的收放机内已存有 VIN 号，将该 VIN 号与 BSI 内的 VIN 号相比较，若不对应，则收放机将进入模糊

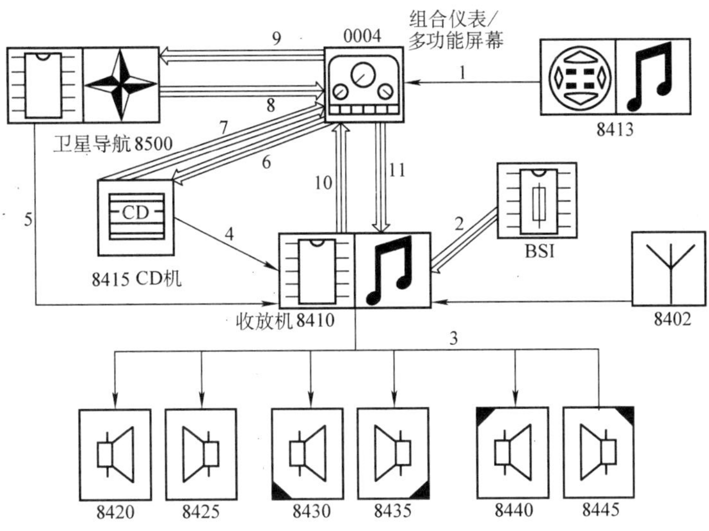

图 10-43　收放机与 VAN 总线的连接关系

状态。在更换收放机时，应使用诊断仪更改内存中的 VIN 码。

表 10-2　收放机各元件的信号类别

连接标号	信　号	信号类别	连接标号	信　号	信号类别
1	请求更新收放机及 CD 机状态	全部或无	7	CD 机状态	VAN
2	车速 + VIN 号 + 照明对比度	VAN	8	导航状态	VAN
3	输出信号(依车速而定)	模拟量	9	导航状态更新	VAN
4	CD 声频输入	模拟量	10	收放机状态	VAN
5	导航声频输入	模拟量	11	收放机状态更新	VAN
6	CD 机状态更新	VAN			

RD2 收放机可根据 BSI 智能盒传递的数据来调节照明度，RB2 收放机无变阻调节功能。RB2 及 RD2 收放机都具有随车速变化自动调节音量的功能，此时应通过诊断仪将“随车速变化的音量”设置为“ON”。此功能不影响屏幕显示，只作用于收放机内部，且调节过程中，音量值不显示于多功能屏幕上。此时仍旧可以通过“ON/VOL”键及转向盘上的按钮对音量进行手动调节，它们与自动调节互不干涉。

该收放机能够根据设备升温状态对最大音量进行动态控制，RD2 收放机限制音量时并不改变显示值，RB2 收放机可根据使用者的意愿显示音量变化。

（2）驾驶员信息与 VAN 总线　驾驶员信息显示功能分为四个子功能：指示功能、信号及警报功能、照明功能和行驶参数电脑功能。组合仪表是驾驶信号功能的中心，主要包括水温指示、燃油量指示、车速指示、行驶里程指示、维护提示、仪表板照明度调节、行驶参数显示等。

① 组合仪表与 VAN 总线连接。组合仪表经过线束接收信号并通过 VAN 网络与电控单元进行通信，如图 10-44 所示，组合仪表信息系统各元件的信号类别如表 10-3 所示。

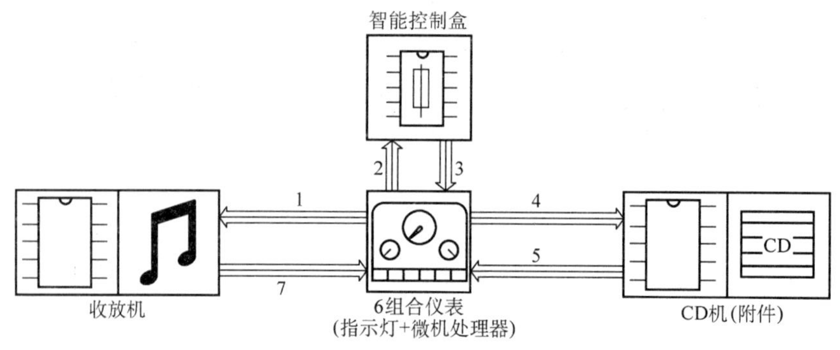

图 10-44　组合仪表与 VAN 总线连接关系

表 10-3　组合仪表信息系统各元件的信号类别

连接标号	信　　号	信号种类
1	收放机控制	VAN
2	“行驶里程”清 0 请求，+VAN 舒适保持请求，仪表照明级别	VAN
	夜间驾驶状态，机油压力报警，冷却液液面报警，最少燃油信号	VAN
	计算所得燃油量，总燃油量，ABS 故障，制动电子分配器故障	VAN
	制动液故障，机油温度，驻车制动，远光灯，储存行驶里程	VAN
3	燃油消耗信号，发动机转速信号，外部气温信息，车速信息	VAN
	行驶里程信息，冷却液温度报警，工厂/用户模式，点火钥匙位置	VAN
	经济模式，发动机运转，5s 内进入监控，发动机冷却液温度	VAN
	发动机运转时开启件开启，发动机检测时车载电脑状态故障	VAN
	蓄电池充电故障，电子防盗系统故障，车辆锁死状态信号	VAN
	转向灯指示灯亮，位置灯忘关信号，钥匙忘拔信号，撞车传感器信号	VAN
	高频发射器电池亏电信号，行李箱及开启件状态信号，净车速	VAN
	消耗数据无效(流量计故障)，续行里程无效(燃油表故障)	VAN
	无法计算续行里程(燃油量不足)，行驶参数电脑串行开关状态	VAN
	“行驶里程”不足(清 0 后不足 400m)，“行驶里程”平均车速	VAN
	“行驶里程”累计距离，“行驶里程”平均油耗，即时油耗	VAN
	剩余续驶里程，信号及模式更换，开启件状态更换	VAN
	行驶参数电脑某数据更换，组合仪表的激活，柴油机预热信息	VAN
	现时主事件，现时次事件，事件源，日/夜状态，夜间驾驶模式	VAN
4	CD 机开关	VAN
5	CD 机状态	VAN
6	最低油压，最低冷却液液面，驻车制动状态，远光灯状态，近光灯状态，侧“气囊”故障，左右儿童安全锁，制动力电子分配器故障，前后雾灯开关，制动液液面，多功能屏幕照明增加，仪表板照明减弱	全部或无
	侧“气囊”及乘员“气囊”故障	全部或无，频率式
	燃油液面	模拟量
	ABS 故障	动态指示灯
	收放机及 CD 机状态变更申请	全部或无，模拟量
7	收放机状态	VAN
	收放机及 CD 机状态变更申请	VAN

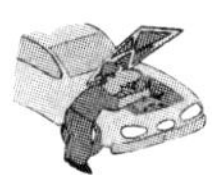

② 车速指示功能。车辆的即时速度显示在指示屏幕的数字显示器上，驾驶员可选择速度计量单位 km/h 或 mile/h。车速传感器(安装在变速器上)向智能控制盒传递一个可变频率信号，智能控制盒计算出车辆的即时速度并按 VAN 协议编码，组合仪表通过网络获取此信息并将其显示出来。

组合仪表有超速报警功能，用户可通过组合仪表的多功能屏幕菜单对超速的限制值进行修改，当车辆达到此速度时，组合仪表的多功能屏幕将显示信息“设定速度×××km/h”，并发出一个双频调报警声。

③ 行驶里程指示功能。行驶里程由行驶里程计数器显示。行驶里程计数器由两个数字显示器组成：总里程计数器和日里程计数器。总里程计数器的工作过程为：智能控制盒利用车速传感器提供的信号计算车辆使用以来累计的行驶里程，再将此数值按 VAN 协议进行编码并传送给组合仪表。总里程计数器显示出累计行驶里程，组合仪表计算日里程计数器末次清零以来的行驶里程并将其显示在日里程计数器上。

本章小结

• 车载网络使计算机技术融入整个汽车系统之中，加速汽车智能化的发展，可最大限度地提高系统的整体效率，车载网络作为一种局域网，其数据传输速度一般在 105kbit/s 范围内，传输距离在 250m 范围内。

• 车载网络的数据总线是指模块间运行数据的通道，如果模块可以发送和接收数据，则这样的数据总线就称为双向数据总线，模块/节点是一种电子装置，如温度传感器、压力传感器，根据温度和压力的不同将产生不同的电压信号，这些电压信号在数字装置的输入接口被转变成数字信号。

• 目前汽车上使用的大多数链路都是有线网络，通常用于局域网的传输媒体有：双绞线、同轴电缆和光纤。

• 为了可靠地传输数据，通常将原始数据分割成一定长度的数据单元，数据单元即称为数据帧。一帧数据内应包括同步信号、错误控制、流量控制、控制信息、数据信息、寻址信息等。

• 车载网络传输协议规定通信信息帧的格式、通信信息帧的数据和控制信息，确定事件传输的顺序以及速度匹配；协议具有差错监测和纠正、分块和重装、排序、流量控制的功能。当出现数个使用者同时申请利用总线发送信息时，传输仲裁是用于避免发生数据冲突的机构。

• 车载网络分类和协议标准：A 类总线协议标准，目前首选的标准是 LIN；B 类总线协议标准，国际标准是 CAN 总线；高速总线系统协议标准；诊断系统总线标准、协议；多媒体系统总线协议标准。

• 车载网络系统由多个控制单元组成，这些控制单元通过收发器并联在总线导线上，控制单元的地位均相同，信息交换是按顺序连续完成的。

• 车载网络的网关具备从一个网络协议到另一个网络协议转换信息的能力，由于电压电平和电阻配置不同，因此在不同类型的数据总线之间无法进行直接耦合连接。另外，各种数据总线的传输速率是不同的，决定了它们无法使用相同的信号。这时需要在这两个系统之间完成一个转换，这个转换过程是通过网关来实现的。

• CAN 总线是一种串行数据通信协议，最大通信距离可达 10km，最大通信速率可达 1Mbit/s。CAN 总线通信接口中集成了 CAN 协议的物理层和数据链路层功能，可完成对通信数据的成帧处理，包括位填充、数据块编码、循环冗余检验、优先级判别等项工作。CAN 总线上的任意节点均可以作为发送器或接收器，报文由一个发送器发出，再由一个或多个接收器接收，报文传输由 4 个不同类型的帧表示和控制，分别为数据帧、远程帧、错误帧、过载帧。

• LIN 总线是在汽车网络层次结构中作为低端网络的通用协议，并取代目前各种各样的低端总线系统，从某种意义上讲，LIN 总线可认为是 CAN 的通信网络。

• 宝来汽车的舒适/信息 CAN 网络，传输速率为 100kbit/s，用于将舒适系统中的控制单元联网以及将收音机、电话和导航系统联网，通过带网关的组合仪表，舒适 CAN 数据总线和信息 CAN 数据总线也可以与动力 CAN 数据总线进行数据交换。

• 东风雪铁龙毕加索汽车车载网络采用 VAN 总线系统，主要用于车身电气设备的控制。

复习思考题

一、填空题

1. CAN 总线由________、________、________组成。

2. 数据总线又称为________线。

3. CAN 数据总线可对数据进行________向传输，两条线被分别称为________和________，两条线绕在一起，所以被称为________线，其目的是为了防止________和________。

4. CAN 总线为________方式工作，网络上任一节点均可在任意时刻主动地向网络上其他节点发送信息。

5. LIN 总线采用________模式工作，________需总线仲裁机制。

6. 车载网络上有线通信介质可为________或________。

二、判断题

1. 在 CAN 总线数据报文中，其总线上的节点分成不同的优先级。 (　　)

2. 在 CAN 总线上的车载网络结构中，其节点数目实际上没有限制。 (　　)

3. 在 CAN 总线报文中，对信息帧没有检错机制。 (　　)

4. 在 CAN 总线中，位速率越高，传输距离越远。 (　　)

5. 在 LIN 总线中，数据总线可采用单线。 (　　)

6. CAN 总线到目前还没有成为国际标准。 (　　)

三、简答题

1. 简述 CAN 总线的工作原理。

2. 说明 CAN 总线的数据传输过程。

3. 简述 CAN 总线系统中，各电子控制单元相关状态的种类。

4. 宝来汽车的舒适/信息 CAN 数据总线上的信号电压是如何变化的？

5. 东风雪铁龙毕加索汽车的 VAN 网络的特点是什么？

6. 宝来汽车的舒适/信息 CAN 数据总线的联网单元有哪些？

7. 简述 LIN 总线的帧结构。

实训项目 17　大众汽车 CAN 总线系统的故障诊断与维修

车 辆 型 号	车辆识别代码	检 测 系 统

一、实训目标

1. 掌握汽车 CAN 总线系统的故障诊断与维修的方法。

2. 通过汽车 CAN 总线系统的故障诊断分析，判断 CAN 总线故障原因。

二、知识准备

1. 大众汽车的 CAN 总线是控制单元通过网络交换数据的，是车用控制单元传输信息的一种传送形式。

2. 大众汽车的 CAN 总线系统的控制单元连接方式采用________串行方式。

3. 可能引起 CAN-BUS 系统故障的原因主要有________，________，________，________。

三、实训步骤

1. 检查汽车电源系统或接地是否存在故障，测量记录以下数据，绘制交流发电机的输出波形。

蓄电池的电压________V；

蓄电池负极与发动机的接地电压________V；

蓄电池负极与变速器的接地电压________V；

蓄电池负极与车身的接地电压________V。

交流发电机的输出正常波形　　　　交流发电机的输出异常波形

2. 数据总线进行检测和维修的方法。

（1）插拔法　一根总线上多个控制单元故障，插拔时按优先顺序进行。对于 a. 安全气囊控制单元，b. ABS 控制单元，c. 舒适系统控制单元，d. 自动变速器控制单元，常见的优先插拔顺序按照高到低依次为：____。

（2）颜色法　检查并记录各类线的颜色。

项　　目	颜　　色
CAN 总线的基本颜色	
CAN-Low 的颜色	
驱动系统的 CAN-High 的颜色	
舒适系统的 CAN-High 的颜色	
信息系统的 CAN-High 的颜色	

（续）

车 辆 型 号	车辆识别代码	检 测 系 统

（3）电阻法　测量驱动总线的电阻________Ω。

（4）波形法　检查波形，用各总线出现故障时波形与正常的波形相比，画出故障时的波形和正常的波形。

故障波形图　　　　正常波形

通过上述检测，得出的结论是：____。

四、实训小结

____

____

____

____

____

____

____。

实训项目 18　多路传输系统通信线路的故障诊断

车 辆 型 号	车辆识别代码	检 测 系 统

一、实训目标

1. 掌握多路传输系统通信线路的故障诊断的检测方法。

2. 能够通过对多路传输系统通信线路的故障诊断的分析，找出多路传输系统的故障原因。

二、知识准备

1. 丰田检测仪器检测多路传输系统故障的流程：(1)________；(2)________；(3)________；(4)________；(5)________；(6)________；(7)________。

2. DLC3 诊断插座的连接

将诊断工具连接到雷克萨斯 LS400 车辆上的诊断插座 DLC3 ________，可以由网关 ECU 和各种多路传输通信线路连通各 ECU，能输出故障诊断代码，进行数据监控(ECU 数据确认)、主动测试(执行器的动作测试)、定制功能的设置(改变控制程序)等，由于采用 CAN 通信系统，DLC3 诊断插座的端子排列有了一定改变，画出端子的排列图。

DLC3 诊断插座的端子排列图

三、实训步骤

1. 通过人工跨接读取故障码

使用短路跨接线 SST，跨接 DLC3 诊断插座的 TC 和 CG 端子，画出端子连接图。

DLC3 诊断插座的 TC 和 CG 端子图

2. 通过开门警告灯闪烁读取故障码。

（续）

车辆型号	车辆识别代码	检测系统

3. 写出通过诊断仪读取故障码的操作步骤：____，
____，
____，
____。

对下列的故障码说明故障原因：

故障码	说　明	故障码	说　明
B1211		B1214	
B1261		B1215	

4. 通信线路诊断

（1）通过 DLC3 进行诊断　如果 CAN 通信系统中断，并且输出多个故障码，可以用检测仪连接到 DLC3 来读取系统故障码。DLC3 端子中设有 CAN-High 和 CAN-Low 端子，用来诊断 CAN 系统。通过测量通信线路端子之间的电阻可以确定通信线路是否有短路或断路。通过测量 CAN-High 或 CAN-Low 端子和 BAT 或 CG 之间的电阻，可以确定通信线路与电源和搭铁之间是否有短路。根据所测量的电阻值，判断通信线路是否有故障，填写通信线路间通信线路情况以及数据分析。

CAN-High 或 CAN-Low 之间电阻值		通信线路情况
54～67Ω		
超过 67Ω		
低于 54Ω		
端　子	电阻值	数据分析
CAN-High 与 BAT	1kΩ 或以上	
	小于 1kΩ	
CAN-Low 与 BAT	1kΩ 或以上	
	小于 1kΩ	
CAN-High 与 CG	1kΩ 或以上	
	小于 1kΩ	
CAN-Low 与 CG	1kΩ 或以上	
	小于 1kΩ	

（2）短路故障的查找

当通信线路之间发生短路时，如果线路与电源之间短路，检查通信线路的电压为________V；如果线路与搭铁短路，检查通信线路的电压为________V，为了找到短路点，必须要一个一个地把电控单元的插头拔掉。

通过上述检测，得出的结论是：____
____。

四、实训小结

____
____
____
____
____。

参 考 文 献

[1] 舒华，姚国平. 汽车电子控制技术[M]. 北京：人民交通出版社，2008.
[2] 孙仁云，付百学. 汽车电器与电子技术[M]. 北京：机械工业出版社，2006.
[3] 凌永成，于京诺. 汽车电子控制技术[M]. 北京：北京大学出版社，2006.
[4] 李春明. 汽车底盘电控技术[M]. 北京：机械工业出版社，2009.
[5] 冯渊. 汽车电子控制技术[M]. 北京：北京大学出版社，2005.
[6] 麻友良. 汽车电气与电子控制技术[M]. 北京：机械工业出版社，2006.
[7] 付百学. 汽车电子控制技术[M]. 北京：机械工业出版社，2002.
[8] 谢剑. 汽车底盘电控技术[M]. 长沙：国防科技大学出版社，2009.
[9] 刘仲国. 丰田凌志轿车故障诊断与维修手册[M]. 北京：机械工业出版社，2003.
[10] 姚国平. 汽车电控系统结构与维修[M]. 北京：北京理工大学出版社，2005.
[11] 周云山. 汽车电子控制技术[M]. 北京：机械工业出版社，2004.
[12] 李美娟. 汽车典型电控系统结构与维修[M]. 西安：西安电子科技大学出版社，2007.
[13] 李传志. 汽车车身电子控制系统[M]. 北京：机械工业出版社，2006.
[14] 毛峰. 汽车电气设备与维修[M]. 北京：机械工业出版社，2005.
[15] 解福泉. 汽车典型电控系统构造与维修[M]. 北京：人民交通出版社，2008.
[16] 陈无畏. 汽车车身电子与控制技术[M]. 北京：机械工业出版社，2008.
[17] 齐峰. 汽车电控系统实务[M]. 北京：机械工业出版社，2009.
[18] 杨庆彪. 汽车电控制动系统原理与维修精华[M]. 北京：机械工业出版社，2006.
[19] 李东江，张大成. 国产轿车 ABS 系统检修手册[M]. 北京：机械工业出版社，2003.
[20] 宋进桂. 怎样维修汽车防盗与音响系统[M]. 北京：机械工业出版社，2004.
[21] 高晗，王彬. 进口汽车防盗及中控系统维修精华[M]. 北京：机械工业出版社，2005.
[22] 刘希恭. 国产汽车巡航控制、导航系统使用与故障检修使用手册[M]. 北京：机械工业出版社，2009.
[23] 田夏. 桑塔纳 2000 俊杰轿车使用与维修手册[M]. 北京：机械工业出版社，2002.
[24] 邬宽明. 现场总线技术应用选编[M]. 北京：北京航空航天大学出版社，2003.
[25] 于力海. 汽车单片机与车载网络技术[M]. 西安：西安电子科技大学出版社，2007.
[26] 饶云涛，邹继军，等. 现场总线 CAN 原理与应用技术[M]. 2 版. 北京：北京航空航天大学出版社，2009.
[27] 南金瑞，刘波澜. 汽车单片机及车载网络系统[M]. 北京：北京理工大学出版社，2008.
[28] 李贵炎. 车载网络系统结构原理与维修[M]. 南京：江苏科学技术出版社，2008.
[29] 杨庆彪. 现代轿车全车网络系统原理与维修[M]. 北京：国防工业出版社，2007.
[30] 李雷. 汽车车载网络系统检修[M]. 北京：人民邮电出版社，2009.
[31] 吴文琳，吴丽霞. 汽车车载网络系统原理与维修精华[M]. 北京：机械工业出版社，2008.
[32] 谭本忠. 汽车车载网络维修教程[M]. 北京：机械工业出版社，2008.
[33] 刘云，刘志华. 计算机网络实用教程[M]. 2 版. 北京：清华大学出版社，2006.
[34] 鲁植雄. 汽车电脑控制区域网数据总线[M]. 北京：人民交通出版社，2004.

读者沟通卡

一、申请课件

本书附赠教学课件供任课教师采用，可在机械工业出版社教育服务网(www. cmpedu. com)注册后免费下载；也可扫描二维码关注“机工汽车”微信订阅号获取课件。

<table>
<tr><td>
机工汽车</td><td>免费下载　教学课件、学习视频、海量学习资料
➢ 扫描二维码，关注“机工汽车”
➢ 点击“粉丝互动”→“视频课件”</td></tr>
</table>

二、机工汽车教师群

任课教师可加入“机工汽车教师群”，与教材主编、编辑直接沟通交流。“机工汽车教师群”提供最新教材信息、教材特色介绍、专业教材推荐、样书申请、出版合作等服务。

QQ 群号码：7348129，本群实施实名制，请以“院校名称+姓名”的方式申请加入。

三、微信购书

<table>
<tr><td>
车界瞭望</td><td>关注汽车分社微信订阅号“车界瞭望”，可直达机工社旗下网络购书平台“汽车书院”，第一时间购买新书，获取车界前沿资讯</td></tr>
</table>

四、意见反馈和编写合作

联 系 人： 赵海青　齐福江　母云红

电　　话： 010-88379353、88379160、88379439

电子信箱： 13744491@ qq. com、502135950@ qq. com、2455675943@ qq. com

地　　址： 北京市西城区百万庄大街 22 号汽车分社

邮　　编： 100037